CONGRÈS

DE LA

PROPRIÉTÉ BATIE DE FRANCE

Lyon, 6, 7, 8 et 9 Août 1894

SOUS LE PATRONAGE DE

L'Union des Chambres Syndicales de la Propriété bâtie de France

ET SOUS LA PRÉSIDENCE DE

M. GEORGES PICOT

Membre de l'Institut

LYON

IMPRIMERIE & LITHOGRAPHIE DU SALUT PUBLIC

71, Rue Molière, 71

—

1895

PREMIER CONGRÈS

DE LA

PROPRIÉTÉ BATIE DE FRANCE

CONGRÈS

DE LA

PROPRIÉTÉ BATIE DE FRANCE

Lyon, 6, 7, 8 et 9 Août 1894

SOUS LE PATRONAGE DE

L'Union des Chambres Syndicales de la Propriété bâtie de France

ET SOUS LA PRÉSIDENCE DE

M. GEORGES PICOT

Membre de l'Institut

COMPTE RENDU STÉNOGRAPHIQUE

LYON

IMPRIMERIE & LITHOGRAPHIE DU SALUT PUBLIC

71, Rue Molière, 71

1895

PARTIE PRÉLIMINAIRE

RÈGLEMENT GÉNÉRAL

I. — But du Congrès.

Art. 1. — Un Congrès de la Propriété bâtie de France se tiendra à Lyon sous le patronage de l'Union des Chambres Syndicales de la Propriété bâtie de France les 6, 7, 8 et 9 août 1894.

Art. 2. — Le but de ce Congrès est de réunir à Lyon, au moment de l'Exposition Universelle, les propriétaires de maisons, et, d'une façon générale, toutes les personnes qui voudront discuter les questions intéressant la propriété bâtie dans notre pays.

Art. 3. — Les administrations, les corps constitués, les Sociétés d'Economie politique et sociale, les Chambres de notaires, d'avoués, etc..., les Facultés et Écoles spéciales, les Syndicats d'architectes, d'entrepreneurs, etc... sont invités à prêter leur concours à cette œuvre, et à s'y faire représenter par des délégués. Cette invitation est adressée individuellement à toutes les personnes que leur situation, leurs fonctions, leurs travaux, dirigent vers l'étude de cette branche de la fortune nationale.

II. — Travaux du Congrès.

Art. 4. — Le comité d'organisation a résolu d'appeler particulièrement la discussion sur un certain nombre de questions dont le programme général est annexé au présent règlement. Pour chacune d'elles, un mémoire, rédigé par des rapporteurs spéciaux, sera, si les ressources le permettent, adressé aux adhérents avant l'ouverture du Congrès.

Art. 5. — Néanmoins, des mémoires complémentaires, portant sur les questions figurant à l'ordre du jour, pourront être soumis aux délibérations du Congrès. Les auteurs seront tenus d'envoyer leurs mémoires au moins un mois à l'avance. Le comité d'organisation demeurera juge de l'opportunité de chaque communication.

Art. 6. — Le Congrès a à sa tête un bureau général désigné à l'avance.

Art. 7. — Chacune des Sections, entre lesquelles sont réparties les questions figurant à l'ordre du jour, est dirigée par un bureau spécial composé d'un président, d'un ou plusieurs vice-présidents et d'un ou plusieurs secrétaires.

Art. 8. — Le titre de membre d'honneur du Congrès peut être décerné par le Comité d'organisation.

Art. 9. — Le Congrès tiendra deux séances par jour, la première à 8 h. 1/2 du matin et la seconde à 2 heures.

Art. 10. — Au cours de la discussion, les discours ne pourront durer plus de 15 minutes, à moins que l'assemblée consultée n'en décide autrement. Le même orateur ne pourra parler plus de deux fois sur le même sujet.

Art. 11. — Les travaux du Congrès seront recueillis et publiés sous la direction du Comité d'organisation, qui se réserve le droit de limiter l'étendue de chaque publication. Chaque orateur pourra donner au secrétariat, dans la journée, le résumé de sa communication ou de ses observations.

III. — Organisation et Composition du Congrès.

Art. 12. — Le Congrès se compose des membres adhérents.

Art. 13. — Les dames peuvent être membres du Congrès.

Art. 14. — Les membres adhérents seront soumis à une cotisation de dix francs. Ils auront droit à toutes les publications du Congrès.

Art. 15. — Les membres adhérents au Congrès pourront seuls prendre part aux discussions et délibérations, présenter des travaux et des mémoires. Ils recevront une carte personnelle, qui leur sera délivrée par les soins du Comité d'organisation.

Art. 16. — Une réduction de 50 0/0 sur les prix du transport sera demandée aux Compagnies de chemins de fer. Pour en bénéficier, chaque adhérent devra faire connaître au secrétariat général du Congrès, avant le 15 juillet, son nom, sa gare de départ et son itinéraire.

Art. 17. — Un grand banquet par souscription réunira, à l'issue du Congrès, à 7 heures du soir, les adhérents qui voudront bien se faire inscrire pour y participer.

PLAN DU CONGRÈS

Programme des Travaux

LUNDI, 6 AOUT

SÉANCE DU MATIN. — *Ouverture* du Congrès. — Allocution du Président. — Organisation définitive du Congrès.

SÉANCE DU SOIR. — Discussion des questions portées à la Section I : *Les Impôts sur la propriété bâtie.*

MARDI, 7 AOUT

SÉANCE DU MATIN. — Discussion des questions portées à la Section II : *Les livres fonciers et la réforme hypothécaire.*

SÉANCE DU SOIR. — Discussion des questions portées à la Section III : *La suppression des Octrois, les taxes de remplacement et la propriété bâtie.*

MERCREDI, 8 AOUT

SÉANCE DU MATIN. — Discussion des questions portées à la Section IV : *Rapports de la propriété bâtie avec les Villes, les Compagnies concessionnaires de services publics, les Administrations.*

SÉANCE DU SOIR. — Discussion des questions portées à la Section V : *La législation immobilière.*

JEUDI, 9 AOUT

SÉANCE DU MATIN. — Discussion des questions portées à la Section VI : *Hygiène et Prévoyance.*

SÉANCE DU SOIR. — *Séance de clôture.* — Lecture des Vœux et Ordres du jour des Sections et Vote.

A 7 HEURES DU SOIR. — *Banquet* du Congrès de la Propriété bâtie *(par souscription).*

SÉANCES DES SECTIONS

Questions posées. — Bureaux.

SECTION I

LES IMPOTS SUR LA PROPRIÉTÉ BATIE

Impôt foncier *(Quotité ou Répartition)*. — Impôt des portes et fenêtres *(son remplacement)*. — Contribution mobilière *(sa transformation)*. — Impôt unique ou Impôt sur le Revenu *(Proportionnalité, Progressivité)*. — Comparaison de la propriété immobilière et de la propriété mobilière au point de vue des charges fiscales.

BUREAU :

PRÉSIDENT: M. L. ENOU, avocat à la Cour d'appel de Lyon, professeur à la Faculté de Droit de Lyon.

VICE-PRÉSIDENTS : MM. le Commandant HOCQUET, vice-président de l'Union des Propriétaires Fonciers de Saint-Germain-en-Laye et du Pecq ;
LARSONNEAU, ancien officier ministériel, vice-président de la Chambre syndicale des Propriétés immobilières de la Ville de Paris.

SECRÉTAIRES : MM. Louis CHARDINY, docteur en droit, avocat à la Cour d'Appel de Lyon :
DE BOULONGNE, avocat à la Cour d'Appel de Paris.

RAPPORTEURS:

MM.

DE BOULONGNE, avocat à la Cour d'Appel de Paris: *L'Impôt des portes et fenêtres ; son maintien ; son remplacement par une nouvelle taxe ou sa suppression.*

A. VACHEZ, docteur en droit, ancien bâtonnier de l'Ordre des Avocats de Lyon: *Les projets d'impôts sur la propriété bâtie.*

Louis CHARDINY, docteur en droit, avocat à la Cour d'Appel de Lyon: *Comparaison de la propriété immobilière et de la propriété mobilière au point de vue des charges fiscales.*

SECTION II

LES LIVRES FONCIERS ET LA RÉFORME HYPOTHÉCAIRE.

Etablissement et rôle des Livres fonciers: *force probante*. — Réfection du Cadastre. — Registres hypothécaires. — Transmission et mobilisation de la propriété. — Crédit immobilier. — Droits d'enregistrement. — Convient-il de remplacer l'impôt à chaque mutation par un impôt permanent sur la jouissance?

BUREAU:

PRÉSIDENT: M. YVES GUYOT, publiciste, ancien ministre.

VICE-PRÉSIDENTS: MM. CHALLAMEL, docteur en droit, avocat à la Cour d'Appel de Paris;

E. CHEYSSON, inspecteur des Ponts et Chaussées, directeur des cartes, plans, etc., au Ministère des Travaux publics, membre du Conseil supérieur de statistique.

SECRÉTAIRES: MM. PAUL PIC, professeur à la Faculté de droit de Lyon; CHARLES BROUILHET, licencié ès-lettres, avocat à la Cour d'Appel de Lyon.

RAPPORTEURS:

MM.

MIMEREL, avocat à la Cour de Cassation et au Conseil d'Etat: *Le Livre foncier et la revision du cadastre.*

PAUL PIC, professeur à la Faculté de droit de Lyon et CHARLES BROUILHET, licencié ès-lettres, avocat à la Cour d'Appel de Lyon: *Des livres fonciers en général et, en particulier, de leur application à la propriété bâtie.*

G. VACHER, notaire à Lyon: *Le régime hypothécaire.*

GARRAUD, avocat à la Cour d'Appel, professeur à la Faculté de Droit de Lyon: *Les Droits d'enregistrement. — Convient-il de remplacer l'impôt à chaque mutation par un impôt permanent sur la jouissance!*

SECTION III

LA SUPPRESSION DES OCTROIS, LES TAXES DE REMPLACEMENT ET LA PROPRIÉTÉ
BATIE.

Arguments en faveur du maintien des octrois : *le statu quo amélioré*. —
Arguments en faveur de la suppression des octrois : Improportionnalité,
Vexation, Perception coûteuse. — Les taxes de remplacement doivent-elles
être communales ou générales ? — La taxe sur la valeur vénale de la propriété. — Examen critique des divers projets.

BUREAU :

PRÉSIDENT : M. JULES VALLY, manufacturier, président de la Chambre
syndicale des Propriétés immobilières de la ville de Lyon.

VICE-PRÉSIDENTS : MM. A.-E. DUFOUR, ancien magistrat, membre du Conseil
d'administration de la Chambre syndicale des Propriétés immobilières
de la ville de Paris ;

BRUN, président de la Chambre syndicale des propriétés bâties de la
ville de Vienne.

SECRÉTAIRES : MM. EUGÈNE BRIZON, conseiller municipal, président du
Syndicat des entrepreneurs de bâtiments de la ville de Lyon ;

A. HAUMONT, avocat, professeur de Droit Commercial et d'Economie politique à l'Ecole supérieure de Commerce, membre du Conseil
d'administration du Syndicat des propriétaires et constructeurs du
Havre.

RAPPORTEURS :

MM.

J.-B. PEY, secrétaire de la Chambre syndicale des Propriétés Immobilières de la ville de Lyon, secrétaire de l'Union des Chambres syndicales lyonnaises : *La suppression des octrois.*

LÉOPOLD MOURGUES, ancien notaire, directeur de la Chambre syndicale des
Propriétés immobilières de la ville de Paris : *La suppression des Octrois
et la Ville de Paris.*

H. BERTHÉLEMY, adjoint au Maire, professeur à la Faculté de Droit de
Lyon : *La question des Octrois et la Ville de Lyon.*

AUGUSTE PETIT, vice-président de la Chambre syndicale des propriétaires
de maisons d'Amiens : *La suppression des Octrois.*

A. HAUMONT, avocat, professeur de Droit commercial et d'Economie
politique à l'Ecole supérieure de Commerce du Havre : *La question des
Octrois.*

SECTION IV

RAPPORTS DE LA PROPRIÉTÉ BATIE AVEC LES VILLES, LES COMPAGNIES CONCESSION-
NAIRES DE SERVICES PUBLICS, LES ADMINISTRATIONS.

De la Voirie dans ses rapports avec la propriété privée. — Constructions
et réparations d'immeubles longeant la voie publique. — Des passages
privés dans les villes. — Taxes municipales : Trottoirs, Balayage, Vidange
(*Droits de stationnement*), Egouts, Eaux, Gaz et Electricité...

BUREAU :

PRÉSIDENT : M. FÉLIX RICHER, architecte, président du Syndicat des
propriétaires et constructeurs du Havre.

VICE-PRÉSIDENTS : MM. A. VACHEZ, docteur en droit, ancien bâtonnier de
l'Ordre des avocats de Lyon ;

BELLAN, architecte, trésorier de la Chambre syndicale des Propriétés immobilières de la Ville de Paris.

SECRÉTAIRES : MM. P. GOMBAULT, vice-président de l'Union des propriétaires fonciers de Saint-Germain-en-Laye et du Pecq ;

J.-B. PEY, secrétaire de la Chambre syndicale des Propriétés immobilières de la ville de Lyon, secrétaire de l'Union des Chambres
syndicales lyonnaises.

RAPPORTEURS :

MM.

ANDRÉ BELLEMAIN, architecte à Lyon : *De la voirie dans ses rapports
avec la propriété privée.*

L. ENOU, avocat à la Cour d'appel de Lyon, professeur à la Faculté de droit
de Lyon : *Les servitudes de voirie.*

RENÉ LAIGNEL, avocat, membre du Conseil d'Administration de la Chambre
syndicale des propriétaires et constructeurs du Havre : *Constructions
et réparations d'immeubles longeant la voie publique.*

EMILE BAGNARD, membre du Conseil d'administration des propriétaires de
maisons d'Amiens : *Les passages privés dans les villes.*

A. RUBELLIN, avocat à la Cour d'appel de Lyon : *Les taxes municipales.*

EDMOND BADOIS, ingénieur hydraulicien à Paris : *Les taxes municipales
et l'assainissement général des villes : Vidanges, Eaux, Egouts.*

JEAN TAVERNIER, avocat à la Cour d'appel de Lyon : *Les taxes municipales : Droits de stationnement pour les vidanges.*

SECTION V

LA LÉGISLATION IMMOBILIÈRE

1° Du privilège des propriétaires ; Loyers d'avance ; Déménagement furtif. — 2° Responsabilité des propriétaires : En matière d'impôts ; Vis-à-vis de la Régie ; En cas d'infraction par le locataire aux arrêtés de police. — 3° Responsabilité en cas d'incendie ; Assurances et contre-assurances ; Projet de réforme du contrat d'assurances. — 4° Immeubles construits sur le terrain d'autrui ; Location des terrains des Hospices civils de Lyon : Baux à long terme. — 5° Procédure de saisie-gagerie ; Référé en matière d'expulsion ; Congé et expulsion ; Extension de la compétence du juge de paix ; Réduction des frais ; Contribution. — 6° Vente d'immeubles ; Droits de mutation ; Procédure en matière immobilière ; Partage amiable ; Echange ; Ordre ; Réduction des frais.

BUREAU :

PRÉSIDENT : M. GEORGES DELOISON, avocat à la Cour d'appel de Paris, président de l'Union des Chambres syndicales de la propriété bâtie de France.

VICE-PRÉSIDENTS : MM. J. DUPAY, président de l'Union immobilière et foncière de Versailles ;

LESUR, docteur en droit, avocat à la Cour de Cassation et au Conseil d'Etat ;

DUFAU, président du Syndicat des Propriétaires de la ville de Bordeaux.

SECRÉTAIRES : MM. O. FLURER, avocat à la Cour d'appel de Lyon, professeur à la Faculté de droit de Lyon ;

GOUJON, avocat à la Cour d'appel de Paris, directeur du recueil *La Collection complète des Lois*.

RAPPORTEURS :

MM.

GOUJON, avocat à la Cour d'appel de Paris, directeur du recueil « La Collection complète des Lois » : *Du privilège du bailleur ; Loyers d'avance ; Déménagement furtif.* (1re question.)

SECTION VI

L'hygiène de la maison. — Logements insalubres. — Les habitations ouvrières et à bon marché (*projet de loi*). — Les *Building Societies*. — Le *Homestead*. — Caisse des Loyers pour les Ouvriers.

BUREAU :

Président : M. Félix MANGINI, ingénieur, président de la Société des logements économiques de Lyon.

Vice-Présidents : MM. Le Dr ROUX, directeur du bureau municipal d'hygiène de Lyon ;

De CASTERAN, docteur en droit, chef du contentieux de la Banque Parisienne, secrétaire du Syndicat des propriétaires et principaux locataires du Vésinet (Seine-et-Oise).

Secrétaires : MM. PETIT, vice-président de la Chambre syndicale des propriétaires de maisons d'Amiens ;

Francisque AYNARD, secrétaire de la Société d'Economie politique de Lyon.

RAPPORTEURS :

MM.

Le Dr CAZENEUVE, conseiller général du Rhône, professeur à la Faculté de médecine et de pharmacie de Lyon : *L'hygiène de la maison et les logements insalubres.*

Le Dr GABRIEL ROUX, directeur du bureau municipal d'hygiène de Lyon, professeur agrégé à la Faculté de médecine : *Des causes de contamination et des moyens d'assainissement et de désinfection de l'habitation.*

L. ROGNIAT, architecte, administrateur de la Chambre syndicale des Propriétés immobilières de la Ville de Lyon : *L'hygiène du bâtiment.*

BOULLAY, docteur en droit, avocat à la Cour d'appel de Paris : *Les logements insalubres.*

De CASTERAN, docteur en droit, chef du contentieux de la Banque Parisienne, secrétaire du Syndicat des propriétaires et des principaux locataires du Vésinet (Seine-et-Oise) : *Les habitations ouvrières ou logements à bon marché.*

RAPPORTS PRÉSENTÉS AU CONGRÈS

27. Les Logements à bon marché... par M. G. de Casteran, Docteur en Droit, Avocat, chef du Contentieux de la Banque Parisienne. 86 pp.

28. La Société anonyme des logements économiques de Lyon... par M. A. Gourd, Docteur en Droit, Avocat à la Cour d'Appel de Lyon, Conseiller général du Rhône. 11 pp.

29. Les Sociétés de Construction à l'étranger ; services qu'elles ont rendus en Angleterre, aux Etats-Unis ; Crises qu'elles ont traversées... par M. Arthur Raffalovich, Correspondant de l'Institut de France. 12 pp.

30. Les Building Societies et les moyens de faciliter, en France, l'acquisition de petites maisons d'habitation... par M. A. Chavassieu, ancien Percepteur, membre du Conseil d'Administration de la Chambre syndicale des Propriétés immobilières de la Ville de Lyon. 20 pp.

31. La Caisse des loyers pour les ouvriers... par M. Georges Deloison Avocat à la Cour d'Appel de Paris, Président de l'Union des Chambres Syndicales des propriétés bâties de France. 20 pp.

BUREAU DU CONGRÈS

Présidents d'honneur :

MM.

Edouard AYNARD, député du Rhône, président de la Chambre de Commerce de Lyon ;

H. BERTHÉLEMY, adjoint au Maire de Lyon, professeur à la Faculté de Droit de Lyon ;

BOUCHER D'ARGIS, conseiller général, président d'honneur de l'Union des Chambres Syndicales de la Propriété bâtie de France ;

Emile BOUTIN, conseiller d'Etat, directeur général des contributions directes.

Yves GUYOT, ancien ministre, ancien président du Congrès international pour l'étude de la transmission de la Propriété foncière.

Edouard MILLAUD, sénateur du Rhône, ancien ministre, vice-président de la Commission extra-parlementaire du Cadastre.

Léon SAY, député, ancien ministre, membre de l'Académie Française et de l'Académie des Sciences Morales et Politiques, président de la Commission extra-parlementaire du cadastre.

Président :

M.

Georges PICOT, membre de l'Institut.

Vice-Présidents :

MM.

Georges DELOISON, avocat à la Cour d'appel de Paris, président de l'Union des Chambres syndicales de la Propriété bâtie de France ;

L. ENOU, avocat à la Cour d'appel de Lyon, professeur à la Faculté de Droit de Lyon.

Félix MANGINI, ingénieur, président de la Société des Logements économiques de Lyon ;

Félix RICHER, architecte, président du Syndicat des Propriétaires et Constructeurs du Havre,

Jules VALLY, manufacturier, président de la Chambre syndicale des Propriétés Immobilières de la Ville de Lyon et de sa banlieue.

Secrétaire général :

M.

Joanny GROSSET, licencié ès-lettres, directeur général de la Chambre syndicale des Propriétés Immobilières de la Ville de Lyon et de sa banlieue.

Secrétaire général adjoint :

M.

Léopold MOURGUES, ancien notaire, directeur de la Chambre syndicale des Propriétés Immobilières de la Ville de Paris.

Secrétaires :

MM.

Eugène BRIZON, conseiller municipal de Lyon, président du Syndicat des Entrepreneurs de Bâtiments de la Ville de Lyon ;

O. FLURER, avocat à la Cour d'appel de Lyon, professeur à la Faculté de Droit de Lyon ;

A. PETIT, secrétaire adjoint de l'Union des Chambres syndicales de la Propriété bâtie de France ; vice-président de la Chambre syndicale des Propriétaires de maisons d'Amiens ;

P. GOMBAULT, vice-président de l'Union des Propriétaires Fonciers de Saint-Germain-en-Laye et du Pecq ;

Paul PIC, professeur à la Faculté de Droit de Lyon ;

Louis CHARDINY, avocat à la Cour d'appel de Lyon, docteur en droit.

MEMBRES D'HONNEUR

MM.

Gaspard ANDRÉ, président de la Société académique d'Architecture du Rhône ;

Maurice BLOCK, membre de l'Institut ;

A. BONNET, directeur de l'Enregistrement, des Domaines et du Timbre à Lyon ;

BRAC DE LA PERRIÈRE, doyen de la Faculté catholique de Droit de Lyon ;

Ernest BRELAY, publiciste, rédacteur à l'*Economiste Français* ;

Exupère CAILLEMER, doyen de la Faculté de Droit de Lyon ;

Aug. CHABRIÈRES, président de l'Union des Chambres syndicales Lyonnaises ;

E. DAMOUR, président de la Chambre des avoués de première instance de Lyon ;

DELAIRE, secrétaire général de la Société d'Economie Sociale et des Unions de la Paix sociale, à Paris ;

DUBREUIL, bâtonnier de l'Ordre des avocats de Lyon ;

Auguste ISAAC, président de la Société d'Economie Politique et Sociale de Lyon ;

Paul LEROY-BEAULIEU, directeur de l'*Economiste Français* ;

L. LORTET, doyen de la Faculté de Médecine et de Pharmacie de Lyon ;

Marc MAUREL, président de la Société d'Economie Politique de Bordeaux ;

J.-A. MESTRALLET, président de la Chambre des Notaires de Lyon ;

G. de MOLINARI, correspondant de l'Institut, rédacteur en chef du *Journal des Economistes* ;

Léonce PARMENTIER, directeur des Contributions directes du département du Rhône ;

Frédéric PASSY, membre de l'Institut, président de la Société d'Economie politique de Paris ;

P. POMMIER, président de la Chambre des Avoués près la Cour d'appel de Lyon.

LISTE DES MEMBRES DU CONGRÈS

MM.

ACHARD, propriétaire, 167, cours Lafayette, Lyon.

ALEX, Ferdinand, horloger-bijoutier, 48, rue Garibaldi, Lyon.

ALGOUD, H., fabricant de soieries, 3, rue du Griffon, Lyon.

ALLARD, Charles, apprêteur, 81, rue de la Guillotière, Lyon.

ALLEMAND, propriétaire, Vienne (Isère).

ANDRÉ, Gaspard, président de la Société Académique d'Architecture de Lyon, 82, avenue de Saxe, Lyon.

ANTOINE, propriétaire, 5, place des Minimes, Lyon.

ARAUD, A., ancien fabricant de soieries, 21, cours Morand, Lyon.

ARCHINET ET GUIBAL, régisseurs, 27, rue Centrale, Lyon.

ARCHITECTES FRANÇAIS (Société centrale des), Paris.

AROUD, François, propriétaire, 31, cours des Chartreux, Lyon.

AULAS (Mme Vre), propriétaire, 61, rue Cuvier, Lyon.

AURARD, J.-B.-Henri, propriétaire-rentier, 21, cours de la Liberté, Lyon.

AYNARD, Edouard, Député du Rhône.

AYNARD, Francisque, banquier, 19, rue de la République, Lyon.

AYNARD, Marc, banquier, 19, rue de la République, Lyon.

BABORIER, Albert, notaire, à Saint-Marcellin (Isère).

BADIN, Joseph, propriétaire, aux Abrets, canton du Pont-de-Beauvoisin (Isère).

BADOIS, Edmond-Alexandre, Ingénieur-hydraulicien, 12, rue Blanche, Paris.

BAGNARD, Emile, propriétaire, Membre du Syndicat des Propriétaires de maisons d'Amiens, Barrière du Gayant, Amiens.

BALLY, Fernand, notaire, à Voiron (Isère).

BARDOUX, Martin, Administrateur des Contributions directes (Ministère des Finances), 8, avenue d'Orléans, Paris.

BAUDET, Pierre, régisseur, 87, rue de la République, Lyon.

BAYLE, Emile-Abel, notaire, à Saint-Romans en Royans (Isère).

BEAUDESSON, Louis-Alexandre, Directeur des Contributions directes, Membre de la Commission extra-parlementaire du Cadastre, 31, rue de la Source, Nancy.

BELLE, C., négociant, 119, rue Bugeaud, Lyon.

BELLE JARDINIÈRE (maison de la), Ch. BESSAND, ROCHARD et Cie, LADIESSE, gérant, 11, rue du Bât-d'Argent, Lyon.

BELLEMAIN, architecte, délégué de la *Société centrale des Architectes français*, 148, rue Vendôme, Lyon.

BELLEMIN-NOEL, régisseur, 11, quai des Brotteaux, Lyon.

BELLAN, Edmond, trésorier de la Chambre syndicale de Paris, 8, rue de Hanovre, Paris.

BENOIT, Louis, architecte, 2, quai de Bondy, Lyon.

BERGÈS, Aristide, ingénieur civil, 5, rue Sainte-Catherine, Lyon.

BERNARD, Adolphe, secrétaire général de la Chambre syndicale des Propriétés Immobilières de Besançon, 19, rue Battant, Besançon.

BERNARD, C., propriétaire-rentier, 123, rue Corne-de-Cerf, Lyon.

BERNARD, Ernest, propriétaire-rentier, 73, avenue de Saxe, Lyon.

BERTHÉLEMY, Henri, professeur à la Faculté de Droit, adjoint au maire de Lyon, 10, quai de la Guillotière, Lyon.

BERTRAND, Frédéric, président du groupe des Chambres syndicales de l'Industrie et du Bâtiment de la Ville de Paris et du département de la Seine, 3, rue de Lutèce, Paris.

BERTRAND, H., et VOLATIER, fabricants de soieries, 27, rue Royale, Lyon.

BERTRAND, Léon, gérant d'immeubles, 15, rue Mercière, Lyon.

BÉRUT, Flavien, à Livron (Drôme).

BIROT, notaire, 8, place Bellecour, Lyon.

BISSUEL, Edouard, architecte, 27, place de la Comédie, Lyon.

BITSCH, Adolphe, avocat, docteur en Droit, ancien secrétaire du Congrès International de la propriété foncière, à Vitry-le-François (Marne).

BLANC, Edouard, propriétaire, ancien magistrat, 21, place Bellecour, Lyon.

BOIRIVANT, Jean, architecte, 8, rue Jean-de-Tournes, Lyon.

BOIRON (Mme Vve), propriétaire, 119, rue Servient, Lyon.

BONJEAN, Joseph, avoué, 5, cours Romestang, Vienne.

BONNANGE, Victor, directeur de la Société d'Etudes pour l'assurance contre la non-location, 33, rue Saint-Pierre, Lyon.

BONNET, Aimé-Jean-François, notaire, à Valence (Drôme).

BONNET Alphonse, Directeur de l'enregistrement, 27, cours de la Liberté, Lyon.

BONNET, L., propriétaire, 5, rue Jarente, Lyon.

BORD, Vice-président de la Société Syndicale des Propriétaires de la Ville de Bordeaux, 41, rue St-Clair, Bordeaux.

BORY, F., manufacturier, propriétaire, 11, rue St-Amour, Lyon.

BOUCHER D'ARGIS, Président de la Chambre Syndicale des Propriétaires de Paris, 135, boulevard Haussmann, Paris.

BOULLAY, Ch., avocat à la Cour d'appel, 26, rue Joubert, Paris.

BOULONGNE (Paul de), avocat à la Cour d'appel, 64, rue de Miromesnil, Paris.

BOURDIN, Camille, propriétaire, 4, rue Bissardon, Lyon.

BOURGEOIS, Eugène-Léon-Charles, docteur en droit, avocat à la Cour d'appel de Paris, 74, boulevard Bourdon, Neuilly-sur-Seine.

BOURLIONNE, François, propriétaire, 15, rue du Mont-d'Or, Lyon.

BOUTHÉON, Florian, propriétaire, ancien président de la Chambre Syndicale des propriétés immobilières de la Ville de Lyon et de sa banlieue, 11, rue Pizay, Lyon.

BOUTIN, Emile, conseiller d'Etat, directeur général des Contributions directes, 174, rue de Rivoli, Paris.

BOUVARD, Eugène, négociant, administrateur de l'École des Beaux-arts, 26, place Tolozan, Lyon.

BOUVARD, Pierre, propriétaire, à Ternay (Loire).

BOUVIER, propriétaire, 139, Grande-rue de la Guillotière, Lyon.

BRAINE, Auguste, notaire honoraire, 6, rue du Collège, Arras.

BRAISSAND, 26, quai St-Vincent, Lyon.

BREITTMAYER, Paul-Albert, propriétaire, 8, quai de l'Est, Lyon.

BRIZON, Eugène, président de la Chambre Syndicale des entrepreneurs de bâtiments de la ville de Lyon, 118, rue de Sèze, Lyon.

BROUILHET, Charles, avocat à la Cour d'appel, 31, quai Saint-Vincent, Lyon.

BRUN, président de la Chambre Syndicale des propriétaires de Vienne (Isère).

BRUNARD, Jules, propriétaire, entrepreneur, 26, Grande-rue de la Guillotière, Lyon.

BURELLE, Emile, propriétaire, 20, rue Gasparin, Lyon.

BURRIEN, régisseur, 13, rue Bugeaud, Lyon.

BUTIGNOT, François, propriétaire, à Saint-Fons (Rhône).

CADET, Alexandre, architecte, 77, rue Ney, Lyon.

CAILLEMER, Exupère, doyen de la Faculté de Droit de Lyon, 31, rue Victor-Hugo, Lyon.

CAMBEFORT, G., propriétaire, commissionnaire en soieries, 1, rue de la République, Lyon.

CAMBEFORT, J., banquier, 13, rue de la République, Lyon.

CARRON, propriétaire, gérant d'immeubles, 1, rue du Plâtre, Lyon.

CASTERAN (Gaston de), docteur en Droit, 19, rue Labruyère, Paris.

CAZENEUVE, Paul, professeur à la Faculté de Médecine, conseiller général du Rhône, 21, quai Saint-Vincent, Lyon.

CHABRIÈRES, Auguste, président de l'Union des Chambres syndicales lyonnaises, 35, place Bellecour, Lyon.

CHABRIÈRES, Maurice, trésorier-payeur général, 59, rue Molière, Lyon.

CHABRY, Albert, ancien notaire, à Maringues (Puy-de-Dôme).

CHACHUAT, Edouard, notaire, 9, place des Terreaux, Lyon.

CHALLAMEL Jules, avocat à la Cour d'Appel de Paris, 7, rue Rouget-de-l'Isle, Paris.

CHALLAMEL (Mme J.), 7, rue Rouget-de-l'Isle, Paris.

CHALVET, Paul, docteur en Droit, Administrateur-Directeur de la Compagnie Foncière de France, Vice-président de la Société de statistique de Paris, 366, rue Saint-Honoré, Paris.

CHAMBOT, Etienne, propriétaire, 4, rue Saint-Jean, Lyon.

CHAMBOT, propriétaire, à Vienne (Isère).

CHAMPALLIER, régisseur, 27, cours Vitton, Lyon.

CHAPPELAT, François, propriétaire, 235, rue de Créqui, Lyon.

CHARBONNIER (Mme Vve), propriétaire, 22, rue Neuve Saint-Michel, Lyon.

CHARDINY, C., notaire, 7, rue Neuve, Lyon.

CHARDINY, Louis, avocat à la Cour d'Appel de Lyon, 25, quai Tilsitt, Lyon.

CHARMOND, propriétaire, 23, rue Rabelais, Lyon.

Chavassieu, Antonin, propriétaire, ancien percepteur, 38, cours Morand, Lyon.

Chavent, Louis, fabricant de soieries, 1, rue du Théâtre, Lyon.

Chenevay, Joseph, propriétaire-sculpteur, 87, rue de Vauban, Lyon.

Cheysson, E., inspecteur général des Ponts et Chaussées, 115, boulevard St-Germain, Paris.

Chion, constructeur de chaudronnerie, 18, chemin de la Searonne, Lyon.

Chobert, Joseph, secrétaire général et professeur de droit à l'Institut catholique, 78, rue d'Assas, Paris.

Clermont, Claude, propriétaire, entrepreneur, 79, rue Vauban, Lyon.

Clermont, F., propriétaire, architecte, 17, rue Neuve, Lyon.

Clet, J., huissier, 20, rue d'Algérie, Lyon.

Coignet, Jean, propriétaire, 2, rue Cuvier, Lyon.

Coint-Bavarot, Pierre, fabricant de peignes à tisser, 22, rue des Capucins, Lyon.

Cordier, Edmond, notaire, président de la Chambre des notaires d'Arras, à Foncquevillers (Pas-de-Calais).

Cote, Jean, fabricant de soieries, 19, cours Morand, Lyon.

Cottin, Cyrille, propriétaire-rentier, 19, place Bellecour, Lyon.

Courtieu, Pierre, propriétaire, 14, quai de l'industrie, à Lyon-Saint-Rambert.

Crochet, (L.), propriétaire, 2, rue Constantine, Lyon.

Cusin, J., propriétaire, 27, rue de Sèze, Lyon.

Danger, Paul, secrétaire général de la Société nationale des géomètres de France, Président de la Chambre syndicale des géomètres de Seine-et-Oise, 26, rue St-Antoine, Etampes (Seine-et-Oise).

Darantière, Arthur, notaire honoraire, à Dijon (Côte-d'Or).

Dargent, Raymond, avocat à la Cour d'appel de Paris, 51, rue de Miromesnil, Paris.

David, Léon-Auguste, propriétaire, à St-Symphorien-d'Ozon (Isère).

Deblast, propriétaire, 16, rue Franklin, Lyon.

Delagrave, Ch., éditeur à Paris.

Delassus, Alfred, propriétaire, vice-président du Syndicat des propriétaires de maisons d'Amiens, 34, rue du Grand-Vidame, Amiens.

Deloison, Julien-Georges, avocat à la Cour d'appel de Paris, président de l'Union des chambres syndicales des propriétés bâties de France, 67, rue Miromesnil, Paris.

Demaison, Francis, propriétaire-imprimeur, 101, grande rue de la Guillotière, Lyon.

Denavit, ancien agent de change, directeur de la Bourse au Crédit Lyonnais, Paris.

Denuelle (Mme Vve), propriétaire à Lyon, 5, boulevard Denain, Paris.

Dervieux, A., propriétaire, à Vienne (Isère).

Desjardins, Paul, architecte du Gouvernement, 28, rue d'Enghien, Lyon.

Devaux, Désiré, receveur de rentes et secrétaire-trésorier du syndicat des propriétaires de maisons d'Amiens, 29, rue des Saintes-Maries, Amiens.

Dorey, Fernand, propriétaire, 17, grande rue, Saint-Marcellin (Isère).

Douce, Paul, notaire, 24, rue de l'Université, Reims.

Dousseau, propriétaire, 41, rue de Béarn, Lyon.

Drevet, Xavier, libraire, directeur du *Dauphiné* et du *Bibliophile du Dauphiné*, 14, rue Lafayette, Grenoble (Isère).

Dubost, Louis-Fernand, notaire, à Vichy (Allier).

Duchêne, Louis, propriétaire, 2, place du Pont, Lyon.

Dufêtre, Georges, négociant, 18, rue des Capucins, Lyon.

Dufour, ancien magistrat, administrateur de la Chambre syndicale de Paris, 23, rue de Saint-Quentin, Paris.

Dufourmantelle, Paul, avocat au Conseil d'Etat et à la Cour de Cassation, 130, rue de Rennes, Paris.

Dumond, Jules, directeur de la Caisse d'Epargne de Lyon, 14, rue Gentil, Lyon.

Dupay, Joachim-Armand, président de l'Union immobilière et foncière, Conseiller municipal de Versailles, 82, rue de la Paroisse, Versailles.

Dupont, Louis, architecte de la Ville, à Epernay (Marne).

Duquaire, Victor, avocat, 27, quai de l'Archevêché, Lyon.

Durand, Georges, fabricant de foulards, 19, rue de l'Arbre-Sec, Lyon.

Durand, Jean, propriétaire, 6, rue Voltaire, Lyon.

Durand, L , propriétaire, 18, cours Vitton, Lyon.

Duret, Philibert, avoué, à Vienne (Isère).

Durif, Xavier, avocat à la Cour d'Appel de Lyon, 19, quai de l'Archevêché, Lyon.

Duvand, Auguste, propriétaire, 29, rue Basses-Verchères, Lyon.

Echinard, Eugène-Prosper, notaire, délégué par la Chambre de discipline des notaires de Vienne (Isère), à Faramans, canton de la Côte-Saint-André (Isère).

Enou, L., avocat, professeur à la Faculté de droit, 10, rue Vaubecour, Lyon.

Fabre (Mme Vve), propriétaire, 47, rue Montbernard, Lyon.

Fangier, Adrien-Edouard, propriétaire, régisseur, 61, cours de la Liberté, Lyon.

Fanton, Louis, propriétaire, architecte, 101, rue Duguesclin, Lyon.

Faurax, Léon, propriétaire, président de la Chambre syndicale de la carrosserie, 5, avenue de Noailles, Lyon.

Faure, Régis, propriétaire, 29, rue de la Rize, Lyon.

Faussemagne, François, négociant, propriétaire, 316, avenue de Saxe, Lyon.

Favard, Louis, propriétaire, à St-Priest (Isère).

Ferrand, Louis, négociant en vins et spiritueux, 17, rue Ney, Lyon.

Ferry, Olympe-Jean, propriétaire, gérant d'immeubles, 46, rue Malesherbes, Lyon.

Fessetaud fils, Jean, propriétaire, entrepreneur, 81, rue de Vauban, Lyon.

Flurer, O., avocat, professeur à la Faculté de droit, 28, rue Vaubecour, Lyon.

Fontaine, Albert, président de la Commission des contributions directes de la ville de Paris, 69, rue Monsieur-le-Prince, Paris.

Fontaine, propriétaire, 25, rue Tronchet, Paris.

FORRAT, Claude, propriétaire, 11, rue Cuvier, Lyon.

FOURNIER, A.-Léon, propriétaire, commissionnaire en soieries, 19, place Tolozan, Lyon.

FOURNIER, H., propriétaire, entrepreneur, 7, rue de la Martinière, Lyon.

FOVILLE (Alfred de), directeur de l'administration des monnaies, ancien chef au bureau de statistique du Ministère des Finances, quai Conti, Paris.

FRANCE DE TERSANT (Robert de), conservateur des hypothèques, à Dieppe.

FREYDON, propriétaire, 76, cours de la Liberté, Lyon.

GAILLEMAIN, Charles, notaire, à Epense par Givry en Argonne (Marne).

GALLAND, Louis, avocat, aux Ecassaz, près Belley (Ain).

GAMET, Marius, notaire, à Rives (Isère).

GANNET, Alphonse, propriétaire, 29, rue Montbernard, Lyon.

GARCIN, Barthélemy, délégué de la Chambre des propriétaires des 1er et 4me arrondissements, 1, place du Perron, Lyon.

GARCIN, Jacques, propriétaire, photographe, 50, rue Childebert, Lyon.

GAUTHIER, propriétaire, 19, cours Vitton, Lyon.

GAY, Antoine, 60, cours Morand, Lyon.

GAY, Président de la Chambre syndicale des Propriétés immobilières de la Ville de Marseille, Marseille.

GEOFFROY-BOUVIER, propriétaire, rue Rochebrun, Vienne (Isère).

GÉRENTET et PÉRIER, gérants d'immeubles, 20, rue Lafont, Lyon.

GILIBERT, Pierre, propriétaire, à Sainte-Blandine-sur-Vienne (Isère).

GILLET, Joseph, propriétaire-teinturier, usines de Serin, Lyon.

GIRERD, Laurent, propriétaire, 32, rue de la Madeleine, Lyon.

GODILLOT, Alexis-Georges, ingénieur civil, 50, rue d'Anjou, Paris.

GOMBAULT, Paul, vice-président de l'Union des propriétaires de Saint-Germain-en-Laye et du Pecq, 28, rue Alexandre-Dumas, Saint-Germain-en-Laye.

GONINDARD, Jean-Louis, vice-président de la Chambre syndicale des Propriétés immobilières de Lyon, 55, cours Morand, Lyon.

GONTARD, A.-F. fabricant de chaussures, propriétaire, 11, place de la République, Lyon.

GONTHARET, Michel, représentant de la Société japonaise des soies, 24, rue Pizay, Lyon.

GOUJON, Edouard, avocat à la Cour d'Appel, 65, rue d'Anjou, Paris.

GOURD, Adrien, fabricant d'étoffes de soie, 1, quai de Retz, Lyon.

GOURD, Alphonse, conseiller général, avocat à la Cour d'Appel de Lyon, 34, place Bellecour, Lyon.

GOURDIAT, F., avocat, administrateur du *Salut Public*, 15, quai Tilsitt, Lyon.

GOUYON, Jacques, propriétaire-entrepreneur, 33, cours de la Liberté, Lyon.

GRAND (Mme Vve), propriétaire, 7, rue du Peyrat, Lyon.

GRANGE, propriétaire, 43, cours de la Liberté, Lyon.

GRATALOUP, Antoine, propriétaire, 38, rue Pierre-Corneille, Lyon.

GRIFFET, François, propriétaire à ......

GRIMONET, Jean-Pierre, propriétaire-entrepreneur, 127, rue Pierre-Corneille, Lyon.

GROSJEAN, Félix, ingénieur civil des Mines, 1, place Carnot, Lyon.

Grosset, Joanny, directeur de la Chambre syndicale des propriétés immobilières de la ville de Lyon, 4, rue Cuvier, Lyon.

Grosset, Jules, trésorier de la Chambre syndicale des propriétés immobilières de la ville de Lyon, 4, rue Cuvier, Lyon.

Guérin, Ferdinand, banquier, 31, rue Puits-Gaillot, Lyon.

Guérin, Louis, propriétaire, 1, rue Cité-Part-Dieu, Lyon.

Guerpillon, Antoine, propriétaire, 110, rue Moncey, Lyon.

Guillot, notaire, à Valence (Drôme).

Guinand, J., propriétaire, 11, rue Villeroi, Lyon.

Guiraut, propriétaire, 28, allée Bontaut, Bordeaux.

Guyot, Yves, ancien ministre, ancien président du Congrès international pour l'étude de la transmission de la Propriété foncière, 95, rue de Seine, Paris.

Haumont, Jean-Amand-Victor, avocat, professeur de droit commercial et d'économie politique à l'Ecole supérieure de commerce, 1, rue de la Bourse, au Havre.

Hédelin, Charles-Edouard, notaire, à Angers.

Heintz van Laudewyck, ancien adjoint de la ville de Luxembourg, à Luxembourg.

Héraut (Mme Vve), propriétaire, 113, rue Tête-d'Or, Lyon.

Hilaret, propriétaire, à Pauliac (Gironde).

Hocquet, Auguste, chef d'escadrons de cavalerie en retraite, vice-président de l'Union des propriétaires fonciers de St-Germain-en-Laye et du Pecq (Seine-et-Oise).

Hocquet (Mme), propriétaire, au Pecq (Seine-et-Oise).

Hugues, Alexandre, fabricant de broderies, 8, rue du Plâtre, Lyon.

Humbert, Louis, propriétaire, à Champier (Isère).

Husson, propriétaire, 96, rue Pierre-Corneille, Lyon.

Isaac, Auguste, président de la Société d'économie politique, 12, quai des Brotteaux, Lyon.

Isaac, Louis, propriétaire, 1, rue de la République, Lyon.

Isaac, Maurice, fabricant de dentelles et tulles, 10, quai des Brotteaux, Lyon.

Izier, Etienne, propriétaire, au Grand-Serre (Drôme).

Jacquemin, Emile, architecte, directeur de l'Immeuble et la Construction dans l'Est, 57, rue Stanislas, Nancy.

Joly-Roussel, Florent, propriétaire et membre du syndicat des propriétaires de maisons d'Amiens, 119, rue Charles-Dubois, Amiens.

Jonquière, Jules, Directeur de la Société Foncière Lyonnaise, 21, rue de Grammont, Paris.

Jourdain, C., propriétaire, 27, rue Bleue, Paris.

Jovet, propriétaire, 36, rue Ste-Jeanne, Lyon.

Lacour, Félix, propriétaire, à Romans (Drôme).

Lafollye, Paul, architecte diplômé par le Gouvernement, 34, rue Condorcet, Paris.

Laignel, Charles-René-Ferdinand, avocat, 40, rue de Chilon, au Havre.

Landier, propriétaire, 230, rue Paul-Bert, Lyon.

Larsonneau, ancien officier ministériel, vice-président de la Chambre Syndicale de Paris, à Enghien-les-Bains (Seine-et-Oise).

Latour, propriétaire, 125, rue de Créqui, Lyon.

La Villardière (Armand de), propriétaire, à la Frette (Isère).

Le Camus, conservateur des Hypothèques de St-Quentin, 6, rue de Longueville, St-Quentin (Aisne).

Lederlin, Eugène, doyen de la Faculté de Droit de Nancy, 12 *bis*, faubourg Stanislas, Nancy.

Lefebvre, Edouard, notaire, 34, rue Tronchet, Paris.

Lehner, propriétaire, 24, rue de la Cité, Lyon.

Lestra, Antoine, propriétaire, 33, avenue de Noailles, Lyon.

Lesur, Jules, avocat au Conseil d'Etat et à la Cour de Cassation, 7, place de la Madeleine, Paris.

Létocart, Narcisse, membre du Syndicat des Propriétaires de maisons d'Amiens, 20, rue de la Dodane, Amiens.

Letord, notaire, 18, rue du Bât-d'Argent, Lyon.

Liechty, Antoine, propriétaire, 17, route de Crémieu, Lyon-Villeurbanne.

Lilienthal, marchand de soies, 19, rue du Bât-d'Argent, Lyon.

Liochon, propriétaire, 147, rue Cuvier, Lyon.

Lolier, M., propriétaire-journaliste, 22, rue Molière, Lyon.

Lolière, C., 4, rue Dubois, Lyon.

Longevialle (Louis de), avocat à la Cour de Lyon, 4, rue Sala, Lyon.

Louvard, Théophile, propriétaire, 1, rue Ménard, Versailles.

Louvier, A., notaire, 14, quai de la Pêcherie, Lyon.

Luporsi, Paul, propriétaire à Anjou (Isère).

Luvigne (Paul de), propriétaire, 11, rue du Plat, Lyon.

Maderni, Louis, trésorier de la Chambre syndicale des Propriétés immobilières de la ville de Lyon, 6, rue de la Charité, Lyon.

Mangini, Félix, propriétaire-ingénieur, 2, avenue de l'Archevêché, Lyon.

Maréchal, chef comptable chez MM. Gillet et fils, 9, quai de Serin, Lyon.

Margueron, Philippe, président de la Chambre syndicale des Propriétés immobilières des 1er et 4e arrondissements, 32, rue Victor-Hugo, Lyon.

Marteau, Félix, gérant d'immeubles, 19, rue Dubois, Lyon.

Martel, G., propriétaire, 39, rue Malesherbes, Lyon.

Martin, Georges, avocat à la Cour d'appel de Lyon, 12, quai de la Guillotière, Lyon.

Martinet, C., représentant de commerce, 44, rue Malesherbes, Lyon.

Maurel, Marc, président de la Société d'Economie politique de Bordeaux.

Mauvernay, Léon, ancien avoué, 11, quai de l'Hôpital, Lyon.

Mayet, Lucien, propriétaire, 53, rue de la Charité, Lyon.

Ménard, Joannès, gérant d'immeubles, 3, rue de l'Arbre-Sec, Lyon.

Mestrallet, J.-A., président de la Chambre des notaires de Lyon, 32, rue de l'Hôtel-de-Ville, Lyon.

Meunier, Etienne, propriétaire, 93, avenue de Saxe, Lyon.

Meunier, Pierre, propriétaire, 8, rue Desaix, Lyon.

Meunier, Pierre, propriétaire, 29, rue Fénelon, Lyon.

Miaz, Antoine, propriétaire, 71, rue Masséna, Lyon.

Mieusset, constructeur-mécanicien, 19, rue du Gazomètre, Lyon.

Million, propriétaire, 9, rue Amédée-Bonnet, Lyon.

Millot, Paul-Emile, propriétaire, à Meyzieu (Isère).

Mollier, J.-J., propriétaire, 136, rue Moncey, Lyon.

Monginoux, Emile, notaire, propriétaire, à Saint-Lallier (Isère).

Monroé, Louis, employé de banque, 4, place Grôlier, Lyon.

Montaland, J., gérant d'immeubles, président de l'Union des Gérants d'Immeubles, 33, place Bellecour, Lyon.

Moreau, Dominique, architecte, 6, rue Servient, Lyon.

Moreau (Mme veuve), propriétaire, 6, route de Champagne, Lyon.

Morel d'Arleux, Félix, propriétaire, 35, faubourg Poissonnière, Paris.

Morenas, J. notaire, ex-président de la Chambre des Notaires de l'arrondissement de Grenoble, à Allevard (Isère).

Moulin (Mme Vve), propriétaire, 47, cours Vitton, Lyon.

Mourgues, Léopold, directeur de la Chambre Syndicale des Propriétaires de Paris, 8, rue de Hanovre, Paris.

Moutin, Joseph, notaire, adjoint au maire de Montferra, suppléant du Juge de Paix de St-Geoire, Secrétaire du Syndicat agricole, à Montferra (Isère).

Muguet, Jules, notaire, 1, rue Puits-Gaillot, Lyon.

Musy, F., propriétaire, 74, chemin de Baraban, Lyon.

Naquin de Lippens, J., architecte, 20, place Carnot, Lyon.

Nann, Ch., entrepreneur, 11, rue de la Part-Dieu, Lyon.

Nérard, G., avoué de première instance, 57, rue de l'Hôtel-de-Ville, Lyon.

Neymarck, Alfred, Président de la Société de Statistique de Paris, directeur-propriétaire du *Rentier*, 18, rue Vignon, Paris.

Nizier, Mathieu, propriétaire, 33, cours Lafayette prolongé, Lyon.

Notaires des Départements (Comité des), 29, rue Le Peletier, Paris.

Olivier, Edouard, avocat, 63, boulevard du Nord, Lyon.

Origet, M., membre de la Chambre Syndicale des propriétés immobilières de Paris, 73, rue de Miromesnil, Paris.

Oyselet (Mme Vve), propriétaire, 2, rue de Thou, Lyon.

Ozier, Paul, propriétaire, 20, rue Juiverie, Lyon.

Palanchon, E., propriétaire, 88, cours Gambetta, Lyon.

Parmentier, Léonce, directeur des contributions directes du département du Rhône, 39, quai de la Charité, Lyon.

Pascal-Valluit et Cie, manufacture de draps imprimés, à Vienne (Isère).

Patey, Jean-Marie, propriétaire-rentier, 5, rue Clos-Suiphon, Lyon.

Patiaud, L., propriétaire, ingénieur-constructeur, 48, boulevard de la Part-Dieu, Lyon.

Patricot, Jean, avoué de première instance, 32, rue Grenette, Lyon.

Pauchon, Alfred, propriétaire, 5, rue du Lycée, Grenoble.

Paviot, E., directeur de la Société Coopérative des propriétaires de la Ville de Lyon, 107, rue Tronchet, Lyon.

Payet, Paul, Syndic de la Chambre de discipline des notaires de l'arrondissement de St-Marcellin, à l'Albenc (Isère).

Pégoud (Mme Vve), propriétaire, 155, rue Garibaldi, Lyon.

Peloux-Chabrey, Samuel, notaire, propriétaire, à Roybon (Isère).

Permezel, Léon, propriétaire, fabricant de soieries, 37, place Bellecour, Lyon.

Perrellon, propriétaire, 20, rue des Deux-Frères, Lyon-Villeurbanne.

Perret, J.-B., propriétaire, 55, quai Saint-Vincent, Lyon.

Perret, Vincent, propriétaire, 185, avenue des Ponts, Lyon.

Perrin, François, propriétaire, 20, rue Duquesne, Lyon.

Perrin, Jean, propriétaire, 2, chemin des Culattes, Lyon.

Perrin, Louis, propriétaire, constructeur-mécanicien, 9, rue Robert, Lyon.

Perrin, Raymond, propriétaire, à Saint-Laurent-de-Mure (Isère).

Perrin, Sainte-Marie, architecte, 25, quai Tilsitt, Lyon.

Perroncel, membre de la Société syndicale des propriétaires de la ville de Bordeaux, 37, rue du Palais-Gallien, Bordeaux.

Petit, Auguste, vice-président de la Chambre syndicale des propriétaires de maisons d'Amiens, 3, rue Porion, Amiens.

Petit, Léon, propriétaire, à Thodure, par Viriville (Isère).

Pey, J.-B., secrétaire de la Chambre syndicale des Propriétés Immobilières de la ville de Lyon, secrétaire de l'Union des Chambres syndicales lyonnaises, 30, cours Morand, Lyon.

Piat, Charles, chef du service topographique de Tunisie, ancien vice-président du Congrès de la propriété foncière (1889-1892), à Tunis.

Piaton, Maurice, ingénieur civil des Mines ; gérant de la Société de la rue de la Bourse, 19, rue de la Bourse, Lyon.

Pic, Paul, professeur agrégé à la Faculté de droit de Lyon, 16, rue Franklin, Lyon.

Picot, Georges, membre de l'Institut, 54, rue Pigalle, Paris.

Pinet, Hippolyte, directeur de la Compagnie générale des Eaux, 41, rue de l'Hôtel-de-Ville, Lyon.

Podesta, D., propriétaire, architecte, 5, place de la Miséricorde, Lyon.

Pommier, Ph., président de la Chambre des avoués à la Cour, Lyon.

Pondeveaux, C.-J., avoué, 7, rue Neuve, Lyon.

Pousset, conseiller municipal, Poitiers (Vienne).

Pra, Michel-Joseph, curé de Saint-Maurice, à Vienne (Isère).

Prat, Edouard, propriétaire, rue de Gère, Vienne (Isère).

Prévost, Antoine, négociant, 5, place des Hospices, Lyon.

Ract, propriétaire, 99, rue Dunoir, Lyon.

Raffalovich, Arthur, Conseiller d'Etat actuel de S. M. l'Empereur de Russie, Correspondant de l'Institut, 19, avenue Hoche, Paris.

Ray, Louis-Nicolas, propriétaire, 64, rue Saint-Michel, Lyon.

Rebreyend, Amédée, Vérificateur en chef du cadastre, 18, rue du Quatre-Septembre, Paris.

Ressicaud, A., notaire, à Caluire (Rhône).

Rey, Joseph, propriétaire, 67, cours Gambetta, Lyon.

Richard, Ernest, professeur à la Faculté catholique de droit, 10, quai de la Charité, Lyon.

Richer, Aimable-Félix, architecte, président du Syndicat des propriétaires et constructeurs du Havre, 28, rue Just-Viel, le Havre.

Richoux, Eugène, propriétaire, marchand de bois, 229, avenue de Saxe, Lyon.

RIGAUD, Honoré, propriétaire, 51, cours de la Liberté, Lyon.

ROBERT, Gabriel, avocat, 6, quai de l'Hôpital, Lyon.

ROBIN, M., banquier, Consul de Turquie, 41, rue de l'Hôtel-de-Ville, Lyon.

ROGÉ, Armand, agent de vérifications, 92, rue de Vendôme, Lyon.

ROGNIAT, Louis, architecte, membre de la Société centrale des architectes de France et de la Société académique d'architecture de Lyon, 281, avenue de Saxe, Lyon.

ROGNIN, Antoine, propriétaire, 4, rue Cité Part-Dieu, Lyon.

ROLLET, Louis, clerc d'avoué, 13, place Saint-Pothin, Lyon.

ROSSET, A., fabricant de soieries, 9, rue du Griffon, Lyon.

ROSSET-BRESSAND, propriétaire, à Revel-Tourdan (Isère).

ROUDEIX (Mme Vve Jeanne), propriétaire, 106, rue Mazenod, Lyon.

ROUGY, J., propriétaire, mécanicien, 21, cours d'Herbouville, Lyon.

ROUMIEU, François, propriétaire, 40, rue Garibaldi, Lyon.

ROUSSEAU, Jean, propriétaire, 9, rue Ney, Lyon.

ROUSSET, ainé, (Société de Beauregard), à Vienne (Isère).

ROUX, Gabriel, docteur-médecin, directeur du bureau d'hygiène de Lyon, professeur agrégé à la Faculté de médecine, 17, rue Duhamel, Lyon.

RUBELLIN, Anthelme, avocat à la Cour d'Appel, 30, quai de la Charité, Lyon.

RUZAU, Directeur du Crédit Foncier, 7, rue des Archers, Lyon.

SAUVAL-CARTON, Armand, président du syndicat des propriétaires de maisons d'Amiens, 8, rue de la Fontaine d'amour, Amiens.

SAY, Léon, député, 21, rue de Fresnel, Paris.

SCOHY, J. propriétaire, 33, rue Creuzet, Lyon.

SEIGLE, Célestin, propriétaire, 11, rue Barrème, Lyon.

SIBILLE, P., propriétaire, 127, rue de Sèze, Lyon.

SILLAN, Henri, notaire, à Moirans (Isère).

SIMONET, A. propriétaire, 31, cours d'Herbouville, Lyon.

SORTAIS, Louis-Alphonse, propriétaire, 6, rue Hoche, Versailles.

STOCKLI, L. propriétaire, 122, rue Sully, Lyon.

SYNDICAT DE LA PROPRIÉTÉ IMMOBILIÈRE ET FONCIÈRE DE DEAUVILLE-SUR-MER, à Deauville-sur-Mer (Calvados).

SYNDICAT DES PROPRIÉTAIRES ET CONSTRUCTEURS DU HAVRE, au Havre (5 adhésions).

TEILLARD, Francisque, propriétaire-ingénieur, 12, rue de Crémieu, Lyon.

THEMOY DE VENELLES, vice-président de la Société syndicale des propriétaires de la ville de Bordeaux, 45, rue Sainte-Cécile, Bordeaux.

THÉRAL, J.-B., propriétaire, 15, cours Gambetta, Lyon.

THÉVENET, Marius, sénateur du Rhône, 33, place Bellecour, Lyon.

THÉVENET, Pierre, pharmacien, délégué de la Chambre des Propriétaires des 1er et 4e arrondissements de Lyon, 163, boulevard de la Croix-Rousse, Lyon.

THIBAUD, propriétaire-entrepreneur, 18, rue Victor-Hugo, Lyon.

THIVOLLE, propriétaire-charron, 46, chemin de Gerland, Lyon.

TREVOUX, Joseph-Anne-Marie, notaire, 30, rue de la République, Lyon.

UNION DES CHAMBRES SYNDICALES LYONNAISES, 7, rue de la République, Lyon.

UNION IMMOBILIÈRE ET FONCIÈRE DE VERSAILLES, 82, rue de la Paroisse, Versailles *(3 adhésions)*.

VACHER, Louis-Gaston, notaire, 28, cours Lafayette, Lyon.

VACHEZ, Antoine, avocat, ancien bâtonnier, 24, rue de la Charité, Lyon.

VALENTIN-SMITH, avocat, à Trévoux (Ain).

VALFONS (le marquis de), ancien député, à Nîmes (Gard).

VALLY, Jules, manufacturier, président de la Chambre syndicale des propriétés immobilières de la ville de Lyon, 4, place des Hospices, Lyon.

VALLY, Lucien, propriétaire, manufacturier, 59, rue Bugeaud, Lyon.

VARLIAUD, Secrétaire de la Société syndicale des propriétaires de la ville de Bordeaux, 41, rue Sainte-Cécile, Bordeaux.

VAUDRAND (les Héritiers), (M. J. Chavepayre, mandataire), 1, place de l'Hôtel-de-Ville, Vienne (Isère).

VERMOREL, Victor, constructeur à Villefranche (Rhône).

VIAL, Alexandre, propriétaire, 14, rue de l'Espérance, Lyon.

VIGNET, Paul, Fontaines-sur-Saône (Rhône).

VILLARD, Paul, expert-vérificateur en matière de contributions directes, 11, rue Laurencin, Lyon.

VILLARD, Pierre, Docteur en Droit, 29, quai Tilsitt, Lyon.

VILLERET-MÉRELLE, membre du syndicat des propriétaires de maisons d'Amiens, grande rue, à Montières-lès-Amiens (Somme).

VILLERET-MÉRELLE (Mme), propriétaire, à Amiens (Somme).

VINCENT, frères, propriétaires, 30, quai des Brotteaux, Lyon.

VINOY, Joseph-Antoine, notaire, géomètre-expert, à Saint-Étienne-de-Saint-Geoirs (Isère).

VITOZ, Auguste, propriétaire, à Vienne (Isère).

COMPTE RENDU

DES

SÉANCES DU CONGRÈS

COMPTE-RENDU DES SÉANCES DU CONGRÈS

SÉANCE D'OUVERTURE

(Lundi matin, 6 Août)

Messieurs les Membres du Congrès de la Propriété bâtie de France se sont réunis le lundi 6 août 1894, à 9 heures du matin, dans la grande salle des fêtes de l'Hôtel-de-Ville de Lyon, pour y tenir leur première séance.

M. Georges Picot, préside, assisté de MM. Yves Guyot, président d'honneur et Léonce Parmentier, directeur des Contributions directes du département du Rhône, représentant M. E. Boutin, directeur général des Contributions directes.

Prennent également place au bureau : MM. G. Deloison, L. Enou, F. Mangini, F. Richer, J. Vally, vice-présidents ; Joanny Grosset, secrétaire général et L. Mourgues, secrétaire général adjoint.

M. LE PRÉSIDENT. — Je déclare ouverte la première séance du Congrès de la Propriété bâtie de France, et je donne la parole à M. le secrétaire général, pour différentes communications préliminaires.

1

M. Grosset, *secrétaire général*. — Parmi les membres adhérents au Congrès, il en est quelques-uns qui, empêchés, se sont fait excuser en exprimant leurs meilleurs vœux en faveur de la réussite de notre œuvre.

Je vous demande la permission de vous donner lecture de quelques-unes des lettres que nous avons reçues à cette occasion, ainsi que des réponses parlesquelles diverses notabilités, figurant parmi les membres d'honneur du Congrès, ont bien voulu nous informer de leur précieuse acceptation.

Lettre de M. Emile Boutin,
Directeur général des Contributions directes,
président d'honneur :

Monsieur le Secrétaire Général,

En réponse à la lettre que vous m'avez fait l'honneur de m'écrire, je m'empresse de vous confirmer que j'accepte le titre de président d'honneur que le Comité du Congrès de la Propriété foncière a bien voulu me donner...

Mon concours le plus absolu est acquis à votre œuvre et, si je ne puis me rendre moi-même à Lyon pour prendre part à vos travaux, je m'y ferai représenter.

Dans tous les cas, je mettrai à votre disposition tous les documents que nous possédons touchant les graves et intéressantes questions que vous avez mises à l'ordre du jour du Congrès.

Veuillez agréer, etc...

M. E. Boutin a délégué, pour le représenter, M. L. Parmentier, directeur des Contributions directes du département du Rhône, qui assiste à la séance.

Lettre de M. Léon Say, député, président d'honneur :

Monsieur,

Je n'aurais garde de refuser l'honneur que vous voulez bien me faire au nom du Comité d'organisation du Congrès de la Propriété bâtie qui doit se tenir à Lyon les 6, 7, 8 et 9 août.

J'espère pouvoir assister aux débats de ce Congrès et je vous prie d'agréer et de faire agréer au Comité l'assurance de mes sentiments de haute considération.

Nous avons eu le regret d'apprendre, ce matin, que M. Léon Say se trouvait retenu loin de Lyon pendant toute la durée du Congrès.

M. Boucher d'Argis, président d'honneur de l'Union des Chambres syndicales des propriétés bâties de France, président d'honneur du Congrès, est également empêché de se rendre à Lyon par ses devoirs de Président de la Commission départementale du Conseil général de la Loire-Inférieure.

Lettre de M. Maurice Block, de l'Institut,
membre d'honneur :

Monsieur,

Conformément au désir que vous m'en exprimez, je vous autorise volontiers à joindre mon nom à celui des membres d'honneur de votre Congrès de la Propriété bâtie, j'y serai en bonne compagnie.

Je regrette de ne pas pouvoir assister à ce Congrès, d'autres obligations m'en empêchent ; mais je distribuerai vos circulaires parmi les personnes de ma connaissance qui me paraîtront pouvoir s'intéresser à la question.

Veuillez agréer, etc...

Lettre de M. Ernest Brelay,
rédacteur à l'Economiste Français, *membre d'honneur :*

Monsieur le Secrétaire Général,

Je vous remercie de l'honneur que vous voulez bien me faire ; je l'accepte en regrettant pour la circonstance que mon nom n'ait pas plus d'éclat.

Je voudrais pouvoir me rendre à Lyon en août ; beaucoup d'intérêts moraux et de précieuses amitiés m'y appellent ; mais, pour des motifs trop longs à énumérer, j'en serai loin et empêché. Peut-être vous enverrai-je un bout de mémoire ou quelques questions, en chargeant un ami de défendre et développer mes idées.

Recevez, etc...

Lettre de M. Paul Leroy-Beaulieu,
directeur de l'Economiste Français, *membre d'honneur :*

MONSIEUR,

J'ai reçu la lettre par laquelle vous voulez bien me demander d'accepter de figurer comme membre d'honneur du Congrès de la Propriété bâtie à l'Exposition de Lyon. J'accepte volontiers de donner cette marque d'intérêt à une œuvre qui concerne des études si importantes, et je regrette que l'impossibilité de quitter Paris ne me permette pas de prendre part à vos débats.

Veuillez agréer, etc...

Lettre de M. Marc Maurel,
président de la Société d'Économie politique de Bordeaux,
membre d'honneur :

MONSIEUR LE SECRÉTAIRE GÉNÉRAL,

J'ai l'honneur de vous accuser réception de votre lettre du 16 courant. J'ai reçu aussi vos circulaires que j'adresserai à bon escient.

J'adhère à votre Congrès, sans être sûr de m'y rendre ; et je vous adresse ci-inclus un mandat sur la poste de dix francs.

Recevez, etc...

Lettre de M. G. de Molinari, correspondant de l'Institut,
rédacteur en chef du Journal des Economistes,
membre d'honneur :

MONSIEUR LE SECRÉTAIRE GÉNÉRAL,

J'ai reçu votre aimable lettre du 14, et je vous autorise bien volontiers à faire figurer mon nom dans les circulaires du Congrès de la Propriété bâtie...

Je n'ai pas besoin d'ajouter que le concours de la publicité du *Journal des Économistes* vous est acquis, et je vous prie d'agréer, etc...

Lettre de M. Frédéric Passy, de l'Institut, président de la Société d'Économie politique de Paris, membre d'honneur :

MONSIEUR LE SECRÉTAIRE GÉNÉRAL,

Je reçois, par les soins du secrétaire perpétuel de la Société d'Economie politique, votre lettre du 24 mai, en même temps que l'épreuve du programme du Congrès de la Propriété bâtie. Je ne crois pas qu'il me soit possible de me rendre à Lyon, et par conséquent d'être d'aucune utilité à votre Congrès. Mais le programme m'en paraît sérieux ; les noms des personnes qui doivent y prendre part le sont également. Je ne vois donc aucune raison pour vous refuser l'autorisation que vous voulez bien me demander de me faire figurer parmi les membres d'honneur. Selon votre désir, je communiquerai à la Société d'Économie politique, en sa prochaine séance, l'annonce de cette importante réunion.

J'ai l'honneur, etc...

Lettre de M. A. de Foville, directeur de l'Administration des Monnaies et Médailles :

MONSIEUR LE SECRÉTAIRE GÉNÉRAL,

En réponse à votre circulaire du 8 mai, je vous envoie mon adhésion et un bon de 10 francs pour ma cotisation.

Devant présider à Caen la section d'Économie politique du Congrès de l'Association pour l'avancement des sciences, je crains bien de ne pouvoir m'associer à vos travaux que de loin. Mais, à défaut d'autre contribution, je vous enverrai, dès qu'il aura paru, le volume contenant, avec l'Introduction que j'y ai mise, l'enquête sur les conditions de l'habitation en France, que j'ai dirigée comme membre du Comité des travaux historiques et scientifiques.

Veuillez agréer, etc...

Lettre de M. A. Neymarck, président de la Société de Statistique de Paris :

MONSIEUR,

Je reçois la lettre que vous me faites l'honneur de m'adresser. A mon très vif regret, je ne puis accepter la rédaction d'un rapport sur une des questions portées à l'ordre du jour du Congrès de la Propriété bâtie. Je dois m'absenter pendant tout le mois d'août. Je ne demande pas mieux cependant de vous envoyer mon adhésion comme membre adhérent ; vous trouverez sous ce pli mon bulletin de cotisation.

Veuillez agréer, etc...

Lettre de M. A. Fontaine,
président de la Commission des Contributions directes
de la ville de Paris :

MONSIEUR,

Vous m'avez fait l'honneur de me demander mon adhésion au Congrès de la Propriété bâtie de France qui doit se tenir à Lyon au commencement du mois d'août prochain.

Je serais très désireux de suivre les questions importantes qui seront traitées à ce Congrès, et je prendrais un grand intérêt à rapporter une des questions du programme, — si j'étais certain de pouvoir me rendre à Lyon à l'époque que vous m'indiquez. Mais je ne sais si les nombreux travaux que me crée l'étude de la transformation des Contributions directes et de la suppression des octrois m'en laisseront le loisir.

Puisque vous avez pris connaissance des travaux graphiques que j'ai publiés l'an dernier, j'ai pensé que vous pourriez aussi consulter utilement un travail plus important que j'ai publié, il y a quelques années, sur la situation de la propriété bâtie de la ville de Paris.

J'ai eu l'honneur de vous adresser hier ce document.

Je vous prie d'agréer, etc...

Lettre de M. Ch. Lallemand,
directeur du Service du Nivellement Général
de la France :

MONSIEUR,

J'ai l'honneur de vous adresser tous mes remerciements pour l'invitation, que vous avez bien voulu me faire, d'assister à l'intéresant Congrès de la Propriété bâtie, que vous organisez à l'occasion de l'Exposition Universelle de Lyon.

Si mes occupations, au commencement d'août, me permettent de me rendre à Lyon, j'aurai grand plaisir à prendre part à vos discussions et à m'éclairer de l'expérience des hommes distingués qui doivent les diriger.

Agréez, etc...

J'ai à vous présenter également les excuses de MM. H. BERTHÉLEMY, adjoint au maire de Lyon, professeur à la Faculté de Droit, président d'honneur du Congrès ; de MM. E. BRIZON, conseiller municipal de Lyon, président du syndicat des

Entrepreneurs de Bâtiments de la ville de Lyon, P. GOMBAULT, vice-président de l'Union des Propriétaires fonciers de Saint-Germain-en-Laye et du Pecq, et PAUL PIC, professeur à la Faculté de Droit, secrétaires ; de MM. Arthur RAFFALOVICH, correspondant de l'Institut, A. BEAUDESSON, directeur des Contributions directes de Meurthe-et-Moselle, R. DE FRANCE DE TERSANT, conservateur des Hypothèques à Dieppe, E. LEDERLIN, doyen de la Faculté de Droit de Nancy, DELAIRE, secrétaire-général de la Société d'Économie Sociale et des Unions de la Paix Sociale, — que la maladie, des occupations imprévues, ou l'absence retiennent loin de Lyon.

Divers volumes ou brochures nous ont été adressés pour être déposés sur le bureau du Congrès ou distribués aux adhérents.

En voici la liste :

Ministère de l'Instruction publique, des Beaux-Arts et des Cultes. — Comité des Travaux historiques et scientifiques, section des Sciences économiques et sociales. — Enquêtes sur les conditions de l'habitation en France. — Les Maisons-types, avec une introduction de M. Alfred de Foville, membre du Comité.

Paris, E. Leroux, 1894, un vol. in-8° *(Envoi de M. de Foville)*

Préfecture du département de la Seine, Direction des Finances, Commission des Contributions directes de la Ville de Paris (A. Fontaine, président de la Commission).

Les Propriétés bâties de la Ville de Paris en 1889 et en 1890. Tableaux statistiques et graphiques.

Paris, Imprimerie Nationale, juin 1890, in-fol.

(Envoi de M. A. Fontaine)

Préfecture du département de la Seine, Direction des Finances, Commission des Contributions directes de la Ville de Paris (A. Fontaine, président de la Commission).

La part contributive de Paris dans les impôts directs de la France en 1892. Taxe représentative de la Contribution des portes et fenêtres. Tableaux statistiques et graphiques.

Paris, Imprimerie Nationale, décembre 1892, in-fol.

(Envoi de M. A. Fontaine)

Préfecture du département de la Seine...

La taxe représentative de la Contribution des portes et fenêtres (Projet de loi du 16 mai 1893). Résultats de son application dans la Ville de Paris en 1894. Tableaux statistiques et graphiques.

Paris, Guillard, Aillaud et Cie, juin 1893, in-folio.

(Envoi de M. A. Fontaine)

CHEYSSON (E.) — Rapport général, présenté au nom du Comité d'Enquête de la Commission extra-parlementaire du Cadastre, sur la valeur actuelle des plans cadastraux et le bornage des propriétés, par M. E. Cheysson, Inspecteur Général des Ponts et Chaussées.

(Don de M. E. Cheysson)

BEAUDESSON. — *Ministère des Finances, direction générale des Contributions directes et du Cadastre.* — Notice sur le Renouvellement du Cadastre et les abonnements généraux dans le département de Meurthe-et-Moselle, par M. Beaudesson, directeur des Contributions directes à Nancy.

Paris, Imprimerie Nationale, 1891, un vol. in-4°.

(Envoi de M. Beaudesson)

FRANCE DE TERSANT (R. de). — Une conservation d'hypothèques sous le régime du livre foncier, rapport présenté à M. le Directeur Général de l'Enregistrement, des Domaines et du Timbre, par R. de France de Tersant, conservateur des hypothèques. [Extrait de la *Revue Algérienne et Tunisienne de Législation et de Jurisprudence*].

Alger, imprimerie et librairie Jourdan, 1892, un vol. in-8° XI-134 pages et états modèles.   *(Envoi de M. de France de Tersant)*

DES CILLEULS (A.)... — *Société d'Economie sociale..., séance des 12 février et 12 mars 1894.* — Les Octrois et leur Remplacement, communication de M. A. des Cilleuls et opinions de MM. Wilbois, Ferdinand Duval, A. Mélot, E. Cohen, le comte de Luçay, René Stourm, Fournier de Flaix, Delbet, Cheysson. (Extrait de la *Réforme Sociale*).

Paris, Guillaumin, 1894, in-8°, *plusieurs exemplaires.*

(Envoi de M. Delaire)

DU SEL DES MONTS. — De l'assainissement des logements insalubres. Etude critique de législation par M. Du Sel des Monts, ancien magistrat. [Extrait de la *Réforme Sociale*].

Paris, Guillaumin, in-8°, 41 pages, *plusieurs exemplaires.*

(Envoi de M. Delaire)

Desforges (C.) — Le Livre foncier. Mobilisation du sol. Réponse à M. Yves Guyot, député, par C. Desforges, propriétaire-agriculteur...

Roanne, P. Roustan, 1893, broché, *plusieurs exemplaires.*

(Envoi de M. A. Braine)

[Guyot (Yves). —] La Répartition de la propriété immobilière en France. Communication faite au National Liberal Club, Political Economy Circle, le 4 juillet 1894, sous la présidence du Rt Hon. James Stansfeld M. P. (Extrait du *Siècle* des 5, 6 et 7 juillet 1894).

Paris, Guillaumin, 1894, broché, *plusieurs exemplaires.*

(Don de M. Yves Guyot)

Guyot (Yves). — La Réglementation officielle du Travail. Discours de M. Yves Guyot au Congrès d'Anvers. (Extrait du journal *le Siècle* des 30, 31 juillet et 1er août 1894).

Paris, Guillaumin, 1894, broché, *plusieurs exemplaires.*

(Don de M. Yves Guyot)

Michel (Georges). — Une iniquité sociale. Les frais de ventes judiciaires d'immeubles, par Georges Michel, rédacteur au *Journal des Débats* et à l'*Economiste Français*. (Extrait de l'*Economiste Français*).

Paris, Guillaumin et Cie, Berger-Levrault et Cie, 1890, broché, *plusieurs exemplaires.*

(Don de M. G. Picot)

Mangini (F.) — Les petits logements dans les grandes villes et plus particulièrement dans la ville de Lyon, par F. Mangini.

Lyon, Storck. Paris, Masson, 1891, un vol. in-8° avec planches, *plusieurs exemplaires.*

(Don de M. F. Mangini)

Société anonyme des Logements Economiques... Assemblée générale ordinaire et extraordinaire du 9 avril 1894. Rapport du Conseil d'administration. Résolutions de l'Assemblée générale.

Lyon, Schneider frères, 1894, broch., *plusieurs exemplaires.*

(Don de M. F. Mangini)

Nous avons adressé et nous adressons encore nos vifs remerciements à ces généreux donateurs.

Enfin, Messieurs, j'aurai fini, quand je vous aurai fait part de la décision prise par la *Société centrale des Archi-*

tectes français, — décision qui vient d'être portée à notre connaissance, — de se faire représenter à notre Congrès par un délégué, M. Bellemain, architecte à Lyon, présent à la séance. *(Applaudissements.)*

ALLOCUTION DU PRÉSIDENT

M. Georges Picot, *Président.*

Messieurs,

En ouvrant le Congrès de la propriété bâtie, ma première parole doit être un remerciement pour ceux qui, venus de différents points de la France, se sont réunis ici pour accomplir en commun et poursuivre une grande étude.

Dans un temps où tout se discute, où les plus vieilles institutions sont attaquées comme les plus jeunes, vous avez bien fait de vous réunir pour étudier la propriété. C'est une question dont l'étendue est telle que la difficulté est de la limiter.

Vous ne vous êtes pas perdus dans ses origines ; vous ne vous êtes pas demandé d'où elle venait, comment elle s'était formée, si elle avait été individuelle, dès la civilisation romaine, si la forme collective, qui ne peut convenir à nos sociétés modernes, était condamnée à jamais ; vous avez laissé ces problèmes aux savants.

Vous avez pris la propriété telle qu'elle existe, vous vous êtes dit qu'elle était respectable, parce qu'elle était le salaire accumulé, l'épargne des générations écoulées, parce que la propriété bâtie c'était le signe de ce qu'il y a de plus fort, de plus solide, l'image de la famille, parce qu'en un mot c'était le foyer domestique, c'était le toit paternel. *(Applaudissements.)*

Messieurs, il faut qu'au début de ce Congrès, dès le seuil de nos travaux, il soit bien entendu pour tous que nous ne parlons pas au nom d'intérêts étroits, au nom d'un groupe fermé, de ce que nos adversaires aiment à appeler dédaigneusement une caste.

La statistique de 1890 nous l'apprend : il y a en France 8,914,523 maisons, sur lesquelles 5,374,720 sont occupées par le propriétaire. N'avons-nous pas raison de parler de foyer domestique ?

Et quelle est la valeur locative ? Sur les 8,914,523 maisons, il existe

7,310,000 maisons dont la valeur locative, entendez bien ce chiffre, Messieurs, est inférieure à 200 fr.

Il était utile, en vérité, de citer ces indications tirées d'une statistique officielle, pour montrer quels sont les intérêts que nous défendons, au nom de qui nous parlons, qu'il ne s'agit pas des droits d'une minorité, mais des droits et des intérêts de la grande majorité des Français. *(Applaudissements.)*

Les organisateurs de votre Congrès, et il faut les en louer, ont mesuré la crise que traverse la propriété. Il ne faut pas se payer de mots : il faut voir les choses en elles-mêmes.

Oui, le droit de propriété est absolu, il emporte en lui le droit suprême, celui d'user et d'abuser, le *jus utendi et abutendi* ; mais rien dans ce monde n'est absolu : tout droit trouve à ses frontières un droit qui le limite.

Ici, les bornes s'appellent l'Etat, les Communes, le droit des propriétaires et de ceux qui ont un fractionnement, une délégation de la propriété.

L'Etat ! c'est la représentation de l'intérêt public. Certes, il peut être en conflit avec l'intérêt privé. Qui règlera le conflit ? Que demanderons-nous à la puissance de l'Etat ? Une seule chose : non la protection aveugle de nos intérêts, mais ce qui les domine tous : la Justice. *(Approbation.)*

Ma propriété est indispensable à l'Etat pour un travail d'utilité publique. Mon droit ne peut mettre obstacle à une œuvre attendue par tous. La loi règle les conditions de l'expropriation, moyennant une indemnité préalable : je peux être dépossédé ; mais comment, après quelles garanties ? la loi de 1841 est-elle sans reproches ? quels amendements comporte-t-elle ? Tout ceci doit être examiné dans un esprit supérieur d'équité qui montre les abus, de quelque part qu'ils viennent, et en détermine la réforme.

L'impôt est le champ de bataille où les intérêts opposés se rencontrent. Les charges de la propriété sont lourdes ; mais les besoins publics sont énormes ; nous ne pouvons, nous ne voulons pas nous soustraire aux contributions nécessaires. Nos protestations ne portent pas sur le principe, ni même sur la moyenne qui était de 3 fr. 07 centimes par cent francs de revenus (enquête de 1890), mais nos doléances s'attachent à l'inégalité de l'impôt.

A côté de cette moyenne de 3 fr. 07, je trouve que 6 départements payaient moins de 2 0/0 ; 22 étaient au-dessous de la moyenne ; 45 payaient de 3 0/0 à 3,99 0/0 ; 14 de 4 à 5,30 0/0 ! Quel écart énorme ! Ce n'était pas tout. Si vous preniez l'écart entre les arrondissements de France, vous en trouveriez qui étaient taxés à 0.78 0/0 et quelques autres à 5,87 0/0 !

Voilà les chiffres que nous n'avons cessé de rapprocher, pour demander cette proportionnalité qui est, en matière d'impôt, la justice ! *(Applaudissements.)*

Depuis, la loi de 1890 a changé les conditions de l'impôt, qui est aujourd'hui de 3 fr. 20 0/0 ; mais si nous entrons dans le détail, si nous comparons le travail accompli dans les différents départements, que d'écarts !

Vous ne négligerez l'étude d'aucune des charges de la propriété, d'aucune de nos servitudes légales, à l'occasion des routes, des servitudes militaires, des réquisitions en cas de guerre.

Quand vous arriverez aux communes, vous verrez de près les taxes municipales, leur assiette, leur répartition, les questions d'eau, de gaz et de vidanges. Vous rencontrerez ces associations de propriétaires réunis pour la défense de leurs droits et vous saluerez avec moi ces groupes qui n'hésitent pas à délibérer et à agir en sachant faire usage de la liberté. *(Approbation.)*

L'œuvre est des plus utiles. Il y a des villes où tout le régime des eaux est organisé de telle sorte que le locataire bourgeois peut avoir de l'eau, mais non l'ouvrier. Le minimum des concessions est, me dit-on, de 36 francs par an à Lyon. Comment un ouvrier qui paye péniblement 250 francs de loyers pourrait-il acquitter une police d'abonnement de 3 francs par mois ? En faisant ressortir ces résultats, en sollicitant une réforme, vous voyez donc, Messieurs, que nous sommes l'organe de ceux qui souffrent et qui, sans nous, ne pourraient faire entendre leurs plaintes. *(Applaudissements.)*

Nous arriverons aux relations entre propriétaires. Elles sont réglées par le Code civil. Nous aurons peu à dire de la mitoyenneté, des servitudes, du bornage. Les ventes d'immeubles et les droits de mutation nous ramèneront aux calculs du fisc et à leur base.

L'assiette de la propriété, son établissement, ses preuves susciteront la grande question du cadastre et des livres fonciers. J'ai la plus grande répugnance pour les révolutions dans le domaine de la loi ; la loi, comme les mœurs, doit se modifier lentement. Gardons nos actes authentiques assurant si bien la liberté des contractants ; mais usons des procédés graphiques, des améliorations techniques qui nous permettent d'avoir un cadastre perpétuellement tenu à jour. Joignons à ce que nous avons de solide dans le passé ce que nous trouvons de simple et de pratique dans le présent. J'ai vu, en Tunisie, ce qu'a établi un homme dont le nom vous est doublement cher, M. Paul Cambon. *(Applaudissements.)* Le succès est complet. Vous verrez s'il n'est pas possible de faire un pas dans cette voie, au grand profit de la propriété foncière.

Enfin, vous toucherez à cette grande question du partage des biens de mineurs. Vous apprendrez comment, dans cette Alsace-Lorraine vers laquelle nos cœurs et nos intelligences sont sans cesse portés, le 1er décembre 1873, une loi modifiant le Code civil a permis de substituer, au partage forcé de l'art. 815, un mode de partage amiable approuvé par le Conseil de famille et homologué par justice : on vous dira que, depuis vingt ans, ce système fonctionne, sans qu'une critique se soit produite (1).

Il n'y a pas un pays, pas une législation qui ne s'occupe de ce problème : diminuer les frais qui pèsent sur les héritiers mineurs. En 1876, en France, la situation était intolérable. Les biens vendus moins de 500 francs supportaient des frais qui équivalaient à une confiscation du principal et à une amende énorme au préjudice de la succession ! J'ai pris part aux délibérations de la commission extra-parlementaire chargée de préparer une réforme. Je suis heureux de rendre un public hommage au ministre des finances, votre président d'honneur, M. Léon Say, qui a apporté, au nom du Trésor, la remise totale des droits de timbre, de greffe, d'enregistrement et d'hypothèque. Les représentants des avoués, des notaires et des greffiers offraient la remise du quart des honoraires. La loi aurait dû être votée en un mois. Le croiriez-vous ? Il a fallu huit années pour faire aboutir le projet qui porte la date du 23 octobre 1884. Au moins, depuis cette date, les abus sont-ils supprimés ? Nullement, Messieurs. La loi de 1884, qui avait eu le grand tort de subordonner son application aux restitutions opérées après l'adjudication, n'a pas été observée : on restitue très inégalement et, en certains ressorts, la confiscation continue.

Voilà, Messieurs, un abus qu'il suffit de dénoncer. Ce sera, n'est-ce pas ? la tâche du Congrès. *(Applaudissements.)*

Vous aurez à vous occuper des relations entre propriétaires et locataires, à veiller à ce que la liberté des contractants, qui est édictée par le Code Civil, soit protégée. Sous prétexte de défendre le locataire, certaines gens veulent interdire au propriétaire l'usage de garanties, telles que les loyers d'avance. N'est-il pas intolérable que le législateur se mêle d'interdire certaines clauses, sans que les bonnes mœurs aient rien à y voir ? Interdire une forme de garanties, c'est exciter le propriétaire à en demander d'autres. Le législateur peut-il l'empêcher d'élever le taux du loyer qu'il réclame ? Ce sera le résultat le plus clair de ces vaines prescriptions.

Messieurs, en vous faisant l'exposé de nos travaux, nous avons assez parlé de droits. Je voudrais, ce qui n'est pas inscrit à notre programme, vous parler des devoirs de la propriété. *(Approbation.)*

C'est l'honneur de toutes les matières auxquelles s'appliquent les

(1) *Annuaire de Législation étrangère*, 1874, p. 567.

sciences morales, qu'elles offrent un mélange de droits et de devoirs. C'est le fond de toute civilisation, le fond de toute société !

Le Code civil a dit que le propriétaire était obligé à tenir le locataire « clos et couvert ». Je veux aller un peu plus loin. L'un de nos vieux jurisconsultes l'avait bien compris lorsqu'il disait : « L'ordre qui lie les « hommes en société ne les oblige pas seulement à ne nuire en rien par « eux-mêmes à qui que ce soit, mais il oblige chacun à tenir tout ce « qu'il possède en un tel état que personne n'en reçoive ni mal ni dom-« mage ». (1) Domat avait raison. Voilà le principe.

Les propriétaires doivent à leurs locataires des logements salubres. Il y a longtemps que le débat est soulevé de savoir où s'arrêtent les exigences de l'hygiène. Je ne veux pas entrer dans cette discussion. Mais il est nécessaire que le Congrès se rappelle que la dernière loi présentée sur les logements insalubres, celle que l'hygiène réclame, que la justice demande, qui doit faire peser les responsabilités en matière d'insalubrité sur les vrais coupables est à l'état de rapport, devant les Chambres, depuis le 21 avril 1883 ! Voilà onze années écoulées sans que l'ordre du jour ait fait figurer ce projet, l'un des plus urgents qu'aient préparés les législateurs ! *(Applaudissements.)*

Il ne suffit pas de donner au locataire un logement salubre ; il faut lui donner des logements moraux. Je tiens d'architectes de Paris, qui ont visité le dernier étage des grandes maisons de luxe où sont logés les serviteurs, que rien ne peut donner idée des conditions de promiscuité qui sont la conséquence de ces agglomérations. Le propriétaire ne peut s'en désintéresser. Il doit veiller à ce que la nature de l'habitation n'entraine pas la corruption de ceux qu'il loge.

Il est un autre devoir, très délicat à exprimer, car de tout ceci le législateur ne doit pas se mêler. Nous n'avons en ces matières d'autre législateur que la conscience. Le propriétaire ne doit pas tirer de sa propriété un intérêt exagéré. Certes, il doit calculer le revenu normal, y ajouter les réparations, les chances de non-valeurs, un certain amortissement, mais il ne doit pas forcer ces chiffres.

Il y a un fait déplorable dans les grandes villes. Plus on descend bas dans l'échelle des logements, et plus le prix proportionnel du mètre carré de location s'élève. La masure exploitée par un propriétaire de dernier ordre rapporte 10, 12 et 14 0/0. J'ai connu, dans le quartier des Gobelins à Paris, une maison hideuse que l'autorité a fait vider et au sujet de laquelle le Préfet de la Seine a pris un arrêté de péril. Le propriétaire désolé contait à tous qu'il tirait 20 0/0 de cet amas de ruines.

____

(1) *Loix civiles*, titre VIII, sect. II.

Enfin, il faut autant que possible ne pas mettre, entre le propriétaire et les locataires, un principal locataire. De là viennent les exploitations les plus criminelles. Le principal locataire ne cherche qu'à rejeter sur le propriétaire l'odieux de toutes les mesures qu'il prend. Les relations directes entre propriétaire et locataire, voilà, Messieurs, le meilleur moyen d'établir les bons rapports.

N'est-ce pas le secret de l'apaisement? Il faut que les hommes se connaissent, se voient, se parlent pour faire cesser les soupçons, faire tomber les préjugés : il est bon qu'entre le patron et l'ouvrier, entre le maître et le serviteur, entre le propriétaire rural et le paysan, entre le propriétaire et le locataire s'établisse ce contact qui permet aux uns et aux autres de juger que, sous l'habit du propriétaire, la redingote du maître, bat un cœur d'homme prêt à comprendre les besoins et à partager les souffrances. Du contact, Messieurs, sort naturellement ce que nous désirons tous, la paix sociale. *(Applaudissements.)*

Les représentants de la propriété ont plus à faire. Ils ne doivent pas se tenir pour satisfaits si la propriété ne fait pas de mal. Il faut qu'elle fasse du bien. Il est nécessaire que le foyer domestique soit partout un attrait pour le chef de famille, quel que soit son rang et sa profession.

Les propriétaires doivent se servir de leur fortune pour améliorer le logement hideux des grandes villes.

Il y a neuf ans, j'ai été à Londres, attiré par ce qu'on disait des efforts accomplis pour la transformation des habitations. J'ai été émerveillé en constatant que 180 millions avaient été consacrés à cette œuvre par une société qui, sentant le péril, avait voulu se défendre en prenant les meilleurs moyens de restaurer l'esprit de famille. Comme il arrive toujours, le revenu des capitaux employés ayant été rémunérateur, l'industrie privée avait imité l'œuvre et l'avait décuplée; et, aujourd'hui encore, il n'est pas de numéros des feuilles publiques anglaises qui n'aient, chaque matin, quelques colonnes sur l'amélioration des logements ouvriers.

En France, peu à peu, le même effort, commencé il y a longtemps, dans notre admirable ville de Mulhouse, continué sur quelques points grâce à des âmes généreuses, a pris, depuis huit ans, un sérieux développement. A Rouen, à Paris, à Marseille, les constructions se sont élevées : mais nulle part le mouvement ne s'est produit avec plus de force que dans cette admirable ville de Lyon, où tout ce qui touche à l'Assistance est si vite et si bien réalisé. Sous la direction de votre vice-président, M. Mangini, des merveilles ont été faites. Vous ne pourrez quitter Lyon sans les visiter. *(Applaudissements.)*

Votre Congrès sera bien rempli, Messieurs, par l'étude, par la discussion, par l'action. Vos rapports si consciencieux sont une preuve de vos études, vos débats de demain seront sérieux et féconds, vos actes, ce seront les souvenirs que vous emporterez des œuvres Lyonnaises.

Vous apprendrez ici ce qu'est l'initiative pour le bien, vous verrez cette lutte entre l'idéal et l'activité qui fait le contraste et le charme du Lyonnais. Vous le mesurerez dans ses œuvres et vous repartirez, reconnaissant de l'hospitalité offerte à nos paisibles études, et résolu à imiter ces initiatives qui rendent la France si fière de sa seconde capitale. *(Applaudissements prolongés.)*

M. LE PRÉSIDENT. — Nous avons maintenant à régler l'ordre du jour de nos travaux.

Dans le programme qui nous a été distribué, nous trouvons un Règlement général. Je crois que vous l'avez lu, mais peut-être pourrions-nous le relire avant de nous donner rendez-vous pour la séance de ce soir.

(Lecture est donnée par M. le Président du Règlement général. Voir pages I, II.)

Je crois que nous avons tous entre les mains les rapports qui ont été publiés. Nous avons eu le regret de n'avoir pas pu les imprimer tous, quelques-uns étant arrivés trop tard. Si vous n'avez pas toute la collection, vous pourriez la compléter au secrétariat.

Je vous recommande, Messieurs, de commencer à l'heure indiquée les séances. Les présidents de sections y tiendront la main. L'exactitude est un hommage rendu à ceux qui sont exacts eux-mêmes et le bureau sera exact.

Il y a un point qui n'est pas indiqué dans l'organisation du Congrès, et dont je crois bon de dire un mot dès le début : il s'agit de la question de savoir si, à la fin de chaque discussion, on soumettra au Congrès des vœux dont le texte sera voté. Le bureau a présenté sur ce point plusieurs objections et je dois vous les soumettre, le Congrès décidera ce qui doit être fait.

L'influence et l'autorité des Congrès viennent surtout de la force des discussions. Si les délibérations ont été solides, le Congrès ne rencontre pas d'adversaires. Les hommes d'étude disent : Le Congrès a été très sérieux, plein de discours sensés, la question a été traitée avec une grande compétence, et on cite le discours de tel ou tel orateur.

Si, au contraire, on a enfermé la discussion dans un vœu

précis du Congrès, comme ce vœu doit être très court, qu'il ne peut pas contenir de longs motifs, qu'il ne peut pas être précédé de tout ce que comporte une délibération législative, comme il doit être enfermé dans une formule, le nombre des personnes qui critiquent cette formule est toujours plus considérable que le nombre de ceux qui la défendent.

De telle sorte qu'un Congrès qui finit par se résumer en une quinzaine de formules est un Congrès qui fait dire au dehors : ils se sont trompés, il y a là un vœu qui est inexplicable, inapplicable ; l'impression au dehors est médiocre.

Je ne voudrais pas trop assimiler ce Congrès aux Académies qui s'interdisent absolument dans leurs plus grandes discussions un but précis. Les discours sont ce qu'ils sont. Ils apportent avec eux plus ou moins de lumière ; ce sont des documents à consulter de première importance.

Je soumets ces observations au Congrès, en lui faisant connaître sur ce point l'opinion du bureau. Si quelqu'un désire exprimer un avis contraire sur cette question, je lui donnerai la parole. Je crois qu'il est bon, dès le début de nos délibérations, d'être fixés sur ce point.

Personne ne demande la parole ?

Je mets aux voix la question de savoir si les discussions se termineront sans qu'un vote soit émis.

Un Membre. — Est-ce qu'on ne pourrait pas laisser au bureau le soin de trancher cette question suivant les circonstances ?

M. le Président. — Le péril en pareil cas, c'est que la décision peut avoir un caractère désobligeant pour celui qui propose le vœu. Pour mettre toutes les susceptibilités en dehors de la question, il vaut mieux en faire une question de principe.

Je mets aux voix la question de savoir si les discussions se termineront sans qu'un vote soit émis.

(Adopté.)

La séance est levée à 10 heures 5.

DEUXIÈME SÉANCE

(Lundi soir. 6 Août).

SECTION I

La séance est ouverte à 2 heures, sous la présidence de M. Enou, président de la Section I.

Prennent place au bureau : M. L. Enou, président, assisté de MM. A. Hocquet et Larsonneau, vice-présidents, P. de Boulongne, secrétaire, A. Vachez, L. Chardiny, rapporteurs.

M. le Président. — L'ordre du jour de la première section porte :

Impôt foncier (quotité ou répartition). — Impôt des portes et fenêtres (son remplacement). — Contribution mobilière (sa transformation). — Impôt unique ou impôt sur le revenu (proportionnalité, progressivité). Comparaison de la propriété immobilière et de la propriété mobilière au point de vue des charges fiscales.

Sont inscrits comme rapporteurs :

MM. de Boulongne, avocat à la Cour d'appel de Paris : *L'impôt des portes et fenêtres ; son maintien ; son remplacement par une nouvelle taxe ou sa suppression.*

A. Hocquet, vice-président de l'Union des Propriétaires fonciers de Saint-Germain-en-Laye et du Pecq : *L'impôt des portes et fenêtres.*

A. Vachez, docteur en droit, ancien bâtonnier de l'Ordre des Avocats de Lyon : *Les projets d'impôts sur la propriété bâtie.*

Louis Chardiny, docteur en droit, avocat à la Cour d'appel

de Lyon : *Comparaison de la propriété immobilière et de la propriété mobilière au point de vue des charges fiscales.*

Je donne la parole à M. de Boulongne.....

M. LAIGNEL. — Avant qu'on aborde le programme indiqué, je demande la parole. Voici ce dont il s'agit. A l'issue de la séance de ce matin, on a proposé à l'assemblée de décider qu'il n'y aurait pas de vœux à voter comme sanction des travaux de l'assemblée. Je suis arrivé à la fin de la séance et j'ai à présenter mes excuses à mes collègues de m'être ainsi mis en retard.

Je n'ai pas cru alors devoir prendre la parole, parce que je craignais que dans le discours que j'ai appris tout à l'heure, ce qui ne m'a pas étonné, avoir été très remarquable de notre honorable Président, il n'y eût quelque chose qui me mît dans l'impossibilité de pouvoir réagir contre ce qui venait d'être décidé.

J'avais cependant constaté avec beaucoup d'étonnement qu'on proposait de décider quelque chose d'absolument contraire aux statuts en vertu desquels nous sommes venus ici. Il est écrit en effet en toutes lettres dans le programme que vous avez sous les yeux : « qu'il sera donné lecture des vœux exprimés par le Congrès ». C'est surtout parce que des vœux devaient être exprimés par le Congrès que j'ai pris le parti de venir jusqu'ici, pour avoir l'honneur d'être avec vous, Messieurs.

Or, je ne crois pas qu'il puisse appartenir au bureau, lorsqu'un programme a été élucidé, que nous sommes venus ici pour discuter ce programme, je ne crois pas qu'il soit possible que le bureau puisse décider qu'une modification aussi grave que celle-là sera apportée à ce programme, et que l'assemblée n'aura pas à émettre de vœux, d'autant plus que nous ne sommes pas ici dans une Académie. Il ne s'agit pas de faire purement et simplement de la théorie, nous sommes surtout ici pour faire de la pratique. Nous sommes des propriétaires intéressés à ce que toutes les questions qui concernent la propriété bâtie sortent de la théorie pour entrer dans la pratique, et ce que nous voulons, c'est qu'il sorte de cette réunion l'expression de vœux pouvant aboutir à des lois favorables aux intérêts que nous sommes venus défendre ici.

Par conséquent, Messieurs, notre réunion, si elle doit avoir simplement pour objet, pour but, d'émettre des idées, des théories, des doctrines qui ne soient pas suivies d'une sanction, c'est-à-dire de l'expression d'un vœu exprimant la manière de voir de l'assemblée, eh bien, Messieurs, il me semble que nous n'aurons pas fait une œuvre utile.

Je ne crois pas qu'il y ait jamais eu de Congrès qui se soit réuni, sans avoir eu pour objet d'exprimer des vœux pour faire connaître les sentiments de la majorité des congressistes.

Ce matin, au dernier moment et sans qu'on ait eu le temps de s'entendre pour pouvoir discuter cette modification des plus graves, apportée au programme même en vertu duquel nous sommes venus ici, on a pris une décision, et je prétends que nous avons le droit de revenir sur ce vote. Je ne dirai pas qu'il ait été surpris, car évidemment le bureau n'a pas eu une pareille intention, mais en fait cela revient au même.

Nous avons été surpris si vous n'avez pas voulu nous surprendre. Je demande donc que l'Assemblée soit appelée à revenir sur ce qui a été décidé ce matin, pour que le programme reçoive son application intégrale.

M. LE PRÉSIDENT. — La parole est à M. Georges Picot.

M. GEORGES PICOT. — Messieurs, je crois que vous attendez quelques explications de celui qui a eu l'honneur de vous présider ce matin. Je ne crois pas devoir entrer dans le fond de la question pour une raison très simple, c'est que, quand une décision a été prise par une Assemblée, que cette Assemblée a été loyalement consultée, qu'à plusieurs reprises on a demandé qui voulait prendre la parole et qu'il ne s'est produit aucune contestation, que le vote a eu lieu, qu'une assemblée plus nombreuse que celle de ce soir y a pris part, qu'il a eu lieu à l'unanimité moins deux ou trois voix, constatée par une contre-épreuve ; quand de pareils faits se sont produits, il serait permis au président de la réunion de ce matin de se lever, d'invoquer le procès-verbal et de se rasseoir.

Mais, dans un Congrès où nous venons tous de bonne foi, sur l'attestation d'une liberté entière de discussion, il n'y a pas de discussion qui ne puisse être reprise. C'est donc, que mon contradicteur veuille bien me permettre de le lui dire, uniquement par respect pour la liberté de son opinion que je me lève en ce moment pour lui répondre : ce n'est pas pour traiter une question qui, je le crois, est tranchée, mais c'est pour lui indiquer quelles sont les raisons qui ont déterminé ce matin la majorité et qui décideront le bureau à ne pas mettre aux voix une question déjà résolue.

Les raisons indiquées, elles sont d'ordre très simple. C'est précisément l'efficacité des délibérations du Congrès qu'a eue en vue le bureau, quand il vous a proposé le vote de ce matin. En avait-il le droit ? Il ne s'agissait pas du règlement sur la foi duquel nous sommes venus à Lyon.

Le règlement du Congrès ne dit pas un mot des vœux, ni des votes.

Après l'ordre du jour de chaque journée, se rencontre à la fin, pour la première fois, une indication ainsi conçue : *Lecture des vœux et ordres du jour des sections et vote.* Ceci ne fait pas partie du règlement ; un ordre du jour peut toujours être modifié.

Mais, Messieurs, prenons de plus haut la question. Que sommes-nous venus faire à Lyon ? voter sur des vœux, ou bien échanger nos idées, comparer des faits, entendre des discussions, rassembler des idées et des matériaux ? Nous venons ici pour délibérer, pour échanger nos idées, mais nous ne venons pas ici en vue d'un vote à conquérir, d'une décision à emporter de haute lutte, à coup de majorité. Cela n'a jamais été la prétention d'un Congrès d'être une Assemblée délibérante votant sur des textes de lois, faisant en cinq jours une revue qui exigerait des mois. Nous devons apporter ici le résultat de nos études, de nos convictions, et je prie mon honorable contradicteur de remarquer que, si un vote était émis, contraire à la pensée qu'il veut faire prévaloir, sa situation serait très inférieure à celle que je lui offre d'exprimer, dans un discours, le résultat de ses études et d'introduire ainsi dans les annales de notre Congrès un document qui exercera une influence pour la préparation d'une solution législative.

Ce qui est à craindre avant tout dans un Congrès, c'est que l'opinion de la majorité étouffe l'opinion de la minorité, et que, dans certains jours où de grandes chaleurs ou de grand attrait de l'Exposition de Lyon, nous nous trouvions ici en assez petit nombre pour qu'une minorité puisse exprimer une opinion contraire à celle de la majorité.

Les Congrès présentent un grand danger. Lorsqu'on a formulé les résultats des décisions du Congrès en sept ou huit vœux précis, nos adversaires peuvent dire le lendemain : qu'a-t-on été faire à Lyon ? Exprimer tel vœu qui est contaire à nos idées, à nos convictions. C'est une œuvre incomplète et mauvaise, et alors on attaquera le Congrès de Lyon sur un seul vœu dont la forme concrète elle-même aurait exigé les méditations d'une commission et une étude prolongée.

C'est contre ce péril que, ce matin, j'ai mis en garde le Congrès.

Si, au contraire, chacun loyalement est venu apporter son opinion, le résultat de ses études, que se passera-t-il ? C'est que tous ceux qui s'intéressent à nos questions viendront dire : «Dans le Congrès de « Lyon on a exprimé des opinions très sérieuses. Lisez les discussions; « consultez les débats et les rapports». Voilà ce que nous devons obtenir.

Je reviens maintenant à mon point de départ qui est celui-ci : J'ai tenu à exposer les motifs de la proposition de ce matin sur laquelle le bureau avait délibéré avant la séance. Cette proposition a été votée ; je devais à la liberté de mon contradicteur de lui dire pourquoi, mais je considère que le vote est acquis.

M. LE PRÉSIDENT. — La parole est à M. Laignel.

M. LAIGNEL. — Je me suis rendu compte des idées très bien exprimées par l'honorable Président qui vient de répondre à ce que je disais tout à l'heure ; mais j'ai le regret de lui dire qu'il ne m'a en aucune façon convaincu. Je constate seulement que les Congrès se terminent par l'expression de vœux, et que nous serions une exception unique au milieu des Congrès divers qui se réunissent pour discuter leurs intérêts communs. Quand on me signale le danger qu'il peut y avoir à l'expression d'un vœu, je ne conteste pas l'existence de ce danger ; il est incontestable : une majorité peut parfaitement avoir tort contre une minorité, tout le monde le sait. Mais tout le monde sait aussi que, lorsque dans un Congrès on émet un vœu, il est parfaitement possible que ce vœu ne soit pas bon et que ce soit la minorité qui ait eu raison. Est-ce une raison pour ne pas exprimer des vœux ?

M. ENOU, PRÉSIDENT. — Voulez-vous me permettre un mot, mon honorable contradicteur? La question de l'organisation définitive du Congrès était à l'ordre du jour de ce matin. Elle a été posée devant l'Assemblée générale et on a pris une décision. Il n'est pas possible que je laisse remettre en discussion, dans la séance de ce soir, une question déjà tranchée. Dans toutes les questions qui se posent il y a fatalement une majorité et une minorité. Vous appartenez, avec un certain nombre de vos collègues, à cette minorité. Vous avez eu le regret de voir la majorité repousser votre opinion. Il est impossible qu'il y ait une nouvelle discussion à ce sujet. Par conséquent, dans l'intérêt du bon ordre des séances, permettez-moi de déclarer cette discussion close. Il y a un vote, il est acquis, tout le monde doit s'incliner. *(Applaudissements.)*

M. LAIGNEL. — Je m'incline, tout en protestant contre la violation du plan du Congrès qui indiquait pour le jeudi soir la lecture des vœux.

M LE PRÉSIDENT. — Mais ce n'était pas un règlement, c'était un programme.

M. DUPAY. — L'Assemblée a entendu les deux contradicteurs. Il n'y a pas à revenir sur un vote librement émis, mais nous sommes ici des mandataires, nous sommes des représentants des chambres syndicales, nous sommes venus pour discuter les intérêts des chambres immobilières. Je propose à l'Union des Chambres syndicales de se réunir à la clôture du Congrès, en séance, comme nous avons fait avant-hier, et là on pourra prendre telle délibération qu'il conviendra.

M. J. VALLY. — Il subsiste, peut-être encore, dans l'esprit d'un certain nombre de congressistes, adhérents à l'*Union des Chambres Syndicales des Propriétés bâties de France*, une confusion qu'il importe de faire cesser. Ils paraissent confondre le *Congrès de la Propriété bâtie de France*, qui tient actuellement ses séances, avec le *Congrès annuel de l'Union*, qui s'est déjà réuni samedi dernier.

Or, ce sont deux congrès absolument distincts.

Le premier, dû à l'initiative de la Chambre Syndicale des Propriétes immobilières de la ville de Lyon, et placé sous le patronage de l'Union de nos Chambres syndicales, a été organisé avec l'appui et le concours de la Section d'Economie sociale de l'Exposition de Lyon, — que nous remercions vivement en la personne de son président, M. Auguste Isaac, notre membre d'honneur. A ce Congrès ont été convoqués et prennent part, non seulement les propriétaires de nos Syndicats, mais encore les hommes éminents que nous avons le plaisir de voir au milieu de nous, montrant ainsi, comme économistes, comme législateurs, l'intérêt qu'ils portent à la cause de la propriété bâtie. Nous leur sommes profondément reconnaissants d'avoir bien voulu répondre à notre appel. (*Vifs applaudissements.*)

Notre ville a, de plus, l'honneur d'avoir été choisie cette année comme siège d'un autre Congrès, annexé au précédent, celui de l'Union des Chambres Syndicales des propriétés bâties de France, qui, aux termes de nos statuts, se réunit annuellement. Peuvent seuls y assister les délégués et les adhérents de nos Syndicats de propriétaires.

Ceci bien établi, il est évident que le Congrès actuel est maitre de ses résolutions et que nous n'avons pas à revenir sur un vote acquis. Il est également certain que le Congrès de l'*Union* conserve son entière indépendance et toute sa liberté d'action. Après avoir pris notre part et fait notre profit des discussions éclairées qui vont s'engager, où toutes les opinions seront librement émises et pourront être librement examinées, nous aurons, nous, représentants et mandataires de nos syndicats, à nous réunir à nouveau — comme M. Dupay le demande — en séance de l'*Union*, pour prendre les résolutions, pour émettre les vœux que nous croirons conformes aux véritables intérêts de la propriété bâtie dans notre pays. (*Applaudissements.*)

M. le Président. — La question est close.

La parole est à M. de Boulongne sur son rapport.

M. de Boulongne. — Vous me permettrez, au début des explications que je vais avoir l'honneur de vous donner, de me féliciter d'être le premier à prendre la parole, car j'espère ainsi pouvoir compter sur votre bienveillance mieux que je ne pourrais le faire si je réclamais votre attention après les orateurs éminents que vous allez entendre.

La question à l'ordre du jour concerne l'impôt des portes et fenètres, son maintien, son remplacement par une nouvelle taxe ou sa suppression.

Vous savez, Messieurs, que la contribution des portes et fenètres est, parmi les impôts directs, l'un de ceux qui sont le plus souvent attaqués. On a dirigé contre elle un certain nombre de critiques que j'examinerai dans un instant, en même temps que je vous parlerai des taxes proposées successivement pour la remplacer ; mais tout d'abord vous me permettrez de vous rappeler d'une façon précise en quoi consiste cette contribution.

Chaque année, l'impôt étant fixé à une somme déterminée, on fait application à chacune des ouvertures des maisons de la commune de la taxe annexée à la loi constitutive de l'impôt des portes et fenêtres. Puis, suivant que la somme totale obtenue est inférieure ou supérieure à la répartition indiquée pour la commune, on fait subir à chacune des cotes une augmentation ou une diminution proportionnelle.

Vous voyez que l'élément d'appréciation qu'on a pris, pour évaluer le revenu probable d'une personne, c'est la dépense que fait cette personne pour le loyer ou, pour mieux dire, l'espace, l'étendue qu'elle occupe et qui se trouve assez naturellement déterminé par le nombre des ouvertures de son appartement. C'est donc un impôt sur la dépense.

Je n'ai pas l'intention de soutenir que cet impôt soit parfait, car je crois qu'il serait assez difficile de trouver un impôt parfait. La multiplicité des contributions a été imaginée pour que ces contributions se corrigent les unes les autres, et que, les inégalités de l'une ne se reproduisant pas dans l'autre, il y ait compensation dans les différents impôts, pour arriver à un résultat aussi équitable que possible.

Je vais examiner les reproches qu'on adresse à la contribution des portes et fenêtres, en même temps que j'indiquerai les taxes de remplacement. Il est d'abord une critique que je vous demande de mettre de côté, au début même de mes explications, c'est celle qui concerne le reproche adressé à la contribution des portes et fenêtres d'être mal assise et d'avoir pour résultat de taxer l'air et la lumière. On dit que cette taxe est inadmissible, parce que les contribuables devraient pouvoir user en toute liberté de l'air et de la lumière. L'argument est plus imposant en apparence que sérieux au fond, car je ne crois pas, et j'en appelle aux architectes, que la taxe des portes et fenêtres ait jamais empêché de donner l'air et la lumière dans les maisons. En admettant que le principe soit un peu défectueux, si dans l'application il n'offre aucun inconvénient, je crois que l'argument peut être laissé de côté

On a proposé, depuis un certain nombre d'années, plusieurs taxes pour remplacer cette contribution. La première présentée à la Chambre, en 1892, est celle de M. Cornudet, qui propose de remplacer l'impôt des portes et fenêtres par une taxe s'élevant à 2 fr. 40 0/0 du revenu net imposable de la propriété bâtie.

Voici les arguments de M. Cornudet et les objections adressées à l'impôt des portes et fenêtres. Il a tout d'abord invoqué l'argument que citait M. Humann, ministre des finances. Ce dernier soutenait en 1841 qu'il était illogique de frapper d'un même chiffre l'ouverture de l'habitation du pauvre et celle de l'hôtel somptueux du riche, et il ajoutait que, l'impôt des portes et fenêtres étant une addition à la taxe foncière, il valait mieux faire rentrer l'une dans l'autre.

Je crois que ces deux objections ne sont pas exactes. Si, dans une certaine mesure, l'impôt des portes et fenêtres frappe du même chiffre la fenêtre du riche et celle du pauvre, ce qui n'est pas absolument vrai puisque, ainsi que vous le savez, un tableau annexé à la loi a pour conséquence de taxer moins lourdement l'ouverture du local qui n'a que deux ou trois fenêtres que celle de l'appartement qui en a 5 ou plus, il est néanmoins inexact de dire que l'imposition soit la même. Ce qu'il faut rechercher, en effet, ce n'est pas ce que paye une ouverture, mais ce que paye le locataire qui est derrière cette ouverture. Or, le locataire d'un hôtel somptueux a plus de portes et de fenêtres dans son hôtel que le pauvre dans son habitation, de sorte que le résultat pratique est que le riche paie plus que le pauvre.

Pour justifier le remplacement de l'impôt des portes et fenêtres par un impôt frappant sur la propriété foncière, il serait nécessaire de prouver que les propriétaires fonciers sont par rapport aux autres contribuables dans une situation particulièrement avantageuse, ce qui, ainsi que vous le verrez au cours des discussions, n'est pas absolument exact.

En effet, Messieurs, vous savez que les propriétaires fonciers sont loin d'être vis-à-vis des propriétaires mobiliers dans une situation avantageuse. Pour prendre les chiffres cités dans un numéro du journal « la Chambre des Propriétaires », la propriété foncière paie 7 fr. 41 0/0 par an, tandis que les valeurs mobilières ne payent que 4 0/0. De plus, beaucoup de rentiers ont des valeurs hypothécaires ou étrangères qui ne payent pas d'impôt, et dans ces conditions il est permis de dire que la propriété foncière n'est pas dans une situation telle qu'il faille la surcharger d'impôts nouveaux.

M. Cornudet soutenait également que la contribution qu'il proposait de 2 fr. 40 0/0 sur la propriété foncière serait proportionnelle aux facultés des contribuables. Vous savez que cela n'est pas exact, puisque le système de M. Cornudet a pour effet de transporter un impôt payé par tous les citoyens sur les seuls propriétaires fonciers.

En second lieu, en admettant qu'une répercussion le fasse, à la longue, porter sur le locataire, je crois qu'il ne serait pas exact de dire que la proportionnalité de l'impôt existerait. Vous savez que les sommes affectées au logement varient beaucoup suivant les centres de population. Il est évident qu'à Paris et à Lyon on est obligé, pour se loger d'une façon convenable, de dépenser beaucoup plus que dans les petits villages ou dans les petites villes. La taxe de M. Cornudet n'étant pas accompagnée d'une échelle de proportion, il en résulte que l'habitant de Paris et de Lyon aurait à payer une somme plus considérable par rapport à ses facultés que celui d'une petite ville.

A ce point de vue, la contribution des portes et fenêtres présente une certaine proportionnalité. En effet, étant donné d'une part que l'impôt des portes et des fenêtres porte sur les ouvertures et en réalité sur l'étendue de l'habitation, et d'autre part que le locataire qui habite en province, dans la campagne, peut se loger grandement, pour un chiffre moindre que celui que le locataire habitant Paris est obligé de dépenser pour avoir un petit appartement, il en résulte que, l'impôt frappant en raison même de la surface habitable de son habitation, il paie un impôt supérieur à celui du locataire qui à Paris, par exemple, occupe un local plus restreint que le sien. Il existe donc là une proportionnalité qu'on ne trouve pas dans la taxe proposée.

L'auteur de l'amendement faisait valoir un autre argument qui n'était pas tout à fait exact, c'est que la taxe avait pour résultat d'augmenter les charges pesant sur les riches. En réalité, on se trouve dans cette alternative : ou la taxe de M. Cornudet aura pour résultat d'augmenter les charges sur les propriétaires fonciers seulement, ou bien, par suite d'une répercussion sur les locataires, les pauvres seront peut-être plus chargés puisque, la contribution étant fixe, on ne pourra pas imaginer de dégrèvement ou d'échelle pour diminuer leurs charges.

Ces différentes considérations, Messieurs, me font penser que la taxe dont je viens de vous parler ne devrait pas être acceptée pour remplacer la taxe des portes et fenêtres.

J'ai à vous parler d'un second projet présenté dans le budget par M. Burdeau, ministre des finances. L'impôt proposé a été appelé taxe d'habitation et repose sur deux idées : la première est que dans une même localité les loyers sont proportionnels aux ressources des contribuables, la seconde est que, les loyers croissant en raison directe du chiffre des habitants, les contribuables doivent consacrer à leur logement une somme plus considérable dans les grandes villes que dans les petites communes. C'est ce que je vous disais tout à l'heure : on tient compte de la différence dans les conditions d'habitation suivant les grandes villes ou les petites communes. Vous verrez dans un instant qu'il est peut-être difficile d'arriver à un résultat utile dans ce sens, étant données les difficultés qui existent pour créer l'échelle qui servirait à proportionner l'impôt suivant les centres d'habitation.

Enfin, deux mesures particulières étaient destinées à compléter le système proposé. La première consiste dans la création d'un minimum de loyer pour chaque catégorie de commune. Le contribuable ne payera d'impôt que pour la partie de son loyer dépassant le chiffre irréductible qu'il lui est nécessaire de dépenser pour se loger. La deuxième exemption profite aux personnes ayant plus de deux enfants, pouvant, par suite de leur âge, être considérés comme une charge. Les contribuables dont le loyer ne dépasse pas le minimun déterminé profitent seuls de cette seconde mesure.

Au premier abord, cette taxe peut sembler logique, mais malheureusement je crois que la base laisse à désirer.

Elle laisse à désirer pour deux motifs, parce qu'elle est fondée sur le quantum du loyer qu'il est très difficile de déterminer d'une façon précise. Vous savez, en effet, que toutes les maisons ne sont pas louées à bail, et que beaucoup de personnes habitent en France les maisons dont elles sont propriétaires. Lorsqu'on veut évaluer la valeur locative de ces propriétés, il faut avoir recours à une comparaison avec les propriétés voisines. Il est très difficile quelquefois de trouver, dans le voisinage, des habitations présentant une analogie suffisante avec les propriétés qu'on veut évaluer et le calcul devient forcément inexact.

Le second motif de l'insuffisance du loyer comme base de calcul est que, dans une même localité, les loyers ne sont pas nécessairement proportionnels au revenu des occupants. Beaucoup de personnes, à cause de leur position ou de leurs occupations, sont obligées d'habiter des quartiers où les loyers sont très élevés et elles dépensent une somme qui n'est pas en rapport avec leurs facultés. De même une famille nombreuse nécessite un local souvent très onéreux.

Enfin, pour toute la France, on est obligé d'imaginer une échelle de proportion allant des grandes villes aux petits villages. Or l'échelle qui a été proposée à la Chambre n'est pas suffisante, car elle ne semble pas avoir été établie dans des conditions d'exactitude qui pourraient donner satisfaction. Il est d'ailleurs extrêmement difficile d'établir une échelle de cette nature, car il aurait fallu déterminer à l'avance le revenu de chacun des contribuables qu'on prendrait en quelque sorte pour type, dans les différentes localités, afin de déterminer quelle est la somme que chacun d'eux consacre à son habitation. Or, faire un pareil calcul reviendrait à créer l'impôt sur le revenu, car le principal obstacle de l'impôt sur le revenu est l'impossibilité dans laquelle on se trouve de faire cette enquête.

Les chiffres que nous fournissent les pays voisins sont en désaccord avec l'échelle même qu'on nous propose en France. En effet l'écart qui existerait entre les taux extrêmes serait de 25 0/0. L'écart entre les exemptions d'impôt sur les logements varie de 80 0/0 en Russie, de 75 0/0 en Portugal et de 58 0/0 en Belgique. Vous voyez, par conséquent, que le système qui nous est présenté ne coïncide avec aucune des expériences déjà faites et qu'on peut admettre que l'échelle a été fixée arbitrairement, et qu'il est impossible de garantir à l'avance les résultats qu'elle donnerait et les conditions dans lesquelles l'impôt nouveau serait appliqué.

Voilà analysées les deux principales propositions qui ont été faites.

Les raisons que je viens de vous indiquer très rapidement me font penser qu'il n'y aurait lieu d'adopter ni l'une ni l'autre.

Pour terminer, je vous citerai la réforme imaginée par M. Cochery. Son système a pour but de créer un certain nombre d'impôts sur le revenu, frappant sur trois ou quatre des signes extérieurs du revenu. Pour commencer, M. Cochery propose de remplacer une partie de l'impôt des portes et fenêtres par une augmentation de 3,20 à 4 0/0 de l'impôt des propriétés bâties.

Les objections présentées au système de M. Cornudet s'appliquent à la réforme de M. Cochery. Cette dernière aurait un inconvénient grave. Rien ne dit, en effet, que la réforme commencée serait poussée jusqu'au bout et il est probable que l'essai d'impôt sur le revenu fait au préjudice des propriétaires fonciers subsisterait seul.

Reste la question de savoir si on pourrait remplacer toutes les contributions par un impôt sur le revenu. Il est permis de croire que le résultat pratique n'est pas près d'être obtenu. Le maintien du *statu quo* serait certainement préférable et devrait être admis d'une façon momentanée, tout au moins jusqu'au jour où l'on pourrait présenter une réforme plus étudiée et plus certaine dans ses résultats que les projets existants. Le système actuel a au moins l'avantage de conserver un certain nombre d'impôts imparfaits, à coup sûr, mais susceptibles de se corriger les uns les autres.

Les projets qu'on présente auraient pour résultat de réduire le nombre des contributions, et reviendraient pour les impôts maintenus à adopter comme base unique et générale le loyer, c'est-à-dire une base qui ne peut pas être précise. Les erreurs commises dans l'appréciation de la valeur locative se reproduiraient dans tous les impôts et doubleraient, tripleraient les injustices qui peuvent exister dans l'impôt foncier actuel. *(Vifs applaudissements.)*

M. LE PRÉSIDENT. — La parole est à M. Haumont.

M. HAUMONT. — J'ai écouté avec beaucoup d'intérêt le rapport qui vient de nous être présenté, et je ne crois pas que cette question de la contribution des portes et fenêtres soit une question d'intérêt général pour la propriété bâtie, parce que les conditions sont absolument différentes, suivant les différentes espèces de propriétés bâties.

Je crois que la suppression de l'impôt des portes et fenêtres profitera à certains propriétaires et nuira à certains autres, que par conséquent il y a là une question extrêmement délicate. Nous venons de tous les pays de la France, et c'est précisément parce que chacun peut donner des renseignements sur les différentes conditions locales, que l'on peut jeter les bases d'une statistique. Je suis du Havre et je ne vous parlerai donc que de ce qui se passe au Havre.

Or, au Havre, pour le propriétaire qui n'a pas de loyers supérieurs à 500 ou 600 fr., la contribution des portes et fenêtres est à la charge du propriétaire qui n'en réclame généralement pas la restitution à son locataire, de sorte que, pour cette catégorie de locations, je crois que tous les propriétaires du Havre qui ont des maisons de l'importance locative que j'indique accepteraient avec reconnaissance la suppression de la contribution des portes et fenêtres, l'impôt de remplacement paraissant devoir être moins élevé. Au contraire, pour les propriétaires qui ont des maisons louées 1,200, 1,400 ou 1,500 fr., cette réforme serait une charge considérable. Je suis propriétaire et locataire. Comme locataire je profiterai peu de la suppression de la contribution des portes et fenêtres, comme propriétaire je crois qu'elle me sera peu intéressante. Pour les petites locations, le propriétaire ne recouvre jamais la contribution des portes et fenêtres. Lorsqu'on fait miroiter cette suppression comme une réforme démocratique, on se trompe.

Je ne sais pas ce qui se passe à Lyon, mais au Havre les ouvriers sont absolument désintéressés dans la question. Je suis propriétaire d'une maison occupée par des ouvriers, je n'ai jamais essayé, et c'est d'ailleurs la coutume locale, de leur faire payer la contribution des portes et fenêtres. Mais pour les propriétaires de maisons à gros revenus la charge pourrait être lourde. Vous aurez une réforme qui pèsera sur certains propriétaires et qui allégera certains autres. C'est ce qui me détermine à conclure ainsi : Je ne crois pas qu'il s'agisse d'une question générale intéressant la propriété bâtie, je crois qu'ici les intérêts se divisent. Si on supprime la contribution, quelques-uns en profiteront, d'autres en souffriront. Mais au Havre je ne crois pas qu'on puisse présenter cette réforme comme faite au profit des ouvriers, parce que les ouvriers au Havre ne payent jamais un centime de la contribution des portes et fenêtres. *(Applaudissements.)*

M. LE PRÉSIDENT. — La parole est à M. Dupay.

M. DUPAY. — Je m'associe aux paroles de notre collègue du Havre. Nous sommes dans les mêmes conditions à Versailles. Il est d'usage que les propriétaires ne recouvrent pas cet impôt sur les petites locations. Cela ne se fait que pour les gros loyers. Au nom du syndicat de Versailles, je m'associe entièrement aux observations présentées au nom du syndicat du Havre.

M. LE PRÉSIDENT. — La parole est à M. Gay.

M. GAY, de Marseille. — Messieurs, j'ai reçu mandat de ma Chambre syndicale de venir soutenir au Congrès la suppression de l'impôt des portes et fenêtres. Cet impôt qui a été voté en 1700 et tant, au moment où l'ennemi était à la frontière, est un impôt qui a subsisté depuis, bien que dans l'esprit du législateur il n'eût été voté que pour un certain temps et pour faire face aux besoins de la guerre. Cet impôt, absolument honteux, pour me servir de l'expression de divers ministres qui ont examiné cette question à la Chambre et pour me servir même de celle de M. Boutin qui a ici un représentant, a cependant survécu.

D'abord impôt de quotité, il est devenu impôt de répartition, puis redevenu impôt de quotité, et enfin en 1832, et c'est la loi qui nous régit, il est redevenu impôt de répartition.

A mon avis cette loi est injuste, en ce sens qu'elle frappe d'un même taux la fenêtre du pauvre et celle du riche. Notre éminent président, ce matin, nous disait que dans toutes nos revendications nous avions une chose à demander : la justice. Si nous avons des droits, nous disait-il, nous avons également des devoirs. Notre devoir est de demander que cette injustice, qui consiste à taxer du même taux la fenêtre du pauvre et celle du riche, disparaisse. Voilà pour le principe.

Je viens d'entendre nos collègues du Havre et de Versailles nous dire que dans leur pays l'impôt des portes et fenêtres n'existait pas pour le locataire...

M. Haumont. — Pour les petits locataires.

M. Gay — Il en est de même à Marseille, et je crois qu'il en est de même dans toutes les villes de France. Neuf propriétaires sur dix ne font pas payer l'impôt des portes et fenêtres qui, quoique voté par le législateur contre le locataire, devient une charge de la propriété.

C'est donc parce que cet impôt est une charge de la propriété que je demande qu'il soit rayé de notre loi. Par quoi doit-il être remplacé ? Voilà la question. Après l'avoir examinée, étudiée, je crois que celui qui a le plus raison c'est M. Burdeau, qui a dit que l'impôt des portes et fenêtres doit être remplacé par un impôt sur le prix du loyer.

Les adversaires de ce projet nous disent qu'il y a deux sortes de loyers : les gros, payés par le pauvre, et les petits, payés par le riche. Messieurs, je n'ai jamais vu cela, cela se présente peut-être, mais dans des cas très rares ; je n'ai jamais vu une personne ayant des revenus modestes prendre un loyer de 2,000 ou de 3,000 francs.

On dit aussi que la loi qui consisterait à transformer cet impôt en un impôt proportionnel serait injuste, parce que, ajoute-t-on, certaines personnes sont obligées, par leur position ou par leurs occupations, de prendre un loyer au-dessus de leurs ressources. Si elles le font, c'est qu'elles y ont leur intérêt. Si c'est une étude d'officier ministériel, par exemple, c'est parce que le client y arrivera plus facilement parce qu'il sera dans un quartier central, à deux pas de son magasin, de ses affaires. Cette objection, à mon avis, doit donc être écartée.

Je dis que l'impôt des portes et fenêtres, tel qu'il existe, est une injustice souveraine. Quant à moi, j'en demande l'effacement complet. Si l'Etat trouve dans cet impôt une ressource pour son budget, je dis qu'il serait souverainement juste de la demander à ceux qui payent le plus fort loyer, comme à celui qui paye le plus petit, de façon que la proportionnalité soit établie sur le loyer. Voilà la théorie que j'ai été chargé de soutenir. Elle est conforme d'ailleurs aux grands principes proclamés dans la Déclaration des droits de l'homme.

Je suis venu aussi au Congrès pour soutenir nos intérêts professionnels, car j'affirme et je suis prêt à soutenir devant tout contradicteur de bonne foi que le métier de propriétaire est une profession. On a contesté cela à nos collègues de Paris et de Lyon, mais on n'a pas osé le contester à nos collègues de Marseille. *(Rires et applaudissements.)*

Le Procureur de la République, le Maire, le Préfet des Bouches-du-Rhône ont été au contraire très heureux de voir à Marseille ce trait d'union qu'on appelle le syndicat des propriétaires, de façon que toutes les fois qu'à la mairie, à la préfecture, chez les pouvoirs publics, il y a quelque chose à faire, intéressant la propriété, on appelle ceux qui, après tout, sont chargés de remplir le coffre, c'est-à-dire les véritables intéressés. *(Applaudissements.)*

Pour en revenir à la question des portes et fenêtres, je me résume en disant qu'il nous a paru juste que cet impôt fût transformé en une taxe proportionnelle au prix du loyer.

Un Membre. — A la charge de qui ?

M. Gay. — A la charge du locataire, bien entendu. J'oubliais de dire qu'au point de vue professionnel cette théorie est très juste. Les ouvriers défendent leurs intérêts. Pourquoi ne défendrions-nous pas les nôtres ? Nous sommes nous aussi des ouvriers et il y a des propriétaires qui sont quelquefois plus malheureux que les ouvriers de l'industrie et de la terre. La loi oblige le locataire à payer l'impôt des portes et fenêtres, il faut qu'il le paye.

A Marseille, nous payons 3 fr. 72 par ouverture ; pour les portes cochères 34 fr. 50, et Dieu sait si le fisc sait en trouver partout des portes cochères. Il suffit qu'une porte soit un peu plus large qu'une autre pour être taxée comme telle.

Il est de notre intérêt de demander la transformation de cette loi. On craint que le locataire dise : c'est un impôt nouveau, et qu'il oublie qu'après tout ce sont toujours les portes et fenêtres, et que le propriétaire les a toujours payées. Je n'ai pas à examiner s'il y a danger ou non pour les pouvoirs publics. J'appelle les choses par leur nom. Il faut avoir la franchise de dire que c'est sur le loyer et par conséquent sur le locataire que le fisc tombera pour recouvrer cet impôt. *(Applaudissements.)*

M. LE PRÉSIDENT. — La parole est à M. Dufour.

M. DUFOUR. — Les délégués du Havre et de Versailles disaient une chose très juste, c'est que l'impôt des petits loyers n'est pas payé par les locataires. C'est le propriétaire qui en fait les frais. Cela se comprend, puisqu'à Paris les locataires sont exemptés de la contribution mobilière jusqu'à 500 francs. Vous voulez remplacer cet impôt par l'impôt sur le loyer, mais ce sera une sorte d'impôt sur le revenu. J'approuve le rapport de M. de Boulongne qui dit : tant que vous n'aurez pas trouvé d'impôt de répartition à faire soit sur le mobilier, soit sur le loyer, je crois qu'il vaut encore mieux le garder. *(Applaudissements.)*

M. LE PRÉSIDENT. — Personne ne demande plus la parole ? Je donne la parole à M. Hocquet, rapporteur.

M. HOCQUET. — Si toutes les autres questions doivent nous tenir aussi longtemps, nous n'arriverons jamais à la fin de notre programme. Je vous promets d'être bref.

Je suis presque d'accord avec le rapporteur M. de Boulongne, parce que, s'il demande le maintien du *statu quo*, je ne le demande que d'une façon secondaire. En définitive, je trouve que le propriétaire n'a pas un intérêt énorme à la suppression de l'impôt. On a dit tout à l'heure que l'impôt est supporté seulement par les locataires riches. Alors pourquoi en exonérer les locataires riches pour charger le propriétaire ?

On a omis de considérer qu'il n'y a pas de locataires pauvres seulement. Il y a aussi beaucoup de propriétaires de très petites propriétés qui payent la contribution des portes et fenêtres. Si on la supprimait, on la supprimerait aussi pour eux. J'ai fait un travail que je regrette de ne pas voir entre les mains de mes collègues.

J'ai résumé la question en donnant d'abord l'historique de l'impôt, j'ai mis quelques documents qui m'ont paru être utiles à la plupart des membres du Congrès, j'ai ensuite examiné les projets comme l'a fait avec beaucoup de discernement M. de Boulongne. Ils sont nombreux, ils datent de 1894, mais aussi de 1881, attendu que le projet de M. Alglave sur l'eau-de-vie prévoyait la suppression de l'impôt des portes et fenêtres. Mais depuis le commencement de 1894 il y en a eu surtout beaucoup : MM. Cornudet, Burdeau, Cochery, etc.

J'ai constaté qu'aucun de ces projets n'était l'idéal. S'il y a un gros impôt qui englobe tous les autres, nous n'avons pas besoin d'un impôt spécial. M. Burdeau comprenait avec juste raison l'impôt des portes et fenêtres dans la contribution mobilière, parce qu'à l'origine, lorsque l'impôt a été établi, il l'a été comme un complément de la contribution mobilière, dans des conditions que vous trouverez dans mon petit travail ; il a été établi 4 mois après une première loi qui avait déjà pris une certaine somme, qu'on a plus que doublée, au bout de si peu de temps, pour contribuer à parfaire celle dont on avait besoin. Les impôts se recouvraient très difficilement à ce moment-là.

J'ai examiné les divers projets et j'ai conclu à ceci : c'est que nous devions rester dans le *statu quo*. Il y a bien d'autres impôts que ceux proposés par les députés et les économistes, mais à quoi bon, puisqu'il y en a un dont on a parlé, et sur lequel je reviendrai toujours, parce que c'est celui qui coûterait le moins à chacun : le projet sur l'alcool. M. Claude, en 1881, a fait un projet superbe ; M. Alglave y a trouvé 800 millions...

M. Yves Guyot. — Je demande la parole.

M. Hocquet. — M. Guillemet proposait, lui, un impôt seulement sur la rectification de l'alcool. Il trouvait là encore une énorme somme. Avec cela nous aurons de quoi remplacer nos petits impôts qui sont désagréables.

Je reviens à mon point de départ, et je dis : je suis d'accord avec M. de Boulongne pour ne pas considérer comme absolument nécessaire la suppression qui n'est pas demandée d'une façon bien évidente par ceux que cela intéresse le plus : les locataires et les propriétaires, je conclus donc au maintien.

M. le Président. — La parole est à M. Yves Guyot.

M. Yves Guyot. — Messieurs, je ne comptais pas prendre la parole dans cette discussion, mais c'est l'allusion qui vient d'être faite au monopole de l'alcool qui m'a fait demander la parole.

D'abord, j'ai quelques observations générales à faire sur le rapport de l'honorable M. de Boulongne qui dit ceci : on a multiplié les taxes en France parce qu'en multipliant les taxes on les empêche d'être injustes. Eh bien ! je considère qu'il faut se placer à un tout autre point de vue que cette multiplication des taxes, — c'est de la fiscalité de barbare, — qu'en multipliant les taxes on paralyse d'abord l'activité des individus, on multiplie ensuite des répercussions injustes ; en multipliant les taxes on essaye de compenser un mal par un autre mal ; c'est de la fiscalité empirique ; c'est refuser d'aborder le problème fiscal dans toute son intégrité.

Bien loin de croire que la multiplicité des taxes est un avantage fiscal, si je compare les pays avancés au point de vue économique avec les pays rétrogrades, c'est dans les pays barbares que je trouve les taxes les plus nombreuses, et c'est, au contraire, dans des pays comme l'Angleterre qui, il faut bien le dire, est au moins d'un demi-siècle en avance au point de vue économique sur toutes les autres nations, qu'on est arrivé déjà, surtout depuis 50 ans, à restreindre de plus en plus l'assiette des impôts, de manière à se diriger vers un idéal plus ou moins lointain qui est évidemment l'unité de l'impôt.

On a parlé tout à l'heure de la date de l'impôt sur les portes et fenêtres; mais il ne faisait pas partie du système fiscal de 1789, il n'a été établi que comme un expédient en 1798 et juste à l'époque où l'Angleterre le supprimait. Il existe depuis cette époque là. Voila donc un premier point de départ.

Je suis par conséquent très partisan de la suppression de l'impôt sur les portes et fenêtres. J'ai entendu tout à l'heure plusieurs d'entre vous dire que vous représentiez des Chambres syndicales de propriétaires, et même l'un de vous a assimilé les propriétaires à des professionnels. Il y en a plusieurs d'entre nous qui peuvent être professionnels de la propriété, mais qui se considèrent beaucoup plus professionnels quand ils appartiennent à un autre métier.

Dans tous les cas, cette petite réserve faite, je vous dis à vous, qui représentez la propriété, que votre grand devoir, me plaçant au point de vue des hautes questions de moralité que vous précisait si bien M. le Président ce matin, est d'envisager les questions telles qu'elles se présentent et de ne pas essayer de ruser avec elles.

Permettez-moi de vous dire, et c'est pour cela que j'ai demandé la parole, que lorsque vous dites : nous allons supprimer l'impôt sur les portes et fenêtres, nous ne demandons pas mieux, mais nous allons le faire payer par l'alcool; permettez-moi de vous dire que c'est tout simplement décharger la propriété bâtie d'un impôt en le faisant porter sur l'activité d'une industrie.

Je ne crois pas que vous deviez poser la question de cette manière là. Je crois que vous, propriétaires, vous devez envisager la question fiscale au point de vue de la meilleure répartition de l'impôt à votre égard, mais vous ne devez pas vous dire, surtout dans un Congrès comme celui-ci : nous demandons à payer le moins d'impôt possible, à supprimer un certain nombre des impôts qui nous frappent pour les faire payer par le voisin.

C'est là une tendance bien naturelle. Il est évident que l'impôt a un certain caractère de coercition et de violence, puisqu'il s'agit pour chacun de payer pour des services généraux une certaine somme que l'on préférerait garder pour soi. On se résigne à la nécessité de la payer parce qu'on sent bien qu'il est nécessaire qu'il y ait un budget pour l'Etat. Mais enfin il y a une moralité fiscale qui remonte à la plus haute antiquité, qui continue encore parmi nous, c'est que chacun voudrait bien que l'impôt fût payé par le voisin plutôt que par lui.

Vous pouvez protester. Si je suis ici, ce n'est pas pour flatter des préjugés. J'essaie de poser la question dans toute sa vérité, vous me répondrez tout à l'heure, si vous le voulez. Mais quant à cette question morale, nier qu'elle est intimement liée à nos sentiments, c'est nier le mobile économique de l'humanité.

Me plaçant au point de vue du Congrès de la propriété bâtie, je repousse l'examen de la question du monopole de l'alcool, ou bien il fallait le mettre dans le programme et nous l'aurions discuté alors. Nous eussions traité la question des contributions indirectes, mais nous ne sommes pas venus ici pour cela. Voilà un premier point sur lequel j'appelle votre attention. *(Applaudissements.)*

Voici maintenant le second point. Je déclare que je suis partisan de la suppression de l'impôt et je me sers même de certains arguments invoqués ici. Plusieurs des orateurs qui ont pris la parole ont dit : le plus souvent c'est le propriétaire qui paye l'impôt sur les portes et fenêtres. Oui, c'est le propriétaire qui le paye, et il le paye forcément d'une manière ou d'une autre, car s'il ne le paye pas directement, il tient compte de l'impôt dans le taux de son bail. Le locataire tient compte de l'impôt des portes et fenêtres dans la rémunération qu'il paye pour son logement au propriétaire.

Je considère, au point de vue du principe de l'unification de l'impôt dont je vous ai parlé tout à l'heure, qu'il y a un très grand intérêt pour tout le monde, et en particulier pour tous ceux qui possèdent, à supprimer les artifices de comptabilité et à aller jusqu'au fond des choses. Si c'est le propriétaire, en réalité, soit directement, soit indirectement, qui paye l'impôt des portes et fenêtres, il vaut beaucoup mieux que ce soit lui qui le paye directement; et ensuite il fera sa répercussion comme il l'entendra, il en tiendra le compte qu'il voudra.

Au point de vue de l'assiette de l'impôt, je considère que c'est une grave erreur de parler de la valeur locative. On a rappelé tout à l'heure qu'il y avait 80 0/0 des maisons qui étaient habitées par leurs propriétaires. Quelle est la valeur locative de ces maisons habitées par leurs propriétaires? C'est une valeur locative factice, que l'on détermine de quelle manière? Il n'y a même pas de contrat entre celui qui habite la maison et le propriétaire de la maison, puisque c'est le propriétaire de la maison qui l'habite. Je crois qu'il vaudrait beaucoup mieux que ce fût sur la valeur de la maison que l'impôt fût établi; cette valeur est plus ou moins difficile à déterminer, mais on peut la déterminer plus facilement, étant donnés les actes de vente, de succession.

J'arrive maintenant à la propriété situé dans les villes, la propriété urbaine, soit à Paris. Il y a à Paris 83,000 maisons. Sur ces maisons, 80,000 sont habitées. 2,000 environ sont des usines, des loyers industriels. Mettons 80,000 maisons, qui donnent 804,000 locaux à habitation. Au point de vue de la taxation, et au point de vue du système, il est beaucoup plus facile d'établir une taxe sur 80,000 maisons que sur 804,000 locaux d'habitation. Il y a une différence de 1 à 10.

De plus l'immeuble est une chose précise, qui reste, qui est un gage pour le fisc. Tandis que le local d'habitation n'est pas un gage pour le fisc. Enfin, vous avez cette propriété, et vous avez à la tête de cette propriété, et je reprends le mot de professionnel, vous avez un propriétaire qui a pour devoir de l'administrer, et s'il a dix locataires dans sa maison, un magasin, un premier étage, un second étage, des petits loyers au troisième et au quatrième, des loyers de petits locataires au cinquième et au sixième, il peut faire la répercussion de l'impôt au mieux de ses intérêts. Il est dans un quartier neuf, il a besoin d'avoir un boulanger, un boucher pour attirer la clientèle, pour que les personnes qui viennent demeurer là sachent qu'elles peuvent s'approvisionner; alors il supportera une part de l'impôt en calculant qu'il la retrouvera par la plus-value qu'il donnera à sa propriété.

S'il est lié au contraire par le fisc, s'il est obligé de faire peser sur chaque loyer la répercussion directe de l'impôt, il sera gêné. Il vaut beaucoup mieux que l'impôt pèse tout entier sur la propriété. Par conséquent je conclus à ceci : 1° c'est que je ne crois pas que dans le Congrès actuel nous puissions examiner des substitutions de contributions indirectes ou de monopoles quelconques aux contributions directes existantes ; 2° que l'impôt sur les portes et fenêtres doit être supprimé; 3° que cet impôt doit être unifié dans une taxe sur la valeur vénale de la propriété. *(Applaudissements.)*

M. le Président. — Je donne la parole à M. Gay.

M. Gay. — Messieurs, le discours que vous venez d'entendre n'émane pas d'un professionnel, mais bien d'un économiste.

M. Yves Guyot. — Je n'en sais rien.

Un Membre. — C'est même ce qui en fait la valeur. *(Rires.)*

M. Gay. — Je ne crois pas qu'il soit entré dans les idées des organisateurs du Congrès d'amener ici d'autres personnes que des professionnels, je le dis sans vouloir fâcher personne.

M. Yves Guyot. — Je vous prie de vous expliquer là-dessus.

M. Gay. — Lorsque j'aurai fini de parler, vous verrez peut-être que ces mots ne vous effrayeront plus autant.

M. le Président. — L'expression a dépassé la pensée de l'orateur.

M. Gay. Lorsque j'entends dire dans un Congrès de propriétaires que l'impôt doit être demandé à la propriété foncière seule, je trouve ce raisonnement exorbitant, et lorsqu'on ajoute que le métier de propriétaire n'est pas une profession, on est à côté de la vérité, car hélas, pour la grande majorité d'entre eux, ce métier est devenu une profession et une des plus dures qui puisse exister.

Je ne sais pas sous quel régime vous vivez, dans les villes que vous habitez, mais à Marseille le régime est exceptionnel, et c'est pour cela que j'apporte une certaine vivacité à défendre ici les intérêts de mes commettants. Le métier de propriétaire est une profession pour la grande majorité d'entre nous, car nous vivons de nos capitaux fonciers au même titre que les capitalistes de l'industrie et de la finance, et je ne pense pas que les propriétaires appelés au Congrès l'ont été pour défendre autre chose que leurs intérêts professionnels. S'il en était autrement, je les qualifierais de propriétaires en chambre. (*Applaudissements.*)

Quant à moi, c'est pour défendre les intérêts des propriétaires professionnels que je suis ici. Mon langage vous paraîtra peut-être terre à terre, mais chacun défend sa fortune et ses droits comme il le peut. L'impôt des portes et fenêtres doit être payé par le locataire, parce que la loi l'exige.

Lorsque j'entends des économistes dire : il faut que ce soit le propriétaire, je me demande quelle forme ou plutôt avec quels matériaux vous allez forger cette loi qui doit m'accabler de ce nouvel impôt. Je ne viens défendre ici que la catégorie des petits propriétaires, vivant du revenu de leur maison. Vous avez affirmé tout à l'heure que les gros propriétaires faisaient payer cet impôt à leurs locataires. Vous étiez dans le vrai. Les petits, au contraire, ne peuvent pas le faire et ce sont eux qui payent. C'est donc un impôt qui ne frappe que le petit propriétaire. C'est ce professionnel qui ne vit absolument que de sa maison que lui ou ses parents ont acquise à la sueur de leur front, c'est celui-là seul qui est frappé et c'est celui-là seul que je viens défendre.

Les intérêts du propriétaire en chambre pour qui les intérêts d'une maison ne sont rien, mais pour qui la bourse est tout, celui-là, je le comprends, tiendra le raisonnement de tout à l'heure ; mais celui qui ne vit que de sa propriété, celui qui a dépensé son argent à payer les maçons et les peintres et fait travailler tous les corps d'état, c'est celui-là que vous voulez écraser ? En faisant bâtir sa maison, il a enrichi sa ville, et il a contribué dans une certaine mesure à son embellissement. En agissant ainsi, n'a-t-il pas été aussi utile à son pays que l'ouvrier de l'atelier ? La maison n'est-elle pas aussi utile que la machine ?

Je sais qu'on a actuellement la tendance de faire tout supporter par la propriété. Mais serez-vous plus riches le jour où on laissera les maisons en ruine, comme on le disait ce matin, lorsqu'on parlait de la loi sur la salubrité publique ? Puisque le quart du revenu passe à l'impôt, comment voulez-vous que le propriétaire puisse faire les réparations nécessaires ? Tous les six mois il est obligé d'aller verser en plusieurs caisses la plus grande partie de ses revenus. Comment voulez vous qu'il emploie l'autre à faire bâtir ? *(Applaudissements.)*

C'est, Messieurs, un professionnel que vous venez d'entendre, il veut ériger en principe que le métier de propriétaire est une profession, il le soutiendra partout et, avec votre aide, ce principe triomphera certainement.

M. LE PRÉSIDENT. — La parole est à M. Deloison.

M. DELOISON. — Je me trouve entrainé à répondre quelques mots à M. Yves Guyot, pour lui montrer les conséquences du système qu'il préconise. Tout d'abord, laissez-moi protester hautement contre les idées qui, suivant M. Yves Guyot, dirigeraient les honorables propriétaires qui sont ici. Nous n'avons aucunement la prétention de nous décharger des impôts qui actuellement pèsent sur nous. Ce n'est pas le but que nous poursuivons, ce n'est pas ce que nous demandons, nous acceptons les charges, nous demandons seulement une chose, c'est qu'on ne les aggrave pas. *(Applaudissements.)*

Tout à l'heure un de nos honorables rapporteurs réclamait le maintien du *statu quo*. Par conséquent il n'avait nullement l'intention de dégrever la propriété bâtie. Il demandait simplement au Congrès de décider que les impôts tels qu'ils existaient continueraient à subsister.

Le second honorable rapporteur vous tenait le même langage ; seulement, prévoyant le cas où il faudrait remplacer cet impôt des portes et fenêtres par un impôt quelconque, il prenait comme victime l'alcool, ce qui a soulevé l'indignation de M. Yves Guyot.

Et alors, répondant à cette proposition, on venait nous dire : mais ce n'est pas de ce côté qu'il faut chercher l'impôt de remplacement : il faut le faire subir, non pas à l'alcool, mais tout entier à la propriété foncière. Il faut faire des propriétaires les débiteurs d'impôts pour la totalité, les en rendre responsables. C'est cette proposition que je viens combattre.

Permettez-moi, au point de vue pratique, de vous démontrer à quelles conséquences désastreuses on arriverait, et pour faire cette démonstration de vous donner des chiffres. Quel est donc actuellement le total des impôts que la propriété bâtie est obligée de subir? L'impôt de la propriété bâtie s'élève, pour la contribution foncière, soit pour les sommes payées à l'Etat, soit pour les centimes dont bénéficient les départements et les communes, s'élève, voici le dernier budget, à la somme de 148.396.982 francs. Et quel est le montant de l'impôt des portes et fenêtres qui est perçu? C'est 89.662.885 francs. Si donc vous voulez bien ajouter ces 89 millions qu'on veut nous faire payer à nous, propriétaires fonciers, aux 148.396.982 francs, nous arriverons à ce résultat, c'est que nous aurons à payer une moitié en plus des impôts que nous payons actuellement.

Voilà le résultat pratique auquel on aboutirait avec le système proposé. Dans ma conviction, la prospérité d'un Etat est indissolublement liée à la prospérité de la propriété. Si vous écrasez la propriété, vous allez par cela même écraser l'Etat. Je vous demande de ne pas arriver à des résultats aussi graves et aussi scandaleux que ceux proposés.

Pourquoi donc imposer la propriété bâtie plus qu'elle ne l'est? Pourquoi? Pour supprimer un impôt qui, en définitive, jusqu'à présent a été assez bien payé. On nous parle toujours des étrangers, on veut prendre comme modèle l'Angleterre : mais chaque pays a ses mœurs. Vous voyez que l'*income tax* existe en Angleterre, qu'il y est très bien accepté, et vous apercevez d'un autre côté quelle répulsion il trouve en France, et comment, après le discours si remarquable de M. Jules Roche, le sentiment public s'élève contre l'adoption d'un impôt sur le revenu.

La propriété bâtie supporte des charges considérables, qu'il ne faut pas aggraver. L'impôt des portes et fenêtres aujourd'hui est bien payé par le locataire pour la plus forte partie, perçu par le propriétaire qui en est responsable. Changer cette situation ce serait beaucoup l'aggraver.

M. Yves Guyot disait tout à l'heure : la multiplicité des impôts a un inconvénient, c'est qu'elle change un mal pour en créer un autre. L'impôt est toujours un mal, mais un mal nécessaire : seulement le second mal vient corriger le premier, parce que ce sont des intérêts opposés qui sont l'un après l'autre atteints. Si vous établissez un impôt unique, cet impôt unique aura, comme tous les impôts, un inconvénient grave, un vice d'inégalité qui se trouvera alors multiplié par le nombre d'impôts que nous avons aujourd'hui. Ceux-ci, en effet, se corrigent les uns les autres. Si vous avez un impôt unique, l'inconvénient sera d'autant plus aggravé que le vice tout entier de l'impôt portera sur la même catégorie de citoyens.

Pourquoi donc ne pas laisser l'impôt des portes et fenêtres comme il existe actuellement? Pourquoi ne pas le recouvrer dans les mêmes conditions et vouloir toujours faire des changements ? Comme l'expliquait l'honorable rapporteur, ces changements sont très difficiles à opérer. Nous nous trouvons en présence de systèmes différents les uns des autres. Les uns proposent de remplacer l'impôt des portes et fenêtres par un impôt sur la propriété, les autres par un impôt sur l'alcool, d'autres en grevant en partie le foncier et en partie le mobilier.

Ces différents raisonnements ont tous leurs vices et leurs inconvénients. Inconvénient pour inconvénient, acceptons celui auquel nous sommes habitués et maintenons l'impôt des portes et fenêtres, tant qu'on ne nous aura pas démontré que ce qu'on veut lui substituer est bien préférable. *(Applaudissements.)*

UN MEMBRE. — M. Yves Guyot disait tout à l'heure : faites payer par le propriétaire l'impôt intégral, et puis du rez-de-chaussée au cinquième étage il le répartira comme il voudra. Permettez ! c'est comme il pourra qu'il faut dire. Lorsque nous donnons le prix de nos locations, nous débattons le prix comme nous pouvons, suivant la possibilité de ce que nous pouvons en obtenir. Mais il ne faut pas augmenter les charges de la propriété, et je crois que la prospérité de la propriété est liée à la prospérité publique.

M. LE PRÉSIDENT. — Nous donnons la parole à M. Vachez, pour l'analyse de son rapport sur : *Les Projets d'impôts sur la propriété bâtie.*

M. VACHEZ. — Messieurs, je ne ferai que résumer mon rapport qui vous a été distribué. Une foule de projets ont été proposés pour la réforme de notre législation financière, mais ils présentent tous des difficultés et des inconvénients. Après mon examen, on est forcé de reconnaître qu'il faut s'en tenir à ce qui existe, sauf à le modifier, à le réformer aussi bien que l'on pourra.

Mais d'où vient cette abondance considérable de systèmes en matière d'impôts, dont la multiplicité m'a toujours fait douter de l'avantage des remèdes que l'on proposait.

Cela vient de ce que la théorie et la logique ne suffisent pas, en pareille matière, au législateur ; il lui faut encore une connaissance approfondie des affaires et des lois économiques qui nous régissent, et en même temps, ce qui est encore plus indispensable, un esprit pénétrant, à grandes vues, qui apprécie si les modifications, qu'on veut apporter à la législation, ne se retourneront pas contre ceux-là mêmes que l'on veut favoriser.

Je suis donc d'avis qu'il faut maintenir notre système actuel. Nous n'avons pas à discuter aujourd'hui, ni même dans le cours du Congrès, tous les projets proposés pour le remplacer, ce serait un peu prématuré et cela exigerait de longues études. Nous n'avons qu'à examiner si le système fiscal existant aujourd'hui est suffisant et si, comme on le disait il y a un instant, nous pouvons le supporter.

Les modifications proposées, en ce qui concerne les impôts sur la propriété bâtie, se réduisent à trois.

Dans un premier système on voudrait établir un impôt unique, abolir tout ce qui existe : impôt foncier, impôt des portes et fenêtres, patentes, etc., pour le remplacer par un seul impôt sur le revenu. Je ne fais qu'esquisser cette question ; elle a été débattue il n'y a pas longtemps à la Chambre.

J'indique dans mon rapport les deux raisons principales qui me font repousser, d'une manière absolue, l'impôt sur le revenu. D'abord cet impôt est tout à fait contraire au caractère français et ce serait vraiment blesser la dignité de l'homme que de nous astreindre à cette déclaration vexatoire et inquisitoriale, sans laquelle cet impôt ne saurait fonctionner.

Aussi l'impôt sur le revenu serait, dès le premier jour, odieux et impopulaire. Voilà pourquoi je le repousse absolument ; mais je le combats aussi pour un second motif, c'est que c'est un impôt arbitraire au plus haut degré, car il conduit fatalement à l'impôt progressif et, d'autre part, il est rendu encore plus lourd par les exemptions qu'on se propose d'établir. On veut, en effet, en dispenser tous ceux dont les revenus sont modestes, et c'est ainsi que, dans la dernière session parlementaire, on a proposé sérieusement d'en exempter ceux qui auraient moins de 4.000 francs de revenu.

Or, tout cela est arbitraire, car alors que devient l'égalité devant l'impôt ? C'est la Révolution qui a posé les bases modernes de l'impôt : c'est elle qui a établi que tout le monde devait payer un impôt proportionnel. On ne saurait donc reprocher à nos lois fiscales ni leur esprit, ni leur origine. C'est pour cela que je repousse l'impôt sur le revenu. Car, remarquez-le bien, si on établissait l'impôt progressif sur le revenu, on arriverait à faire retomber sur la propriété bâtie un poids énorme, en enlevant au propriétaire 50 0/0 de son revenu.

On a dit qu'il ne fallait laisser aux riches aucune part de superflu ; mais on sait par expérience où on en arrive avec un pareil système. Car l'histoire nous apprend qu'il y a des pays qui se sont ruinés, en écrasant ainsi les riches sous le fardeau d'impôts excessifs. Nous devons donc rejeter absolument tout projet d'impôt sur le revenu, d'autant plus qu'il n'est aucun revenu qui échappe à l'impôt direct.

J'ai examiné dans un second chapitre la question de l'impôt des portes et fenêtres. Je ne voudrais pas redire ce qui vient d'être si bien dit déjà, mais cependant tout n'a pas été dit. Voici l'économie de mon petit travail : Je réponds d'abord aux trois critiques qui ont été adressées à l'impôt des portes et fenêtres. La première consiste à dire que cet impôt ne repose pas sur un signe de richesse exact. Je ne suis nullement de cet avis. J'estime, au contraire, que le nombre des fenêtres et leur dimension sont un signe non équivoque de l'aisance de celui qui habite une maison.

Dans un discours, prononcé à la Chambre des députés, en 1841, M. Humann reprochait à cet impôt de frapper la maison du pauvre comme le palais du riche. Mais cette observation ne saurait avoir aucune autorité, car personne n'ignore que les ouvertures de la maison du pauvre sont taxées à un taux insignifiant, toutes les maisons de moins de six ouvertures jouissant d'un tarif de faveur tel qu'on a vraiment mauvaise grâce de protester. Cet argument ne saurait donc avoir aucune valeur. C'est une observation que j'ajoute à ce qui a été si bien dit par M. de Boulongne. L'observation de M. Humann remonte à 1841. Or, depuis cette époque, un décret du 17 mars 1852 a autorisé d'abord l'administration de la ville de Paris à modifier ce qu'il y aurait d'excessif et d'improportionnel dans l'impôt des portes et fenêtres, en permettant de tenir compte, pour son évaluation, de deux éléments : d'un côté le chiffre du loyer, et de l'autre le nombre des ouvertures. Voilà ce qui a été fait pour Paris.

Deux ans plus tard, une loi du 28 juin 1854 a élargi cette disposition, en permettant de l'appliquer à Lyon. Enfin une loi du 5 mai 1855 l'a étendue aussi à la ville de Bordeaux. Je ne sais pas si cela est appliqué à Marseille. Mais vous voyez que ces lois exceptionnelles enlèvent beaucoup d'autorité à l'observation de M. Humann. Car il ne peut exister de palais que dans les grandes villes.

Je passe, Messieurs, à la seconde critique. On dit : cet impôt n'est pas proportionnel. Mais quel est donc l'impôt qui soit véritablement proportionnel dans le sens mathématique du mot ? Je cite un exemple. Vous avez dans la même ville deux négociants qui exploitent le même commerce. Ils paient le même impôt, la même patente. Est-ce que l'un ne réalise pas des bénéfices supérieurs à l'autre ? Par conséquent vous ne trouverez jamais une proportion absolue en matière d'impôt. C'est là une impossibilité de fait contre laquelle on ne peut rien. Mais, je le répète, en ce qui concerne l'impôt des portes et fenêtres, on a corrigé ce défaut de proportionnalité, puisque la loi du 7 messidor an VII dispose que les maisons qui ont moins de six ouvertures seront taxées à un taux insignifiant. Et en même temps on a corrigé aussi son application, comme je vous le disais, il y a un instant, en permettant dans les grandes villes de tenir compte du chiffre du loyer.

Quant à dire que c'est une taxe sur l'air et la lumière, cela ne soutient pas l'examen. Ce qu'on a voulu frapper, c'est un signe de richesse, voilà tout. Et la preuve que la question de l'air et de la lumière ne signifie absolument rien, c'est que le nombre des maisons de plus de six ouvertures s'accroît tous les jours, et que les maisons de cinq ouvertures sont en nombre minime et tendent à disparaître.

J'ajoute enfin que cet impôt n'a rien d'excessif. Les économistes, qui ont examiné la question, ont démontré qu'il ne dépasse pas une moyenne de 65 centimes par personne. Aussi, quoi qu'on en ait dit, n'a-t-il rien d'impopulaire.

Voilà, Messieurs, les trois critiques que l'on a adressées à cet impôt et auxquelles j'ai répondu. Mon travail vous indique ensuite les trois raisons pour lesquelles je demande le maintien de l'impôt des portes et fenêtres. D'abord, il est bon de diviser l'impôt et d'en élargir la base, c'est ainsi qu'on le rend moins onéreux. Si on le fait payer à un seul, par exemple au propriétaire dans l'espèce, il est évident que l'impôt sera beaucoup plus lourd. Vous changerez même la nature de cet impôt, car ce n'est pas un impôt ayant pour objet de frapper le revenu foncier, c'est un impôt qui doit frapper la richesse mobilière seulement.

Vous voyez donc que cet impôt doit être maintenu à ce point de vue, car il élargit la base de l'impôt ; le propriétaire payant l'impôt foncier d'un côté, et le locataire l'impôt des portes et fenêtres, il est évident que, s'ils sont deux pour payer, leur charge est moins lourde, tandis que, si on vient ajouter cet impôt à l'impôt foncier, vous écraserez le propriétaire qui, par contre, ne sera guère disposé ainsi à diminuer ses loyers.

J'estime aussi qu'il convient de maintenir l'impôt des portes et fenêtres parce qu'il a le mérite de reposer sur un signe apparent. Il est facile, en effet, de contrôler le nombre et la dimension des portes et des fenêtres. Je ne sais pas si à Marseille il existe quelques abus à cet égard, mais il est facile de les corriger, car les dimensions des ouvertures sont fixées par la loi. Il est donc possible de faire réformer ce que les évaluations auraient d'excessif et d'inexact.

D'autre part, l'impôt des portes et fenêtres présente un avantage qu'il est bon de signaler. La contribution mobilière doit être basée sur la valeur de la location. Mais il y a 56 0/0 des maisons habitées par leurs propriétaires. De là une très grande difficulté pour fixer la valeur locative, surtout à la campagne. Dans tous les départements c'est la même chose. Vous n'empêcherez pas les répartiteurs de fixer la contribution mobilière, non d'après la valeur locative, mais d'après le revenu probable de celui qui habite la maison. A la campagne surtout on fait ainsi, dès maintenant, de l'impôt mobilier un véritable impôt sur le revenu. Or, cela n'est pas possible pour l'impôt des portes et fenêtres. Mais, si vous réunissez ces deux impôts, vous allez écraser le propriétaire, parce qu'alors il payera l'impôt sur le revenu, en payant l'impôt des portes et fenêtres conjointement avec l'impôt mobilier.

Vous voyez donc que cet impôt sert à corriger ce qu'il y a d'inexact dans l'évaluation du loyer, pris pour base de la contribution mobilière, surtout à la campagne où on en fait un véritable impôt sur le revenu. La coexistence des deux impôts est ainsi très utile pour parer à cet abus, car elle permet d'établir une moyenne beaucoup plus juste dans leur chiffre total. C'est pourquoi je suis opposé absolument soit à la réunion de l'impôt des portes et fenêtres à l'impôt foncier, soit à sa réunion à la contribution mobilière. Car enfin il faut tenir compte aussi de la population des campagnes. Nous ne sommes pas ici pour nous occuper exclusivement des populations des villes. Et, à ce sujet, je puis parler avec quelque expérience, car je suis maire dans une commune rurale depuis 30 ans, et ce que je dis je le sais, car je le vois se produire tous les jours.

J'ajoute que, d'autre part, la réunion de l'impôt des portes et fenêtres à l'impôt foncier aurait, au point de vue économique, des résultats aussi préjudiciables que si l'on parvenait à établir l'impôt progressif, car le propriétaire n'aurait alors absolument plus aucune ressource pour payer des salaires à l'ouvrier et pour constituer ce capital sans lequel aucune industrie ne peut se créer et prospérer.

Je termine mon rapport en démontrant que, si on supprime tous ces impôts, on est conduit forcément à supprimer aussi les impôts de consommation, ce qui retomberait exclusivement sur la propriété immobilière. J'empiète ici, je le sais, sur le domaine de la troisième section, et je ne fais que l'indiquer.

Mais il est bon de faire observer que l'ouvrier ne doit pas non plus échapper à l'impôt. Je m'intéresse autant que qui que ce soit à la situation de l'ouvrier. Mais il est juste aussi d'examiner de près sa situation. Remarquez un fait constant et peut-être insuffisamment signalé, c'est que, si le prix des choses les plus nécessaires s'est accru de 30 à 40 0/0, l'ouvrier a demandé au consommateur, c'est-à-dire à celui qui lui fournit du travail, le remboursement de ce surcroît de dépenses. Et il est arrivé ainsi que le salaire de l'ouvrier s'est élevé de 50 à 60 0/0, à la campagne comme à la ville, par conséquent dans une proportion plus grande que l'augmentation de ses charges.

Or, quel est donc le propriétaire d'immeubles qui ait vu ses revenus s'accroître ainsi de moitié? Quel est donc le propriétaire d'immeubles ruraux qui depuis 20 ans n'a pas été obligé, au contraire, de diminuer le prix de ses fermages ? Il est donc de toute justice de tenir compte de toutes les situations, non seulement de celle de l'ouvrier, mais encore de celle du propriétaire, pour bien apprécier dans quelle mesure chacun doit contribuer aux charges publiques.

Or, j'examine à cet égard quelles sont les contributions qui pèsent sur l'ouvrier. C'est d'abord l'impôt personnel ; mais qui donc ignore que cette taxe est très limitée et en quelque sorte insignifiante, puisqu'il s'agit d'une taxe moyenne de 3 fr., c'est-à-dire moins d'un centime par jour ; et que, d'autre part, les loyers inférieurs à 400 fr. échappent complètement soit à la taxe personnelle, soit à la taxe mobilière dans les grandes villes, comme Paris et Lyon ?

Quant à l'impôt des portes et fenêtres, je vous ai dit que cela ne représentait qu'une somme minime. Restent seulement les taxes indirectes de consommation. Je n'ai qu'un mot à dire là-dessus. C'est peut-être devancer l'heure. Je me borne à signaler ceci : on a souvent dit que l'impôt de consommation, notamment celui des taxes d'octroi, était immoral, parce qu'il frappe les objets de première nécessité. Or, c'est complètement inexact. Reportez-vous à la loi du 27 vendémiaire, an VII, qui a créé les taxes d'octroi. Que dit cette loi ? Elle interdit de la manière la plus formelle d'imposer les objets de première nécessité : les grains, les farines, le beurre, les fruits, le lait, les œufs et autres menues denrées. Par conséquent, qu'on ne vienne pas dire qu'il est immoral de taxer des objets de première nécessité, puisque ces objets échappent de par la loi aux taxes d'octroi.

Or, il est bien évident que, du moment que cette taxe de consommation ne frappe que des objets de luxe, les riches en supportent la plus grande partie, et qu'il n'est pas exact de dire qu'elle manque de proportionnalité, parce que le riche ne consomme pas plus que le pauvre. L'argument ne vaut donc rien, et il est juste de laisser supporter à l'ouvrier ces minimes taxes de quelques centimes, qui permettent d'alléger les charges du capitaliste et du propriétaire, ce qui permettra à ces derniers de consacrer une partie de leurs revenus au salaire de l'ouvrier. L'impôt de consommation, confondu avec les dépenses de chaque jour, est une charge qu'on paye sans s'en apercevoir en quelque sorte ; ce n'est pas une charge trop lourde, car, lorsque l'ouvrier se libère ainsi de sa dette, la production est consommée et l'argent est arrivé aux mains du consommateur, tandis que, si on écrase le propriétaire et le capitaliste par un impôt excessif et ruineux, on tarit véritablement le fleuve à sa source.

Vous voyez donc qu'il y a des raisons économiques de la plus haute gravité qui doivent nous déterminer, soit à repousser l'impôt sur le revenu, soit à demander le maintien de l'impôt des portes et fenêtres, soit enfin à protester contre les projets qui feraient retomber les taxes de consommation sur la propriété bâtie. *(Applaudissements.)*

M. le Président. — La parole est à M. Chardiny, pour son rapport sur la *Comparaison de la propriété immobilière et de la propriété mobilière au point de vue des charges fiscales.*

M. Chardiny. — Messieurs,

Diverses circonstances m'ont empêché de faire imprimer et distribuer le rapport que je devais vous présenter sur la *Comparaison de la propriété immobilière et de la propriété mobilière au point de vue des charges fiscales.* — Vous voudrez bien m'en excuser. — D'autre part, l'heure avancée où nous sommes ne me permet de vous en donner qu'un rapide résumé.

Posons d'abord, sans les discuter, deux principes :

1° L'impôt doit être autant que possible proportionnel.

2° L'impôt doit être perçu sur les revenus.

Je dis *les* revenus ; car le caractère inquisitorial de l'impôt sur *le* revenu a jusqu'ici décidé le législateur français à chercher à frapper directement, mais séparément, chaque espèce de revenu.

Les revenus sont *immobiliers* ou *mobiliers.*

Les revenus *immobiliers* se subdivisent en revenus de la propriété bâtie et revenus de la propriété non bâtie.

Les revenus nets de la propriété bâtie en France peuvent être évalués à 2.100.000.000, correspondant à un capital d'environ 50 milliards.

Les revenus nets de la propriété non bâtie peuvent être estimés à 2.200.000.000, pour un capital approximatif de 75 milliards.

M. Yves Guyot. — Ce ne sont pas les chiffres de l'administration des contributions directes, tels qu'ils résultent de l'enquête de 1887-1889. Je ne sais pas si M. Parmentier est encore là pour nous renseigner. Mais ce ne sont pas les chiffres de l'administration.

M. Chardiny. — Les chiffres que je donne comme revenu et comme capital.....

M. Yves Guyot. — Ce ne sont pas les chiffres officiels comme capital. La propriété bâtie vaut 48 milliards, et la propriété non bâtie 91 milliards. Voilà les chiffres des contributions directes.

M. Chardiny. — Je vais expliquer la contradiction. Nous parlons des impôts directs sur la propriété immobilière. Ils sont perçus sur le revenu. J'indique d'abord le chiffre du revenu, qui me paraît.....

M. Yves Guyot. — Je ne me serais pas permis de faire une observation, si vous n'aviez pas cité des chiffres en capital que vous paraissez attribuer aux contributions directes.

M. Chardiny. — Je n'ai pas dit que ce fussent les chiffres de l'administration. Les statistiques dressées par l'administration des contributions directes n'ont pas été établies d'une façon contradictoire. Elles ont été faites dans un esprit fiscal exagéré. — D'autre part, si l'évaluation officielle des propriétés bâties date de 1887-1889, l'estimation des propriétés non bâties est relativement ancienne; elle remonte à l'année 1879. Or, depuis cette époque, le capital et le revenu de la terre ont baissé de près de 20 0/0; c'est un fait incontestable.

D'après l'enquête de 1879, le capital de la propriété non bâtie s'élèverait effectivement à 91 milliards 1/2 et son revenu à 2 milliards 650 millions. Mais ils ne sont certainement pas aujourd'hui supérieurs à 75 milliards pour le capital et 2 milliards 200 millions pour le revenu.

Quant à la propriété bâtie, les chiffres de l'enquête de 1887-1889 la portent à 48 milliards 1/2, pour un revenu de 2 milliards 100 millions. Ces chiffres, qui étaient exagérés il y a cinq ans, me semblent à peu près exacts aujourd'hui, soit à raison des constructions nouvelles, soit par suite de la diminution du taux de l'intérêt de l'argent. De là mes chiffres de 50 milliards et de 2 milliards 100 millions.

La propriété immobilière rapporte donc au total, d'après l'administration, 4 milliards 750 millions, qui, à mon sens, doivent être réduits à 4 milliards 300 millions, pour 140 ou 125 milliards de capital.

Je continue mon exposé.

L'ensemble des capitaux et revenus mobiliers est plus difficile à chiffrer.

Le *capital mobilier*, si faible il y a cent ans, est aujourd'hui supérieur au capital immobilier. Depuis dix ans, en effet, le chiffre des déclarations de successions en valeurs mobilières est sensiblement égal au chiffre des déclarations de successions immobilières. Il est d'environ 2.500.000.000 pour chacune des deux catégories. Ce sont les chiffres de l'administration.....

M. Yves Guyot. — Je demande la parole.

M. Chardiny. — D'autre part, tout le monde sait qu'en matière de succession la dissimulation des valeurs mobilières au porteur est facile et fréquente. On peut donc dire que le capital mobilier est aujourd'hui supérieur au capital immobilier.

Nous arrivons aux revenus mobiliers.

Ils peuvent se diviser en deux catégories bien distinctes :

1° Les revenus des capitaux mobiliers provenant de la richesse acquise et ayant un caractère plus ou moins perpétuel.

2° Les revenus provenant de l'activité personnelle.

1) Les premiers comprennent : les revenus des valeurs mobilières, françaises ou étrangères, à l'exception des rentes françaises — environ 1.725 millions de revenu, chiffre de l'administration; — les revenus des rentes françaises — plus d'un milliard; — enfin, les intérêts des

créances hypothécaires ou chirographaires, les uns et les autres d'environ 5 ou 600 millions.

2) Les revenus provenant de l'activité personnelle sont : les pensions et salaires publics ou privés ; les bénéfices nets de la banque, du commerce, des offices ministériels, etc.....

Or, de toutes ces espèces de revenus, seuls ceux des valeurs mobilières sont frappés par l'impôt direct. — Il est vrai que les commerçants et assimilés sont atteints d'autre part par l'impôt des patentes. — Mais, pour la rente, pour les créances hypothécaires, pour les pensions et traitements, il n'existe pas d'impôt sur le revenu.

Dans son traité de la *Science des finances*, M. Leroy-Baulieu a établi qu'il y avait là une série de privilèges inqualifiés, et l'on peut citer bien des pays étrangers dans lesquels les pensions, les traitements, les créances hypothécaires, les rentes mêmes sont atteintes par l'impôt, qui doit frapper toutes les fractions de la richesse nationale.

Si je suis entré dans ces considérations, c'est afin de bien établir qu'avant de demander l'augmentation de l'impôt sur tel ou tel revenu mobilier ou immobilier, l'on devrait commencer par taxer les revenus mobiliers qui sont indemnes. — A ceux notamment qui sollicitent l'accroissement de la taxe sur la propriété bâtie, nous répondrons qu'il serait auparavant équitable d'imposer au moins tous les revenus mobiliers qui peuvent l'être sans inquisition gênante.

J'aborde maintenant les charges fiscales actuellement existantes, qui pèsent très lourdement sur l'ensemble de la propriété immobilière, en les comparant à celles plus légères qui atteignent une partie seulement de la propriété mobilière.

Je passe très vite sur la *propriété non bâtie*.

Prenant les chiffres de l'administration, je dirai seulement que l'impôt foncier, impôt de répartition, s'élève aujourd'hui en principal à 103 millions. — Avant la loi du 8 août 1890, il était de 118 millions.— On a estimé que cette somme de 103 millions correspondait à 4 0/0 du revenu net, en se référant à l'évaluation de l'enquête de 1879. Je crois qu'aujourd'hui l'impôt dépasse 4 1/2, par suite de la baisse du revenu.

Cet impôt est à la fois très lourd et très inégal.

Il est très lourd, car des centimes additionnels de toute nature le portent, d'après les estimations de l'administration, à 9,29 0/0. Nous dirons 10 3/4 pour être plus dans la réalité.

Il est très inégal, à raison de la défectueuse répartition des contingents. Dans certaines localités, il ne dépasse pas (centimes additionnels compris) le taux de 2 0/0. Dans d'autres il atteint 20 à 30 0/0.

En outre de l'impôt foncier, la propriété rurale supporte les prestations en nature, ainsi que les droits très élevés de succession, mutation ou autres, qui frappent périodiquement son capital. On peut dire, toutes moyennes faites, qu'elle est grevée de 15 à 20 0/0, qui dans certaines localités sont portés à plus de 30 0/0.

Quand on compare la situation actuelle du petit propriétaire rural avec celle du petit rentier, qui a placé son bien en rentes sur l'Etat ou en créances hypothécaires, l'inégale répartition de l'impôt entre le premier et le second apparait comme une véritable iniquité sociale.

J'arrive à la *propriété bâtie*.

Elle supporte deux impôts directs : l'impôt foncier, l'impôt des portes et fenêtres.

Jusqu'en 1890, *l'impôt foncier* était une taxe de répartition. Il était confondu dans le budget avec l'impôt sur la terre sous le nom de contribution foncière. — Sa transformation en impôt de quotité, plus facile à opérer que pour la propriété non bâtie, s'imposait et dans l'intérêt du Trésor et dans l'intérêt d'une plus équitable répartition des charges. — La loi du 8 août 1885, en prescrivant la statistique de la propriété bâtie, prépara cette transformation. Cette statistique (à laquelle nous avons fait tout à l'heure le reproche de n'avoir pas été contradictoire) fut opérée de 1887 à 1889. Il en ressortit que les maisons payaient, en moyenne, en principal 3,05 0/0 de leur revenu net.

Le projet du gouvernement comportait un impôt en principal de 4 0/0, au lieu des 3,05 0/0 existant. Ce taux de 4 0/0 aurait considérablement aggravé les charges de la propriété bâtie. Aussi les Chambres le ramenèrent-elles à 3,20 0/0.

D'après la loi nouvelle, les estimations sont revisées tous les 10 ans. Le revenu net sur lequel est perçu l'impôt se calcule en déduisant du brut 1/4 pour les maisons et 1/3 pour les usines.

Telle est, en résumé, l'économie de la loi du 8 août 1890. Tel qu'il résulte de cette loi, l'impôt rapporte aujourd'hui en principal 67.800.000 fr.

Mais cette taxe principale de 3,20 0/0 est plus que doublée par les centimes additionnels généraux, départementaux ou communaux. Elle atteint environ 7 0/0. A Lyon elle dépasse un peu ce taux.

La propriété bâtie supporte en second lieu *l'impôt des portes et fenêtres*.

Je ne reviendrai pas sur les explications déjà données à son sujet dans la première partie de la séance. Je dirai seulement qu'il correspond en moyenne à 2,08 0/0 du revenu net. Ce taux de 2,08 est grossi par des centimes additionnels qui le portent à 3,82 0/0. Dans beaucoup de localités il atteint 4 0/0.

Ainsi, à côté des 7 0/0 d'impôt foncier, la propriété bâtie supporte 4 0/0 à raison de la contribution des portes et fenêtres. Je dis qu'elle les supporte ; car, bien que le dessein du législateur de l'an VII ait été de faire retomber cette taxe sur le locataire, en fait le propriétaire, qui est tenu d'en faire l'avance, ne peut que bien rarement s'en faire rembourser le montant.

A cet égard, je reviens sur quelques-unes des observations présentées au cours de la séance, concernant l'incidence de l'impôt.

On a souvent fait observer que le propriétaire d'immeubles avait tort de se plaindre des charges qui pesaient sur lui : qu'en effet les taxes retombaient sur les locataires qui en supportaient définitivement le poids ; que le propriétaire n'était en réalité qu'un collecteur d'impôt payant d'une main pour se faire rembourser de l'autre.

Tous les raisonnements qu'on peut tenir à cet égard ne sauraient prévaloir contre la grande loi de l'offre et de la demande qui régit avant tout les relations de propriétaire à locataire. Il ne faut pas croire que, lorsque l'impôt augmente, le prix du bail augmente en conséquence. La proportion des petits loyers est considérable par rapport aux loyers moyens. A Lyon, les 8/11 des baux sont inférieurs à 300 fr. Or, le petit locataire, qui dispose d'une certaine somme pour son loyer, entend par loyer non seulement le principal mais tous les accessoires. Son loyer, c'est ce qu'il débourse pour son logement. Si, sous le nom d'impôt des portes et fenêtres ou autre, on veut lui faire payer quelque chose de plus, il refuse et va ailleurs : ou, s'il paie, ce sera moyennant diminution du principal. En fin de compte, dans une grande ville et le plus souvent à la campagne, c'est le propriétaire qui supporte les impôts ou leurs augmentations.

Ainsi donc le revenu de la propriété bâtie est grevé directement de 11 0/0 (sans compter certaines taxes locales et les charges atteignant le capital dont il sera question tout à l'heure).

Quelles sont maintenant les charges directes du *revenu des valeurs mobilières*, qui seul de tous les revenus mobiliers est directement taxé ?

Jusqu'en 1872, les valeurs mobilières n'étaient point frappées. La taxe de 3 0/0, créée dans un intérêt budgétaire en 1872 (loi du 29 juin), a été maintenue depuis, et même portée à 4 0/0 par la loi du 26 décembre 1890. Le principe de cet impôt n'en est pas moins encore bien discuté. On allègue contre lui que c'est un impôt de superposition. Dans un article paru dans l'*Economiste Français*, dans le courant de l'année 1890, M. Leroy-Beaulieu insiste sur cette considération que les valeurs mobilières ne constituent pas une richesse réelle, que ce ne sont que des chiffons de papier représentant une richesse qui existe sous une autre forme, et qui sous cette forme primitive a déjà payé l'impôt. Prenez, dit-on, par exemple, une action du Crédit Lyonnais. Le Crédit Lyonnais fait les mêmes affaires et paie les mêmes impôts qu'une grande banque individuelle. Pourquoi frapper les bénéfices nets de ses actionnaires d'un impôt dont ses concurrents sont exemptés ?

Pour les obligations, l'argument ne porte pas. Les obligataires ne sont que les créanciers d'un débiteur, la Société, qui paye, et pour elle et pour eux, l'ensemble des charges fiscales qui grèvent son industrie.

En ce qui concerne les sociétés de Chemins de fer, on a fait remarquer à la Chambre, avec une certaine raison, que les autres impôts qu'elles paient ont été convenus et acceptés par elles et font pour ainsi dire partie du contrat de concession. La taxe de 4 0/0 ne serait donc pas un véritable impôt de superposition.

Quant aux autres sociétés par actions, leur taxation supérieure à celle des commerçants isolés peut se justifier. Les porteurs de valeurs mobilières sont des capitalistes oisifs, au moins en ce sens qu'ils ne prennent pas part à la gestion et se contentent de toucher des dividendes. Leur chance de perte est limitée. Si la Société fait faillite, ils ne perdent que les capitaux engagés par eux. Ils ne risquent ni leur honneur, ni leur fortune entière.

L'impôt de 4 0/0 sur le revenu des valeurs mobilières est donc justifié. Au surplus, il n'a pas nui, comme on le prétendait, au développement de la fortune mobilière.

Il rend aujourd'hui 69 millions, correspondant à un revenu de 1725 millions et à un capital de 45 à 50 milliards.

Donc, *d'une part*, 10 3/4 0/0 et 11 0/0, pour un revenu souvent difficile à percevoir, voilà la taxe directe sur les immeubles ; *d'autre part*, 4 0/0 pour un revenu facilement encaissable, voilà la taxe de la propriété mobilière.

Mais à côté des impôts sur le revenu, il y a des *impôts frappant le capital*.

Les valeurs mobilières supportent sur leur capital un triple impôt :

Droit de timbre sur les titres.

Droit de transmission.

Droit de timbre sur les bordereaux des opérations de bourse.

Le droit de timbre établi par les lois de 1850 et 1871 est perçu soit au comptant, soit par abonnement. Il varie de 0,60 0/0 à 1,20 0/0 du montant du titre, s'il est perçu au comptant. Il est de 0,06 0/0, s'il est perçu annuellement.

Le droit de transmission est de 0,50 0/0 pour les titres nominatifs. Pour les titres au porteur, il est converti en une taxe annuelle de 0,20 0/0 du capital.

Le droit de timbre sur les bordereaux des opérations de bourse, établi en 1893, est de 0,05 0/0 du montant de l'opération.

Le droit de timbre des titres ayant été en général acquitté au comptant par la société, il n'y a pas à en tenir compte pour le capitaliste qui achète en bourse une valeur.

Supposons un capitaliste qui veuille faire un placement durable d'une somme de 100.000 fr. en valeurs mobilières, qu'il convertit en titres nominatifs.

Il aura à payer sur son capital :

<pre>
        1° 0,50 0/0   soit . . . .   500 Francs
        2° 0,05 0/0   soit.   5   —
        3° Courtage de l'agent   125   —

                    TOTAL. . . . .   630 Francs
</pre>

Soit, pour 100,000 fr., 0,63 0/0.

Si nous comparons cette situation à celle du capitaliste qui achète un immeuble de 100,000 francs, nous voyons que ce dernier paiera comme droit de mutation 6,875 0/0 : puis, pour droits de timbre, expédition et honoraires, plus de 1,50 0/0 : soit au total plus de 8 0/0.

8000 francs au lieu de 630 francs.

8 0/0 au lieu de 0,63 0/0.

Ces 8 0/0 deviendraient du 10 0/0 et plus, s'il s'agissait d'un immeuble de peu d'importance.

Les droits de mutation à titre onéreux sont pour les immeubles une véritable confiscation. Ils rapportent à l'État près de 150 millions par an.

Même observation pour les donations.

Les partisans de la propriété mobilière opposent toujours, dans leurs calculs, à l'immeuble qui paie sur son revenu 10 à 11 0/0 d'impôt direct. le titre *au porteur* qui paie à peu près la même somme, à raison de la taxe annuelle de transmission.

Une obligation au porteur de 500 francs rapportant 15 francs paie en effet : 1° l'impôt de 4 0/0 sur le revenu : 0,60 centimes ; 2° le droit de 0,20 centimes sur le cours moyen de la valeur : soit, pour une obligation de chemin de fer valant 450 francs, 0,90 centimes. — Au total 1 fr. 50 ou 10 0/0 du revenu.

Mais la comparaison n'est pas sérieusement possible. Il faudrait ajouter aux 10 ou 11 0/0, que paie directement sur son revenu le propriétaire de l'immeuble, une somme correspondant à l'amortissement des droits de mutation qu'il a payés lors de son achat. Cette somme serait de 10, de 20 et même de 100 0/0 du revenu, suivant le temps qu'il conservera l'immeuble.

Dans les 10 0/0 que paie le titre au porteur, il y a en effet 6 0/0, correspondant au droit de mutation, dont le porteur peut s'affranchir en mettant son titre au nominatif. C'est avec les titres nominatifs seuls que les immeubles peuvent être sérieusement comparés à ce point de vue. Or la comparaison donne 4 0/0 d'un côté et 11 0/0 de l'autre.

Après les *mutations entre vifs* qui, ainsi que nous venons de le voir, coûtent en matière d'immeubles quinze fois plus qu'en matière mobilière, il faut envisager les *mutations par décès*.

En cas de décès, on estime que près de la moitié des valeurs au porteur échappent au fisc par suite de dissimulation.

Les immeubles au contraire paient, sans dissimulation possible, la totalité des droits considérables prélevés par l'Etat sur le capital des successions. Et cela se chiffre par près de 100 millions ! — Bien plus, alors que les titres nominatifs paient sur leur valeur vraie au jour du décès, les immeubles paient sur une valeur fictive, calculée en capitalisant à 5 0/0 le revenu brut. C'est dire qu'ils paient les droits sur une valeur d'un tiers supérieure à la valeur réelle.

En cas de *vente judiciaire* en suite de partage, en cas de *saisie*, les droits sur les immeubles sont exorbitants. Malgré les lois de 1881 et 1892 concernant les petits immeubles, les frais varient encore de 10 à 100 0/0.

Au contraire, le droit de courtage des agents de change est seulement de 1/4 0/0 pour les ventes ordonnées par justice.

Une dernière comparaison à l'avantage des valeurs mobilières. Supposons un propriétaire qui veuille *emprunter* sur son immeuble : Il paiera des droits d'hypothèque, de timbres, d'honoraires considérables. — Le propriétaire qui donne en gage à son banquier des valeurs au porteur ne paie rien ou presque rien, en dehors de l'intérêt de l'argent.

On pourrait pousser très loin à propos de chaque contrat la comparaison entre les deux catégories de valeurs : on arrive toujours à ce résultat : *Le capital immobilier est écrasé. Le revenu immobilier est très lourdement frappé. Au contraire, le capital et le revenu mobilier sont plus légèrement atteints : ils échappent même souvent à l'impôt.*

Ma conclusion est donc celle-ci :

1° D'abord pas d'augmentation d'impôts. La France est déjà trop lourdement grevée.

2° En second lieu, si des augmentations sont nécessaires, ce n'est pas aux immeubles, mais bien aux meubles qu'il faut s'adresser, et spécialement aux meubles qui ne sont pas encore grevés et qui peuvent l'être sans inquisition *(Vifs applaudissements.)*

M. le Président. — La parole est à M. Yves Guyot.

M. Yves Guyot. — Messieurs, je vous demande pardon de prendre de nouveau la parole, à propos du mémoire très intéressant qui vient de nous être communiqué et qui comprend beaucoup de chiffres. Je regrette d'autant plus que ce mémoire n'ait pas pu nous être distribué, que nous aurions pu mieux en contrôler les chiffres. Mais je me suis permis une observation immédiate. M. Chardiny a dit que, d'après l'enquête des Contributions directes, la propriété bâtie est de 25 milliards et la propriété non bâtie de 50 milliards. Le chiffre des Contributions directes est celui-ci : propriété bâtie, 40 milliards, plus 6 milliards pour les bâtiments ruraux, 46 milliards, et 91 milliards pour la propriété non bâtie.

M. Chardiny. — Les chiffres de l'administration des contributions, au point de vue du capital, sont établis depuis 1879. Or j'affirme que depuis quinze ans le capital a baissé d'au moins 15 0/0.

M. Yves Guyot. — C'est votre appréciation.

Un Membre. — Dans les pays les plus riches, cela a baissé dans cette proportion.

M. Yves Guyot. — Vous paraissiez placer cette évaluation sous le patronage de l'administration des contributions directes, et pour cela je me suis permis de vous dire que ce n'était pas le chiffre des contributions directes.

• Voilà ma première observation. Je demande de garder encore la parole un moment. On a tout à l'heure parlé des professionnels de la propriété et on leur a opposé les économistes. En ma qualité d'économiste, je suis très habitué à ce qu'on me traite comme tel. Les protectionnistes disent : Vous êtes des économistes, donc vous n'avez pas le droit de parler. Les socialistes : Vous n'êtes pas un professionnel du socialisme, vous êtes un économiste, donc vous n'avez pas le droit de parler.

Je fais remarquer qu'en France nous sommes tous plus ou moins des professionnels de la propriété, s'il y a des professionnels. D'après les enquêtes des contributions directes, il y a 8 millions 1/2 de propriétaires pour la propriété non bâtie, et 6 millions pour la propriété bâtie. Si on additionne ces deux chiffres, on arrive à un chiffre de 14 millions de propriétaires en France. Je suppose que beaucoup cumulent, qu'ils sont à la fois propriétaires de la propriété bâtie et de la propriété non bâtie. Prenant le chiffre de 8.500.000 propriétaires de la propriété non bâtie, englobant dans ce chiffre les propriétaires de la propriété bâtie, et supposant qu'une famille est représentée par quatre personnes, il en résulte que, si vous multipliez vos 8.500.000 propriétaires par 4, vous arrivez à un chiffre de 34 millions de propriétaires ou directement ou indirectement, ou d'une manière indivise. En réalité, sur les 38 millions d'habitants qu'il y a en France, vous pouvez considérer qu'il y a les 9/10 qui, soit directement ou indirectement, sont propriétaires. On peut donc dire qu'en France tout le monde est propriétaire.

Voilà la vérité, et je crois qu'on a le plus grand tort de vouloir opposer les professionnels de la propriété à ceux qui ne sont pas propriétaires, parce qu'ils ne constituent qu'une infime minorité.

Donc, vous vous êtes bien mépris si vous supposez que je veuille attaquer la propriété et que je veuille affaiblir la propriété. Au contraire. Je suis un défenseur de la propriété individuelle, et je considère que la base de la fortune en France c'est la propriété, tant la propriété non bâtie que la propriété bâtie. (*Applaudissements.*)

C'est pour cela que je vous demande d'envisager cette situation en vous disant que nous, les propriétaires, nous détenons la plus grande partie de la fortune de la France.

Permettez-moi de vous faire un petit calcul extrêmement simple. Nous sommes donc d'accord : 50 milliards pour la propriété bâtie, 91 milliards pour la propriété non bâtie, mettons un total de 150 milliards, si vous voulez. Maintenant prenons les actions et les obligations. M. le rapporteur me paraît s'être fait de grandes illusions sur les valeurs mobilières en France. La Société de statistique s'est livrée à de nombreuses études sur ce point ; le ministère des finances, la direction de la statistique au ministère des finances, ont étudié cette question, et nous tous, économistes, nous l'étudions avec une certaine passion, parce qu'il faut tâcher de se rendre compte. D'après les calculs de M. Neymarck, je crois que tous ces chiffres-là ne montent pas à 80 milliards. Il y a 30 milliards pour les rentes. Pour les obligations, les actions, les titres étrangers, vous restez donc avec un chiffre de 50 milliards.

Voilà par conséquent la proportion, de 50 milliards à 150 milliards : 150 milliards de valeurs immobilières et 50 milliards de valeurs mobilières, sans compter les créances.

M. le rapporteur vous rappelait tout à l'heure qu'on a dit : mais, parmi ces valeurs mobilières, il y en a beaucoup qui représentent tout simplement des propriétés, et ces propriétés sont déjà chargées d'impôts. Voilà un grand propriétaire, par exemple, un riche usinier, qui ont des capitaux suffisants pour diriger seuls leur usine ou leur exploitation. Ils n'ont pas besoin d'associés. Ils échappent à l'impôt. Voilà au contraire de petits capitalistes obligés de s'associer, et alors ils sont frappés de l'impôt sur les valeurs mobilières. Il est évident que cet impôt n'est pas fait pour développer l'esprit d'association.

Le rapporteur a dit : « pas pour les obligations ». Les obligations sont une créance, je le sais bien, mais il est évident que le taux des obligations est frappé aussi par l'impôt sur les valeurs mobilières, et que la valeur des obligations est frappée par le degré de sécurité que présente une affaire, à part les bénéfices que peut présenter cette affaire : et qu'il faut déduire, des bénéfices que présente toute affaire, d'abord les charges fiscales.

Je vais prendre un chiffre et je vais invoquer, parce que tout le monde peut se le procurer tout simplement, le dernier numéro du *Monde Economique*. Dans ce numéro, M. Zolla (par deux *l*), qui est professeur d'économie rurale à Grignon, qui est agronome, qui s'adresse à des agriculteurs, fait la comparaison justement des charges que supporte la propriété immobilière et de celles supportées par la propriété mobilière, les actions et les obligations. Qu'est-ce qu'il trouve ?

Que les valeurs actions et obligations supportent pour les titres nominatifs environ 7 1/2 0/0, et pour les titres au porteur 11 0/0. Vous avez dit tout à l'heure avec juste raison que, dans le calcul fait sur les charges de la propriété immobilière, on ne calculait pas toujours les frais de mutation et qu'il fallait les en déduire.

Vous avez eu raison sous ce rapport, et je suis de ceux qui considèrent que, bien loin d'essayer de dégrever le principal des contributions qui pèsent sur la propriété, tout l'effort devrait se porter sur la diminution des droits de mutation, parce que, pour donner de la valeur aux propriétés, il faut que les cours se fassent. Lorsque vous avez un impôt qui, avec les frais de notaire, frappe toute transmission d'immeuble à titre onéreux d'environ 10 0/0, forcément vous paralysez l'échange et diminuez la valeur. *(Applaudissements.)*

Nous sommes donc d'accord sur ce point. Mais lorsque vous avez, d'un côté, la valeur mobilière frappée dans la proportion que je vous indiquais, 7 1/2 0/0 titres nominatifs, 11 0/0 titres au porteur, vous ne pouvez pas demander qu'on en aggrave les charges, étant donné surtout que la plupart de ces titres sont déjà frappés, parce qu'ils représentent des propriétés immobilières, parce qu'ils représentent des commerces ou des industries assujettis à toutes les autres charges que paye un simple particulier.

Vous avez parlé de la rente. Mais permettez-moi de dire que vous avez bien mal choisi votre exemple, surtout en ce moment-ci, au lendemain de la conversion. La rente a été de 5 0/0, elle est aujourd'hui à 3 1/2 0/0. Le véritable impôt sur la rente, c'est la conversion. Voilà l'impôt qui la charge. Cet impôt-là, il respecte les contrats, tandis que, si vous placez un impôt sur la rente, prenez garde, vous en revenez au système du *quia nominor leo*, vous en revenez à la politique de Philippe-le-Bel, vous altérez le terme de l'engagement conclu entre le créancier et l'emprunteur et vous frappez d'une déchéance le crédit de la France. *(Applaudissements.)*

Maintenant au point de vue des retraites, des traitements, qu'est-ce que vous demandez? Qu'on les frappe d'impôts? Mais les malheureux sont frappés par les contributions indirectes. Dans un livre d'Edmond About, il y a un tableau plus ou moins fantaisiste qui contient une part de vérité, et qui représente ce que le vieil officier retraité paye au fisc, et par son tabac, et par son alcool, et par son vin, par tous ses objets de consommation ; et il en arrive à cette constatation que sa pension est infiniment réduite. Si vous voulez imposer directement la retraite, ne faites pas d'artifice de comptabilité, réduisez-la et altérez immédiatement encore le contrat que vous avez fait avec le retraité.

Vous parlez d'impôt sur les traitements? Mais qu'est-ce que c'est? C'est une diminution de traitements. Pas autre chose. Ne dissimulez pas. Dites ceci : tous les traitements des fonctionnaires vont être réduits du quart. Il n'y a pas en France de gros traitements.

Si vous invoquez l'Allemagne, l'Angleterre, vous en arrivez à l'impôt progressif et à l'impôt personnel sur le revenu.

Je ne croyais pas que telle dût être votre conclusion. Je crois au contraire qu'il faut faire une séparation nette. Voilà où les défenseurs de la propriété peuvent manifester leur volonté. Il faut bien distinguer : 1° entre un impôt frappant la propriété et l'impôt personnel qui cumule sur la tête de la personne les diverses propriétés qu'il peut avoir à droite et à gauche ; 2° l'impôt proportionnel au revenu de la propriété et l'impôt progressif.

Lorsque vous avez l'impôt réel, il ne peut être progressif : parce que vous êtes propriétaire à Lyon, à Paris, à droite et à gauche, vous ne cumulez pas, et, par conséquent, même en admettant que le législateur voulût mettre un impôt progressif, il serait forcément limité par la valeur de ces propriétés éparses. Au contraire, si vous voulez accumuler, sur la tête d'une personne, et ses traitements et sa rente, et ses propriétés diverses, alors, là, vous offrez aux appétits spoliateurs des boucs émissaires, des individus qui sont désignés comme devant être seuls ceux qui devront payer l'impôt, et vous en arrivez à une politique de confiscation ; et c'est contre celle-là que nous devons nous élever. *(Applaudissements.)*

M. CHARDINY. — L'heure est trop tardive pour que je demande à répliquer sur certains points.

M. LE PRÉSIDENT. — L'ordre du jour étant épuisé, nous allons lever la séance.

La séance est levée à six heures.

TROISIÈME SÉANCE

(Mardi matin, 7 Août)

SECTION II

La séance est ouverte à 8 h. 30, sous la présidence de M. Yves Guyot, président de la Section II.

Prennent place au bureau : M. Yves Guyot, président, assisté de MM. J. Challamel et Cheysson, vice-présidents ; Ch. Brouilhet, secrétaire ; A. Hocquet, J.-B. Pey et Deloison rapporteurs.

M. LE PRÉSIDENT. — Vous savez que la section II a pour ordre du jour : *Les Livres fonciers et la Réforme hypothécaire.* — Etablissement et rôle des Livres fonciers, force probante. — Réfection du cadastre. — Registres hypothécaires. — Transmission et mobilisation de la propriété. — Crédit immobilier. — Droits d'enregistrement. — Convient-il de remplacer l'impôt à chaque mutation par un impôt permanent sur la jouissance ?

Il y a à la section V un rapport de M. de Boulongne intitulé : Vente d'immeubles ; Droits de mutation ; Procédure en matière immobilière ; Partage amiable ; Echange ; Ordre ; Réduction des frais.

Je me demande si ce rapport ne serait pas mieux à la section II qu'à la section V. Cela sera à examiner plus tard. Je vous soumets cela parce que c'est une question mixte.

Nous avons reçu un rapport imprimé de M. Charles Brouilhet, avocat à la Cour d'appel de Lyon, sur *La propriété bâtie et la question du livre foncier*, dans lequel M. Charles Brouilhet déclare qu'il croit la création d'un livre foncier favorable aux intérêts généraux de la propriété bâtie.

Un autre rapport de M. de France de Tersant, que nous n'avons encore malheureusement qu'en épreuves. C'est lui qui a été le premier en Tunisie à appliquer le nouveau régime de la propriété. Il connaît donc la question, l'ayant pratiquée, et dans un rapport très développé il conclut qu'il est possible en fait, qu'il serait avantageux, d'instituer au plus tôt des livres fonciers.

Nous avons un rapport de M. Paul Pic, sur l'*Introduction du système des livres fonciers dans les colonies ou protectorats français*. M. Paul Pic conclut également que, si l'on veut sérieusement consolider le crédit foncier, c'est dans la voie des livres fonciers qu'il faut sérieusement s'engager.

Nous venons également de recevoir, à l'état d'épreuves, un rapport de M. G. Deloison, avocat à la Cour d'appel de Paris, Président de l'Union des Chambres Syndicales des Propriétés bâties de France, qui a bien voulu accepter de traiter au pied levé, à la place de M. Mimerel empêché, la question des Livres fonciers.

Enfin, M. G. Vacher, notaire à Lyon, a déposé sur le bureau de la section un rapport sur le régime hypothécaire, qu'il n'a pu encore remettre à l'impression.

M. LE PRÉSIDENT :

Messieurs, vous me permettrez, avant de donner la parole aux divers orateurs, de dire en deux mots quel est l'état de la question au point de vue de la commission extra-parlementaire du cadastre. Vous savez comment est née la question des Livres fonciers en France. Elle remonte à une très longue date, car cette question a été agitée pendant le Gouvernement de Juillet 1830. Il y eut une enquête sur la publicité des hypothèques, sur la réforme des hypothèques. C'est de cette enquête qu'est sortie la loi de 1855, mais il y avait eu un autre projet de loi en 1851, beaucoup plus complet.

En 1877 ou 1878 j'eus l'occasion de connaitre le système appliqué en Australie sous le nom d'Act-Torrens. Je me procurai les matériaux, les rapports, les documents législatifs. Je les fis connaitre en 1881. En 1883, me trouvant en Tunisie, j'eus l'occasion d'en causer avec M. Cambon, et c'est de cette conversation qu'est née la loi tunisienne du 5 juillet 1885, perfectionnée l'année dernière.

On avait déjà fait des études sur le régime hypothécaire à l'étranger. M. Challamel, qui est à côté de moi, en 1872, a fait une étude très intéressante sur le régime hypothécaire en Allemagne.

En 1889 eut lieu un congrès présidé par M. Duvergier, professeur honoraire à la Faculté de droit : la Faculté de Paris mit au concours cette question, et couronna un livre de M. Emmanuel Besson, entièrement remarquable.

De cet ensemble de documents est né l'examen de notre législation immobilière. Enfin, en 1891, M. Rouvier, ministre des finances, institua la commission du cadastre. Dans cette commission du cadastre, je veux parler surtout des travaux de la sous-commission juridique, présidée par M. Léon Say, auxquels ont pris la part la plus active M. Bufnoir, l'éminent professeur de la Faculté de droit de Paris, MM. Massigli, Léon Michel, professeurs à la Faculté de droit, Jules Challamel, le conseiller Faye, les Directeurs des Contributions directes : M. Boutin, et de l'Enregistrement : M. Liotard-Vogt, et un certain nombre d'autres personnes.

Il est ressorti de l'avant-projet, qui est complet actuellement et qui sera soumis à une seconde délibération de la commission du cadastre, un certain nombre de points que je vais vous résumer très brièvement : d'abord la publicité et la spécialité des hypothèques légales. Voilà deux principes adoptés complètement. Ensuite la suppression de l'hypothèque judiciaire, la publicité des autres droits réels. Quant à l'immatriculation de la propriété, il a été décidé qu'elle serait établie par feuillets réels ayant force probante, et qu'il serait délivré à chaque propriétaire un titre qui reproduirait la teneur du feuillet foncier. J'ajoute, comme détail, qu'on établirait un livre par commune. Il y aura une conservation du livre foncier par arrondissement.

J'insiste sur ce point. Le feuillet est réel, il y aura bien un répertoire alphabétique des propriétaires, mais sans aucune valeur légale.

Une autre question se posait : l'immatriculation serait-elle facultative ou obligatoire ? La commission juridique est arrivée à cette conclusion : le livre foncier sera obligatoire par arrondissements, au fur et à mesure que le cadastre y sera achevé.

Voilà, Messieurs, la conclusion à laquelle est arrivée la sous-commission juridique du cadastre.

Maintenant, je vais donner la parole aux rapporteurs qui auraient quelque chose à ajouter à leurs rapports ou qui voudraient bien en préciser les conclusions. Je dois ajouter que M. Deloison a été, comme je l'ai déjà dit, chargé de représenter M. Mimerel, obligé de faire son service militaire, et qu'il est inscrit ainsi que MM. Vacher et Chabry.

La parole est à M. Deloison.

M. Deloison. — Le rapport que j'ai rédigé n'est pas encore imprimé. Permettez-moi de faire un rapport oral.

Je vous prierai tout d'abord de m'excuser, car je suis simplement un remplaçant de la dernière heure. M. Mimerel, avocat à la Cour de cassation, qui devait vous faire sur les livres fonciers un rapport très étudié, s'en est trouvé empêché parce qu'il a été appelé au service militaire. C'est donc au dernier moment qu'il m'a demandé de rédiger le rapport qui vous sera distribué plus tard. Je suis d'autant plus porté à vous demander votre indulgence, que nous nous trouvons ici en présence de personnes des plus compétentes, et je crois pouvoir, au nom de l'Union des syndicats des propriétés bâties, remercier notre éminent président, M. Yves Guyot, qui est un des promoteurs des livres fonciers, qui s'est attaché à cette œuvre, qui avec le talent que vous lui connaissez a su la présenter et la défendre.

Je suis heureux aussi de remercier M. Challamel qui a pris, comme on vient de vous le dire, une part si brillante dans les travaux de la sous-commission juridique. Je ne saurais trop avoir de reconnaissance à l'égard des personnes qui viennent assister à cette réunion et apporter aux propriétaires, si intéressés dans la question, tous les renseignements utiles pour donner une base solide de discussion. *(Applaudissements.)*

Le rapport que j'ai à faire, Messieurs, se trouve très écourté par les explications si complètes et si précises qui vous ont été données par notre honorable Président. Je me permettrai seulement d'appeler votre attention sur certains côtés de la question. Nous savons tous quels sont les points en discussion, et il me suffira de les aborder très brièvement l'un après l'autre.

Actuellement, notre régime foncier est basé sur une idée bien ancienne, bien nationale, bien française, sur ce principe que la propriété se transmet par le simple consentement. Cette propriété qui est ainsi transmise se trouve, vis-à-vis des tiers, portée à leur connaissance, au point de vue de la transmission ou des inscriptions de charges réelles, par les inscriptions sur les registres des conservateurs.

Voilà, Messieurs, au point de vue du régime actuel, quelle est notre base. Quels en sont les inconvénients qui ont été signalés et contre lesquels on veut réagir au moyen de l'organisation des livres fonciers qu'on propose ?

Le premier inconvénient qui apparaît est celui-ci : la propriété ne serait pas assise d'une façon tout à fait publique, tout à fait certaine vis-à-vis des tiers, et il serait impossible, en se reportant aux registres des conservateurs, qui sont faits non pas par numéros réels du cadastre mais par noms de personnes, d'y voir immédiatement un établissement certain, un établissement sans contestation de la propriété, parce que ces registres n'ont qu'un but, celui de porter les contrats à la connaisnaissance des tiers, mais ils n'ont pas cette force probante qu'on veut donner à l'inscription qui sera faite sur les feuillets du livre foncier.

Ces inconvénients sont-ils tellement graves qu'il faille transformer notre régime et y substituer un régime nouveau? Voilà la première question.

Si effectivement il y a là un inconvénient considérable, s'il y a là un vice qu'il faut enlever, ce qu'on veut faire au moyen du remède proposé, alors la question devient des plus palpitantes et des plus sérieuses. Mais est-ce exact qu'il y ait un inconvénient considérable? Je crois que cet inconvénient a été énormément exagéré, et, dans une conférence à laquelle j'ai assisté et qui était faite par notre honorable Président, j'ai entendu dire qu'il y avait en France chaque année quelque chose comme 3,000 actions en revendication qui naissaient à raison de ce vice de l'établissement de notre propriété foncière. J'ai voulu rechercher si effectivement cette affirmation était exacte, et j'ai trouvé alors, dans une discussion de la sous-commission juridique, la réponse à l'objection, et la réponse dans la bouche d'un des partisans de l'organisation des livres fonciers. Cette réponse, Messieurs, a d'autant plus d'intérêt que le document invoqué émane de l'administration elle-même.

Dans la discussion qui a eu lieu à la sous-commission juridique, M. Fravaton, inspecteur de l'Enregistrement, a donné les renseignements suivants. Voici ce que je lis :

« Aujourd'hui ces erreurs ne sont pas très graves, et il n'y a pas, « en somme, *beaucoup* d'actions en nullité et en revendication. « Pendant un an, les actions en nullité d'hypothèques ont été de *83*, « sur lesquelles *51* seulement ont été admises.

« Pendant le même espace de temps, les actions en revendication de « propriété immobilière ont été de *1,602*, sur lesquelles *1,038* ont « été admises.

« *Il ne faut pas donner* à ce dernier chiffre plus d'importance qu'il « ne comporte. Ces actions ont trait presque toujours à des immeubles « *d'une très faible valeur*, car l'action en revendication est exercée « bien plus souvent *pour une fraction* d'immeuble, *pour quelques* « *mètres de terrain*, plutôt que pour la propriété tout entière.

« J'arrive maintenant au gros chiffre, au chiffre des résolutions de « vente. Là, nous trouvons *1,069* actions, sur lesquelles *895* ont été « admises. *Seulement on m'a appris à lire la statistique*, j'ai été « à bonne école et je vois mes excellents maîtres devant moi *(sourires)*; « ils m'ont appris à ne pas me contenter d'un chiffre extrait d'un « document officiel, qui avait souvent besoin d'être *analysé, décom-* « *posé, contrôlé* par d'autres statistiques. J'ai contrôlé ce chiffre de « *895*, donné par le Ministère de la justice, et [j'ai constaté que, sur

« les *895* actions admises, la statistique du Ministère des finances nous
« révélait qu'il y en avait *695 pour non paiement du prix ;* or, ce ne
« sont pas là des actions en résolution pouvant donner lieu à indemnité.
« Le vendeur est rentré tout simplement en possession de son immeuble.
« Il reste donc, à peine *200* actions en résolution de vente à la suite
« desquelles on a pu déposséder le vendeur. Ce chiffre est bien faible,
« étant donné le système actuel. »

Ainsi la statistique ne doit pas nous effrayer ; il y a en France, par
an, 51 actions en nullité d'hypothèques admises. Le chiffre de 1,602
actions en revendication, qui pourrait nous étonner un moment, se
rapporte à des immeubles de minime importance ; il s'agit plutôt d'actions en bornage. Quant au chiffre des résolutions de ventes, sur les
895 admises, 695 ont eu lieu pour non paiement du prix.

Que ce soient les Livres fonciers qui nous régissent ou que ce soit
le régime actuel, nous aurons des acheteurs qui ne paieront pas.

Il reste donc 200 actions en répétition ou en revendication qui
seraient véritablement la conséquence du système de notre régime
foncier. Etant donnés ces résultats, on peut se demander si, pour ces
actions diminuées à ce nombre, il est véritablement nécessaire de transformer d'une façon complète le régime sous lequel nous vivons depuis
si longtemps. *(Applaudissements.)*

On signale encore, comme inconvénient du régime foncier, les défauts
de la loi de 1855 : ici il y a unanimité. Qu'on soit partisan des Livres
fonciers ou qu'on soit au contraire ses adversaires, on reconnaît que la
loi de 1855 est défectueuse à beaucoup de points de vue qu'on peut
corriger.

Il y en a un évident et certain, c'est que les mutations par décès ou
testamentaires ne sont pas nécessairement inscrites sur les registres
des conservateurs, et qu'on peut être propriétaire d'un immeuble sans
voir son nom figurer sur les registres. Voilà un inconvénient. Je pourrais vous en signaler d'autres. Tout le monde est d'accord, et qu'on
organise ou non les Livres fonciers la réforme de la loi est demandée ;
elle a été discutée, elle est mûre, elle est prête et il n'y a qu'un seul
obstacle : c'est qu'on l'a liée à la question des Livres fonciers et que,
comme sur l'organisation des Livres fonciers la lutte existe, qu'il y a
des partisans et des adversaires, cette loi se trouve aujourd'hui dans
le même état parce qu'on ne veut pas détacher la réforme hypothécaire
de l'innovation des Livres fonciers.

Je crois qu'il y aurait peut-être lieu à faire cette scission, à voter
sur l'organisation du régime hypothécaire et voir ensuite, après un
essai du régime hypothécaire amélioré, si l'organisation du Livre foncier doit être acceptée. *(Applaudissements.)*

Permettez-moi d'aborder un troisième point : c'est la question des frais. Prenez garde, dit-on, voyez donc ces frais considérables qui sont exigés avec le régime sous lequel nous vivons, tandis qu'avec nos Livres fonciers la propriété va se transmettre facilement. Croyez-vous donc qu'elle va se transmettre sans frais ?

Dans un des rapports qu'on nous a distribués et que je viens de parcourir, l'honorable rapporteur traite très succinctement cette question des frais. Il est obligé de reconnaître qu'elle n'a pas dans l'espèce une très grande importance, parce que, comme il l'explique, les 3/5 des frais dans quelle caisse tombent-ils ? Dans la caisse de l'Etat. L'Etat ne renoncera jamais à ce moyen de trouver de l'argent, puisqu'il est à la recherche des sommes nécessaires pour l'équilibre de son budget. *(Applaudissements.)*

Par conséquent il s'agit simplement de savoir, non pas si on payera ou non, on est sûr de payer. Il s'agit de savoir comment on payera. Si on ne vous fait pas payer sous la forme actuelle, on trouvera des droits compensateurs.

Il y aurait un quatrième inconvénient. Lorsque vous voulez savoir combien une personne a d'immeubles, vous en êtes empêché parce que le conservateur ne donne que le nom des propriétaires qui se trouvent dans son ressort. Cet inconvénient peut disparaître au moyen d'un répertoire réel qui se trouvera placé à côté de ce répertoire personnel. Du reste, s'il y a un inconvénient à avoir un livre personnel, il y en a un autre à avoir un système réel, comme celui des Livres fonciers. Car, dans ce second système, vous savez bien quel est le propriétaire d'un immeuble, mais vous ne voyez pas les autres propriétés que ce propriétaire a dans le même pays.

Les partisans du régime foncier sont obligés de créer, à côté du feuillet réel, un répertoire personnel. On arrive ainsi au même résultat, c'est-à-dire à désirer deux choses : le répertoire réel et le répertoire personnel.

Améliorons, cela vaut mieux, car nous vivons sous un régime que nous connaissons et dont nous voyons les inconvénients. Voilà les reproches les plus graves qui sont faits au système du régime actuel.

Examinons maintenant si ces mêmes Livres fonciers qui ne sont pas encore créés dans notre pays, dont on ne connaît pas encore l'expérimentation, n'ont pas peut-être, quand on discute au point de vue même théorique, des inconvénients aussi graves.

Un premier point qui touche tout le monde, sur lequel tous les intéressés sont d'accord, qui crée une impossibilité, un obstacle à la création de ces Livres fonciers, c'est la dépense considérable, énorme, qu'il faudrait faire et sur l'énormité de laquelle on hésite encore. La base des Livres Fonciers, c'est la réfection du cadastre.

Vous voulez avoir une propriété qui, sur votre feuillet réel, figure avec sa configuration physique, dont toutes les qualités ou les imperfections apparaissent. Mais par quoi faut-il commencer ? Il faut commencer par constituer ou la parcelle ou l'îlot, et refaire complètement le cadastre.

Or, tout le monde est d'accord : en l'état des choses cette réfection est actuellement impossible, au point de vue financier. En effet, si nous prenons l'avis de M. Cavaignac, dans un rapport qu'il a fait à la Chambre, celui de M. Dupuy-Dutemps, de M. Brisson, de M. Georges Leygues, nous constatons qu'ils sont d'avis qu'il vaut mieux améliorer que rénover, parce que ce serait une dépense qu'ils évaluent à 2 milliards.

Prenons le discours fait tout dernièrement devant le Sénat par M. Poincaré, le ministre des finances, et vous allez constater que sur ce point-là, M. Poincaré tout en déclarant que la dépense ne serait peut-être pas aussi considérable que l'indique M. Brisson, est cependant d'avis qu'il y a une dépense beaucoup trop importante pour pouvoir entreprendre cette réfection.

M. Charles Piat, chef du service topographique de Tunisie, qui a fait un travail très remarquable et dont il a été parlé au Congrès de 1892, a pensé que le personnel nécessaire serait de *118 inspecteurs, 354 vérificateurs, 5,230 géomètres*. Il estime que cette opération devrait durer *15 ans* et il calcule qu'il faudrait dépenser une moyenne de *11 fr.* par hectare, ce qui correspond à une dépense totale de 550 millions pour l'ensemble du territoire français.

Voilà un travail, émanant du chef de la topographie de Tunis, qui évalue à 550 millions les dépenses nécessaires pour cette réfection du cadastre. Après avoir donné les chiffres exposés par ces différentes personnes, arrivons à ce qu'il y a de plus moderne sur la question, c'est-à-dire aux explications de M. Poincaré devant le Sénat, tout dernièrement, 19 juillet 1894; voici comment il s'exprimait :

« Cette Commission extra-parlementaire a envisagé la possibilité
« d'une réforme complète de notre régime hypothécaire tendant à la
« spécialité et à la publicité des hypothèques et à l'organisation générale
« des livres fonciers dans ce pays, réforme dont je ne méconnais pas
« l'importance, loin de là, mais qu'il serait assez long de faire adopter
« par les Chambres, et *qui, dans tous les cas, entraînerait, si elle*
« *était assise sur la révision du cadastre, une dépense qu'à l'heure*
« *présente le budget ne me semble pas pouvoir supporter.* Cette
« dépense, M. Bisseuil nous disait qu'elle serait peut-être de 100 millions.
« Elle serait, tout au moins, d'après les conclusions de la Commission
« extra-parlementaire, de 300 millions.

« *Il ne faut pas songer, ou du moins, je crois pour mon compte*

« *qu'il ne faut pas songer aujourd'hui à demander la réfection*
« *du cadastre* ».

M. le ministre des Finances tenait ce langage il y a quelques semaines.
A qui donc s'adresser pour faire payer ces 400 ou 500 millions ? Il y a
des personnes toutes désignées, ce sont les honorables propriétaires, ce
sont là les victimes destinées au sacrifice, dans le cas de réfection du
cadastre.

Ce n'est pas que je vienne vous faire une crainte des résultats qui
pourraient être obtenus, parce que je suis convaincu que l'Etat voudrait
prendre une grande partie des dépenses à sa charge, puisque cette
réforme aurait pour avantage la péréquation de l'impôt. Mais une grosse
partie serait mise au compte des propriétaires.

Rencontrerait-on des avantages bien plus considérables à raison des
sacrifices que nous serions obligés de faire ? Le système des Livres
Fonciers a d'abord un inconvénient que je me permets de résumer en
quelques mots. Vous verrez, dans mon rapport, que je l'ai un peu mis
en relief et que je ne me suis servi que des discussions qui ont eu lieu
au sein de la commission extra-parlementaire. Voici l'inconvénient :
comment allons-nous partager la France ? Par ilots, c'est-à-dire que
toutes les propriétés qui se touchent et qui appartiennent au même
propriétaire formeront une unité qu'on appellera l'ilot, et alors cet ilot
formera un numéro du feuillet réel et il y aura autant de feuillets
réels qu'il y aura d'ilots en France. Voilà le principe accepté par la
commission, après une discussion très longue. On a vu même naître au
sein de la commission le même débat qu'à notre Congrès ; on a voulu
faire trancher à nouveau par la commission une question sur laquelle
il avait déjà été voté.

Les objections sont graves : c'est très joli au commencement, vous
allez avoir un tableau parfait et charmant, ce sera une véritable peinture.
Mais il y a en France 678.000 mutations par an. Alors vous serez
obligés chaque année, sur ces ilots que vous aurez ainsi confectionnés
et qui devront se retrouver sur le feuillet réel, d'écorner une parcelle
de la propriété vendue par le propriétaire, porter cette corne enlevée à
un nouveau propriétaire et transformer le feuillet de ce nouveau propriétaire ou créer un nouveau feuillet.

Alors les partisans de la parcelle disent : vous ne pouvez pas empêcher les gens de casser leurs immeubles en plusieurs morceaux, et ce
que vous considérez comme une très jolie chose sera une chose impossible. Au lieu de procéder par ilots il faudrait procéder par parcelles,
c'est-à-dire prendre des morceaux plus petits et il y aura peu d'écorne-
ments à faire à chaque parcelle après chaque mutation.

Les autres répondent : mais alors cela va nous coûter un ou deux
milliards, cela va augmenter considérablement les frais, au lieu de

5.000 géomètres il en faudra 10.000 ; si bien qu'après le siècle des avocats et des ingénieurs nous aurons celui des géomètres, car tout le monde voudra être géomètre. *(Applaudissements.)*

On ajoutait : les mêmes inconvénients se retrouveront pour la parcelle et vous aurez un tableau qui sera assez souvent écorné, à moins que vous n'ayez un nombre incommensurable de parcelles.

Ici je ne pourrais pas prendre de meilleur argument que celui présenté par notre honorable vice-président, qui a fait triompher son idée, qui a combattu les parcelles. Voici ce que M. Challamel, avec beaucoup de précision, a expliqué à la sous-commission extra-parlementaire :

« Si vous voulez décider autre chose, si vous voulez que l'unité « foncière ne présente aucune complexité dans les éléments qui la « composent, il faut renoncer à l'unité que nous avons choisie et la « remplacer par l'unité parcellaire. Ce ne sera même pas assez, car la « parcelle n'est pas indivisible, *il faudra dresser un feuillet foncier* « *pour chaque motte de terre.*

« Dans ces conditions, nous aurons non pas 60 millions de feuillets « fonciers, mais 300, 400, 500, 600 millions de feuillets, car il est « certain que les droits qui grèvent la propriété se fractionnent à l'infini « ainsi que les actes qui les constituent : je le répète, vous allez au « feuillet foncier par motte de terre. »

Et M. Revoil de dire : « *C'est la mort du Livre foncier.* »

Vous voyez donc que, si nous nous adressons aux parcelles, c'est la mort du Livre foncier, parce qu'il y aurait 500 millions de parcelles ; si nous nous adressons à l'îlot, c'est la mort du Livre foncier encore, car c'est un autre partisan des Livres fonciers qui va nous le dire :

« *M. Marquès di Braga.* Nous sommes partis, je crois, de ce desi- « deratum, avant d'adopter la formule relative à l'unité foncière, que « l'établissement de la propriété aurait une base graphique.....

« Il en résulte que, sur le même feuillet du Livre foncier, vous aurez « l'historique d'une parcelle qui sera la grosse et l'historique d'une « autre parcelle, qui sera la petite. Tout cela s'enchevêtrera.

« *M. Bufnoir.* Il en viendra même une troisième et une quatrième.

« *M. Marquès di Braga.* Il en viendra jusqu'au moment où le con- « servateur du Livre foncier, reculant lui-même d'horreur à l'aspect « du Livre qu'il tient, décidera qu'il y a lieu de faire un nouveau « feuillet. »

Nous tombons de Charybde en Scylla : inconvénient de la parcelle, inconvénient de l'îlot. Vous voyez déjà que, dans ce régime nouveau, qui n'a pas encore eu son expérimentation en France, il apparaît des inconvénients qu'on ne rencontre pas en général quand on présente une nouveauté ; tout est beau, c'est la fiancée sans tache, ayant toutes les qualités, le jour où on la mène à l'autel on ne soupçonne pas ce qu'il peut y avoir de défauts sous ce voile de vierge. Ici il n'y a pas d'erreur : le voile des Livres fonciers ne protège pas l'innovation. On y voit déjà la tache avant le mariage. Que serait-ce après ? *(Rires et applaudissements.)*

Nous avons un régime foncier qui, je crois, est national : le libre consentement des parties fait la loi ; nous traitons d'homme à homme ; nous faisons les conventions qu'il nous plaît de faire et nous n'entendons pas que l'Etat intervienne pour les consacrer. Nous sommes libres et nous entendons rester libres. C'est là le régime français.

Messieurs, on a découvert les Livres fonciers lorsqu'ils ont eu traversé la mer. Ils sont allés en Australie, mais ils existaient à côté de nous, dans un pays qui déjà ne nous était pas très sympathique, qui ne l'est point devenu depuis ; ils existaient en Allemagne, et il y a une ordonnance de 1783 qui est l'organisation des livres fonciers. C'est l'investiture par l'Etat. Eh bien, nous ne voulons pas être investis par l'Etat de notre propriété.

Il ne s'agit pas seulement de la configuration physique, mais encore du droit de propriété lui-même qui va être mis en question. On devra réunir les différentes parties. En effet, le cadastre n'a pas force probante, tous les propriétaires devant établir la limite de chacune de leurs propriétés. Oh ! alors, Messieurs, que de revendications, que d'actions ! Aujourd'hui qu'il y a l'usage, chacun sait à peu près où il est limité. Dans la vie courante, les difficultés ne s'élèvent pas et en définitive on a une propriété à peu près assise ; mais le jour où il va falloir venir devant le magistrat, encore inconnu qui sera, suivant les uns, la commission du cadastre ; le juge de paix, suivant les autres ; des commissions particulières, d'après une troisième opinion, quel désarroi !

Vous voyez d'ici les grosses discussions qui se produiront ; puis on comparaîtra devant le jury composé on ne sait comment ; on discutera ses droits, et enfin l'Etat vous investira à nouveau de votre propriété : Je dis qu'en France il y aura alors un mouvement considérable. Celui qui a dans ses mains son titre, sachant que c'est un bon titre, dira : je n'ai pas besoin de l'investiture de l'Etat. Nous, en France, nous restons comme nous sommes et nous ne voulons pas changer nos lois. *(Applaudissements.)*

Vous voyez, Messieurs, que nous allons de difficultés en difficultés pour l'établissement de ces Livres fonciers. Voyons donc quel est l'objectif, quel est le résultat que les organisateurs du Livre foncier désirent, objectif qui ressort de toutes les discussions de la sous-commission parlementaire. L'objectif, c'est la mobilisation du sol.

Mais alors que de victimes il va falloir faire !

Il y a encore un point sur lequel les novateurs des Livres fonciers ne sont pas tout à fait d'accord. Lorsque votre titre est immatriculé, lorsque vous êtes inscrit sur le feuillet réel, la loi des Livres fonciers va dire : vous êtes investi de la propriété. Mais on répond : si on a employé le dol, une violence, une fraude, est-ce qu'on sera véritablement propriétaire parce qu'on sera inscrit ? Il faut cependant arriver à cette conséquence. Sans elle, la mobilisation du sol est une impossibilité, et le directeur du Crédit Foncier de Belgique a fort bien dit : il faut aller jusqu'au bout des conséquences ; seulement nous établirons une caisse de prévoyance pour les propriétaires injustement dépossédés.

Alors vous arrivez à ce résultat bizarre : la propriété est aujourd'hui bien défendue par celui qui a son titre dans les mains ; avec le régime nouveau, il pourra être dépossédé sans le savoir. Quand son nom sera remplacé par un autre sur le Livre foncier, tant pis pour lui, il frappera à la porte de la caisse de prévoyance. Nous verrons ce que celle-ci lui donnera. La plupart des partisans des Livres fonciers en France ont reculé devant cette conséquence. On a dit : en Australie, l'Act-Torrens n'est pas très net sur ce point... On pourrait dire qu'en France la force probante n'existera pas en matière de fraude.

Mais alors voici la certitude de l'assise de la propriété compromise.

Enfin notre système du Code civil va se trouver complétement transformé. D'abord, toutes les actions résolutoires vont ou disparaitre ou être inscrites. Ainsi par exemple en matière de donation. Si après la donation il arrive un enfant à celui qui a donné, que dit la loi française, elle qui protège les enfants, les familles, elle qui tient à resserrer tous ces liens qui sont la base de notre état social ? Que celui qui a donné ne se doutait pas qu'il y aurait plus tard un enfant et la donation se trouve révoquée.

Dans quel état allez-vous vous trouver avec les Livres fonciers ? Quand le donateur fait sa donation, il est bien convaincu qu'il n'aura pas d'enfant, sans quoi il ne la ferait pas. Or, au moment où il croit qu'il n'aura pas d'enfant, il faut qu'il inscrive une clause résolutoire pour cause de survenance d'enfant : il ne le fera pas. Dans notre système, la loi s'est chargée de ce soin impossible : la donation est révoquée sans inscription.

Lorsque celui qui a distribué sa fortune a dépassé ses droits, qu'il a donné plus, il peut y avoir là une action résolutoire utile qu'on exerce aujourd'hui. Comment allez-vous faire avec les Livres fonciers ? Allez-vous rayer la protection due à la réserve ? Je me trouve ici en présence des personnes qui ont le mieux étudié la question. Or, là il est évident que les partisans du Livre foncier sont très embarrassés. M. Challamel disait qu'il y avait un culte un peu superstitieux pour la réserve. Quant à moi, je crois que c'est un principe respectable qu'une part de la fortune reste à ceux qui sont les descendants de ceux qui possédaient.

Vous voyez que nous allons toucher à toutes les questions. Je ne parle pas seulement des hypothèques sur lesquelles il y aura des réformes à faire. Je m'excuse véritablement d'avoir parlé aussi longtemps sur ce sujet.

Pour nous, propriétaires, qui n'envisageons pas seulement notre droit, du moins qui n'envisageons pas seulement nos intérêts, mais qui nous plaçons au point de vue général, qui défendons la propriété parce que nous sommes persuadés quelle est la base des forces du pays, nous disons : nous ne voulons pas de la mobilisation du sol, parce que nous arriverions aux inconvénients que la mobilisation du sol a amenés dans un pays qui a d'autres mœurs que nous et d'autres façons de se relever que nous n'aurions, c'est l'Australie. Il y a un exemple que nous, gens pratiques, avons considéré et que vous connaissez déjà, c'est le krack immobilier qui a sévi l'année dernière en Australie. On croyait que l'Australie allait être dans une situation des plus épouvantables.

La spéculation avait fait la hausse sur les propriétés, comme on fait la hausse sur les valeurs. Ce sont les agioteurs qui se sont emparés de la terre, qui ont détruit la petite propriété et qui lui enlèvent le respect dont elle est entourée, la force qui fait celle de la France. *(Applaudissements.)*

Je vous dis : n'allez pas jusque là, là où la sous commission parlementaire elle même a reculé devant les résultats. La conséquence sera l'hypothèque sur soi-même ; on aura le droit d'aller devant le conservateur et de lui dire : j'ai une propriété, elle vaut 100.000 francs, donnez-moi pour 100.000 francs de cédules, donnez-moi cela, je vais mobiliser ma fortune comme il me plait. C'est ce qu'on appelle l'hypothèque sur soi-même. C'est la fraude, c'est le dol, c'est l'homme qui vient dire : j'ai une propriété de 50.000, francs je l'évalue 100.000 francs. On a admis qu'il pourrait y avoir des obligations hypothécaires nominatives, transmissibles par voie d'endossement. C'est une mobilisation du sol qui est bien restreinte. Pour arriver à ce résultat, n'est-ce pas une bien grande dépense véritablement ? Puis le créancier avec lequel on traite n'est pas toujours de bonne foi. Le créancier peut évaluer la propriété beaucoup plus cher qu'elle ne vaut, d'accord avec le propriétaire.

Etant donnés les avantages d'un côté, les inconvénients de l'autre, qu'avons-nous, nous propriétaires, à nous demander au point de vue général ? Nous avons à nous dire qu'il faut laisser la propriété dans l'état de respectabilité où elle est ; qu'il faudrait dépenser de 400 millions à un milliard, suivant les différentes opinions, pour faire cette organisation des Livres fonciers. Nous trouvons que c'est beaucoup trop cher pour les avantages que la réforme nous procurerait.

Mettant en balance les inconvénients du régime actuel et les améliorations qu'on veut y apporter, je crois que nous devons nous arrêter à cette solution pratique : garder notre régime national en cherchant seulement à l'améliorer. *(Applaudissements.)*

M. le Président. — Vous venez d'entendre M. Deloison développer son rapport. Je crois qu'il est bon de donner la parole à M. Ch. Brouilhet, pour un rapport en sens contraire.

M. Brouilhet. — Je suis, Messieurs, fort mal préparé à répondre à la brillante attaque que M. Deloison vient de diriger contre les Livres fonciers. Je ne m'attendais pas à voir reprendre ici les belles discussions, qui eurent lieu à Paris dans deux Congrès fort importants pour l'étude de la « Transmission de la propriété immobilière », et dont le dernier eut précisément comme président M. Yves Guyot. J'avais donc pris dans mon Rapport la question à un point de vue très général. Cependant je suivrai M. Deloison là où il a porté la lutte, m'efforçant de répondre aux principaux de ses arguments.

Et d'abord il est une question préjudicielle sur laquelle les deux camps en présence ne s'entendront jamais : c'est la question de savoir si la mobilisation du sol est un bien ou non. Il est clair que nous, partisans du Livre foncier, nous considérons la mobilisation comme un progrès essentiel. Nous croyons — comme M. Paul Leroy-Beaulieu, par exemple, dans un article cité à mon Rapport — qu'un mouvement commercial aussi intense que possible doit se porter vers la propriété foncière, urbaine ou rurale. Nos adversaires au contraire, pour toutes sortes de raisons mal définies, demandent l'immobilité. Si je les comprends bien, il serait désirable que les fonds de terre et les maisons ne se transmissent pas autrement que par héritage. C'est un desideratum contre lequel il suffit de laisser aux faits le soin de protester : notre siècle est par excellence celui de la mobilisation de tout, du déplacement universel. C'est un courant que nous ne remonterons pas : la législation doit le suivre, nous ne voyons pas pourquoi elle essaierait, vainement du reste, d'en atténuer la force.

M. Deloison a cherché tout à l'heure, comme tous nos adversaires l'essaient, à créer une confusion entre la théorie féodale de la propriété et le système du Livre foncier. Le rapprochement est sans base aucune. Il y aurait beaucoup à dire sur le peu de vigueur effective de la théorie féodale, mais ce n'est pas d'elle que notre système est issu. Il est incontestable que le changement de la situation juridique est une affaire d'intérêt général, parce que c'est un changement « réel », c'est-à-dire opposable à tous. Or, nous demandons que ce changement, pouvant, à un moment donné, porter échec au droit d'une personne quelconque, soit soumis au contrôle de l'Etat, représentant d'un public éventuellement intéressé. Nous vivons en France sous le principe non respecté et mal réformé de la clandestinité ; nous voulons l'introduction absolument franche et précise d'un régime de publicité complète.

Je remercie M. Deloison d'avoir appelé votre attention sur les difficultés de la réforme souhaitée par nous ; je ne prétends pas corriger une situation aussi obscure que celle de notre propriété foncière par un moyen simple, introductible en vingt-quatre heures sur l'universalité du sol français. Et puis, mon honorable contradicteur exagère peut-être un peu. Que dire du nombre des parcelles ? Lisez les appréciations fournies en 1892 au *Congrès pour la transmission de la propriété immobilière :* Les divergences s'y chiffrent par centaines de millions ! Mais là n'est pas le nœud de la question : Le vrai problème est celui de savoir si on peut ou non bâtir et tenir en bon état d'entretien un cadastre bien fait. Quand vous aurez un cadastre, photographiez-le et vous aurez un Livre foncier. Or, si l'Etat le veut, le cadastre se fera. L'expérience du début du siècle n'a pas été si désastreuse qu'on ne la puisse réussir, étant donné les perfectionnements acquis des procédés techniques. *(Applaudissements.)*

M. Deloison a tenté de présenter le nouveau régime comme destructeur d'institutions civiles, essentielles, en particulier de l'égalité des héritiers. Il faudrait prouver que ce principe est mis en échec toutes les fois que le patrimoine du chef de famille est composé — ce qui tend bien à devenir le cas le plus fréquent — d'objets mobiliers. La démonstration serait difficile à faire : je crois plutôt l'institution du Livre favorable à l'application pratique d'un principe solide et respecté parce qu'il est dans nos mœurs.

La pratique du Livre ravira-t-elle à la propriété la respectabilité dont nous aimons tous à la voir entourée, en détournera-t-elle l'attachement bien connu du paysan ? Autant de questions auxquelles on répond un peu à la légère par l'affirmative. Nous voyons le même attachement, le même respect intime attaché aux représentations mobiles de la propriété : les facilités de déplacement ne font pas disparaitre ces sentiments.

C'est faire du sentiment, et cette fois à rebours, que de nous détourner du Livre sous prétexte qu'il nous vient directement ou indirectement d'Allemagne. Un patriotisme éclairé doit prendre les bons procédés où il les trouve. Le peuple romain, dont aucun autre encore n'a dépassé les destinées brillantes, n'a jamais hésité à le faire. C'est une leçon pour nous, qui aimons à nous admirer nous-mêmes, et sommes souvent les conservateurs maladroits d'institutions qui, comme notre système foncier, n'ont jamais répondu aux besoins d'aucune époque.

Messieurs, l'honorable professeur Pic, de la Faculté de droit — dont l'absence à cette assemblée est fort regrettable, car il eût bien mieux défendu que moi la cause que j'ai essayé de soutenir — a écrit pour le Congrès un rapport qui vous a été distribué, sur l'application du régime Torrens dans la France africaine. Appuyé de documents irréfutables, M. Pic démontre le succès du régime en Tunisie, et la presque certitude de son triomphe en Algérie. Ces deux grands faits répondent victorieusement aux objections soulevées sur le terrain pratique et me font bien augurer des progrès que je souhaiterai voir s'accomplir en France. *(Applaudissements.)*

M. LE PRÉSIDENT. — La parole est à M. Chabry.

M. CHABRY. — Messieurs,

Je ne m'attendais pas à voir porter à l'ordre du jour du Congrès de la propriété bâtie la question des Livres fonciers. Non que cette question ne l'intéresse, mais elle ne l'intéresse pas spécialement. Les Livres fonciers, en effet, auront, s'ils triomphent, une influence considérable sur le sort de la propriété, je ne dis pas une influence heureuse, mais quel que soit le sort que Dieu leur réserve, ils s'appliqueront à toute espèce de propriété ou à aucune, et on ne conçoit pas un mode d'acheter, vendre ou emprunter, différent suivant qu'il s'agira de propriété bâtie ou non.

Mais enfin parler d'un sujet intéressant est toujours une bonne chose, et puisque notre Congrès ne doit émettre aucun vœu, ce qui eût été bien dangereux ici, je vois tout avantage à ce que nous soyons appelés, Messieurs, à réfléchir sur ces Livres fonciers.

Seulement, si j'avais pensé qu'il suffisait qu'une question offrît un intérêt considérable pour la fortune publique, propriété bâtie comprise, pour être traitée ici, il est une question que j'aurais demandé au bureau d'inscrire à l'ordre du jour et que je lui signale pour l'avenir, comme d'une portée bien plus considérable que les Livres fonciers, même pour la propriété bâtie : je veux parler de la question monétaire et de la suspension de la frappe de l'argent. Car si les Livres fonciers, encore dans le brouillard de l'avenir, ne nous ont fait ni bien ni mal, il n'en est pas de même de la suspension de la frappe de l'argent, qui dure depuis vingt et un ans et qui est, entre toutes, la cause la plus active des souffrances et des ruines actuelles.

Ce sera pour une autre fois : je m'en rapporte à la sollicitude du bureau et je me bornerai à l'examen des Livres fonciers : la tâche est bien assez grande.

En effet, dans le Congrès international de la propriété foncière tenu en 1892, sous la présidence de M. Yves Guyot, cette question a occupé huit jours, à deux séances par jour de quatre heures chacune, la journée de huit heures enfin réalisée.

De nombreux et remarquables orateurs ont été entendus, il y avait des sénateurs, des députés, magistrats, avocats, notaires, conservateurs, receveurs d'enregistrement, publicistes, économistes, géomètres, ingénieurs, directeurs de grandes sociétés financières ou foncières ; après ces remarquables travaux, l'assemblée, à une grande majorité de trois contre un, a repoussé le principe même des Livres fonciers.

Cependant, vous voyez que l'on ne se tient pas pour battu, puisqu'on repose la question devant vous, et M. Picot nous représentait hier ces mêmes Livres fonciers comme faisant actuellement le bonheur de la Tunisie.

C'est bien loin, la Tunisie, pour voir d'ici son bonheur. Il serait d'ailleurs très incomplet, car il n'y a qu'une très petite partie des immeubles de la Tunisie qui y soient soumis, ceux seulement qui étaient autrefois la fortune personnelle du Bey, je crois. Il y a dix-huit mois, M. le comte de Beaurepaire et M. Bonnard, avocat à la Cour de cassation, tous deux propriétaires en Tunisie, ont demandé à la douzième section de la Société des agriculteurs de France un vœu qui engageât le gouvernement à intervenir pour étendre ce régime bienfaisant des livres fonciers aux autres biens, restés soumis au régime musulman, et la section, dont je fais partie, a, après leurs explications, repoussé le vœu à l'unanimité.

En outre, quelque temps après, j'ai lu dans des journaux de Lyon que le gouvernement français venait de supprimer un journal tunisien, imprimé en arabe, et qui poussait à la révolte. Or, parmi les motifs vrais ou faux qu'il alléguait, j'ai lu de mes yeux, dans les journaux de Lyon, celui-ci : On nous exproprie avec les Livres fonciers.

Vous voyez donc que, même pour la Tunisie, les bienfaits des Livres fonciers sont discutés.

Voilà pourquoi je demande à résumer brièvement ici leurs principaux et graves inconvénients.

Je les rangerai sous trois chefs :

Côté financier et administratif ;

Côté juridique ;

Côté social.

Au point de vue financier et administratif, les Livres fonciers demandent un cadastre parfait, je devrais dire un cadastre impeccable.

Il doit être, en effet, conforme au texte des Livres fonciers qui reposeront sur lui, et les Livres fonciers doivent remplacer et annuler tous les titres actuels de la propriété ; au point que le seul propriétaire légal sera le propriétaire inscrit et qu'en cas d'erreur le propriétaire au préjudice de qui elle aura été commise sera définitivement évincé, sauf son recours contre l'Etat, devenu seul responsable, et le plaisir de plaider avec lui.

Quel sera le coût de ce cadastre parfait ?

J'ai entendu faire toutes les évaluations, depuis 5 millions jusqu'à 5 milliards, suivant les systèmes : je ne discute aucun chiffre, je cite.

Le Livre foncier entraîne la réforme complète de l'assiette des droits de timbre et d'enregistrement et de la manutention hypothécaire, celle de l'organisation du notariat, de l'organisation judiciaire, notamment des avoués ; mais, avec les difficultés qu'on prévoit, ceux-là ne sont pas à plaindre de longtemps.

Au point de vue juridique, le Livre foncier amènera la refonte du Code civil.

Transcription des partages obligatoires, transcription des testaments à peine de nullité, en sorte qu'un retard plus ou moins criminel suffira à les annuler.

Modification ou suppression de l'hypothèque légale des mineurs et des femmes mariées, de l'hypothèque judiciaire, du privilège des vendeurs, des co-partageants, des architectes, etc.

C'est presque le Code à refaire.

Au point de vue économique enfin, c'est le bouleversement radical, lent ou brusque, de toutes les traditions historiques et coutumes de la France, car il faut appeler les Livres fonciers par leur nom, qui est : *la mobilisation du sol*.

C'est donc la suppression du caractère prééminent de l'immeuble : la stabilité ; jusqu'ici, le droit français avait toujours partagé les biens, comme les fortunes, en deux classes : les meubles et les immeubles ; il n'y en aura plus qu'une, tout sera mobilisé.

C'est l'intronisation dans le crédit hypothécaire de ce qui n'avait été jusqu'ici que l'exception : l'hypothèque à ordre au porteur, le papier de banque ou de bourse, dont la lettre de change de l'ouverture du crédit actuel ou la lettre de gage du Crédit Foncier peuvent vous donner une idée.

C'est la possibilité à chacun de créer sur soi-même l'hypothèque transmissible, c'est le crédit facile, et c'est le crédit facile avec tous ses dangers, car tous ceux qui habitent la campagne savent que le meilleur moyen de ruiner le paysan c'est de lui offrir le crédit.

Dans un ouvrage bien remarquable de MM. Ardant et Meyer, intitulé : *Histoire politique de la petite propriété*, ils établissent que la stabilité historique des Etats a toujours été parallèle à la stabilité de la petite propriété et aux obstacles qui s'opposaient à la dépossession du cultivateur. On sait que, dans une législation récente, un souverain qui ne passe ni pour rétrograde ni pour inintelligent, puisqu'il est l'ami de la France, S. M. le Tsar, en réorganisant le Mir russe, a consacré pour ses paysans la défense d'hypothéquer et de vendre la propriété familiale.

On sait que les républiques d'Amérique, qu'on ne classe pas non plus dans les arriérées, ont inventé le homestead pour constituer une propriété foncière stable au cultivateur.

Encore une fois, je ne discute rien, mais je constate que la mobilisation du sol prend le contrepied de ces tendances, qui sont aussi des tendances modernes dont les défenseurs ne sont pas les premiers venus.

Avec la mobilisation du crédit et sa condensation dans un titre au porteur, de circulation facile et non moins occulte que celle de tous les titres au porteur, comme c'est la bourse de la propriété foncière avec ses agios et ses panamas et ses kracks, c'est la possibilité et la facilité aux gros capitalistes de ramasser peu à peu tous les titres de créance du sol, et, comme le vrai propriétaire n'est pas celui qui est en nom, mais celui qui est créancier, c'est la création d'une nouvelle espèce de propriétaire qui sera peut-être bien, cette fois, le propriétaire de l'avenir : le propriétaire anonyme.

J'affirme qu'à l'heure actuelle voilà le résultat le plus clair du fonctionnement des Livres fonciers en Allemagne, et voilà pourquoi je les repousse pour mon pays.

J'ai fini et vous demande pardon de vous avoir retenus si longtemps.

Je n'ai pas critiqué le système actuel parce que d'autres le feront abondamment. Notaire pendant vingt ans, j'en connais les insuffisances, mais ne crois point qu'il ne soit bon qu'à jeter à l'eau pour daigner tenter de l'améliorer où c'est devenu nécessaire.

En tous cas, puisqu'on lui oppose d'une façon intransigeante les Livres fonciers, j'ai cru de mon devoir de vous tracer l'esquisse de ce qu'on appelle modestement Livres fonciers, réforme du cadastre, mais qui m'apparait et a apparu au Congrès de 1892 comme la plus incalculable des révolutions sociales. *(Applaudissements.)*

M. LE PRÉSIDENT. — La parole est à M. Challamel.

M. CHALLAMEL. — Messieurs, je ne vous retiendrai pas longtemps. Aussi bien je n'avais pas l'intention de prendre ici la parole : toutes sortes de raisons me recommandaient de garder le rôle d'auditeur et de témoin, toujours profitable dans une assemblée comme la vôtre. Mais il est difficile de laisser sans réponse les paroles éloquentes et quelque peu passionnées, qu'il me permette de le dire, de mon confrère et ami, M. Deloison.

Je ne suis pas très à l'aise, vous en conviendrez vous-mêmes, pour vous entretenir de cette grande question du Livre foncier, parce qu'il y faudrait beaucoup de temps. Je ne puis, dans cette réunion qui va finir dans une heure, examiner à fond cette réforme considérable dont mes collègues de la Commission extra-parlementaire du cadastre s'occupent avec tant de zèle depuis trois ans. A vouloir enfermer la discussion dans un cadre aussi étroit, on risque de perdre ses meilleurs arguments, ceux qui méritent d'être développés.

La question est des plus graves, nous ne le dissimulons pas. Nous pensons, en effet, qu'il s'agit d'assurer l'avenir de la propriété en France, non seulement l'avenir de la propriété bâtie, mais aussi et surtout l'avenir de la propriété non bâtie. A cet égard, j'ai encore aujourd'hui cette mauvaise fortune que l'institution des Livres fonciers intéresse beaucoup moins directement les propriétaires urbains que les paysans.

Il n'en est pas moins vrai que les principes sur lesquels devra s'appuyer le régime nouveau s'appliqueront d'une façon générale à tous les immeubles quels qu'ils soient, bâtis ou non bâtis ; vous ne pouvez donc pas vous en désintéresser complètement.

M. Deloison vous a dit que les Livres fonciers auraient des conséquences néfastes pour la propriété ; je discuterai cela tout à l'heure : mais ce qui me parait l'avoir frappé plus particulièrement, c'est une considération d'un ordre tout différent. Il a mis ses efforts à vous montrer ce qui, selon lui, constitue l'impossibilité majeure de leur établissement en France, je veux dire l'impossibilité financière. Il a vu, dans un document parlementaire, que M. Brisson avait évalué la dépense nécessaire à deux milliards. Permettez-moi de dire que M. Brisson serait bien embarrassé de donner les éléments de son calcul ; c'est un chiffre de hasard, une évaluation purement arbitraire ; il n'est pas possible de s'y arrêter.

Tout autre est le chiffre que l'on emprunte à M. Piat, l'un des hommes qui connaissent le mieux les questions cadastrales, puisque c'est sous sa direction que se font les opérations, en Tunisie, pour tous les immeubles dont les propriétaires demandent l'immatriculation : il ne s'agirait plus que de 550 millions. Cette fois, l'évaluation est le résultat de calculs que l'on peut contester, mais qui du moins peuvent servir de base à une discussion sérieuse. D'autres personnes et des plus compétentes pensent qu'on ne dépasserait pas 300 millions, si même on y arrivait ; cela dépend des méthodes que l'on emploiera, de la façon dont seront organisés les services, cela dépend d'une foule de circonstances variables.

Quoi qu'il en soit, Messieurs, ce sont de très gros chiffres ; il est évident qu'il ne faut pas jouer avec ces chiffres-là. Mais je me demande ce qu'ils viennent faire dans la discussion qui nous occupe.

Ce n'est pas l'institution du Livre foncier qui doit entraîner cette dépense, c'est la révision du cadastre. On pourrait établir actuellement le Livre foncier sans refaire le cadastre et tous ces gros chiffres dont on vous fait peur s'évanouiraient à l'instant. Le Livre foncier n'est, en effet, qu'une forme nouvelle et meilleure des registres que tiennent aujourd'hui les conservateurs des hypothèques et que tiendront demain ceux que nous appelons les conservateurs fonciers. Les inscriptions destinées à donner publicité aux mutations et aux charges de la propriété se feraient autrement et plus utilement qu'aujourd'hui, soit par feuillets réels, soit par feuillets personnels ; la réforme est toute juridique et, dans une certaine mesure, administrative ; au point de vue financier, elle est à peu près sans conséquence.

Ce qui ne peut se faire sans une grande dépense, c'est la révision du cadastre, ce vieil outil qui est maintenant hors de service. La valeur actuelle des documents cadastraux avait donné lieu aux appréciations les plus contradictoires, mais aujourd'hui l'enquête a prononcé ; elle a été faite, cette enquête, avec beaucoup de soin, d'exactitude et je crois pouvoir dire aussi avec une impartialité absolue. Un homme éminent, que nous sommes heureux d'avoir avec nous aujourd'hui, M. Cheysson, a bien voulu diriger les recherches, et il a soumis à la Commission extra-parlementaire un rapport qui fait admirablement connaître l'état des choses.

Or, dans la France entière, on demande la réfection, la révision du cadastre ; l'opinion est unanime. Le cadastre a vieilli, parce qu'on n'a pas su dès l'origine en organiser la conservation ; il n'est plus la représentation fidèle du sol ; ce qui était vrai en 1811 ou en 1827 a cessé de l'être en 1894 ; aussi voit-on des propriétaires qui paient fort peu pour des terres de grande valeur, et d'autres qui paient beaucoup pour des terres qui ont perdu toute valeur, pour des terres phylloxérées par exemple. Il y a des inégalités flagrantes, des injustices intolérables. L'impôt foncier de la propriété non-bâtie est l'impôt le plus mal réparti qui soit en France ; il est donc naturel que, de toutes parts, on en demande le redressement, ce qui ne peut se faire, croyons-nous, sans la réfection ou tout au moins — cela dépend des régions — sans la révision des plans.

Voilà, Messieurs, ce qui doit coûter cher, ce qui, cependant, malgré l'importance du chiffre, peut être regardé comme à peu près inévitable, à brève échéance.

S'il en est ainsi, permettez-moi de vous faire remarquer ce qu'il y a d'avantageux à faire marcher parallèlement l'institution du Livre foncier et l'opération technique du cadastre. Puisque, par nécessité fiscale, la dépense de la réfection s'impose, puisqu'on ne peut s'y soustraire, n'est-ce pas une heureuse idée, une idée juste et pratique, dont nous avons à remercier les promoteurs de l'œuvre de la Commission extra-parlementaire, et en particulier le très habile directeur général des contributions directes, M. Boutin, de faire servir cette dépense à l'accomplissement d'une double réforme ? Pourquoi, selon l'expression vulgaire, ne pas tirer deux moutures du même sac, lorsque la chose est possible ?

Dès lors, ne vous semble-t-il pas que nous pouvons éliminer du débat cette grave objection tirée de la dépense à faire ? L'inconnue du chiffre, si difficile à dégager par avance, ne saurait vous effrayer ni même vous préoccuper ; elle n'est pas dans l'équation du Livre foncier, puisque la substitution d'un nouveau système juridique au système actuel peut se faire sans révision préalable du cadastre. On aurait sans doute un Livre foncier moins parfait, mais qui n'en rendrait pas moins d'éminents services à la propriété.

Venons donc maintenant à la réforme elle-même. Sans songer à nier qu'il y ait un grand progrès législatif à accomplir, M. Deloison semble croire que, pour améliorer notre régime foncier et le rendre aussi excellent qu'on peut le souhaiter, il y a peu de chose à y changer ; conséquemment, nous serions bien fous de nous jeter, de gaité de cœur, dans une entreprise aussi complexe et aussi difficile que celle des Livres fonciers.

Qu'il me permette encore de lui dire que cette toute petite réforme dont il parle n'est pas aussi simple qu'il le suppose.

J'entends bien que, sur la question strictement hypothécaire, sur la question de la publicité des hypothèques légales, on pourrait aisément se mettre d'accord. Autrement dit, les réformes que, sur ce point, propose la Commission extra-parlementaire ont cause gagnée devant l'opinion, ce qui n'est pas pour nous déplaire, croyez-le bien, car il est certain que sans nous la question n'aurait pas fait un pas.

Mais vous ne savez donc pas combien il est difficile en France d'accomplir les moindres réformes, mêmes celles qui sont consenties et appelées par tout le monde, je veux dire par tous ceux qui étudient et qui réfléchissent ? Cette extension du principe de la publicité aux hypothèques légales est chose réalisée à notre porte, depuis plus de quarante ans. En Belgique, en vertu de la loi du 16 décembre 1851, la réforme hypothécaire s'est trouvée faite à l'aide des matériaux préparés en France, et pour la France, par l'Assemblée législative. Ces matériaux étaient bons et à pied d'œuvre ; nous n'avons par su nous en servir ; la Belgique les a pris et en a tiré bon parti. De 1851 à 1894 l'intervalle est assez long, ce me semble ; or, on n'a rien fait pour suivre la Belgique et améliorer le Code civil qui, cependant, de l'aveu de tous, est, en cette matière, si imparfait.

Mais ce n'est pas seulement la publicité des hypothèques légales que M. Deloison réclame. Il vous a fait aussi remarquer que notre loi du 23 mars 1855, sur la transcription, présente de grandes lacunes. Sous le régime du Code Napoléon, les mutations de propriétés étaient occultes ; rien ne révélait au public l'acte en vertu duquel la propriété avait été transférée. On était donc en pleine obscurité. Cela dura cinquante ans. Un jour vint enfin où, malgré l'opposition d'un grand nombre, — car on est hélas ! très routinier au pays des révolutions et l'on décore du beau nom de stabilité ce qui n'est qu'inertie et paresse d'esprit, — un jour vint où l'on comprit la nécessité de soumettre à la transcription les actes translatifs de propriété.

C'était un grand progrès, et la loi de 1855 est une des meilleures et des plus bienfaisantes qui aient été faites. Mais M. Deloison nous rappelait qu'on avait laissé de côté toutes les mutations par décès, ce qui était une grande faute. Aujourd'hui encore la propriété passe du mort au vif sans que rien le constate.

Il est facile d'imaginer toutes les erreurs et toutes les incertitudes qui s'en suivent dans la recherche de l'origine de la propriété, et vous savez l'influence considérable de cette recherche sur l'assiette du droit du propriétaire. Ici encore M. Deloison nous accorde qu'il faudrait étendre les dispositions de la loi de 1855 et exiger que toute mutation quelconque fût publiée. Et il ajoute que, sans la malencontreuse idée d'établir le Livre foncier, cette réforme serait déjà réalisée.

Vous le croyez ? Mais pourquoi n'essayez-vous pas vous-même de passer du projet à l'exécution ? Il n'est pas bien difficile, que je sache, de susciter l'initiative d'un sénateur ou d'un député. S'il ne faut que cela pour barrer la route au Livre foncier, dont le nom seul vous épouvante, comment se fait-il que nos adversaires, si nombreux et si ardents, n'aient pas encore essayé de cette tactique ? Mais non ! vous ne remuez pas seulement le doigt pour aider à l'accomplissement de cette petite réforme. C'est qu'en réalité elle n'est pas si aisée à faire et qu'en outre elle mènerait tout droit à la création du Livre foncier, dernier aboutissement du principe de publicité.

Pour inscrire les mutations par décès, il faut qu'elles se révèlent par un acte quelconque. On a proposé l'inventaire ou l'acte de notoriété : mais encore est-il bon de prendre certaines précautions pour que ces actes soient conformes à la situation véritable ; ils joueraient alors le rôle du certificat d'héritier qui est exigé par un grand nombre de lois allemandes. La réforme, à ce point de vue, n'est pas si facile que vous le dites.

Vous la voulez donc avec nous ; mais, quand vous l'aurez accomplie, vous serez au seuil du Livre foncier. Ou plutôt, ce sera le Livre foncier, moins sa forte organisation, moins ce qu'il a de plus précieux : l'ordre et la clarté. Car le Livre foncier n'est autre chose qu'un tableau où viennent se grouper, dans un ordre parfait, toutes les inscriptions concernant un immeuble et mettant sous les yeux de ceux qui peuvent avoir intérêt à le connaitre, l'état réel de la propriété.

Je suis ici , je le répète, dans une situation peu favorable, m'adressant à des hommes qui se préoccupent avant tout de la propriété bâtie, car pour les immeubles bâtis on a d'ordinaire des titres de propriété. Ces titres sont loin d'être sans reproche, mais ils existent. Si nous en venons au petit paysan, la situation n'est plus du tout la même. Les petits propriétaires ruraux n'ont pas de titres ou des titres absolument irréguliers.

M. Josseau, dans la préface de son livre sur le Crédit foncier, fait allusion à cet état de choses et reconnait que la petite propriété rurale n'a pas de titres légalement établis. *(Protestations.)*

C'est pour cela, dit-il, qu'il est impossible au Crédit foncier de prêter à la petite propriété. Les titres ne sont pas suffisants.

PLUSIEURS MEMBRES. — C'est une erreur.

M. CHALLAMEL. — J'estime, au contraire, que c'est une vérité bien établie. M. Josseau, vous le savez, n'est pas l'homme des Livres fonciers, il en est plutôt l'adversaire et ne l'a point caché dans les discussions qui ont eu lieu à la Société des agriculteurs de France. Cependant il affirme que la petite propriété rurale n'a pas de titres réguliers.....

PLUSIEURS MEMBRES. — Il se trompe, voilà tout.

M. CHALLAMEL — Ignorez-vous donc toutes les donations-partages qui se font à la campagne sous seings privés et qui, par conséquent, sont absolument nulles ?..... Mais ce que dit M. Josseau est si vrai qu'il y a un très grand nombre de mutations qui ne sont jamais transcrites; on ne dresse point d'actes, ou les actes qu'on dresse sont irréguliers, informes, et on ne les porte pas à la transcription.

PLUSIEURS MEMBRES. — C'est trop cher.

M. LE PRÉSIDENT. — Messieurs, ce sont là des protestations qui ne peuvent pas faire avancer la question. Je donnerai la parole aux orateurs qui voudront bien la demander.

M. CHALLAMEL. — Lorsqu'il s'est agi pour la Commission extra-parlementaire de prendre parti sur la création du Livre foncier, nous nous sommes préoccupés de cette situation. Et qu'avons nous voulu faire? Nous avons voulu donner au propriétaire un titre qui lui procure une absolue sécurité. Il nous était impossible de nous désintéresser de ce qui se faisait autour de nous. Pour beaucoup de personnes, la France doit demeurer isolée dans le monde ; elle ne doit prendre ses inspirations qu'en elle-même et fermer les yeux à toutes les lumières qui viennent du dehors.

Cependant il est aujourd'hui constaté que dans les trois quarts des pays d'Europe — et il en va de même dans de grandes contrées au-delà de l'Océan — le régime du Livre foncier l'a emporté sur celui de la clandestinité des mutations. Nous ne pouvions pas systématiquement ignorer ces choses.

On nous dit — c'est le reproche qui nous est le plus souvent adressé et pour ma part j'y ai toujours été sensible — que nous allons ressusciter l'ancienne investiture, que nous allons demander à l'Etat d'investir à nouveau les propriétaires de leur propriété. C'est une erreur. Un certain nombre de mes collègues — mais ils ne sont qu'une minorité dans la Commission, — sont en effet d'avis que le transfert de la propriété ne devrait résulter que de l'inscription. Je ne partage pas leur opinion; je la crois dangereuse et dans ses principes et dans ses conséquences. J'ai toujours soutenu que le point de départ de la mutation devait rester ce qu'il est chez nous depuis le Code civil : le libre consentement des parties. Le Livre foncier n'a rien à gagner et il aurait beaucoup à perdre à l'adoption d'une autre théorie qui serait en complet désaccord avec nos mœurs.

Mais il y a dans le Code civil un principe dont les conséquences ne vont à rien moins qu'à ébranler toute certitude en matière de propriété immobilière, c'est le principe de la répercussion des actions. Quand j'achète un immeuble, je ne suis pas certain que d'autres personnes ne s'en diront pas également propriétaires et ne viendront pas le revendiquer. Il peut se trouver quelque vice dans le contrat qui forme le titre de mon vendeur ou de mon arrière-vendeur. Qu'un testament se découvre et la revendication qui s'attaque à l'héritier apparent viendra m'atteindre dans la paisible possession de la chose. Il en serait de même d'une action en réduction pour cause d'atteinte à la réserve, d'une action en rescision pour incapacité, d'une action en révocation pour cause de survenance d'enfant... Il y en a bien d'autres et je ne puis en faire l'énumération complète.

Nous avons cru qu'il était désirable de garantir les tiers de bonne foi contre ces menaces d'éviction provenant des propriétaires antérieurs. Voilà notre crime ! Cette clause de sauvegarde, nous l'appelons la force probante des Livres fonciers. Et j'avoue qu'elle constitue une innovation considérable dans notre droit ; mais n'est-elle pas fondée sur de bonnes, sur d'excellentes raisons ? N'est-elle pas inspirée par le souci des plus graves intérêts de la propriété ?

Lorsqu'il s'agit d'hypothèques ou de privilèges, la loi permet la purge qui assure la tranquille possession de l'acquéreur. Pourquoi ne pas le protéger également contre le péril des actions en nullité qui peuvent rejaillir jusqu'à lui ? La prescription seule, après un temps fort long, lui permet de s'y dérober. N'y a-t-il pas là un défaut d'harmonie véritablement choquant ? Le décret du 28 février 1852, qui instituait les sociétés de crédit foncier, les avait autorisées à faire la purge de ces actions. Mais cette faveur leur a été retirée par un décret subséquent. Nous en sommes donc toujours au même point et, lorsque nous proposons d'apporter une évidente amélioration aux dispositions du Code civil qui ne sont vraiment plus compatibles avec les nécessités actuelles, on crie au sacrilège. Il faut pourtant savoir être de son temps.

Je parlais tout à l'heure de la loi hypothécaire belge de 1851. Mais la Belgique ne s'en tient pas là ; elle prépare en ce moment une réforme complète du Code civil et je crains bien que nous nous laissions encore devancer. Car nos voisins ne se représentent pas la loi comme intangible ; ils savent marcher avec leur siècle ; ils vont du pire au mieux et du mieux à un mieux plus achevé encore : ils savent réformer par degrés leur législation, ce que nous ne savons pas faire.

Reste la forme du Livre foncier. Sur ce point vous ne trouverez rien, je pense, qui soit de nature à vous alarmer. Rien n'est plus séduisant, au contraire. Vous savez à merveille ce que sont à présent nos titres de propriété. Je puis répéter ici, sans blesser personne, ce qui a été dit ailleurs avec tant d'autorité : les titres de propriété, les registres hypothécaires, les états délivrés par les conservateurs des hypothèques, tout cela n'est que du grimoire. On se noie dans les redites et les inutilités ; tout y est, mais rien ne s'y trouve.

Dans le Livre foncier, au contraire, dans ce tableau méthodique où les actes seront relatés par mentions sommaires, en deux ou trois lignes, tout sera clair et rien ne sera inutile.

Aujourd'hui, lorsqu'on demande à un conservateur des hypothèques un état des charges qui grèvent la propriété, du chef de telles et telles personnes, il est obligé de dresser une sorte d'arbre généalogique, qui n'est pas sans lui coûter de grands efforts et qui lui sert de guide dans les recherches à faire. Avec le Livre foncier tous ces tâtonnements disparaissent. Le feuillet consacré à l'immeuble présente aux yeux la série des propriétaires successifs, inscrits au fur et à mesure des mutations ; il comporte en outre l'indication des servitudes et charges de toute nature, des privilèges et des hypothèques. Tout est groupé, rassemblé sous un petit volume et dans un ordre parfait, de sorte qu'on a devant soi, sans recherches minutieuses et incertaines, l'état véritable de la propriété.

N'est-ce pas un progrès cela ? Progrès très considérable et que vous ne pouvez pas méconnaître.

Aussi n'est-ce pas sur ce terrain que nos adversaires cherchent à triompher. Ils envisagent les conséquences éloignées de la réforme, ce qui pourra par aventure sortir de ces Livres fonciers, si clairs, si bien aménagés, qu'ils pourront être le point de départ d'un plus actif commerce d'immeubles et surtout d'une mobilisation effective du sol au moyen de titres hypothécaires négociables. Ils craignent l'agiotage et voient déjà le sol français livré à je ne sais quel groupe de spéculateurs qui n'auront d'autre visée que l'expropriation du paysan.

A toutes ces imaginations je n'ai qu'à opposer la réalité tangible : l'exemple des pays de Livres fonciers.

Est-ce que l'Autriche, la Prusse ou la Tunisie sont en proie à ces fléaux dont on nous menace ? Est-ce que la propriété n'y est pas aussi stable que chez nous ? Est-ce que d'ailleurs l'esprit de nos paysans, qui adorent la terre, ne nous rassure pas suffisamment ? Pouvez-vous croire qu'ils se laisseront aller à jouer et à spéculer sur les titres qui la représentent ? Ils sont bien trop fins pour cela !

Que certains propriétaires aventureux puissent abuser des moyens de crédit qui leur seront offerts, je ne le nie pas absolument ; il n'est si bonne chose dont l'abus ne soit à craindre. Mais qu'est-ce que cela prouverait ? Ne voyons-nous pas, même sous l'empire du Code civil, des terrains achetés pour revendre ? des spéculations immobilières, les unes sages et bien conçues, les autres désastreuses ? Pouvons-nous les empêcher ? Et si nous le pouvions, le voudrions-nous ? Ne serait-ce pas nier le droit de propriété lui-même qui est le droit d'user et de disposer librement de sa chose ?

Nous voulons donner au propriétaire un meilleur titre de propriété, et ce titre, entre ses mains, sera, s'il le veut, un instrument de progrès ; c'est un outil dont il fera tel usage qu'il voudra. Voilà toute notre ambition.

Tout à l'heure, un de vos orateurs disait qu'il voyait avec peine l'assimilation qu'on cherchait à établir entre les immeubles et les meubles. Je ne puis partager ses appréhensions. Et d'abord il ne s'agit point d'assimilation, car il existera toujours, par la force même des choses, d'assez grandes différences entre les uns et les autres. Puis, je tiens pour très désirable que la barrière s'abaisse, que la propriété immobilière profite des facilités qui sont accordées à la propriété mobilière et sans lesquelles son importance à venir serait très sérieusement menacée.

En 1804, la propriété mobilière existait à peine : le Code civil est tout entier conçu dans l'hypothèse, qui était alors conforme à la réalité des choses, que toute fortune consistait en immeubles. Aujourd'hui cette présomption légale est en défaut : les valeurs mobilières, qui n'étaient point gouvernées, je n'ose dire asservies, par le Code civil, se sont développées librement, et vous savez dans quelles proportions ; elles équivalent à peu près aux valeurs immobilières et tendent à les dépasser. Le vrai moyen de lutter contre cette progression inquiétante est d'assouplir la législation immobilière presque à l'égal de cette législation des meubles, de création coutumière et jurisprudentielle, qui se plie aux besoins de la société moderne jusqu'à éluder parfois les règles même les plus impérieuses de notre droit, telles que l'égalité dans les partages.

Il ne faut pas se le dissimuler, le Code civil est oppressif, et c'est la propriété foncière qui en souffre le plus. Il y a tout un ensemble de mesures libérales qu'il faudrait s'attacher à conquérir, sinon elle est condamnée à voir encore son influence décroître.

Sans parti pris, mais avec un ferme dessein de réaliser tout le progrès possible, la Commission du cadastre étudie les moyens de donner à la propriété cette liberté dont elle a besoin ; elle veut du moins contribuer à son affranchissement. Mais, je le répète, elle ne songe pas à porter la main sur ce qui est de l'essence même de la propriété et sur les libertés qu'elle a déjà conquises ; ce n'est point dans les rapports des parties ou de leurs ayants-cause universels, mais seulement au regard des tiers qu'elle exige l'inscription des mutations ; cela suffit pour garantir la bonne foi et donner l'essor au crédit.

Le mouvement qui nous porte vers les Livres fonciers est un mouvement général, presque universel. L'Angleterre y résiste encore, moins peut-être par amour de ce qui est que par la difficulté de rompre avec les liens si divers et si complexes qui tiennent au milieu social. Mais elle a l'exemple de ses colonies australiennes. Elle saura, n'en doutez pas, faire une équitable transaction entre les règles anciennes et les nouveautés pleines de promesses de l'*act Torrens*.

A côté de nous, dans les pays rhénans, comme en Alsace-Lorraine, la transformation se fait : dans quelques années elle sera complète. Il y a là un enseignement fécond et, bien qu'il nous en coûte, nous devons en suivre des yeux l'expérience, pleinement concluante.

Ne croyez pas, d'ailleurs, que le système du Livre foncier soit un système inflexible : il n'est pas absolument le même partout. C'est ainsi, par exemple, qu'en Alsace-Lorraine les inscriptions n'ont point force probante : les actes qu'elles relatent demeurent avec leurs effets et leurs caractères propres : c'est donc l'équivalent de notre transcription, mais combien l'organisation en est supérieure à la nôtre !

Pour conclure, Messieurs, je vous demande de vouloir bien étudier cette question sans craintes imaginaires, avec le souci du mieux, le désir du progrès. Si vous faites ainsi, en toute impartialité, vous arriverez à la solution que je vous recommande et qui est la solution de l'avenir.

Les rapports de M. Pic et de M. Brouilhet qui nous ont été distribués ce matin sont, vous l'avez vu, favorables tous deux à la réforme : tout le monde y vient, ce n'est qu'une affaire de temps. Elle s'accomplira donc à son heure et je n'hésite pas, Messieurs, à vous en prédire le succès. (*Vifs applaudissements.*)

M. LE PRÉSIDENT. — La parole est à M. Hédelin.

M. HÉDELIN. — Messieurs, j'ai été vivement surpris, en arrivant ce matin, d'apprendre que le bureau du Congrès, suivi par la majorité des membres présents à la réunion d'hier, avait décidé qu'à ce congrès il n'y aurait ni vœux ni votes.

Nous voici donc presque élevés au rôle d'académiciens. C'est un très grand honneur pour moi, bien modeste notaire, sans autre prétention que celle de servir les intérêts qui nous sont confiés et dont nous avons la charge morale.

Je suis donc heureux de pouvoir, au nom de la grande majorité du notariat français, vous présenter ces observations, sans redouter les critiques parfois amères qui nous ont été adressées au Congrès international de 1892.

Vous avez entendu, Messieurs, les conclusions très justes, très juridiques et surtout très pratiques du représentant des propriétaires fonciers, M. Deloison, avocat, vice-président du Congrès et président de l'Union des Chambres syndicales de la propriété bâtie.

C'est à ce rapport que chacun doit se rallier.

Sans trop critiquer la Commission extra-parlementaire du Cadastre, qui me paraît toutefois avoir passé légèrement sur les vœux du Congrès de 1892 et le vœu unanime des Agriculteurs de France, tout en rendant hommage à la conviction et au zèle des membres qui composent cette commission, je me permettrai de lui faire observer qu'elle est tout au moins partie trop vite à la suite de puissances étrangères, trop intéressées à nous voir dépenser chez nous des millions pour élucider des réformes dont elles peuvent être appelées à profiter. Nous en avons la preuve dans la besogne peu profitable, permettez-moi de vous le dire, du Congrès de 1892, Congrès dans lequel une lutte sourde, des plus intéressante et des plus courtoise du reste, n'a guère amené de résultat pratique.

Il est un point sur lequel nous sommes tous d'accord, propriétaires de la propriété bâtie ou non bâtie, notaires, c'est l'opportunité de la réforme hypothécaire, c'est l'utilité également de l'amélioration du cadastre.

Ce sont deux questions qui sont intimement liées au Livre foncier.

Commençons donc par les étudier et les élucider, et si leur étude nous conduit au Livre foncier, peut-être serons-nous les premiers à en provoquer l'étude.

La Commission extra-parlementaire paraît donc avoir commencé par où elle aurait dû finir.

En procédant autrement, nous y gagnerons l'avantage de ne pas nous lancer dans des études désastreuses au point de vue financier, au point de vue des intérêts du propriétaire déjà écrasé par les impôts existants.

A cet égard, je dois réfuter quelques objections présentées tout à l'heure, avec sa grande autorité, par M. Challamel.

M. Challamel, Messieurs, vient de vous dire : « Vous reprochez au Livre foncier d'entraîner pas son installation à une grande dépense ; il n'en est pas ainsi, cette dépense est applicable à la réfection du cadastre. »

Il est facile de répondre. Les membres de la Commission extra-parlementaire sont d'accord pour déclarer reconnaître, ce en quoi ils ont raison, que le Livre foncier ne peut exister et fonctionner utilement qu'avec la révision du cadastre.

C'est donc bien le Livre foncier qui nous induit dans la dépense.

En ce qui concerne l'*amélioration* du cadastre, nous en sommes tous partisans, tant au point de vue de la propriété, qu'au point de vue de la péréquation de l'impôt.

Mais on peut le faire à peu de frais, et combien on peut facilement arriver à cette amélioration qui ne demandera pas les grosses dépenses que doit entraîner la révision.

Excusez-moi de parler de moi, mais il me faut dire ce que j'ai vu relativement à l'amélioration au point de vue de la propriété.

Un de mes anciens principaux clercs M. Dufour, notaire à Chalonnes, chef-lieu de canton de Maine-et-Loire, est arrivé à mettre le cadastre à jour depuis 10 ans, en se référant tout simplement au cadastre, et en l'appliquant dans toutes les mutations auxquelles il a été appelé à conférer l'authenticité.

En ce qui concerne l'amélioration relative à la base de l'impôt, cette amélioration est indispensable pour répartir équitablement l'impôt foncier.

L'exemple le plus frappant que j'aie à vous donner, est celui d'un propriétaire aux environs d'Angers, affermant, moyennant un fermage annuel de 5.000 fr., un pré grevé de 30 fr. d'impôts.

A ce sujet il est bien facile de demander aux employés de l'administration des Contributions directes un travail moins difficile que celui auquel il se sont livrés récemment au sujet de la propriété bâtie.

M. Challamel vous a parlé de la réforme hypothécaire. Là encore nous sommes d'accord avec lui sur son opportunité. Oui, la loi de 1855 est insuffisante ; oui, nous voulons la publicité des charges hypothécaires. Nous voulons en conséquence, la disparition des hypothèques occultes, de l'hypothèque judiciaire.

Nous voulons la publicité des actions ; j'en ai même, au Congrès de 1892, demandé la purge, mais je n'en ai pas indiqué les moyens et pour cause, car on ne se figure pas ce qu'il est difficile de toucher à cet énorme monument qu'on appelle le Code civil.

Je l'ai éprouvé tout dernièrement en me livrant à l'étude, parfois à la critique de la loi présentée par M. Dupuy-Dutemps, sur la réforme hypothécaire. Lorsque l'on touche à un article, on s'aperçoit qu'on porte atteinte à plusieurs autres, et il faut une véritable énergie pour ne pas se décourager.

Bref, nous sommes d'accord sur les points essentiels. Etudions-les, faisons de la bonne besogne, mais ne nous parlez pas, pour le moment du moins, de ce spectre qu'on appelle le Livre foncier et qui nous conduit à la mobilisation du sol.

Un dernier mot au sujet des puissances étrangères dont vient de nous parler M. Challamel.

La Belgique, nous dit-il, étudie le Livre foncier et, plus pratique que nous, elle l'adoptera avant nous.

Sur ce point encore, sur la façon pratique dont la Belgique comprend les choses, je suis d'accord avec M. Challamel.

La Belgique, Messieurs, représentée au congrès de 1892 par un homme éminent entre tous, M. Dansaert, président du Crédit Foncier belge, nous poussait alors dans la voie du Livre foncier.

Or, la Belgique a sa réforme hypothécaire faite, elle a son cadastre révisé, en merveilleux état, elle n'a qu'à dire : Je veux le Livre foncier, et... elle ne le dit pas.

M. CHALLAMEL. — Voulez-vous me permettre un mot d'interruption... Nous avons reçu récemment, d'un membre de la Commission de révision du Code civil, des renseignements sur l'état de ses travaux. Tout fait pressentir dès maintenant l'adoption du Livre foncier.

M. HÉDELIN. — Ce n'est là qu'une opinion. Entre cette opinion personnelle et la décision du gouvernement belge il y a un grand pas.

M. Challamel nous a parlé de l'Alsace-Lorraine. Je regrette de ne pouvoir vous apporter une réfutation basée sur un document qui me fait défaut. Mais je n'avais nulle intention de parler; j'ai, en le faisant, cédé à la sollicitation de quelques-uns de mes confrères, je n'ai donc rien préparé. Mais mes souvenirs sont assez fidèles pour pouvoir vous assurer que M. Fabre, notre distingué collègue, membre de la Commission extra-parlementaire, qui s'était préoccupé de la question et qui avait pris ses renseignements en Alsace-Lorraine, avait su que le Livre foncier, en effet, y était en vigueur, mais... qu'on n'en était pas satisfait.

Je termine, Messieurs. Sur toutes les réformes utiles, nous sommes d'accord. Etudions-les donc d'une façon pratique, nous serons prêts à les suivre sans arrière-pensée. Je puis vous en donner l'assurance et notre honorable président pourra vous confirmer que, personnellement, j'ai collaboré aux réformes utiles au Congrès de 1892, en déposant un amendement qui avait reçu l'approbation du bureau.

C'est vous prouver, Messieurs, que, quand les réformes sont salutaires, le notariat sait s'y rallier. Au besoin, il les provoquera.

Le notariat ne s'est jamais désintéressé de la question, il l'étudie tous les jours ; et je suis autorisé à vous résumer les avis qu'il croit devoir donner à ceux qui font appel à ses lumières, avis contenus dans la note suivante :

« La réforme hypothécaire est désirable et elle peut être réalisée immédiatement. Elle doit consister à étendre la publicité le plus possible, sans autrement innover.

« Le cadastre doit être amélioré et non refait, ni à titre facultatif ni à titre obligatoire, et il faudra l'entretenir.

« Le Livre foncier est une conception inutile et inapplicable en France, qui bouleverse toutes les idées actuelles sur la propriété immobilière, en la faisant reposer non plus sur les conventions des parties mais sur l'accomplissement d'une formalité administrative, et qui exige, au préalable, une réforme hypothécaire complexe et un cadastre nécessairement parfait.

« Au lieu de lancer le public dans des innovations presqu'irréalisables, il serait sage et pratique de faire simplement ce qu'il demande : l'amélioration des institutions qui fonctionnent depuis longtemps.

« C'est ainsi que l'Administration de l'Enregistrement elle-même a déclaré posséder, dès à présent, tous les éléments nécessaires pour procurer, à la fois, la publicité personnelle et la publicité réelle, sans qu'il faille pour cela recourir au procédé dangereux et compliqué des Livres fonciers avec force probante. »

Pour terminer, Messieurs, c'est notre devoir à nous, notaires, c'est votre grand intérêt à vous, grands propriétaires et agriculteurs, c'est la sauvegarde de la France : conservons et améliorons nos institutions actuelles, mais n'allons pas à la mobilisation de la propriété immobilière, n'en faisons pas objet commercial, comme paraissait le désirer un des honorables rapporteurs sur la question, ne livrons pas la propriété au jeu, à l'agiotage et peut-être à brève échéance, je le craindrais, aux mains des étrangers.

M. LE PRÉSIDENT. — La parole est à M. Gay.

M. GAY. — Messieurs, j'avoue être venu au Congrès avec des idées superficielles sur la question des Livres fonciers. Voici pourquoi. Depuis trois ou quatre ans que cette question est à l'ordre du jour, je me suis adressé à divers personnages de la capitale, les priant de nous renseigner sur cette question des Livres fonciers, mais nous n'avons jamais pu obtenir un seul renseignement.

Ce n'a été qu'ici où, après l'exposé si clair de notre Président, M. Deloison, et les discours de ses adversaires, j'ai pu enfin connaître le fond de cette future législation des Livres fonciers.

J'ai compris que ce projet de loi, s'il était voté, ferait que nous pourrions, nous propriétaires, nous débarrasser de nos immeubles absolument comme nous nous débarrassons de nos meubles. Eh bien, j'estime que, si une pareille législation venait à être établie en France, elle occasionnerait non seulement la ruine de la propriété, mais encore la ruine de la patrie française.

Messieurs, si le paysan, si le besogneux des villes pouvait se débarrasser du lopin de terre ou de la maison paternelle, qu'il a eu en héritage, aussi facilement qu'il peut se débarrasser d'un drap de lit qu'il porte au Mont-de-Piété ou d'une commode qu'il vend à un revendeur, je verrais là un grand danger pour mon pays.

On nous a communiqué, il y a quelques instants seulement, une brochure traitant de la question. Je n'ai pu la lire en entier, je me suis arrêté au frontispice et j'y ai lu ceci :

« L'attachement du paysan à la terre est la trace d'une vieille « survivance féodale . . . »

Ah Messieurs ! ce n'est pas seulement au nom des propriétaires marseillais que je viens m'élever contre une pareille pensée, c'est au nom même du paysan, au nom de ceux qui, toute la journée, la charrue ou la bêche à la main, servent à nourrir la France. Lorsque, avec de pareils principes, vous aurez enlevé de l'esprit du paysan, du cœur du soldat, l'idée qu'il va se battre pour défendre son foyer, là où sont nés ses ancêtres, le cimetière où reposent leurs os, que lui restera-t-il alors ? Cette pensée, que nous avons entendue souvent dans les grandes villes : à quoi bon me faire crever le ventre pour défendre les riches !

Voilà à quoi vous aboutirez si vous donnez votre assentiment à une pareille loi. Ce n'est pas possible. Ma conscience de Français m'oblige à m'élever avec la plus grande énergie contre un pareil principe.

Je lis dans la seconde partie de ce frontispice une phrase ainsi conçue :

« Le mouvement général économique de l'humanité est de séparer « de plus en plus l'individu de ce qu'il possède. . . »

Mais c'est de l'Evangile, cela... (*Rires*). Mais le Christ n'a pas dit autre chose : Si vous voulez être sauvé, laissez là vos richesses, distribuez-les aux pauvres, et allez dans le désert vivre d'eau pure et de racines. *(Nouveaux rires.)*

Je vous le demande, sommes-nous assez saints, assez désintéressés pour en arriver là ? Je doute que les auteurs du projet pensent qu'à un moment donné les citoyens ne seront plus attachés aux biens de ce monde, et qu'ils les abandonneront pour aller dans le désert. Qu'ils nous en montrent d'ailleurs le chemin *(Rires)*. Et si nous allions dans le désert, que deviendrait la France ? Voulez-vous en faire un Sahara ? Ce n'est pas possible. Dans cette France, croyez-le bien, il y aura toujours des oasis, et leurs habitants prêts à se lever pour vous crier : Nous ne voulons pas d'une pareille loi.

Je ne suis donc pas partisan du Livre foncier. Je vous ai dit, en commençant, que je ne connaissais qu'imparfaitement le projet ; nous ne le connaissons maintenant que trop bien. Nous n'avons pu juger cette loi que sur ce que nous avons entendu dire ; et cependant la Chambre syndicale de Marseille a été unanime à la repousser. Pourquoi ? Parce qu'elle veut que le père de famille laissant à son enfant une maison ou un champ, il puissse le conserver toute sa vie en disant : c'est là ce que m'a laissé mon père, c'est là où mes ancêtres ont vécu, là qu'ils sont morts. Je puis le vendre, mais seulement après l'accomplissement de formalités, qui sont pour moi et les miens une garantie réelle.

Je me suis demandé pourquoi les auteurs de ce projet de loi avaient pris tant à cœur sa réussite. Ah! après avoir cherché à droite et à gauche, il ne m'a pas été difficile de retrouver quelle était la véritable pensée des auteurs de cette loi. Ce qu'ils veulent, — je le dis ici hautement afin que, s'il en est temps encore, les hommes de bonne foi puissent reconnaître leur erreur, — c'est l'accaparement de la France, de la propriété, des villes et des campagnes par les grandes compagnies, c'est en un mot l'expropriation générale du sol français. Au profit de qui? Cherchez.

D'une loi pareille, je n'en veux pas. Je suis libre dans un pays libre, et j'entends mourir libre dans mon pays libre. Je ne veux pas que ce que m'a laissé mon père, que ce que j'ai acquis à la sueur de mon front, quelqu'un puisse venir s'en emparer, comme on s'empare d'un effet à ordre, d'un billet de la banque de France, ou de quelques menues monnaies.

On a bien peu respecté cette propriété qui, à mon avis, est la base de la société. Le jour où l'homme ne sera pas attaché au sol par quelque chose, le jour où il ne verra pas son intérêt là où il est né, où il doit mourir, que voulez-vous qu'il défende? Voilà pourquoi je dis que les auteurs d'une loi pareille ne s'en sont peut-être pas rendu compte : ils ont commis là un crime de lèse-pays, ils ont méconnu complétement leur titre de citoyens, et c'est pour cela, Messieurs, que je suis venu combattre le projet de loi.

M. le Président. — Je n'ai pas voulu interrompre l'honorable orateur qui vient de descendre de cette tribune : mais cependant je suis obligé de relever un mot qu'il a prononcé, lorsqu'il a présenté les partisans des Livres fonciers comme ayant pour mobile de livrer la propriété de la France à de grandes compagnies. Il est toujours extrêmement dangereux pour quelqu'un de scruter les intentions d'auteurs de propositions quelconques et de réformes quelconques ; et je crois que la parole a dépassé probablement l'intention de l'orateur, lorsqu'il a frappé d'une pareille suspicion et les auteurs et toutes les personnes qui se montrent partisans des Livres fonciers.

La parole est à M. Goujon.

M. Goujon. — Messieurs, au point où la discussion est arrivée, je ne veux pas vous retenir longtemps sur la question des Livres fonciers.

Mais qu'il me soit permis cependant de venir combattre ce nouveau système, sur la situation duquel nous ne sommes pas suffisamment fixés, quant à présent. L'institution des Livres fonciers présente des inconvénients relativement à leur organisation, à leur établissement et à leurs effets. D'après ce qu'on vous a dit tout à l'heure, les Livres fonciers seraient constitués, soit par les maires, soit par une commission spéciale du cadastre. Mais le premier inconvénient que je rencontre consiste en ce que l'évaluation des biens sera faite sans contradicteurs. La commission, ou le maire, estimera la valeur de la propriété, sans que le propriétaire puisse contester cette estimation.

Un second inconvénient réside dans la force probante qui sera donnée aux Livres fonciers. On dit : mais avec cette force probante une grande quantité de procès pourra être évitée. Le feuillet, dont notre Président, M. Yves Guyot, a fait l'éloge au commencement de cette séance, présenterait un grand danger au point de vue des liens de famille. Il en résulterait que la propriété serait mobilisée et qu'alors, au moyen d'une simple feuille de papier, on pourrait donner son bien à telle ou telle personne. On disait tout à l'heure qu'il n'y aurait aucun inconvénient à mobiliser la fortune immobilière. Je ne le pense pas. Au contraire, je crois qu'il y a un grand danger à trop mobiliser la fortune : un des résultats de cet inconvénient serait que le père de famille pourrait ruiner ses enfants.

Je sais bien qu'on me répondra que M. Leveillé et M. Lemire ont déposé, sur le bureau de la Chambre des députés, chacun une proposition de loi tendant à établir, comme cela existe en Amérique, le bien de famille ; et une de ces propositions constitue dans ce but des biens inaliénables. Mais si, comme correctif aux Livres fonciers, on est déjà obligé de prévoir, de déposer de nouvelles propositions de lois, il me semble que c'est par cela même faire la critique des Livres fonciers, puisqu'on est obligé de prendre des précautions contre eux. Je crois donc qu'à ce point de vue les Livres fonciers ne doivent pas être admis par vous. On vous a parlé du régime hypothécaire, de la révision du cadastre. Nous en sommes tous partisans bien entendu. Maintenant, je ne crois pas que même la révision du cadastre doive mener à la constitution du Livre foncier.

Et puisque je suis conduit à vous parler de la révision du cadastre, il y aurait selon moi un moyen fort simple et nullement coûteux de réaliser ce progrès : ce serait de réunir dans un même service la tenue des registres hypothécaires, l'administration de l'enregistrement et la direction du cadastre. Tous les actes translatifs de propriété doivent être soumis à l'enregistrement et, par conséquent, ils passent entre les mains des employés de cette administration. Ceux-ci auraient alors simplement à communiquer à leurs collègues voisins, chargés de la refonte du cadastre, les actes qui leur auraient été remis : ces derniers noteraient sur les plans cadastraux la valeur et la contenance des biens indiqués avec les noms des propriétaires. Ainsi le travail tant désiré par tous serait accompli sans difficulté.

Les procès, d'ailleurs, seraient nombreux pour arriver à donner aux feuillets des Livres fonciers la force probante. Il y a des personnes qui ont des biens, un autre orateur vous le disait, plus ou moins bien limités ; mais, s'il fallait donner à une simple feuille de papier une force probante contre laquelle rien ne pourrait réagir, on ne se contenterait pas d'une évaluation plus ou moins sûre ou certaine, on voudrait que la configuration du terrain, que le bornage du bien fût absolument certain et distinct. Par conséquent, il résulterait de là une quantité considérable de procès, qu'il vaut beaucoup mieux éviter en n'admettant pas le système en discussion.

On disait aussi qu'on voulait donner à l'Etat une sorte de droit d'investiture. Cela est certain. Comment peut-on concevoir autrement l'établissement du Livre foncier ? La force probante qui lui serait donnée ne pourrait résulter que de l'investiture du Gouvernement. Je trouve l'application de ce système dans ce qui se passe à l'étranger. Je ne suis pas partisan d'appliquer en France tel ou tel système, parce qu'il réussit dans un autre pays. Il y a là quelquefois un danger. On ne peut arriver à appliquer à une nation un état de choses qui réussit très bien chez une autre, parce que les mœurs et les passions ne sont pas les mêmes.

On vous disait qu'en Alsace les choses se passaient très bien. Je sais qu'un autre orateur a dit que c'était moins bon. Voilà une raison qui nous fait douter de ce système.

On ajoutait, et je crois que M. Picot y faisait allusion, que M. Cambon avait organisé le Livre foncier en Tunisie et qu'il fallait tâcher de l'établir en France. Deux choses se présentent encore, deux opinions distinctes se font : une chose est un vieux pays comme le nôtre et autre chose est un pays neuf comme la Tunisie. Il est certain que dans les pays neufs toutes les terres appartiennent à l'Etat qui les distribue aux différents citoyens. De là, naturellement, la constitution par cela même des Livres fonciers. En France, ce n'est pas la même chose. La propriété résulte de titres souvent épars, de la possession. Il faudrait arriver à élucider toutes ces questions avant d'établir des Livres fonciers.

Dans ces conditions, je repousse l'établissement des Livres fonciers. Je réponds à un reproche qui pourrait nous être adressé à ce sujet : Je ne veux pas qu'on puisse dire que nous, propriétaires, nous sommes des esprits arriérés et rétrogrades. Si je combats cette réforme, c'est parce qu'elle n'est pas bonne, qu'elle n'est pas actuellement réalisable.

qu'elle n'est pas mûre. Apportez-nous des modifications heureuses à nos lois françaises, non seulement pour le régime fiscal dont nous avons parlé hier, mais pour le régime hypothécaire, pour tout ce qui concerne la législation de la propriété ; si ces réformes constituent des progrès, vous verrez si nous ne sommes pas prompts à les accueillir. *(Applaudissements.)*

M. le Président. — La parole est à M. Cheysson.

M. Cheysson. — Messieurs, j'étais venu dans ce Congrès avec l'intention de me taire et d'écouter. Mais M. Yves Guyot m'a inscrit d'office, dans la pensée que vous trouveriez peut-être quelque intérêt à des détails pratiques sur la question du cadastre. Je m'incline devant sa décision, voulant faire preuve de courtoisie et de docilité à l'égard de notre éminent président.

Je vous préviens immédiatement que je ne suis pas un jurisconsulte, mais un ingénieur. Aussi, dans la commission extra-parlementaire à laquelle j'appartiens, suis-je membre, non de la sous-commission juridique, mais de la sous-commission technique. Cette sous-commission a été chargée de mener ses travaux parallèlement à ceux de sa grande voisine, de façon à lui fournir les données dont celle-ci pourrait avoir besoin, notamment en ce qui concerne l'étude des moyens techniques et l'évaluation des dépenses.

Cette sous-commission technique s'est tout d'abord trouvée en face d'une grosse question, celle de la valeur du cadastre actuel. Devait-on refaire ou non ce cadastre ? Là-dessus, bien des opinions *a priori* étaient émises en sens inverse. Avant de prendre parti, il a semblé que le mieux était de recourir à une enquête sur place, de manière à confronter le cadastre avec le terrain et à voir si le portrait était encore fidèle. On a confié cette enquête à des commissions départementales, qui présentaient par leur composition toutes garanties de compétence et de sincérité.

Ces commissions ont choisi, par département, deux communes dissemblables, non seulement par leur topographie et la nature des cultures, mais encore par la date de leur cadastre. En effet, il faut distinguer, dans la confection du cadastre, deux grandes périodes, suivant les instructions qui le réglementent ; les plus anciens feuillets étant assez justement suspects, tandis que les nouveaux présentent plus de garanties d'exactitude. L'âge moyen du cadastre est aujourd'hui de 61 ans. La première période a un âge moyen de 72 ans, l'autre de 52 à 53 ans. On s'est donc attaché à prendre, par département, une commune dans chacune de ces deux périodes du cadastre.

Dans chacune de ces communes, on a délimité un champ d'expérience d'une centaine d'hectares.

Ces désignations une fois faites, les opérateurs se sont rendus sur les champs ainsi déterminés, et ils y ont procédé à ce collationnement précis, dont je parlais tout à l'heure, entre le cadastre et le terrain. Là où les différences étaient trop sensibles, ils ont opéré des relevés directs.

Ils ont examiné jusqu'à quel point ce cadastre pouvait être utilisé ou devait être refait. Il y a eu là un travail considérable auquel il est juste de rendre hommage. Nous pouvons avoir des opinions différentes sur le Livre foncier et sur le régime de la propriété ; mais cette enquête restera dans tous les cas comme un document d'une grande valeur, auquel on ne pourra se dispenser d'avoir recours pour traiter ces questions ; car il résulte, non pas d'appréciations de parti pris, mais d'opérations faites par des agents aussi consciencieux que très compétents.

Une fois ces opérations terminées, les résultats en ont été d'abord discutés et coordonnés par les commissions départementales, puis centralisés à Paris par l'administration générale des contributions directes et par la commission d'enquête, qui a été constituée au sein de la commission technique et dont j'ai eu l'honneur d'être nommé président.

En même temps que se poursuivait cette enquête, l'administration et la commission elle-même avaient jugé nécessaire d'en instituer une autre sur le bornage de la propriété en France. En effet, cette seconde question est considérable, presque autant que la première. Dans quelles proportions ce bornage est-il déjà réalisé et que reste-t-il à faire ? Là encore il fallait recourir à l'expérience, aujourd'hui la grande maîtresse. Une nouvelle enquête a donc été confiée à ces mêmes commissions départementales, déjà chargées de la première enquête. Il y a là encore une seconde source de renseignements, qui sont venus affluer à la commission d'enquête.

Cette commission a nommé deux rapporteurs : M. Debray pour le cadastre, M. Lallemand pour le bornage. J'ai moi-même été chargé de résumer ces deux enquêtes, comme rapporteur général et d'en dégager les conclusions.

Notre collègue de Marseille disait tout à l'heure qu'il avait vainement écrit à différentes personnes, à Paris, pour obtenir ces documents. Je regrette vivement de n'avoir pas connu son désir, car je me serais empressé de les lui faire parvenir. S'il avait pu les méditer à loisir, et se faire ainsi une opinion par l'étude attentive des faits et des textes, — au lieu de se laisser aller, comme il nous l'a déclaré, à ses impressions de séance, — peut-être le syndicat, dont il a été l'ardent organe, se serait-il épargné des conclusions dont, mieux informé, il regrettera lui-même la vivacité. *(Applaudissements.)*

Voici donc, en quelques mots, les résultats qui se sont dégagés de cette double enquête, et que j'ai consignés dans mon rapport général.

D'abord l'enquête démontre l'unanimité des commissions départementales sur la nécessité de refondre le cadastre, au point de vue de tous les intérêts successivement examinés ici. L'opinion publique en France est favorable à cette refonte.

Le cadastre est un instrument vieilli, qui ne suffit plus à nos besoins ; ou plutôt c'est un portrait qui n'est plus fidèle, parce qu'il est resté immuable, alors que l'original se transformait profondément. Nous devons encore le saluer avec respect, comme un document vénérable, mais nous ne pouvons plus nous en contenter, en égard à la marche de la civilisation et à l'état actuel de nos besoins.

On a constaté, d'autre part, que, si cette refonte était nécessaire, elle ne pouvait pas s'effectuer par voie de simple révision. C'est encore là, Messieurs, une illusion très séduisante, que nous serions tous heureux de voir se réaliser. S'il était vrai que, par voie de retouche, le cadastre pût devenir un instrument aussi parfait qu'il est défectueux aujourd'hui, nous en serions tous très heureux, car la tâche serait bien simplifiée. Mais il n'en va pas ainsi, et les confrontations faites entre le cadastre et le terrain ont obligé la commission à déclarer que, d'une façon générale, le cadastre ne peut plus seulement être revisé, qu'il doit être en grande partie refait, sauf peut-être un huitième ou un neuvième du total.

On parlait tout à l'heure de plusieurs centaines de millions de parcelles. Le chiffre réel est moins énorme, quoique déjà fort respectable. Il s'élève actuellement à 151 millions, tandis qu'il était de 124 millions à l'origine du cadastre. Le nombre des parcelles s'est donc accru de 27 millions.

Je me hâte, Messieurs, et je supprime, sur cette première enquête, une foule de détails que vous trouverez dans le rapport dont je fais hommage au Congrès.

L'enquête sur le bornage a donné des résultats assez inattendus.

Nous avons distingué le *bornage discontinu*, qui consiste en bornes isolées, et le *bornage continu*, formé par des murs, des haies et des fossés. Si l'on n'avait constaté que le premier bornage, on se serait fait une idée insuffisante de l'avancement du bornage dans notre pays. Il fallait donc faire porter l'enquête sur ces deux aspects du bornage.

Nous avons trouvé que, sur 100 propriétés, 31 sont bornées d'une façon discontinue, 32 d'une façon continue : ainsi 63 0/0 ou les 2/3 environ des propriétés sont aujourd'hui bornées. L'œuvre du bornage est aujourd'hui avancée aux 2/3, et encore l'autre tiers s'applique-t-il à ces terrains médiocres, dont une partie peut avoir une valeur à peine supérieure aux frais du bornage. Cette proportion varie, en effet, suivant la valeur du terrain : elle atteint presque la totalité des terres de première qualité, et descend pour les autres à une fraction minime du total.

Après avoir ainsi constaté ces résultats numériques et relevé ces faits, qui échappent à toute contestation, la Commission a pensé qu'elle devait aller plus loin et qu'elle avait à émettre certaines conclusions, à ses risques et périls. La première partie de son travail est un fait, tandis que la seconde peut soulever et a soulevé en effet des critiques.

Voici en quelques mots ses conclusions :

« Si les dépenses peuvent être contenues dans des limites raison-
« nables, il est désirable que le cadastre soit refondu, de manière à per-
« mettre l'établissement du Livre foncier de la France. »

Ainsi vous voyez que l'opération est subordonnée à la limite de la dépense. C'est là en effet une question considérable, dont je ne puis pas ne pas dire un mot. Elle a été examinée par une Commission voisine, présidée par mon ami M. Durand-Claye, inspecteur général des ponts et chaussées et qui a procédé sur le terrain à des expériences faites dans des conditions véritablement scientifiques. On a mis en œuvre deux méthodes, l'une du cheminement et l'autre du tachéomètre ; le temps a été constaté par des contrôleurs du génie, chargés de contrôler et de pointer les opérateurs et de les suivre heure par heure.

Il résulte de ces constatations et du rapport de M. Durand-Claye que la dépense totale, dans les conditions où se sont effectués les essais, peut s'élever à 300 millions pour la France, soit en moyenne à 6 francs par hectare, non compris la délimitation juridique, le bornage et le calcul des surfaces. Mais l'honorable rapporteur a fait toutes sortes de réserves sur ce chiffre, qu'il n'a émis que malgré lui et mis, pour ainsi dire, au pied du mur ; il aurait mieux aimé être moins précis, non qu'il n'ait pas le courage de son opinion, mais parce que des expériences partielles, faites ainsi sur un petit coin de terrain, sont grevées par la mise en train initiale, par l'éducation des opérateurs, et qu'elles trainent après elles un poids excessif de frais généraux qui n'existeraient pas en plein chantier. Quiconque a suivi ou dirigé des opérations importantes sait qu'il faut vaincre au départ un frottement supérieur à celui de la marche normale.

En outre, on s'est servi dans ces essais de méthodes à coup sûr bonnes, ayant fait leurs preuves, mais n'étant pas le dernier mot de l'art. Je ne vous cite donc ce chiffre de 300 millions qu'avec toutes les réserves dont l'a entouré son auteur. Il est permis d'espérer qu'en ce qui concerne la partie technique des opérations, et sans parler de la délimitation juridique des propriétés, le progrès des instruments et des méthodes, en même temps que l'éducation et l'entrainement des opérateurs, auront pour résultat de réduire les frais des opérations proprement dites.

Nous avons ensuite indiqué que le cadastre, une fois fait, devrait être entretenu, comme l'expliquait tout à l'heure M. Deloison ; car il y a des mutations incessantes. Il faut donc installer, à côté du cadastre, un service chargé de le conserver.

Tout à l'heure, on nous reprochait de n'avoir pas tenu un compte suffisant du Congrès de la propriété foncière de 1892. Or, la Commission est loin de mériter ce reproche, et place au contraire ses deux premières conclusions sous l'autorité de ce Congrès, dont la composition offrait toutes les garanties de modération et de sagesse pratiques, et qui a voté la double conclusion dont je mets le texte sous vos yeux :

« Si les dépenses peuvent être contenues dans des limites raisonnables, il est désirable que le cadastre soit refait dans ses parties défectueuses, révisé dans les autres. »

« Après la révision ou la réfection du cadastre, il importe d'en organiser la conservation. »

C'est là précisément ce qu'a demandé la Commission d'enquête. Il n'y a donc aucune dissidence entre la Commission d'enquête et le Congrès de 1892.

Après avoir ainsi affirmé l'utilité de la refonte du cadastre, par voie de révision ou de réfection, la Commission s'est demandée de quelle façon pourrait être engagée et conduite l'entreprise, et je crois que la réponse donnée par la Commission à cette question est de nature à dissiper les craintes émises ici, dans la discussion, sur le risque de lancer le pays dans une énorme aventure financière.

La marche préconisée par la Commission s'inspire de ces préoccupations financières et y répond, en même temps qu'aux convenances techniques.

On ne doit pas, a-t-elle dit, improviser cette grande entreprise. Il y faut le temps. Si l'on jetait des centaines de millions à la tête des géomètres, on ferait de la détestable besogne, et ce serait un mauvais service à rendre à eux, en même temps qu'au pays. C'est par la pratique que les procédés des opérations doivent s'améliorer. Il faut débuter modestement, et, l'expérience étant la grande maitresse, les progrès surgiront pour ainsi dire d'eux-mêmes, sous l'éducation et la discipline de la pratique.

Du moment où l'on se décide à commencer modestement, il faut installer d'abord ces opérations sur les terrains qui leur sont le plus favorables, là où l'opinion publique est toute prête à leur faire bon accueil. S'il y a des parties du pays où l'on rencontrerait les résistances dont nous trouvons ici l'éloquent écho, il y en a aussi d'autres où cette opération est désirée et qui aspirent à ses bienfaits. C'est par ces dernières qu'il serait prudent de commencer. On y établirait, en quelque sorte, des champs d'expériences, qui ensuite s'agrandiraient progressivement, et dont l'exemple serait contagieux au fur et à mesure que le système s'affirmerait par ses services et s'implanterait sur ces terrains d'élection avec l'approbation des populations locales.

Avec du tact administratif et moyennant quelques faveurs pour la mise en train, je crois qu'on pourrait ainsi, de proche en proche, développer les opérations en ne demandant tous les ans au pays qu'un sacrifice assez modique, et l'on verrait en même temps surgir les méthodes et les instruments les plus perfectionnés.

Telle est la marche que nous avons conseillée et qui parait de nature, ce me semble, à rassurer ceux qui voient la main mise brusquement, brutalement, par l'État sur le pays tout entier.

Il faudrait cependant, même sur ces terrains ainsi préparés, prévoir le cas de certaines résistances isolées. Nous avons dans nos lois plusieurs exemples de l'organisation qu'il convient d'appliquer en pareil cas. Cette organisation, c'est l'association syndicale. Elle a été réglementée par la loi du 20 juin 1865 et étendue encore par la loi du 28 décembre 1888, qui est due en grande partie aux efforts de notre Président, M. Yves Guyot. Il suffira d'appliquer cette combinaison législative aux opérations cadastrales.

Ici encore la Commission d'enquête est d'accord avec le Congrès de la propriété bâtie de 1892 et a formulé les conclusions suivantes :

« Pour faciliter, a dit ce Congrès, le bornage collectif, il convient de faire application de la loi du 22 décembre 1888 aux syndicats de bornage composés de propriétaires possédant dans une même commune une surface déterminée d'un seul tenant. »

Je m'en tiens à ces conclusions et je vous épargne celles qui ne se rattachent pas directement à l'ordre du jour de nos travaux.

Qu'il me soit permis, en terminant, de dire un mot de cette question de la mobilisation à outrance de la propriété, qui parait exciter ici des répugnances auxquelles je m'associe. Sur ce point, je suis d'accord avec la plupart des orateurs qui m'ont précédé. Je ne défends pas notre législation hypothécaire, qui est condamnée et dont tout le monde réclame la réforme immédiate. Je concède aussi qu'au point de vue du crédit agricole il y a quelque chose à faire, pour débarrasser la transmission de la propriété de certains frais, de certaines difficultés qui ne sont plus de notre âge, notamment en ce qui concerne les ventes judiciaires des petits immeubles et les biens de ces pauvres mineurs, qu'on dépouille à force de formalités onéreuses, sous prétexte de les protéger.

Mais, s'il s'agit d'en venir à émietter le sol, à le jeter dans la circulation, dans ce tourbillon d'agiotage dont on nous parlait, à l'assimiler purement et simplement à une lettre de change, qui circule incessamment de mains en mains, je suis l'adversaire convaincu de ce programme. Si l'on devait faire quelques pas dans cette voie, j'insisterais du moins pour qu'en même temps on appliquât, dans l'intérêt de la petite propriété, ce correctif dont un des précédents orateurs faisait trop bon marché à mon gré.

M. Chabry invoquait un livre très intéressant de MM. Rudolph Meyer et Gabriel Ardant, sur la *Question agraire*. Je n'ai pas à entrer ici dans le détail de cette thèse, mais qu'il me soit permis de déclarer qu'à mon avis, une des plus fermes assises d'une nation, c'est le petit paysan, et que tous les pays, qui ont joué un rôle dans l'histoire, ont pris à tâche de fortifier la famille rurale et de l'asseoir solidement sur le sol. Aussi n'hésiterais-je pas à emprunter à la législation américaine le régime du *homestead exemption* qui rend inaliénable, ou ne permet du moins d'aliéner qu'avec des restrictions et des réserves, le petit domaine indispensable à la famille pour occuper son activité et alimenter ses besoins. Il y a là du moins une partie de la terre à l'abri de l'agiotage, de la spéculation et de l'usure ; ce foyer où sont nés les enfants, où sont morts les ancêtres, ce foyer ne peut pas être atteint. *(Applaudissements.)*

Je termine et je me résume :

Notre cadastre est tellement vieilli qu'il ne peut plus répondre à nos besoins actuels. Les enquêtes dont je viens de parler ne permettent plus à ce sujet aucune espèce de contestation. Mais, s'il faut le refaire, il est utile que ce soit d'une manière modeste et progressive, en consultant l'expérience, en proportionnant la marche des opérations aux ressources disponibles et à l'assentiment des populations, sans lequel on serait réduit à l'impuissance. Il faut que ce nouveau régime se présente, non comme une servitude, mais comme un bienfait. Il faut répondre aux vœux du public et non pas lui faire violence. *(Applaudissements.)*

Sur la question générale, je suis d'avis qu'il faut faire la réforme hypothécaire et, le plus tôt possible, diminuer certaines entraves, vieillies, féodales, mais, en même temps et par un juste contrepoids, j'insiste pour qu'on donne à la petite propriété cette garantie d'une législation qui permettra à notre pays de continuer à reposer sur cette base inébranlable d'une couche aussi large et aussi profonde que possible de petits paysans. *(Applaudissements prolongés.)*

M. LE PRÉSIDENT. — La parole est à M. de Casteran.

M. DE CASTERAN. — Messieurs, dans la discussion que vous venez d'entendre, on a fait allusion, à plusieurs reprises, au crédit hypothécaire. Malgré l'heure tardive, je vous demande quelques instants de bienveillante attention pour vous entretenir de certaines combinaisons juridiques, dont la pratique se sert assez souvent, en regrettant que la tolérance, dont elles jouissent actuellement de la part de la jurisprudence, ne soit pas remplacée par une consécration législative.

Quand on étudie le crédit hypothécaire, on peut l'envisager soit au point de vue de la facilité de sa constitution, soit au point de vue de la facilité plus ou moins grande avec laquelle il lui est permis de circuler. Sans toucher ici au redoutable problème de la mobilisation du sol, que je me garde avec le plus grand soin d'aborder, il me sera permis de dire qu'il est désirable, qu'il est bon que le crédit hypothécaire puisse circuler facilement.

Actuellement, l'obligation hypothécaire, telle qu'elle est constituée d'une manière normale, apparaît comme une valeur destinée à rester, jusqu'au paiement de la dette ou jusqu'à la réalisation du gage, entre les mains du créancier originaire. Toutefois, ce créancier a souvent intérêt à battre monnaie avec elle pour échapper aux difficultés de la liquidation.

Il s'agit de voir, très rapidement, quels sont les procédés mis aujourd'hui à sa disposition pour atteindre ce but, et d'examiner en même temps s'il ne serait pas utile de les faire consacrer par la loi.

Je rappellerai que le Livre foncier a une étroite connexion avec la constitution de l'hypothèque. Si on adopte le principe du Livre foncier, on constituera une hypothèque avec autant de facilité qu'on transmettra la propriété elle-même. L'hypothèque se constituera comme le gage mobilier se constitue aujourd'hui sur une valeur au porteur ou nominative. Mais je n'insiste pas sur ce point, c'est là une question que je m'interdis de traiter.

Je passe immédiatement à la question de la circulation du crédit hypothécaire. Pour assurer la facilité de circulation du crédit hypothécaire, on peut envisager deux situations. Il y a d'abord ce que l'on peut appeler la mobilisation anticipée du crédit hypothécaire, c'est-à-dire la mobilisation indépendante de toute création d'obligation ; il y a ensuite la mobilisation que l'on organise au moment où une obligation vient d'être contractée. Le premier point me met en contact avec la cédule hypothécaire. On a fait le procès de cette institution et, pour ma part, je m'associe aux critiques dont elle a été l'objet.

Une loi, disparue depuis longtemps, et à peine appliquée d'ailleurs, avait essayé de l'acclimater dans notre pays. La tentative n'a pas réussi.

D'autre part, j'ai la satisfaction de constater que, dans la commission extra-parlementaire du cadastre où la question a été agitée, le système de la cédule hypothécaire a été repoussé.

Nous n'avons plus, par conséquent, à nous occuper que des moyens que l'on peut employer pour assurer la facilité de circulation du crédit hypothécaire, en le considérant comme joint à une obligation qui vient d'être contractée. En général, le droit hypothécaire est joint à une créance transmissible avec les formalités prévues par l'article 1690 du

Code civil. Vous connaissez ces formalités, vous savez les difficultés et les frais qu'elles entraînent.

En ce qui concerne la transmission de l'hypothèque elle-même, nous ne rencontrons pas les mêmes difficultés ; car, sauf en ce qui concerne la subrogation dans l'hypothèque légale de la femme, régie par l'article 9 de la loi de 1855, notre législation ne s'est pas préoccupée de la transmission de l'hypothèque et ne la soumet à aucune formalité.

Ainsi, on admet en général que l'hypothèque est transmise *de plano* en même temps que la créance à laquelle elle est rattachée. Donc, difficulté de transmettre la créance garantie par l'hypothèque elle-même, voilà le point qu'il s'agit de modifier. Dans la pratique, Messieurs, on a essayé d'emprunter au droit commercial ses modes rapides et simples de transmission, pour les adapter au droit de créance garanti par une hypothèque.

On a d'abord fait consacrer par la jurisprudence la validité d'une obligation hypothécaire transmissible par voie d'endossement.

Enhardie par ce premier succès, la pratique s'est demandée si on ne pouvait pas encore adapter à l'obligation une formule qui pût faciliter encore davantage sa transmission, — je fais allusion à la forme au porteur, — et on a vu, dans la pratique, des obligations même notariées contenant la clause au porteur, obligations anonymes par conséquent et devant être censées appartenir, d'après la loi et les principes juridiques relatifs à cette clause, à celui-là même qui était en possession du titre constatant la créance.

Après d'assez vives controverses, on a fini par reconnaître que la clause au porteur pouvait être insérée dans une obligation civile, et que, si une hypothèque était prise pour assurer la sécurité de cette créance, l'hypothèque serait transmise en même temps que la créance, par la simple tradition.

Cette obligation au porteur est susceptible de se présenter dans deux situations différentes. Il y a d'une part l'obligation au porteur isolée, et d'autre part l'obligation au porteur collective. J'entends par obligation au porteur collective une obligation fractionnée en un nombre de titres plus ou moins considérable, et pouvant circuler par la simple tradition.

A l'égard de l'obligation hypothécaire isolée, les scrupules que notre régime hypothécaire pouvait faire naître, au point de vue de la constitution de l'hypothèque ou de l'inscription de cette hypothèque au profit du porteur, ont suscité certaines difficultés, mais on a fini par les surmonter. Lorsqu'il s'agit de l'obligation hypothécaire collective et lorsque, fractionnant une obligation importante en un certain nombre de titres, on veut lancer ces titres dans la circulation en garantissant le porteur au moyen d'une hypothèque, on se trouve en présence de difficultés multiples. Vous les apercevez immédiatement. Il s'agit, ou bien de l'inscription de cette hypothèque, ou bien de l'exercice même de l'hypothèque, ou bien encore de la faculté accordée aux tiers de purger l'hypothèque.

Pour inscrire l'hypothèque, il faut connaitre le quantum de la créance ; d'un autre côté, il faut que celui qui est investi de l'hypothèque soit déterminé d'une manière suffisante. Enfin, pour que les tiers puissent se servir de la faculté de purger l'hypothèque, il faut qu'ils sachent à qui adresser les notifications prescrites par l'article 2182 du Code civil.

Voilà donc les obstacles multiples que l'on a rencontrés, le jour où l'on a voulu lancer dans la circulation les obligations au porteur garanties par une hypothèque. La pratique a essayé d'adopter différents expédients pour les surmonter et se mettre d'accord avec la loi.

Après de nombreuses recherches, après un certain nombre de procès, on est arrivé à un système que l'on peut préconiser comme étant le meilleur aujourd'hui et présenter, non pas, à la vérité, comme ayant l'approbation expresse de la jurisprudence, mais au moins comme exempt des irrégularités relevées dans certains cas, irrégularités qui ont motivé l'annulation de l'hypothèque.

Ce procédé, je vais vous le décrire. On commence par faire souscrire toutes les obligations par un groupe de banquiers. On constitue ensuite l'hypothèque en faveur d'une association contituée par ces banquiers, premiers porteurs des obligations. Il résulte implicitement de la jurisprudence que la constitution d'hypothèque n'est valable qu'autant que tous les titres émis ont été souscrits.

Une association ayant été ainsi constituée, il est entendu que toutes les personnes qui, par la suite, se rendront acquéreurs des obligations adhéreront aussi à l'association. Enfin l'association choisit un représentant. C'est ce représentant qui prend l'inscription au nom des porteurs et qui exerce l'hypothèque s'il y a lieu. C'est enfin à ce représentant que sont adressées les notifications à fin de purge, si les immeubles hypothéqués viennent à être vendus.

Vous le voyez donc, c'est dans l'intervention du principe d'association que l'on est allé chercher ce lien qui doit exister entre les porteurs des différents titres, pour arriver à faciliter l'exercice du droit hypothécaire.

C'est l'association qui établit l'unité, là où il semble qu'elle ne peut pas exister.

On se trouve, en définitive, en présence de procédés que la pratique de tous les jours a fini par inventer, pour satisfaire à des besoins très légitimes et pour mettre autant que possible les intéressés à l'abri de toute critique et de tout danger d'annulation.

La commission extra-parlementaire s'est occupée de la question des obligations transmissibles par la forme commerciale ; elle a repoussé la cédule hypothécaire, mais elle a admis la possibilité de constituer des obligations nominatives, qui seraient transmises par voie d'endossement et en faveur desquelles une hypothèque pourrait être constituée.

Je crois qu'il serait utile que la commission extra-parlementaire du cadastre ajoutât, à ses études sur ce point, l'étude de l'hypothèque constituée en faveur d'une obligation au porteur, et surtout l'étude de l'hypothèque constituée en faveur d'une obligation collective au porteur. Il me semble que la loi nouvelle ferait bien de songer aux associations entre obligataires. L'inconvénient que présentent ces associations aujourd'hui, c'est qu'elles ont une nature un peu indécise. Sont-ce des syndicats ou des sociétés civiles ? Le doute est permis sur ce point. Il serait bon de le faire disparaître et de donner, en tout cas, à ces associations la personnalité civile, qu'elles paraissent ne pas pouvoir posséder avec la législation actuelle. On légitimerait ainsi et on consoliderait un mode d'emprunt qui devient de plus en plus fréquent aujourd'hui, à mesure que les sociétés se développent et cherchent à faciliter, par l'affectation hypothécaire de leurs immeubles, la réussite des emprunts qu'elles sont amenées à faire tôt ou tard. *(Applaudissements.)*

M. LE PRÉSIDENT. — M. Vacher qui était encore inscrit renonce à son tour de parole.

M. VACHER. — J'y renonce bien volontiers en effet : les membres du Congrès pourront se reporter au rapport que j'ai déposé et qui leur sera distribué ultérieurement.

La séance est levée à 12 h. 10.

QUATRIÈME SÉANCE

(Mardi soir, 7 Août)

SECTION III

La séance est ouverte à 2 heures, sous la présidence de M. J. Vally, président de la section III.

Prennent place au bureau : M. Jules Vally, président, assisté de M. Yves Guyot ; MM. Dufour, vice-président, et A. Hocquet ; M. Haumont, secrétaire ; MM. J.-B. Pey, Mourgues et A. Petit, rapporteurs.

M. LE PRÉSIDENT. — Je dois vous présenter les excuses de notre dévoué président, M. Georges Picot qui, retenu par les opérations du jury de l'Exposition d'Economie sociale, regrette de ne pouvoir assister à cette séance, comme il a assisté à toutes les séances précédentes. J'ai également à vous transmettre les excuses de M. E. Brizon, secrétaire de la Section, empêché par la maladie, et de M. Berthélemy, rapporteur, absent de Lyon.

Messieurs, avant d'ouvrir la séance, je prierai les délégations des syndicats de vouloir bien, à la fin de la réunion, retirer leurs cartes d'invitation à une réunion intime qui aura lieu au siége social de la Chambre syndicale des propriétés immobilières de Lyon.

De plus, la visite que nous devions faire aujourd'hui à midi et demi à la Société des logements économiques n'a pu être faite, à cause de la longueur de notre séance du matin : elle aura lieu ce soir. Ceux d'entre vous, Messieurs, qui voudront assister à cette visite sont priés de rester ici après la séance.

M. Mangini, qui fait partie du jury de la section d'Economie sociale de l'Exposition, ne pourra peut-être pas être présent à cette visite. Dans tous les cas, il y sera représenté ; il me charge de vous transmettre ses excuses.

L'ordre du jour de la troisième section porte :

La suppression des octrois, les taxes de remplacement et la propriété bâtie. — Arguments en faveur du maintien des octrois : *le statu quo amélioré.* — Arguments en faveur de la suppression des octrois : Improportionnalité, Vexation, Perception coûteuse. — Les taxes de remplacement doivent-elles être communales ou générales ?— La taxe sur la valeur vénale de la propriété. — Examen critique des divers projets.

Sont inscrits comme rapporteurs :

M. J.-B. Pey, secrétaire de la Chambre syndicale des propriétés immobilières de la ville de Lyon, secrétaire de l'Union des Chambres syndicales lyonnaises: *La suppression des octrois.*

M. Léopold Mourgues, ancien notaire, directeur de la Chambre syndicale des Propriétés immobilières de la ville de Paris: *La suppression des Octrois et la ville de Paris.*

M. H. Berthélemy, adjoint au Maire, professeur à la Faculté de droit de Lyon : *Les moyens de supprimer les impôts d'octroi.*

M. Auguste Petit, vice-président de la Chambre syndicale des propriétaires de maisons d'Amiens : *La question des Octrois. — Critiques sur leur suppression. — Leur maintien avec réformes.*

Avant de donner la parole à nos rapporteurs, il me reste à vous déclarer que c'est à mon seul titre de Président de la Chambre syndicale des propriétés immobilières de la ville de Lyon que je dois l'honneur de présider la 3e section de notre Congrès. C'est pourquoi je réclame toute votre indulgence.

Je donne la parole à M. Pey sur son rapport relatif à la suppression des octrois.

M. PEY. — Messieurs, vous avez reçu, en entrant dans la salle des séances, le rapport que j'ai l'honneur de présenter au Congrès sur la

Question des octrois, mais vous n'avez pu encore en prendre connaissance. Je vais, si vous le voulez bien, le résumer devant vous.

Il est inutile de s'arrêter à l'historique des octrois ; arrivons immédiatement à la situation actuelle.

Le nombre des octrois s'élève à 1,518 pour 1892. En 1831, il était de 1,467.

Le nombre des octrois n'a donc pas sensiblement augmenté ; depuis 10 ans il a même une tendance à diminuer.

Il n'en est pas de même des recettes.

En 1831, elles s'élevaient à 54,242,906 fr.

En 1892, elles passent à 312,856,187 fr. Pendant cette période, elles ont donc presque sextuplé. Il y a là un enseignement fiscal : l'instrument mis aux mains des communes est d'un maniement trop facile. C'est ce qui leur a permis de s'endetter avec tant d'insouciance.

Comment se composent les recettes d'octroi ?

Les recettes brutes totales ont été en 1892 de 312,856,187 fr., savoir :

Octroi des départements.	157,614,261
Paris.	152,293,588
Octroi de banlieue (Seine).	2,918,338
Total égal.	312,856,187

Dès maintenant, on voit la place prépondérante qu'occupe Paris dans cette question, et on peut dire que, si la question de la suppression des octrois rencontre tant de difficultés, cela tient à l'importance écrasante de la ville de Paris, qui représente à elle seule près de la moitié des recettes d'octroi.

Un autre enseignement qui se dégage de la statistique, c'est la part considérable que les recettes d'octroi représentent dans les recettes des villes.

D'un travail fait par M. Hennequin, chef de bureau au Ministère de l'Intérieur, il ressort que, pour 130 villes dont il a examiné et étudié les budgets, les recettes de l'octroi représentent 56,6 pour cent des ressources totales de ces villes. Ainsi, de ce chef, on voit que le remplacement des octrois doit soulever de grandes difficultés, vu la quotité considérable qu'ils représentent dans les recettes totales.

Enfin, deux mots sur les frais de perception. En 1892, ils se sont élevés à 26,448,992 fr. pour toute la France. Ce qui, pour une recette totale de 312,856,000 fr., représente 8,47 0/0 comme moyenne.

Mais M. Guillemet, dans son rapport, prouve qu'aucun impôt ne coûte aussi cher à percevoir ; tandis que les frais de perception ne s'élèvent, pour les douanes, qu'à 7,70 0/0 et à 4 0/0 pour les contributions proprement dites, ils sont de 30 0/0 dans 54 communes à octroi.

$$30 \text{ à } 25 \text{ 0/0}. \ldots \ldots \quad 24$$
$$25 \text{ à } 20 \text{ 0/0}. \ldots \ldots \quad 77$$
$$20 \text{ à } 15 \text{ 0/0}. \ldots \ldots \quad 250$$
$$15 \text{ à } 11 \text{ 0/0}. \ldots \ldots \quad 400$$
$$10 \text{ 0/0 et au-dessus}. \ldots \quad 367$$

Il y a là une véritable anomalie, car il n'est pas rationnel qu'un impôt, dont la perception absorbe une partie importante du produit, puisse subsister. C'est une tache pour notre organisation fiscale.

De nombreuses tentatives furent faites pour réaliser la suppression des octrois; vous en trouverez la nomenclature dans mon rapport. — Nous ne nous occuperons, en ce moment, que de la proposition de loi votée par la Chambre des députés et actuellement pendante devant le Sénat.

Aux termes du texte voté, les communes auront le droit de remplacer l'octroi en tout ou en partie, sous réserve de l'approbation législative, par des taxes directes.

Ces taxes ne devront être prélevées que sur des propriétés ou objets situés sur la commune ou des revenus en provenant.

Elles devront s'appliquer à toutes les propriétés, objets ou revenus de la même nature.

Elles devront être assises sur des propriétés ou objets tangibles, ou des signes apparents de richesse

Elles devront être proportionnelles.

Ce projet de loi n'est pas une solution, au contraire, puisqu'il laisse la question entière et qu'on donne aux communes une permission dont elles se garderont bien d'user.

Voyons maintenant quelles sont les objections faites contre les octrois et la nature des arguments invoqués en faveur de leur maintien.

Les motifs qui militent en faveur de la suppression des octrois sont très nombreux. Dans son rapport, M. Guillemet rappelle que Turgot adressait aux octrois le reproche de frapper les contribuables sans tenir compte ni de leurs besoins, ni de leurs ressources, de prélever une taxe relativement plus faible sur les objets de luxe que sur les objets de première nécessité.

Pour remédier à cette improportionnalité qui existe en principe, on a proposé d'établir un droit *ad valorem* sur les objets entrant dans les villes. Il a été reconnu que cette taxation était impossible. La démonstration est faite d'une façon complète par une enquête qui a eu lieu à Paris au sujet de la suppression de l'octroi.

Les partisans de l'octroi soutiennent, et c'est un de leurs principaux arguments, que la suppression ne profiterait qu'aux intermédiaires : et à l'appui ils citent les tentatives de 1791, de 1848 et de 1870

Hâtons-nous de répondre : en 1791, la situation générale était trop troublée, les finances trop mal assises, pour qu'il soit possible de tirer des déductions déterminantes de ce qui s'est passé à cette époque. D'ailleurs, il faut bien remarquer que, si on avait supprimé les recettes d'octroi, on n'avait rien mis à la place.

En 1848, le gouvernement supprime les droits sur la viande de boucherie et de charcuterie ; mais l'expérience ne dura que trois mois : il n'est donc pas possible de raisonner sur ce fait particulier, où le temps a manqué pour laisser se produire le phénomène de l'abaissement du prix.

Quant à la tentative faite à Lyon, en 1870, elle ne prouve rien, sauf la légèreté des administrateurs municipaux, attendu que, si l'octroi fut supprimé pendant quelques mois, ce fut dans des circonstances telles que tous les commerçants, qui profitèrent de sa suppression, étaient assurés que cette suppression ne serait pas de longue durée ; aussi ont-ils agi en conséquence et ont-ils gardé pour eux le bénéfice de la suppression temporaire des droits.

Nous croyons, nous, qu'en cas de suppression définitive, l'intermédiaire ne garderait pas bien longtemps les différences des droits supprimés. S'il en était autrement, jamais le public ne pourrait s'apercevoir d'une baisse de prix : il continuerait de payer toujours au même prix : vêtements, chaussures, linge ! Les commerçants ne se feraient jamais concurrence entre eux ! Aucun ne voudrait détourner la clientèle à son profit en promettant un prix plus bas que son voisin !

On peut différer d'opinion en ce qui concerne la répercussion plus ou moins inégale des taxes d'octroi sur les diverses classes de la population, mais ce que tout le monde doit reconnaître, c'est que l'octroi, atteignant principalement les aliments, se trouve assis, en fait, sur les besoins de première nécessité, et non d'après les facultés des citoyens. Il y a là une violation complète des principes les moins contestés de l'économie politique.

On a dit que l'octroi est un impôt équitable, parce qu'il frappe tous les consommateurs d'une ville en raison de leurs ressources, c'est-à dire de leurs dépenses, puisque c'est un impôt de consommation.

Le raisonnement n'est peut-être pas très solide : les ressources et les dépenses d'un contribuable sont choses absolument distinctes et qui n'ont souvent qu'une corrélation fort éloignée.

Les défenseurs de l'octroi disent encore qu'il n'est pas exact de soutenir que l'octroi frappe injustement d'une taxe égale les familles où le *nécessaire* est tout et les familles dont le nécessaire ne représente pas le dixième de la dépense.

Et, à l'appui, ils font remarquer que, dans les familles réduites au nécessaire, la taxe est également réduite à la consommation personnelle des membres de cette famille, tandis que, dans la famille riche ou aisée, la taxe frappe directement sur la consommation personnelle de la famille, puis sur la consommation des domestiques et autres personnes nourries et entretenues par cette famille ; de sorte que, si elle paye la même taxe que l'ouvrier, par exemple, elle paie autant de fois cette taxe qu'elle a de personnes étrangères à sa charge. La proportionnalité se retrouve et l'octroi entre pour une plus forte part dans la dépense de la famille riche que dans celle du ménage pauvre.

Cette argumentation a été souvent employée et, en effet, elle paraît assez probante. Seulement, il faut voir ce qu'elle vaut dans la réalité des faits.

A Lyon, où la population est d'environ 430,000 habitants, on a recensé 19,103 domestiques, ce qui représente 4 1/2 0/0 environ de la population locale. On avouera que le raisonnement qui précède, si logique qu'il puisse être, porte à côté dans l'espèce.

Ensuite on prétend, disent les défenseurs de l'octroi, que l'octroi pèse sur les familles qui vivent de salaires. Cette objection est aussi inexacte que la première ; la preuve, c'est que le taux du salaire est toujours déterminé par les exigences de la vie dans la localité, et qu'en définitive c'est le patron qui paie.

En théorie, c'est parfait ; mais, dans la pratique, que se passe-t-il ?

A Lyon, il est indéniable que le coût de la vie, surenchéri par les droits d'octroi, a puissamment aidé au déplacement du tissage de la soie. Les tisseurs, poussés par l'élévation sans cesse croissante du prix des denrées, ont voulu appliquer la formule rappelée plus haut : faire retomber sur l'employeur la charge des droits d'octroi ; en un mot, augmenter leurs salaires ou prix de façon. L'employeur, talonné par la concurrence nationale et étrangère, est allé chercher une main-d'œuvre moins chère dans la région, et il l'a trouvée dans la campagne, chez les ruraux. Voilà un des effets de l'octroi.

Chacun sait combien l'octroi est inquisitorial. Tout le monde est sujet à vérification, à inspection souvent blessante, toujours désagréable. Il nécessite des formalités interminables et des retards très onéreux pour les personnes, le commerce et l'industrie ; il entrave la circulation, le service des chemins de fer, soit dans les gares de marchandises, soit à l'arrivée des trains de voyageurs pour la vérification des bagages.

Le stationnement prolongé aux bureaux d'octroi de ces longues files de voitures chargées de denrées, de matériaux, en un mot de produits assujettis ou non, mais qui, tous, doivent être vérifiés, provoque une perte de temps sans profit pour personne et au grand détriment de la fortune publique.

Les partisans de l'octroi reconnaissent, qu'au point de vue du perfectionnement, des modifications s'imposent, mais le remède que quelques-uns proposent parait pire que le mal, puisque l'un d'eux a proposé, pour simplifier (?), d'astreindre tous les voyageurs ayant des colis à faire une déclaration écrite !

Il y a aussi les questions des entrepôts, des amendes, des transactions, etc., pour lesquelles il y a beaucoup à dire.

Mais il y a mieux. L'octroi tend à développer le protectionnisme local.

Le 20 octobre 1888, au Conseil municipal de Paris, M. Lyon-Allemand explique que tous les ouvriers parisiens des industries où les bois sont travaillés réclament des tarifs protecteurs, pour les garantir contre les usines de *province* et de l'étranger qui envoient des bois ouvrés.

A Lyon même, il y a quelques années, des groupes de tisseurs n'eurent-ils pas l'idée de demander l'établissement d'une taxe d'octroi sur les pièces de soieries tissées au dehors? le dehors, en style d'octroi, c'est la commune limitrophe.

On conçoit fort bien ces réclamations de la part des ouvriers des villes dont la vie est renchérie par les droits d'octroi.

Il faut donc reconnaitre avec M. Leroy-Beaulieu que « les principes « généraux veulent que les droits d'octroi n'aient qu'un caractère « fiscal et qu'ils n'affectent jamais un caractère protecteur, c'est-à-dire « qu'ils n'aient pas pour but ou effet de mettre les produits de la « commune et des banlieues à l'abri de la concurrence des produits « des autres parties du territoire national. Il est des combinaisons de « tarifs différentiels qui ont été inventées par certaines villes ; le « Conseil d'Etat les a repoussées. Mais ces efforts ne peuvent qu'at- « ténuer les abus sans les extirper : ceux-ci sont inhérents au système « et ne pourront disparaitre qu'avec lui. Quoi qu'on fasse, l'octroi « conservera toujours quelque chose du caractère de la douane « intérieure. »

Est-il utile de rappeler combien la fraude est inhérente à l'institution de l'octroi, et combien le négociant malhonnête est favorisé au détriment du commerçant honnête ?

L'octroi ne tend-il pas aussi à oblitérer le sens moral chez les fonctionnaires chargés de sa perception ? Les exemples seraient nombreux à citer.

Il est encore un fait certain, c'est que l'octroi excite à la falsification des denrées.

On répondra que les produits soupçonnés d'être falsifiés peuvent être soumis aux bureaux municipaux d'hygiène pour être analysés, et, le cas échéant, les vendeurs punis. C'est vrai, en théorie. Mais, en fait, il faut reconnaître qu'il n'existe pas partout des bureaux d'analyses et que, d'autre part, il n'est pas dans les mœurs de faire vérifier fréquemment les denrées alimentaires.

D'ailleurs, précisément en vue d'éviter des poursuites pour tromperie sur la qualité de la marchandise vendue, certains débitants affichent ce qui suit : *Tous les vins vendus ici sont additionnés d'eau ; toutes les liqueurs et spiritueux sont de fantaisie...*

Au point de vue de l'hygiène générale, l'octroi nuit gravement à la santé des populations des villes, en les enfermant dans une enceinte limitée et en s'opposant à leur expansion au dehors. L'octroi provoque ainsi ces gigantesques agglomérations, dont la densité excessive est aussi contraire à la santé publique qu'à la paix sociale et à l'individualité de la famille.

Examinons maintenant les arguments invoqués en faveur du maintien des octrois.

On a dit : si on supprime l'octroi, on exonérera complètement les classes ouvrières de toute participation aux charges publiques.

Si tel devait être le résultat de la suppression des octrois, mieux vaudrait les maintenir; car l'exemption totale d'impôts est incompatible avec le principe d'égalité qui veut que tout le monde paie en raison de ses facultés. Mais la question est de savoir comment doit se faire le paiement. Est-ce sous la forme indirecte ou sous la forme directe ?

Les droits sur les marchandises sont ceux que les peuples sentent le moins, dit-on. — Oui, quand ils sont faibles, mais ce n'est pas le cas pour l'octroi.

Et puis, l'octroi est facile à percevoir, dit-on encore.

Qu'importe la facilité de perception ? Doit-on considérer un impôt comme impeccable, uniquement parce qu'il est aisé à percevoir? Ce serait une doctrine bien dangereuse pour les populations.

Nous croyons, au contraire, surtout pour les impôts locaux, qu'autant que possible ils doivent revêtir la forme directe. Il faut, ainsi que l'a dit M. Frédéric Passy, regarder en face et les services publics et les charges publiques. Il faut avoir le courage, quand on est gouvernement, municipalité, de dire aux contribuables : Pour tels et tels services qui vous sont nécessaires, j'ai besoin de telles ou telles ressources ; il faut que vous les donniez. Il faut avoir le courage, quand on est contribuable, de faire les sacrifices nécessaires pour le paiement des services que l'on exige, et de donner son argent en connaissance de cause, au lieu de demander à être trompé et de se le faire prendre, comme un voleur prend un mouchoir dans votre poche sans vous avertir.

Au fond, que l'impôt soit direct ou indirect, il atteint toujours le contribuable. L'effet nuisible est donc produit dans tous les cas. Seulement, par la forme indirecte, il agit à la façon de la morphine : on l'absorbe par petites potions, peu à peu on augmente la dose jusqu'à ce que l'on tombe névropathe.

L'expérience n'a-t-elle pas démontré que le danger de prodigalité résultait surtout des contributions indirectes ? Si elles présentent l'avantage que le contribuable « paie sans s'en apercevoir », il ne sait donc pas ce qu'elles lui coûtent. S'il ignore ce qu'il dépense, il a une tendance à croire qu'il peut dépenser indéfiniment. Ignorant le rapport de sa part contributive avec le budget collectif, frappé plus vivement des besoins auxquels il voudrait que la collectivité pourvût, que préoccupé des ressources qu'elle a à sa disposition, il demande toujours une extension des attributions de l'Etat ou des communes, et, par cela même, une extension de leur budget ; si, comme le contribuable anglais, il avait sous les yeux une feuille de contributions lui donnant le total exact de ce qu'il paye ; si, sur cette feuille, il était mis à même de constater qu'il paye tant pour la voirie, tant pour l'éclairage, tant pour la construction, tant pour l'assistance, tant pour la police, le budget collectif prendrait un caractère privé qui l'obligerait d'y porter toute son attention et tout son contrôle. Il trouverait que tel service lui coûte bien cher. Il le comparerait au profit qu'il en retire. Au lieu de faire de la politique nuageuse, en ballon, il comprendrait que la plupart des questions sociales aboutissent à des questions de doit et avoir. Les grands mots vagues seraient expulsés des discussions et remplacés par des chiffres précis.

En résumé, si les communes avaient été obligées de recourir aux impôts directs, dont le poids n'est pas plus lourd, mais est plus visible, il est probable que, sous la pression de l'électeur éclairé, elles se seraient assagies et auraient été moins prodigues des deniers publics.

Un autre argument des partisans de l'octroi est que ces droits sont une barrière contre l'émigration des campagnes. L'expérience a démontré que, depuis 1848, époque où Victor Considérant faisait valoir cet argument à la tribune législative, l'émigration des campagnes n'avait jamais été plus intense, malgré le relèvement continuel des droits d'octroi.

Mais l'argument le plus puissant invoqué en faveur du maintien des octrois est, sans contredit, la difficulté de pourvoir à leur remplacement.

Les recettes des villes à octroi sont composées à peu près comme suit :
Octroi, 80 0/0 ;
Centimes sur taxes directes, 20 0/0.

L'extraordinaire difficulté de trouver des taxes de remplacement a eu ce résultat curieux, c'est de transformer en partisans convaincus des personnes qui, jadis, en étaient les adversaires ardents.

Suivant l'expression de M. Yves Guyot, « pour ces personnes, l'impôt doit rester cristallisé dans la forme qu'il a. Il peut avoir des inconvénients et contenir des injustices, mais on y est habitué. Ce qu'il y a de plus simple, c'est de le conserver. On sait à quoi s'en tenir. Quand on déplace l'impôt, on n'obtient pas la reconnaissance de ceux au profit de qui les injustices sont réparées ou à qui des dégrèvements sont accordés : on obtient à coup sûr le mécontentement de ceux qui en sentent plus directement la répercussion ou qui doivent payer davantage. Ne touchez donc pas à l'impôt. Votez-le, ne troublez pas les habitudes et ne provoquez pas d'inquiétudes. »

C'est évidemment le système le plus commode, mais c'est aussi le plus dangereux, car il expose ceux qui l'acceptent à d'amères déceptions.

Aujourd'hui l'opinion publique est, à tort ou à raison, passionnée pour les réformes fiscales. Il y a, en germe, dans l'esprit de tout législateur, des idées de bouleversement partiel ou général du moule où nous vivons. De temps en temps ces idées se font jour, quelquefois incohérentes, encore mal coordonnées, comme par exemple au sujet de l'impôt progressif, de l'impôt sur le revenu, etc. Il y a là des symptômes dont les partisans de la cristallisation doivent tenir compte, s'ils ne veulent pas trop retarder sur leur temps.

Ils doivent surtout se mettre à la besogne, en vue d'enrayer le mouvement qui tend à prendre tout aux uns pour exonérer les autres. Car, qu'on ne s'y trompe pas, cette tendance est la caractéristique de nos projets de réforme. Ainsi que le disait M. Léon Say, les contribuables qui paient aujourd'hui l'impôt direct n'ont plus qu'une action de moins en moins efficace sur le vote des tarifs et l'assiette de l'impôt direct. On tend de plus en plus à demander des ressources directes au petit nombre, pour les employer au profit du plus grand nombre. C'est un renversement du système du vote des impôts par les contribuables ; c'est une doctrine contraire à celle qui est la raison d'être du régime parlementaire. En réalité, la tendance dont nous parlons ne vise rien moins que le rétablissement des classes privilégiées de l'ancien régime. Il y a donc un réel danger à conjurer.

Pour enrayer ce mouvement il ne faut pas dire : il n'y a rien à faire. Il faut examiner les innovations proposées et faire un choix de celles qui sont justifiées. Une fois ce choix fait, il faut étudier sérieusement les moyens de donner satisfaction aux réclamations fondées. En agissant ainsi, on remplit son devoir et on enlève à ceux qui veulent tout révolutionner un de leurs meilleurs arguments.

La question de la suppression ne se pose pas de la même façon dans toutes les villes. A Paris, où les recettes sont de 152 millions, la suppression serait plus difficile à opérer qu'à Panges (Hérault) par exemple, où elles ne sont que de 27.000 fr.

Il conviendrait donc de distraire Paris des données du problème à résoudre, et de laisser la capitale sous un régime spécial, comme elle l'est d'ailleurs en ce qui concerne une foule d'autres matières.

Si on admet la possibilité de faire un régime spécial à Paris au point de vue de l'octroi, les données du problème se simplifient :

Les recettes totales d'octroi (1892) étant de. . . . 312.856.187
Celles de l'octroi de Paris étant de. 152.293.588

Il reste pour 1,517 octrois. . . . . . fr. 160.562.599

Comment se décomposent les 160 millions ci-dessus? Voici les chiffres arrondis :

Vins, Cidres, Bières. . . .	43,5 millions	⎫
Alcools	15,5 —	⎪ 112 millions.
Huiles	0,5 —	⎬
Viandes, Autres comestibles.	52,5 —	⎭
Combustibles.	18 —	
Fourrages	11,5 —	
Matériaux	16 —	
Objets divers	2,5 —	
TOTAL.	160 millions.	

Ainsi, les impôts d'octroi qui atteignent les produits alimentaires s'élèvent, pour la province, à 112 millions sur 160, ce qui représente exactement 70 0/0. Les taxes sur les combustibles, les fourrages, les matériaux forment 30 0/0.

Comment peut-on remplacer ces 160 millions de taxes ?

Ici, nous devons déclarer tout d'abord que, si les taxes de remplacement ne sont demandées qu'aux seules villes à octroi, le remède sera pire que le mal et que mieux vaut conserver le *statu quo*.

Il faut d'abord reconnaître que, parmi les taxes d'octroi, il en est qui ne sont défectueuses que par leur mode de perception : telles sont les taxes sur les matériaux, les fourrages et les alcools.

Le montant de ces taxes peut parfaitement être perçu autrement. Ainsi, les droits sur les matériaux peuvent être payés au moment où se délivre la permission de voirie pour construire.

La taxe sur les fourrages pourrait se greffer sur la contribution des chevaux et voitures, en tenant compte, pour cette contribution, des diverses catégories d'éléments imposables. Quant aux taxes sur l'alcool, il serait bon de donner aux municipalités le droit d'établir des licences ou patentes spéciales pour les établissements où se débitent des liqueurs et spiritueux. — Le produit de ces licences ou patentes devrait obligatoirement couvrir largement les recettes actuelles provenant de l'alcool.

Quant à la taxe sur les combustibles, on parle de la convertir en une taxe sur les cheminées ; nous répugnons à cette idée et, pour les mêmes raisons que nous combattrions l'impôt des portes et fenêtres, nous repousserions au nom de l'hygiène un impôt sur les cheminées.

La taxe sur les combustibles doit être remplacée, selon nous, par les mêmes moyens que les taxes sur les produits alimentaires.

Dans cet ordre d'idées, les recettes à remplacer se subdivisent ainsi :

1° Taxes dont le mode de perception seul est défectueux
(matériaux, fourrages et alcools). . . . . . · . . . . . . 45 millions

2° Autres taxes (Boissons, comestibles) . . . . 115 »

Total égal . . 160 »

Mais de ce total de. . . . . 160 »
il convient de déduire une part proportionnelle des frais
actuels de perception, qui seront supprimés et qu'on peut
évaluer à. . . . . 10 »

C'est donc une somme de. . . . . 150 millions
à retrouver en recettes nouvelles.

Il est impossible de décider, qu'en règle générale, les ressources de remplacement devront être demandées aux centimes additionnels. Dans la plupart des grandes villes, la répercussion serait désastreuse, tant pour le commerce et l'industrie, que pour les propriétés bâties.

Mais il n'en serait pas de même pour de nombreuses villes à octroi. En effet, on a calculé que les 1528 octrois, recensés en 1886, pouvaient être remplacés par :

Moins de 50 centimes additionnels dans. . . . . 906 communes
De 50 à 100 centimes — . . . . 309 —
De 100 à 150 centimes — . . . . 200 —
Plus de 150 centimes — . . . . 113 —

Total des octrois. . . . 1.528

En dehors des centimes additionnels comme ressources de remplacement, on a proposé de créer une taxe sur la valeur locative ou sur la valeur vénale.

L'impôt sur la valeur locative seulement aurait tous les inconvénients du système unique des centimes additionnels.

Reste l'impôt sur la valeur vénale. C'est le moyen préconisé par le Conseil municipal de Lyon.

Le Maire de Lyon, dans le rapport qu'il a présenté au Conseil municipal, explique que cette taxe est facile à établir, puisqu'au lieu de 140.000 contribuables à imposer, si la valeur locative était prise pour base de l'impôt, il n'y aurait à inscrire que 16 à 17.000 articles, chiffre égal au nombre des propriétaires.

Puis, le locataire est mobile ; le propriétaire ne l'est pas. D'ailleurs, la maison, le terrain sont là qui répondent de l'impôt.

Ensuite, la taxe sur la valeur vénale permettra d'atteindre les locaux inoccupés et empêchera des vacances trop prolongées.

Cette taxe atteindra mieux le propriétaire qui habite un immeuble de luxe, et qui ne paie pas un impôt proportionnel.

L'impôt sur la valeur vénale aura l'avantage de faire payer les jardins, clos et parcs, adjacents ou non à l'habitation, et qui actuellement sont fort peu imposés.

Les terrains de spéculation, qui accumulent du revenu pour l'avenir, seront également frappés.

Mais, qu'est-ce que la valeur vénale ? Quel est son criterium ? Il faudra s'entendre à ce sujet, car c'est un mot qui est susceptible de bien des interprétations différentes.

Il ne sera pas facile de déterminer cette valeur vénale, sauf quand il y aura un acte de vente authentique : et encore, les actes authentiques pouvant être déclarés non probants, à raison des circonstances particulières dans lesquelles ils sont intervenus.

La valeur vénale sera-t-elle le prix de revient ? Ce serait une base essentiellement fausse dans beaucoup de cas, puisque, comme toutes choses matérielles, les immeubles sont soumis à la loi de l'offre et de la demande et que le prix résultant de cette loi peut n'avoir rien de commun avec le coût de revient.

La valeur vénale sera-t-elle calculée d'après le revenu ? Ce serait ce qu'il y aurait de plus logique, et cependant il se produirait beaucoup de difficultés, car il faudrait établir des rapports différents entre les revenus et les sources qui les produisent. Ainsi un immeuble misérablement construit peut rapporter autant qu'un autre très confortable ; la valeur vénale n'est cependant pas la même.

Empruntera-t-on le système de l'enregistrement, qui consiste à évaluer à 20 fois le revenu la valeur en capital d'un immeuble ? Ce procédé serait inapplicable aux terrains non bâtis, dont le revenu est insignifiant.

En ce qui concerne la taxation des terrains non bâtis, qui accumulent, dit-on, du revenu pour l'avenir, on serait en plein arbitraire et les difficultés seraient inextricables.

Un impôt aussi lourd, sur une valeur vénale improductive, n'est-il pas une iniquité, puisqu'il atteint le capital dans sa source même et peut arriver à le supprimer ? (*Applaudissements.*)

Indépendamment des difficultés existant pour la fixation de la valeur vénale, il convient de remarquer combien un impôt mis sur cette valeur causerait de préjudice à la propriété, sans avantages pour personne. Si cet impôt est fixé à 5 pour 1.000 fr. de la valeur vénale par exemple, cela représente 10 0/0 du revenu au taux de 5 0/0. C'est donc une diminution de valeur vénale de 10 0/0 que cet impôt causerait au propriétaire en cas de vente, et ce du jour au lendemain, simplement parce que l'acquéreur d'un immeuble retient toujours sur le prix une somme dont les intérêts représentent, à peu près, le montant des charges annuelles. L'établissement d'un impôt sur la valeur vénale, grevant directement le propriétaire, serait une perte sèche considérable, un capital évanoui sans compensation.

D'autre part, est-il juste de surcharger d'une façon aussi particulièrement dure la propriété bâtie ; le propriétaire d'immeubles ne mériterait-il pas, au contraire, un traitement plus favorable, puisque c'est lui qui, sur un terrain nu, crée une nouvelle matière imposable, et fournit ainsi des ressources au Trésor Public ? *(Applaudissements.)*

Il y a enfin, parmi les moyens proposés, l'établissement d'un impôt sur le revenu ; mais la forme d'application est trop obscurément indiquée pour qu'on puisse la discuter.

Ainsi que nous l'avons dit plus haut, si les taxes de remplacement ne sont demandées qu'aux seules villes à octroi, mieux vaut le *statu quo* qu'une pareille réforme. Mais si, au contraire, on fait intervenir les impôts généraux, la suppression des octrois devient plus facile et la répercussion des taxes de remplacement infiniment moins dure.

Y a-t-il injustice à faire payer aux habitants des campagnes une partie des dépenses des villes ? Nous ne le croyons pas. L'intérêt qu'ont les campagnes à la suppression des octrois est indéniable.

Est-il bien exact que le contribuable extérieur ne tire aucun profit des dépenses faites par les villes ?

Nous protestons tout d'abord contre cette théorie qui tendrait à ne reconnaître comme légitimes que les impôts dont les contribuables tireraient un profit bien visible. A ce compte-là, la *légitimité* des impôts généraux que nous payons tous serait, dans beaucoup de cas, mise en discussion.

Les 14 millions de Français enfermés dans l'enceinte des octrois ne sont-ils pas les clients les plus sérieux de l'agriculture française ?

Cette dernière n'a-t-elle pas avantage à voir augmenter la consommation de ses produits par la suppression d'un impôt qui atteint surtout l'alimentation du plus grand nombre ?

On ne peut nier que l'octroi et ses tarifs n'intéressent au plus haut point l'agriculture. Ainsi, M. de Luçay, partisan absolu des octrois, s'est laissé cependant entraîner à demander *que le tarif d'octroi soit soumis à des révisions périodiques, auxquelles seraient appelés à concourir les Conseils généraux, en même temps que les Associations agricoles.*

Qu'est-ce à dire, si ce n'est que les Associations agricoles ont un grand intérêt dans la question ; sinon, pourquoi demander à être entendu ?

Une autre objection d'ordre général a été faite. On a craint de placer les communes dans la dépendance de l'Etat au point de vue de leurs finances, et de porter ainsi, dans une certaine mesure, atteinte à leur autonomie.

Il ne faut pas se payer de mots. La liberté financière laissée aux communes est trop grande, surtout avec les tendances que nous avons déjà signalées et qui consistent à demander des ressources directes au petit nombre, pour les employer au profit du plus grand nombre.

Une certaine tutelle est donc nécessaire ; peut-être ne serait-ce pas le remède rêvé ; mais, si cette tutelle ne s'exerçait pas de trop loin, elle pourrait avoir de bons résultats.

Les Conseils généraux sont très bien qualifiés pour s'occuper de la suppression des octrois. Déjà ils donnent leur avis sur les tarifs, les règlements, etc. Ils connaissent admirablement les ressources du département. Ils sauront mieux que personne dans quelle mesure chaque contribution pourra aider à supprimer les octrois.

De cette façon, on évitera deux écueils : d'une part, celui d'une réforme violemment imposée par le pouvoir central, qui ignore quelquefois les circonstances particulières où se trouve chaque région ; d'autre part, on évitera les fantaisies des municipalités dans le choix et la quotité des taxes de remplacement.

Le Conseil général sera le meilleur juge de l'intérêt des populations rurales dans la suppression de l'octroi ; dans les taxes représentatives qu'ils établiront, ils tiendront la balance égale et s'appliqueront à n'atteindre le contribuable rural que dans une mesure équitable.

La tutelle dont nous signalions l'utilité pour les communes serait utilement exercée par les assemblées départementales, car le fait de coopérer aux recettes leur donnerait le droit de décider et de contrôler certaines dépenses, qui actuellement font partie du budget municipal et qu'il y aurait lieu de transporter au budget départemental.

Toutefois, l'intervention des Conseils généraux ne saurait avoir pour résultat de supprimer le concours financier de l'Etat, mais il le rendrait plus facile, le cas échéant.

Si, pour remplacer l'octroi, quelques départements se heurtaient à des difficultés telles que le succès de la réforme puisse en être compromis, quel inconvénient y aurait-il à ce qu'ils s'adressassent à l'Etat ?

Déjà, chaque année, le budget général contient une allocation aux départements, répartie entre eux en raison de leur situation financière, c'est-à-dire d'une manière inversement proportionnelle à leur richesse. C'est une procédure analogue qu'il faudrait suivre pour effectuer la suppression des octrois.

Nous sommes certains que les crédits nécessaires seraient votés par le Parlement, en particulier par la Chambre, qui a si souvent et si ardemment manifesté son désir de voir supprimer l'octroi.

Pour une réforme aussi capitale, le pays accepterait certainement une légère surcharge de ses impôts directs. Les contributions foncières de la propriété bâtie et non bâtie, la personnelle-mobilière, les patentes même, pourraient prendre une part de la surtaxe, au moyen de centimes additionnels, là où la chose est possible ; les Conseils généraux seuls peuvent le dire et déterminer la quote-part pour laquelle chacune de ces contributions interviendrait.

En dehors des contributions directes et des taxes sur les matériaux, les fourrages, les débits, taxes de voirie, droits de halles, marchés, etc., que les Conseils municipaux pourront continuer à imposer, la seule caisse à laquelle il sera possible de faire appel est celle de l'Etat.

Mais, le budget est déjà très chargé et aucune recette n'est disponible. Il faut donc songer à de nouvelles ressources.

D'une part, le Parlement pourrait procurer au Trésor une recette considérable, en supprimant, ou plutôt en réglementant le privilège des bouilleurs de cru. La fraude dérivant de ce privilège prive le Trésor de sommes considérables, qui lui permettraient d'intervenir efficacement dans la réalisation de la suppression des octrois.

Malheureusement, des considérations électorales empêcheront peut-être le Parlement d'accomplir cette réforme.

Dans un rapport en date du 15 mars 1894, présenté à la Commission sénatoriale, au nom de l'Administration municipale de la Ville de Lyon M. Berthélemy suggère l'établissement d'une taxe sur les *transmissions successorales des immeubles urbains*. Le rapport parle aussi d'un *impôt progressif sur l'actif net des successions*.

Nous faisons deux réserves sur ces propositions :

L'une, parce que la taxe projetée n'atteint que les *immeubles urbains*, ce qui n'est pas équitable, puisque les mutations des rentes, valeurs mobilières, etc., n'y seraient pas assujetties. Et cependant, le rentier bénéficie aussi bien que le propriétaire et que l'ouvrier des dépenses municipales. Cette proposition pèche donc au point de vue de la justice.

Quant au caractère *progressif* qui serait donné à l'impôt, nous ne pouvons l'admettre. Nous pensons, avec M. Yves Guyot, que « la « progression est un rapport variable au gré du taxateur ; et, si elle « n'est pas limitée, elle arrive à la confiscation complète ; si elle est « limitée à un taux, elle aboutit à une extension pour les grandes for-« tunes qui la dépassent. »

Nous préférons la proportion qui est un rapport arithmétique, fixe, invariable, qui ne dépend pas de l'arbitraire du taxateur. (*Applaudissements.*)

Aussi, si de nouvelles ressources devaient être demandées aux transmissions successorales, nous estimons que ce devrait être au moyen d'un simple relèvement du taux des droits actuels, calculés sur l'actif net.

Avant de terminer, nous tenons à préciser un point relatif aux nouvelles taxes locales qui pourront être établies en remplacement des droits d'octroi.

Nous admettons que toutes les contributions directes soient appelées à participer aux taxes de remplacement, aussi bien la contribution foncière que la personnelle-mobilière et les patentes ; la quotité de cette participation sera telle que le jugera le Conseil général.

Mais, ce qui devra être prévu, c'est que *aucune exemption totale ne soit accordée*. Il faut que tous les citoyens paient, chacun suivant sa position. Il est impossible de tolérer plus longtemps ces exemptions en masse et par catégories, qui sont une atteinte à l'égalité devant la loi.

Telles sont, Messieurs, les considérations que j'ai tenu à vous présenter.

A mon humble avis il faut, sans innovation grave, se servir des moyens financiers qui sont à notre disposition pour corriger les inégalités et les injustices des impôts actuels. Il ne faut pas, sous peine de laisser croire qu'elle bénéficie de ces inégalités et de ces injustices, que la propriété bâtie se refuse à reconnaître que les octrois sont à transformer, ou même ait l'air de se désintéresser de leur réforme. (*Applaudissements.*)

M. LE PRÉSIDENT. — La parole est à M. Mourgues.

M. MOURGUES. — Messieurs, je ne suis pas un adversaire systématique de la suppression des octrois et, si nous pouvions obtenir cette réforme par voie d'économies, je serais le premier à crier bien fort : plus de barrières intérieures, plus de pertes de temps, plus de vexations inutiles. (*Vifs applaudissements.*)

PLUSIEURS MEMBRES. — Toute la question est là.....

M. MOURGUES — Je sais ce qui se passe et ce qui s'est passé depuis que les octrois existent. On a essayé de les supprimer plusieurs fois.

Les octrois furent supprimés en 1791. L'abolition des taxes devait augmenter le mouvement et le trafic des villes et ce fut le contraire qui arriva. La Ville de Paris fut criblée de dettes : elle ne put ni faire enlever ses boues, ni entretenir ses pavés, ni payer ses balayeurs et les hôpitaux furent privés des ressources provenant des octrois : aussi, quelques années plus tard, proposait-on leur rétablissement sous le nom d'octrois municipaux et de bienfaisance.

En 1848, la suppression des droits sur la viande aboutit, quatre mois après, à leur rétablissement.

Les recettes d'octroi doivent donc être remplacées par d'autres taxes plus équitables et il y a lieu de ne pas se lancer dans les aventures. *(Approbation.)*

J'ai divisé mon travail en trois parties: dans la première je réfute les arguments en faveur de la suppression des octrois, dans la seconde je cite les arguments en faveur du maintien des octrois et dans la troisième je traite la question délicate des taxes de remplacement. Je ne voudrais pas vous parler longuement sur ces questions, car mon rapport sera bientôt imprimé et il vous sera distribué; aussi me bornerai-je à vous le résumer aussi succinctement que possible.

On dit que les frais de perception des octrois sont très onéreux. Je déclare qu'il est facile de supprimer les octrois là où la perception est trop coûteuse. Les communes n'ont pas besoin de loi pour cela. Le reproche, du reste, ne peut être adressé à Paris, dont les frais de perception des droits d'octroi et d'entrée ne sont que de 4 0/0 en moyenne. C'est une des perceptions fiscales les moins onéreuses.

On a dit que les octrois empêchaient l'extension des villes et on a parlé de Londres avec avantage. Nous restons à Paris et nous ne sommes pas prêts à aller rester à Londres. Nous trouvons que Paris est une ville très agréable malgré ses six étages et nous aimerions mieux qu'on nous dise que les octrois de la banlieue de Paris vont être supprimés pour y attirer les habitants de Paris; mais il n'en est pas ainsi. Les frais d'alimentation, malgré des droits d'octroi plus modérés, sont généralement plus élevés dans les villes des environs, et leurs administrateurs ne sont pas prêts à se priver, en pure perte, de ressources précieuses. Il y a même des communes sans octroi, où tout est beaucoup plus cher qu'à Paris.

On nous dit encore que les octrois sont vexatoires. Je crois qu'il en est ainsi de tous les impôts, et cependant j'entends toujours parler de remplacement des octrois au moyen d'impôts nouveaux prétendus plus équitables et dont les propriétaires feront les frais. Les douanes aussi sont vexatoires et de plus elles nuisent aux relations internationales. Les contributions indirectes sont tout à fait vexatoires. Quand on vient à domicile compter vos bouteilles, on n'est pas satisfait.

M. Dupay. — Cela ne se fait que chez une catégorie spéciale.

Un membre. — Cela peut se faire chez n'importe qui.

M. Dupay. — Il faut qu'il y ait des soupçons de fraude, qui généralement sont fondés.

M. Mourgues. — Les contributions directes ne nous donnent pas grande satisfaction. Dans mon rapport je cite une foule d'exemples. En voici un qui m'a été signalé par notre ami M. Goujon, dont vous avez entendu ce matin l'excellent discours:

Il a un immeuble démoli, il est obligé d'en payer l'impôt et il trouve cela vexatoire. *(Rires.)*

Un autre exemple m'a été cité, ces jours-ci, par un propriétaire qui venait d'acheter un immeuble, à la chambre des notaires, cent mille francs. Il y a même eu enchère très disputée. L'administration de l'enregistrement vient dire à l'acheteur : payez-moi les droits sur cent trente mille francs. Le propriétaire ne savait pas comment les affaires se pratiquent avec l'administration de l'enregistrement, et il allait payer ; je l'ai engagé à ne pas payer si vite, mais je vous déclare que mon propriétaire était vexé.

Donc, tous les impôts sont vexatoires et, si nous n'en avions pas besoin, je vous demanderais de les supprimer tous.

On dit que les impôts d'octroi sont improportionnels et qu'ils frappent plutôt le pauvre que le riche. Je crois que tout le monde paie sa part des droits d'octroi et que le riche qui entretient de nombreux domestiques et consomme largement, ainsi que le chef de petite industrie qui nourrit des employés ou ouvriers, paient la plus grande part des droits d'octroi. Les objets nécessaires à l'existence ne sont, du reste, pas grevés : le blé, la farine, les fruits à l'exception des raisins, les légumes, les poissons communs, les fromages à pâte tendre ne paient pas de droits, tandis que les consommations de luxe sont surtaxées.

M. Dupay. — C'est la loi applicable à toutes les communes.

M. Mourgues. — Cela permet de se nourrir avec des aliments qui ne paient pas de droits d'octroi.

Un membre. — Tout ce qui est nécessaire à la vie ne doit pas payer d'octroi.

M. Mourgues. — Il y a des droits sur les matériaux de construction, sur les bois à ouvrer, sur les fourrages. Ces droits ne sont pas payés par la classe peu aisée. Il y a des droits établis sur les combustibles ; mais l'industrie en paie une bonne moitié et le pauvre ne paie pas des droits aussi élevés pour son chauffage que le riche qui a plusieurs cheminées. Le bois, chauffage de luxe, est du reste surtaxé. Les droits perçus sur les liquides qui servent pour les vernis et les peintures ne sont pas payés par le pauvre. Il ne reste que le droit sur la viande, qui paie 0.10 cent. par kilo. Mais dans nos boucheries parisiennes, où l'on sait parer les viandes avec un art infini, les morceaux de luxe sont payés très cher et les morceaux ordinaires sont vendus à des prix relativement modérés. Le riche, consommant beaucoup, paie en réalité la plus grande partie des droits sur la viande et les prix surélevés payés par l'ouvrier proviennent des intermédiaires et non de l'octroi.

Le grief le plus sérieux qu'on puisse faire à l'octroi provient des droits perçus sur les boissons dites hygiéniques. Le cidre est surtaxé ; les droits trop élevés empêchent l'introduction à Paris de la petite bière. Il est facile de dégrever le cidre, qui ne rapporte pas plus de 300.000 fr. par an à l'octroi de Paris. Quant à la bière forte, ou bière de luxe, je ne vois pas trop l'utilité de son dégrèvement, car on boit à Paris beaucoup de bocks sans soif. Les octrois sont des perceptions locales qu'il faut approprier aux usages de chaque contrée. La bière, consommation de luxe à Paris, y supporte facilement un droit. Il n'en serait pas de même dans le Nord, où la consommation en est générale. Dans le Nord, où la bouteille de vin se paie 2 et 3 francs, le vin y supporte facilement un droit élevé, mais il ne peut en être de même à Paris et dans le Midi de la France, où la consommation en est générale.

A Paris le vin paie 11 centimes de droits d'octroi, qui sont encore aggravés par 8 centimes de droits d'entrée. Cela fait 19 centimes par litre; et l'ouvrier paie sa part de ces droits, c'est-à-dire trop, parce qu'il boit beaucoup. Il est, paraît-il, impossible d'établir des droits *ad valorem*. Cela est très regrettable, mais on exagère beaucoup l'avantage que retireraient les ouvriers des droits *ad valorem*. M. Pey disait tout à l'heure que la consommation des vins au-dessus de la qualité la plus ordinaire avait lieu dans la proportion de 16 0/0. Si ces 16 0/0 de vin étaient frappés d'un droit double, cela ne produirait qu'une réduction de 8 millions sur les vins ordinaires consommés par tout le monde et plus spécialement par l'ouvrier.

Nous déclarons toutefois que les droits sur le vin sont trop élevés et qu'une réduction est désirable.

Mais il n'y a pas lieu de dégrever l'alcool, qui est frappé à Paris d'un droit d'octroi de 80 centimes par litre. Avec un litre d'alcool pur on peut faire 3 bouteilles d'eau-de-vie au degré ordinaire. Ces 3 bouteilles d'eau-de-vie contiennent 150 petits verres de 2 centilitres chacun. Le dégrèvement des droits ne produirait qu'un demi centime par petit verre et il ne profiterait pas à l'ouvrier.

En un mot, le dégrèvement des droits d'octroi ne profiterait guère qu'à la classe aisée et aux intermédiaires.

On cite l'exemple de la Belgique, qui a supprimé ses octrois en 1860, moyennant abandon par l'Etat de 40 0/0 sur les recettes des postes, de 75 0/0 des droits sur les cafés, de 34 0/0 des produits de douane sur les vins et eaux-de-vie et d'une augmentation des droits d'accises sur les vins, l'eau-de-vie, la bière et le sucre. On a remplacé une taxe indirecte par d'autres taxes indirectes tout aussi vexatoires et, avec leur produit, on a établi un fonds communal qui a permis de dégrever les villes à octroi.

Le budget de l'Etat français est en déficit et il ne peut se permettre un pareil sacrifice.

Les adversaires de l'octroi l'appellent ironiquement octroi municipal et de bienfaisance. Ils pourraient aussi ajouter « d'instruction publique ». L'octroi de Paris permet de payer, en chiffres ronds, 25 millions pour l'instruction publique, 25 millions pour l'assistance publique, 5 millions pour le loyer des établissements scolaires, et à peu près 5 millions pour dégrever de la contribution mobilière les locataires de logements au-dessous de 500 francs. Cela fait 60 millions dont profite exclusivement la classe peu aisée.

Il y a là une large compensation de la part payée en trop sur les 8 millions dont devraient être dégrevés les vins ordinaires.

Tout le monde reconnaît que la perception des octrois est facile et insensible et qu'elle a été cause de prodigalités ruineuses de la part des municipalités. Cet argument pourrait être mis en avant contre l'établissement de nouveaux octrois, ou de surtaxes que les villes ne cessent de réclamer, mais il ne pourrait être accepté en faveur de l'abolition des octrois; car il s'agit de payer aujourd'hui ces prodigalités ruineuses et ce n'est pas le moment de tarir la source des recettes, quand les budgets sont en déficit.

En outre, les étrangers paient une grosse part de nos droits d'octroi. On évalue cette part à 20 0/0. C'est un beau denier qu'il ne faut pas sacrifier sans réflexion. Il faut que les charges que nous impose notre belle ville de Paris, pour l'entretien de nos rues, de nos avenues, de nos monuments, de nos jardins publics, soient payées en partie par ses visiteurs et par les étrangers qui jouissent à satiété — et certainement plus que le Parisien absorbé par son travail — de tous les agréments que nous mettons sous leurs pas.

M. Dupay. — M. Yves Guyot a essayé de contester cela par une statistique et je lui ai démontré à Versailles, dans une réunion publique, que sa statistique était fausse.

M. Mourgues. — Les taxes de remplacement proposées sont aussi variées que le nombre des inventeurs.

Les centimes additionnels aux quatre contributions directes constitueraient, en réalité, les taxes de remplacement les moins mauvaises. Encore paraît-il difficile d'augmenter les centimes additionnels, qui ne devraient être qu'un accessoire et dépassent le principal. L'impôt foncier est déjà grevé à Paris de 140 centimes additionnels et ce mode de remplacement de l'octroi nécessiterait 241 centimes additionnels aux quatre contributions directes, c'est-à-dire que la contribution foncière serait augmentée de plus de 100 0/0. Les trois autres contributions seraient encore augmentées dans une plus forte proportion, car elles n'ont pas encore reçu, au partage, une aussi forte distribution de centimes additionnels.

En 1886, lors de l'emprunt de 250 millions, la contribution foncière fut grevée de 24 centimes, tandis que les trois autres contributions directes ne furent grevées que de 4 centimes. L'inégalité et l'injustice étaient flagrantes. Et, comme notre Conseil municipal a contracté la funeste habitude de manger son blé en herbe, au lieu de laisser disparaitre ces 24 centimes en 1898, il s'est empressé de les faire servir en 1892 au gage d'un nouvel emprunt de 200 millions, de peur qu'ils ne s'égarassent dans la poche des contribuables. *(Applaudissements.)*

Vous savez qu'on propose d'établir un impôt sur le cube d'air respirable dans sa chambre ou dans son appartement. Cet impôt nous paraît aussi vexatoire que l'impôt sur l'air et la lumière qu'il est question de supprimer. Pour les terrains, on cuberait jusqu'à une hauteur de deux mètres. On n'est pas plus fantaisiste ! *(Exclamations.)*

On propose aussi d'établir une taxe sur les étrangers ; mais cette taxe serait sans effet, si elle était modique, et elle éloignerait les étrangers, si elle était trop élevée.

On propose également une taxe au mètre cube sur les constructions neuves ; mais les matériaux pour les réparations ne seraient pas atteints. Une taxe sur les chevaux, à la place des droits sur les fourrages, augmenterait encore l'impôt établi sur les chevaux. Une taxe sur les cheminées, en remplacement des droits sur les combustibles, ferait développer l'usage du calorifère, qu'on s'empresserait de taxer à son tour ; et, bientôt, les octrois seraient rétablis, en oubliant de supprimer les taxes de remplacement.

PLUSIEURS MEMBRES. — Voilà certainement ce qui arriverait.

M. MOURGUES. — Est-ce à une augmentation des monopoles qu'on doit s'adresser pour remplacer l'octroi ? Je ne le crois pas. Contentons-nous de supporter ceux existants et de faire aussi bon ménage que possible avec eux.

La taxe de balayage que nous payons devrait être équivalente aux frais faits ; mais on a un peu dépassé la somme pour arrondir le budget, malgré les protestations de notre Chambre syndicale.

L'administration voudrait augmenter le prix de l'eau, mais ne croyez pas que ce soit pour supprimer l'octroi. Elle aime mieux battre monnaie pour perpétuer le budget du gaspillage. Nous payons actuellement 33 centimes le mètre cube d'eau de source et on voulait établir un prix progressif qui nous l'aurait fait payer 66 centimes, c'est-à-dire 6 fois plus que l'eau ne coûte. Nous sommes allés devant le Conseil d'Etat, qui a compris nos arguments un peu mieux que le Conseil municipal, et a déclaré que le projet d'augmentation du prix de l'eau salubre était anti-démocratique et souverainement injuste. Nos édiles se sont inclinés, en maugréant, et ils viennent de présenter un nouveau projet dans lequel ils se bornent à proposer de faire payer l'eau 0,35 centimes le mètre cube, ou 2 centimes de plus.

Je pourrais citer un grand nombre d'autres taxes, mais je ne veux pas retenir trop longtemps votre bienveillante attention et je passe aux principales.

D'autres auteurs de projets, animés d'excellentes intentions, proposent l'abandon aux communes du principal de l'impôt foncier pour remplacer l'octroi, et ils ajoutent que, pour combler le vide fait dans les caisses de l'Etat, il n'y aurait qu'à augmenter les droits de succession et à les élever à 5 0/0 en ligne directe, à 12 0/0 en ligne collatérale et à 16 0/0 entre étrangers. Mais on a dit, je crois, ces jours-ci à cette tribune, que les droits de succession étaient surtout payés par les possesseurs d'immeubles et rien n'est plus exact, car les meubles et valeurs mobilières au porteur s'affranchissent généralement de payer des droits de succession. Quand j'étais notaire, je déclarais toujours le moins possible. J'ai été peut-être un mauvais notaire au point de vue fiscal, mais je ne déclarais généralement pas les valeurs mobilières et au porteur, et mes clients s'en montraient très satisfaits. Mon receveur fulminait quelquefois, mais nous étions très bons amis quand même et je suis convaincu qu'il en aurait fait autant à ma place. Donc, l'augmentation des droits de succession retombera encore sur le propriétaire pour plus que sa part.

Il me reste à vous parler d'une taxe sur la valeur vénale de la propriété bâtie et des terrains, et d'une taxe sur le revenu. Presque tous les partisans de la suppression des octrois déclarent nettement qu'ils demanderont à l'un de ces deux impôts les taxes de remplacement. Il m'est difficile de dire si nous préférons voir notre patrimoine confisqué, au moyen d'un impôt sur le capital, ou d'un impôt sur le revenu. Peu nous importe, ou plutôt nous ne voulons ni l'un ni l'autre. Cependant, nous sommes obligés de déclarer, à ceux qui préfèrent l'impôt sur le capital, que l'impôt sur le revenu est plus rationnel et plus facile à établir, parce qu'il faut d'abord connaître le revenu pour évaluer le capital, dans la plupart des cas.

En outre, l'impôt sur le capital ne nous offrirait que le désagrément de payer davantage, et souvent pour des immeubles improductifs. L'exagération apportée dans l'évaluation de la valeur vénale de la propriété bâtie de Paris ne laisse aucun doute sur les intentions intéressées des partisans de cet impôt.

On a discuté hier sur la valeur vénale des propriétés de toute la France, mais on a certainement commis une erreur, si les chiffres généralement admis par nos législateurs pour l'évaluation de la propriété bâtie de Paris ont été acceptés sans vérification.

Ils disent que la propriété bâtie rapporte brut 750 millions de revenu. Ils capitalisent au denier 20, exactement comme l'administration de l'enregistrement, et ils nous livrent sans hésiter le gros chiffre de 15 milliards pour l'évaluation de la propriété bâtie de Paris. D'autres affirment même que la propriété bâtie de Paris vaut 20 milliards au moins. Aussi l'espoir d'une recette très fructueuse les fait-il penser à l'impôt sur le capital ; mais ils commettent une grave erreur.

A Paris, les ventes des immeubles bâtis sont généralement réalisées sur un revenu de 4 à 5 0/0 net, et nos législateurs auraient été bien inspirés en calculant la valeur vénale de la propriété bâtie de Paris sur un revenu de 4.50 0/0 en moyenne. Ils auraient ainsi trouvé que la valeur vénale de la propriété bâtie de Paris n'est, au maximum, que de 12 milliards 500 millions, et le gros chiffre d'impôts à faire supporter par cette valeur vénale les aurait dissuadés de leurs projets.

En effet, pour remplacer 150 millions de droits d'octroi, une maison de 100,000 francs de valeur vénale, rapportant net 4,500 francs en moyenne, serait imposée de 1,200 francs ; et, s'il prenait fantaisie à nos législateurs de supprimer en même temps les droits d'entrée, qui sont de 75 millions en chiffres ronds, cette maison serait grevée de 600 francs de plus, soit un total de 1,800 francs, indépendamment des 330 francs d'impôts qu'elle supporte actuellement.

L'impôt sur les terrains serait impraticable, car il grèverait des immeubles improductifs. Je le démontre par de nombreux exemples dans mon rapport.

Le remplacement de l'octroi au moyen d'un impôt sur le revenu des maisons aboutirait à la confiscation de 26,67 0/0 des revenus nets du propriétaire, indépendamment des 7,33 0/0 d'impôts qu'il paie actuellement.

Le propriétaire endetté serait entièrement spolié, de même que le propriétaire de terrains.

En outre, la suppression de l'octroi à Paris aurait encore pour résultat de faire augmenter le loyer, qui est la plus lourde charge de l'ouvrier parisien.

Voilà pourquoi nous demandons le maintien de l'octroi à Paris.

Je ne vous en dis pas plus long, vous pourrez lire mon rapport aussitôt imprimé. *(Applaudissements.)*

M. LE PRÉSIDENT. — La parole est à M. Haumont.

M. HAUMONT. — Je crois, Messieurs, que la question soumise aujourd'hui à vos délibérations est une de celles qui méritent le plus votre attention ; parce que, si la propriété bâtie est menacée, c'est bien dans la question de la suppression des octrois, et voici pourquoi. L'octroi est un impôt local destiné à faire face à des dépenses locales. Par conséquent, il est de toute justice que, seules, des valeurs locales soient soumises à l'impôt ; et s'il est difficile de trouver une matière imposable quand il s'agit d'impôts généraux, destinés à faire face aux dépenses de la nation, à plus forte raison est-il bien plus difficile de trouver des valeurs locales dans l'enceinte d'une ville, destinées à faire face aux dépenses de cette ville.

La matière imposable est donc bien plus étroite en cette matière qu'en toute autre. Hier on plaidait éloquemment la cause de l'exemption d'impôt de la rente sur l'Etat. J'ai applaudi les orateurs qui disaient qu'imposer la rente c'était violer un contrat. Cette question ne se pose même pas ici. Il ne peut pas être question d'imposer la rente pour faire face aux dépenses d'une ville, parce que la rente n'est nulle part. De même, il ne peut pas être question d'imposer les valeurs mobilières, parce que les valeurs mobilières ne sont nulle part. On ne peut pas supposer qu'on veuille imposer les valeurs mobilières pour faire face aux dépenses locales.

C'est pour cela que la propriété bâtie est particulièrement menacée, parce que c'est presque la seule valeur locative sur laquelle l'impôt puisse être établi. *(Applaudissements.)*

Voilà donc le point de vue qui me parait capital au début de la discussion : les dépenses locales doivent être alimentées par des ressources locales, et les ressources locales doivent être prises à des valeurs locales. Quant à demander à l'impôt général de subvenir aux dépenses des villes, cela me paraitrait absolument injuste. J'habite une ville. Je ne demande pas que les habitants de la campagne viennent subvenir à mes dépenses. Moi, du Havre, je viendrais subvenir à toutes les dépenses de Paris, qui ne me concernent pas, dont je ne profiterai qu'une ou deux fois par an, quand je viens faire un voyage à la capitale ! Pourquoi ? Il est impossible de demander aux ressources générales du budget de quoi faire face aux dépenses des villes.

Sur quoi retombera-t-on ? Toujours sur la propriété bâtie, qui a le malheur de ne pas se déplacer. En Amérique on a trouvé le procédé de déplacer les maisons, mais nous n'en sommes pas encore là en France.

A quoi donc va-t-on songer ? Je ne vois que les quatre contributions directes. On ne manquera pas de s'adresser à l'impôt foncier, peut-être aux portes et fenêtres, si cela existe encore.

Je crois que, si l'impôt de l'octroi est aboli, la charge en retombera tout entière sur la propriété foncière.

L'impôt d'octroi est-il un bon impôt ? Je me hâte de proclamer que je ne suis pas partisan de l'octroi, que j'estime que c'est un déplorable impôt et que, si nous étions ici à délibérer non pas sur la suppression et le remplacement, mais sur l'établissement de cet impôt, je serais le premier à dire : cet impôt ne doit pas être établi. Mais tout autre est la question d'un impôt à supprimer et d'un impôt à établir.

Tout impôt, lorsqu'il est établi, produit une certaine somme de maux ; mais, au bout d'un certain temps, grâce au principe de la répercussion, cet impôt, qui tombe à l'origine sur certains contribuables, finit par se répartir sur tous. Or, la période critique de l'octroi me parait passée depuis longtemps. A l'origine, l'octroi a dû produire les conséquences les plus fâcheuses ; et je fais cette concession aux adversaires de l'octroi : si nous maintenons l'octroi, maintenons le tel qu'il est et ne lui demandons pas un centime de plus.

Si les villes ont besoin de ressources, demandons des centimes additionnels, ne demandons plus rien à l'octroi.

Mais l'octroi existe, et je crois que ce serait faire une révolution fiscale, dont on ne peut pas appécier actuellement les conséquences, que de le supprimer. L'octroi pèse-t-il autant qu'on le dit sur les classes pauvres ? Distinguons toujours l'impôt ancien. Oui, si on établissait aujourd'hui l'octroi, il frapperait particulièrement les classes déshéritées ; mais aujourd'hui je soutiens que la répercussion a permis à ces classes primitivement déshéritées de se décharger sur les autres, je ne dirai pas de la totalité de l'impôt, car il serait immoral que celui qui paye un impôt puisse se décharger de la totalité de l'impôt.

En effet, il existe un rapport en quelque sorte immuable entre le taux des salaires et le prix de l'existence.

Partout où l'existence est peu coûteuse, le taux des salaires est bas : partout où l'existence est coûteuse, le prix des salaires s'élève. L'ouvrier de Paris gagne plus qu'un ouvrier de province, mais il a plus de charges à supporter, et l'ouvrier d'une ville de province, s'il est payé plus que l'ouvrier des campagnes, paye également plus... Si vous traversez l'Atlantique, voyez l'ouvrier américain. Si les renseignements que je lis dans les journaux sont exacts, je vois l'ouvrier américain, avec des salaires de 25 francs par jour, n'être pas plus heureux que l'ouvrier français. Donc, toutes les fois que l'existence se trouve surélevée, le taux des salaires s'élève. Est-ce à dire que l'on puisse indéfiniment surélever les frais de l'existence ? Non, car l'impôt retomberait tout d'abord sur l'ouvrier, et il y aurait une longue période avant que cette répercussion se fasse. On invoque, en parlant de répercussion d'impôt, un principe vrai mais qu'il ne faut pas exagérer. La répercussion est longue à se produire. Quand on nous parle, à nous propriétaires, de la répercussion, elle aura peut-être lieu, mais quand ? Nous n'en profiterons peut-être pas.

Or, les octrois existent depuis assez longtemps pour que cette répercussion se soit faite. Actuellement, je soutiens que l'octroi ne pèse pas autant sur la classe pauvre qu'on veut bien le dire, parce qu'elle retrouve dans la surélévation des salaires l'équivalent des taxes d'octroi qu'elle a à supporter. *(Applaudissements.)*

Et pour employer le langage d'un maître de l'économie politique, Bastiat, dans son livre : « *Ce qu'on voit et ce qu'on ne voit pas* », lorsqu'on montrera l'ouvrier payant plus cher sa nourriture, ce que 'on voit, je dirai : voilà ses salaires plus élevés; c'est ce que l'on ne voit pas et c'est ce qu'on devrait voir. Par conséquent l'octroi n'a plus aujourd'hui le caractère improportionnel qu'on lui attribuait tout d'abord.

Je le répète et je ne saurais trop le répéter, je ne me fais pas le défenseur de l'octroi. Je reconnais que c'est un impôt qui n'aurait jamais dû être établi ; et si nous étions appelés à émettre un vœu, je vous proposerais celui-ci : que, si les octrois sont maintenus, la taxe ne puisse être surélevée. Enfin cet impôt existe, il a produit de mauvais effets comme tous les impôts, mais ces effets sont aujourd'hui atténués.

Supprimer l'impôt, c'est une révolution dans le système fiscal des villes. Quand on demande à la Chambre de supprimer tel ou tel impôt, quelle que soit l'importance de cet impôt, quelle que soit l'importance de la réduction que l'on sollicite, on se trouve en présence d'une diminution de recettes qui représente peut-être 15 0/0 des recettes de l'Etat ; tandis que, lorsque vous demandez la suppression de l'octroi, vous demandez aux villes de faire le sacrifice de ce qui forme la majorité de leurs recettes. On a dit que cela représentait 56 0/0. Je crois que dans bien des villes cela représente beaucoup plus. C'est donc une perte de taxes qui vont tomber du jour au lendemain sur d'autres contribuables.

Sans doute la répercussion se fera, et peut-être, dans un Congrès qui se tiendra dans 20 ou 25 ans, en présence de ces nouvelles taxes, il se trouvera un orateur qui prendra leur défense, comme je prends aujourd'hui, dans une mesure restreinte, la défense de l'octroi, et qui dira : ces taxes ne présentent plus le caractère vexatoire du début.

Quand on dit que le propriétaire répercutera sur ses locataires la taxe supplémentaire mise à sa charge, à supposer que la chose soit possible, il faut attendre au moins l'expiration des baux. Vous savez que, dans les villes, les baux sont de longue durée, à Paris surtout je crois qu'il n'est pas rare de voir un bail de 18, 20, 25 ans. Croyez-vous que, par amour de la justice, le locataire va laisser répercuter sur lui ce supplément d'impôt ?

Cette répercussion est une illusion. Elle pourra se produire, mais pas toujours. Certains propriétaires pourront la faire, d'autres ne pourront pas. Dans certaines situations le propriétaire est à la merci du locataire, c'est le locataire qui fait la loi : pas de répercussion possible ; dans d'autres, c'est le propriétaire qui fait la loi. S'agit-il de louer une maison dans un quartier neuf où le commerce se précipite ? Le locataire est à la merci du propriétaire. Mais allez dans le quartier qu'on abandonne, ce sera le locataire qui fera absolument la loi.

Ainsi donc, Messieurs, la suppression de l'octroi devant retomber sur la propriété bâtie, cet impôt sera une charge immédiatement considérable, car c'est la presque totalité des ressources locales qu'il s'agit de distribuer ; et, sous quelque forme que cet impôt soit établi, si nous voulons bien analyser la nature de cet impôt, ce n'est pas seulement un impôt sur le revenu mais sur le capital.

Mais il ne faut pas oublier que l'impôt sur le revenu porte à la fois sur le capital et le déprécie. Je suppose, — espérons, Messieurs, que cela ne se fera pas, — je suppose que demain on établisse un impôt de 5 0/0 sur la rente. Le lendemain, consultez la cote de la Bourse : immédiatement la valeur de la rente aura fléchi suivant le taux de capitalisation moyenne des revenus, et si sur le 3 1/2 0/0 on établissait un impôt de 5 0/0, peut-être serait-ce une dégringolade de 15 à 20 francs.

Cette dégringolade se ferait sur les immeubles, de sorte que, du jour où cet impôt serait établi, toutes les propriétés perdraient immédiatement une partie de leur valeur vénale. Telle propriété de 20.000 francs ne se vendrait peut-être plus que 15.000. Cela est une fatalité, une nécessité. Le propriétaire, qui achète une maison, achète en considération du revenu qu'il perçoit.

Nous ne supportons donc peut-être pas l'impôt ancien, ayant calculé notre prix en tenant compte de cet impôt : mais, l'impôt nouveau, nous le supportons dans toute sa rigueur. Si nous avons besoin de vendre la maison sur laquelle cet impôt est établi, nous aurons un mécompte effroyable, et nous n'aurons pas seulement un impôt sur le revenu, mais sur le capital des propriétés actuelles.

Telles étaient les considérations que je voulais faire valoir.

J'ai quelques autres observations à vous présenter au sujet de ce qui a été dit. On a parlé de l'impôt sur la valeur vénale des propriétés. C'est un système très séduisant. Mais est-il pratique ? Qu'est-ce que c'est que la valeur vénale des propriétés ? Si je veux connaître la valeur des actions et obligations, je n'ai qu'à consulter la cote de la Bourse, toutes ces valeurs sont semblables entre elles, elles sont de même nature. Si une action vaut 4.000 francs, toutes les actions valent 4.000 francs. De même, pour les marchandises, il y a un cours qui n'existe pas sur la propriété bâtie. Où chercherez-vous cette valeur vénale ? Elle est essentiellement variable. Mettez en vente le même jour deux immeubles construits de la manière la plus semblable, situés l'un à côté de l'autre, présentant une valeur intrinsèque exactement égale ; peut-être se vendront-ils à des prix différents. Pourquoi ? Parce qu'il s'est trouvé sur un immeuble mis en vente, le même jour, deux concurrents riches qui ont fait monter les enchères.

Prendrez-vous les titres d'acquisition ? Ils sont variables. Dans les villes surtout, la valeur des propriétés se modifie à chaque instant ; certains quartiers prennent une plus-value considérable, tandis que d'autres subissent une moins-value effroyable. L'immeuble vendu 20,000 francs, il y a 20 ans, en vaut peut-être aujourd'hui 30,000. Par conséquent, la valeur vénale est quelque chose d'insaisissable. Comment ferez-vous !

Etablirez-vous un rapport entre le revenu et le capital, comme le fait l'enregistrement? Base variable, comme je le dis dans un rapport distribué, cela varie d'une propriété à l'autre, d'une époque à l'autre.

Il y a une question à se poser : qui est-ce qui profitera de la suppression des octrois? Les intermédiaires, la plupart du temps.

Pour beaucoup d'objets, l'octroi se traduit par une surcharge insignifiante sur chaque unité, par des fractions de sous, et, si l'octroi était supprimé, le prix ancien serait maintenu. Evidemment, si on augmente une livre de viande d'un centime, le boucher s'empresse de surélever de 5 centimes. Si vous supprimez cette taxe d'un centime, espérez-vous obtenir une détaxe? Ce sont, par conséquent, les intermédiaires qui en profiteront.

J'ai entendu parler d'une influence souveraine de la suppression de l'octroi. Nous n'aurons plus de falsificateurs. Je crois que la falsification est engendrée par l'âpreté du gain et que, quelle que soit la taxe existante, les falsificateurs trouveront toujours à débiter avec bénéfices leurs drogues immondes à un taux ou à un autre; avec ou sans octrois, on trouvera toujours à réaliser un bénéfice que ne voudra pas faire le commerçant honnête. (*Applaudissements.*)

M. LE PRÉSIDENT. — Monsieur H. Berthélemy, ainsi que j'ai eu l'honneur de vous le dire, est retenu loin de Lyon; mais son rapport sur *Les moyens de supprimer les impôts d'octroi* est imprimé et a dû vous être distribué. Voulez-vous qu'il en soit donné lecture?

La parole est à M. le Secrétaire général.

M. GROSSET, *secrétaire général.* — Messieurs, j'estime qu'il y a quelque intérêt à ce que les diverses opinions émises par les rapporteurs, sur cette importante question, puissent être produites devant le Congrès, au moment de la discussion.

Si vous le permettiez, je pourrais me borner à résumer très fidèlement et très brièvement les idées et les arguments de l'auteur. (*Marques d'assentiment.*)

M. LE PRÉSIDENT. — Il n'y a pas d'opposition?... je donne donc la parole à M. le Secrétaire général.

M. GROSSET, *Secrétaire général.* — M. Berthélemy, dans son travail, rappelle ce qui a été fait en pays étranger : il expose l'état de la question en France et résume le rapport dont la Municipalité de Lyon a défendu les termes devant la Commission sénatoriale.

La suppression des octrois n'intéresse pas seulement les villes qui en ont et qui en souffrent ; elle intéresse l'ensemble du pays. C'est plutôt une question nationale qu'un problème communal. On l'a compris en Belgique en abandonnant aux villes certains impôts d'Etat et en comblant le vide par la création de taxes générales nouvelles.

Notre régime fiscal ne permet pas d'aboutir, si l'on ne recourt à un procédé identique.

Depuis quelques années (8 août 1890), l'impôt sur les propriétés bâties est distinct dans nos budgets de l'impôt sur les terrains. M. Berthélemy voudrait que tout impôt sur les propriétés bâties fût abandonné aux communes. C'est, dit-il, « le type le plus commode, le « plus logique, le plus parfait de l'impôt communal.

« Les propriétés bâties valent d'autant plus que l'agglomération dont « elles font partie est plus importante et mieux administrée. Toute « dépense communale pour la police, la voirie, l'éclairage, l'hygiène, « etc., est une cause de plus-value pour la propriété bâtie. Il est juste « que la commune demande aux maisons ce qu'elle dépense pour les « maisons.

« Qu'on laisse donc aux villes la faculté d'imposer les maisons, et « le problème de la suppression des octrois sera presque résolu. »

Pour combler le vide que produirait cette mesure dans notre budget national, il faut recourir à la modification des droits successoraux. M. Berthélemy se déclare partisan de l'impôt progressif sur les successions ; ce système, toutefois, n'est proposé qu'à titre d'exemple et a raison de son caractère équitable et de son résultat fructueux. « Sans « même admettre le principe de l'impôt progressif, on peut obtenir, « par de nouvelles taxes sur l'actif net des successions, les ressources « nécessaires pour réaliser l'abolition des Octrois.

« L'exhaussement des droits de succession, pourvu que l'on admette « la déduction des charges, est une mesure pratique, simple, démocra- « tique et d'un résultat assuré. »

M. Berthélemy passe à l'examen des conséquences du système et à son application possible à la ville de Lyon.

Comme première conséquence, il signale « le report nécessaire sur « les autres contributions directes des centimes additionnels que les « départements obtiennent des propriétés bâties. »

« L'impôt sur les terrains, l'impôt personnel mobilier, l'impôt des « patentes, supporteraient par là, au profit du département, un exhausse- « ment de 1, 3 pour 9, soit approximatiment 1/7 du taux actuel.

« La seconde conséquence, ce sera la possibilité pour les villes de « demander désormais les recettes fournies par l'Octroi aux taxes « ci-après :

« A. Taxes de remplacement de certains impôts d'Octroi, dont le
« mode de perception est seul défectueux (fourrages, combustibles,
« matériaux).

« B. Licence spéciale pour les établissements qui donnent à con-
« sommer sur place (restaurants, hôtels, cafés, cabarets, cercles,
« bars, etc.).

« C. Taxe de x 0/0 sur le revenu des propriétés bâties. (A Lyon, il
« faudrait 11 0/0. Les impôts actuels font 10 0/0 ; il y aurait donc 1 0/0
« d'augmentation.)..... »

Chacune de ces taxes est examinée minutieusement dans ses effets
probables et dans son application pratique.

En terminant, il prévoit, pour y répondre, quelques-unes des
critiques que le projet soulève. C'est la partie nouvelle du rapport. Je
vous demande la permission de la citer en entier :

« *Première critique*. — Le système de remplacement est compliqué ;
« il touche au budget de l'Etat.

« Je réponds qu'il ne demande à l'Etat aucun sacrifice. Ce qu'il lui
« prend est largement compensé par ce qu'il lui rend. Quel risque
« fait-il courir aux finances publiques ? Son application est-elle dan-
« gereuse ? Son résultat incertain ? Ce qu'on déclare aujourd'hui
« dans les successions est ce qui ne peut pas n'être pas déclaré. On peut
« calculer avec précision ce que produira un changement de tarif ; et
« ce n'est que d'un changement de tarif qu'il s'agit !

« *Deuxième critique*. — Les surtaxes sur les successions ne doivent
« pas être employées à la légère ; elles sont la vraie ressource de
« l'avenir. On y songe pour l'établissement de la caisse de retraite
« des vieillards ; on y songe pour les nécessités urgentes et imprévues
« qui peuvent naitre. Il ne faut pas y toucher au profit des com-
« munes.

« Je réponds que cela revient à dire que la suppression des octrois
« est une réforme d'importance secondaire. Je ne signalerais même pas
« cette objection si elle ne m'avait été faite publiquement par un des
« membres de la Commission des octrois à la Chambre des députés. Je
« répète ce que j'ai dit au cours du rapport ; on songeait à l'exhausse-
« ment des tarifs pour la détaxe des ventes de biens ruraux. La sup-
« pression des octrois vaut bien cette réforme-là.

« *Troisième critique*. — Dans la plupart des communes, la suppres-
« sion des octrois s'apercevra peu. Les prix des denrées ne baisseront
« pas. On subira un lourd impôt nouveau sans être soulagé d'un lourd
« impôt ancien.

« Je réponds qu'il ne faut pas attendre, sans doute, une baisse immé-
« diatement équivalente à l'avantage qu'éprouveront ceux qui font

« aujourd'hui l'avance des droits et en sont remboursés dans les prix
« des denrées qu'ils vendent.

« Mais il faut nier les effets nécessaires de la concurrence pour douter
« ici que la suppression des impôts entraine la baisse prochaine des
« produits.

« Combien de produits n'entrent pas à la ville parce qu'on craint
« de ne pas les vendre et d'avoir à les retourner sans rattraper la
« taxe ? Combien de denrées fera-t-on venir de la banlieue subur-
« baine où elles coûtent sensiblement moins cher, si on peut les intro-
« duire sans ennui et sans débours, et si le marchand de la ville ne sait
« pas les arrêter en sacrifiant la partie du prix qui représentait l'ancienne
« taxe ?

« Et puis, l'impôt de remplacement sera-t-il lourd ? Va-t-il se réper-
« cuter sur les pauvres, comme se répercutent les impôts sur le revenu ?
« Pèsera-t-il sur eux comme les impôts de consommation ? Nullement !
« L'impôt de succession est le seul peut-être qui n'ait pas d'incidence.
« On ne voit pas pourquoi l'héritier de 100,000 écus taxé aujourd'hui
« à 3,750 fr. peut bien se faire rembourser de la faible dépense qu'occa-
« sionne pour lui un gros enrichissement.

« L'impôt de succession, calculé sur l'actif net, est le seul qui vrai-
« ment n'atteigne que le riche ; c'est l'impôt le plus facilement accepté ;
« c'est celui qui répond le mieux à la formule qui, peut-être, est seule
« vraie en matière fiscale : obtenir le maximum de rendement en provo-
« quant le minimum de mécontentement.

« *Quatrième critique.* — La réforme apportera un véritable boule-
« versement dans les habitudes fiscales : elle atteint jusqu'aux finances
« des départements qui devront reporter leurs centimes additionnels sur
« les autres impôts directs.

« Je réponds qu'il y aura gêne, évidemment, mais non trouble.
« On pourrait appeler trouble ce qui modifierait sensiblement les
« habitudes des contribuables. Ici, ce sont les habitudes des percep-
« teurs qui seront changées ; ce ne sont pas les contribuables, ce
« sont les commis qui seront gênés. Le contribuable continuera à
« payer une taxe peu sensiblement majorée à la même époque, de la
« même manière et au même agent qu'autrefois. Seulement, les fonds
« perçus n'iront pas dans la même caisse ; cela lui est absolument
« indifférent.

« *Cinquième critique.* — Les taxes d'octroi sont indéfiniment élas-
« tiques. Il n'en sera pas de même des nouveaux impôts communaux.

« Je réponds que les communes y perdront peu. L'élasticité des taxes
« d'octroi a été la cause de grands mécomptes ; j'ose dire de grandes
« folies. On a dépensé en tel lieu que je pourrais citer un peu à tort et à

« travers, parce qu'on avait, grâce à la hausse constante des produits de
« l'octroi, un encouragement à faire grand.

« Les dépenses vraiment utiles justifieront des taxes élevées et
« nullement immobiles d'ailleurs. On fera d'après ce qu'on pourra
« percevoir, limitation qui n'est certainement pas de nature à effrayer
« personne.

« Je termine enfin par une réponse générale qui ne comporte guère
« de réplique.

« J'ai songé à un moyen ; j'accepterai volontiers les moyens
« meilleurs que d'autres proposeront. Ce qui me parait inacceptable,
« c'est qu'on repousse tout système et qu'on ne propose rien de
« meilleur, rien d'autre ; c'est qu'on dise ainsi, en définitive, que
« le Gouvernement démocratique de notre pays demeure impuissant
« à nous délivrer d'un fléau qui a cessé de sévir chez tous nos voisins.

« Il est grand temps qu'on cesse de promettre avec l'arrière-pensée
« qu'on pourra toujours se dispenser de tenir. L'honneur du parlemen-
« tarisme y est engagé. »

Je m'en tiens, Messieurs, à mon rôle de traducteur des idées exprimées par M. Berthélemy dans son rapport, et je me garde bien d'y
rien ajouter. (*Applaudissements.*)

M. LE PRÉSIDENT. — La parole est à M. Petit, rapporteur.

M. PETIT. — Messieurs, au début de mon rapport, j'ai dit :
« L'octroi est le fils de la nécessité » : et, faisant un résumé historique en remontant aux temps les plus reculés, j'ai donné la preuve
que cet impôt a, pour ainsi dire, toujours existé.

Mais, me direz-vous, ce n'est pas une raison pour ne pas le supprimer, s'il est mauvais.

D'autres, avant nous, ont essayé cette suppression et n'ont pas abouti.

Le 30 avril 1791, le peuple français fêtait la chute des octrois : mais
moins d'un an après, et malgré les sous additionnels perçus
jusqu'à l'extrême limite sur tous les impôts, y compris ceux de remplacement, les communes étaient déjà tellement obérées que tous les
services en souffraient : les hospices ne pouvaient plus recevoir les
malades ; les bureaux de bienfaisance ne pouvaient plus distribuer de
secours.

Le rétablissement des octrois s'imposait ; les lois des 11 frimaire
an VII et 5 ventôse an VIII autorisèrent, dans toute l'étendue de la République, le *rétablissement général des octrois.*

Par deux décrets des 18 et 24 avril 1848, le Gouvernement provisoire,
au lieu de supprimer les octrois, tenta de les réformer ou de les améliorer ; il abolit d'abord les droits sur les viandes de boucherie et de

charcuterie. Deux mois plus tard, on s'aperçut que, si les recettes d'octroi avaient baissé dans de grandes proportions, le consommateur avait toujours payé le même prix. Sur la demande de la Ville de Paris, le Gouvernement fit voter la loi du 30 avril 1848 rétablissant les anciens tarifs.

Le second Empire, pressé, par MM. Glais-Bizoin, Crémieux et autres partisans de la suppression des octrois, de prendre parti dans cette question, annonça dans un message de 1869 qu'une enquête serait ordonnée. Une circulaire à ces fins fut envoyée, le 22 décembre 1869, à tous les conseils municipaux, par M. Magne, alors ministre des finances. Mais les évènements de l'année terrible mirent fin à cette campagne.

La suppression de l'octroi à Lyon en 1870-71 fit perdre à la Ville une dizaine de millions, qui sont venus grossir d'autant sa dette.

Dans mon rapport, Messieurs, pages 5, 6 et 7, il est question d'une statistique dont je ne vous impose pas l'audition ici. Chacun de vous doit avoir un exemplaire de ce rapport et peut, s'il le juge à propos, s'y reporter.

Je me contenterai de vous rappeler les quelques considérations que j'en ai tirées :

Les octrois, ou plutôt leurs produits ou l'équivalent, sont absolument nécessaires à la vitalité des principales communes de France.

Nous avons lu quelque part que l'on reconnaissait la richesse d'un pays par l'importance de sa dette, en vertu de cet axiome « qu'on ne prête qu'aux riches. »

Sous ce rapport, Messieurs, la France est privilégiée, car ses dettes sont énormes.

La plupart des municipalités, pour embellir et surtout assainir leurs villes, ont contracté emprunts sur emprunts.

L'administration supérieure, les Gouvernements eux-mêmes, loin de les retenir, les ont poussées dans cette voie ; et, véritablement, lorsqu'on constate les améliorations de toute nature qu'ont apportées ces municipalités au moyen de ces emprunts, on ne peut s'empêcher de les approuver.

Mais qui a permis à ces communes de se grever de dettes atteignant près d'un milliard et demi, non compris celle, plus énorme encore, et toutes proportions gardées, de la ville de Paris ? l'octroi, Messieurs, l'octroi qui, par ses ressources multiples et infinies, inspire une telle confiance aux créanciers des villes que les emprunts de celles-ci sont toujours couverts plusieurs fois ; quelques uns l'ont été par centaines de fois.

Pour supprimer, il faudrait donc remplacer. Par quoi ? Là est le problème.

La solution, si elle n'est pas impossible, nous parait bien difficile aujourd'hui. En 1860, la Belgique nous a donné un bon exemple ; la

France aurait peut-être pu, à cette époque, supprimer aussi nos octrois, en remboursant les créanciers des villes, ou en leur donnant sa garantie, et, comme compensation, créer des impôts nouveaux, surtaxer l'alcool et les droits de douane ; en 1885 , date encore plus rapprochée . M. Edouard Hervé, dans ses conférences sur la suppression des octrois, disait « que le relèvement des douanes extérieures devait remplacer « la suppression des douanes intérieures ; que les surtaxes imposées « aux produits de l'étranger devaient payer le dégrèvement des produits « nationaux à l'entrée des villes. » Déjà, il était tard.

A plus forte raison aujourd'hui ; car les taxes ou surtaxes de remplacement ou de compensation qu'on nous propose sont déjà, pour la majeure partie, imposées en France en dehors des octrois.

On dit : l'impôt de l'octroi est vexatoire. Nous répondons : pour une faible partie seulement ; car on ne peut appliquer ce qualificatif lorsqu'il s'agit d'entrepôts ou autres grosses perceptions d'octrois.

Il est inique, dit-on, car il frappe le pauvre comme le riche, l'ouvrier comme le commerçant, sans qu'il soit tenu aucun compte de l'inégalité des fortunes ou revenus. A cela, nous répondrons : Si, pour supprimer l'octroi, on surtaxe les licences, les patentes, les portes et fenêtres, le foncier, etc., qu'arrivera-t-il ? Le détaillant versera chez le percepteur ce qu'il ne paiera pas à la porte, et maintiendra ses anciens prix envers le consommateur ; heureux encore, ce dernier, s'il ne voit pas son loyer augmenté par son propriétaire qui, lui, verra ses impositions augmenter sans aucune compensation.

C'est faire de la philanthropie en chambre, sans application possible ! Au surplus, le prix des denrées n'est-t-il pas le régulateur du prix des salaires ? Et si, dans les villes, les denrées et objets de consommation sont augmentés par les taxes d'octroi, l'ouvrier n'en est-il pas remboursé par l'augmentation continuelle de son salaire ?

Que l'on établisse des taxes proportionnelles sur les denrées et liquides de différentes valeurs et qui paient aujourd'hui une taxe uniforme ? C'est à étudier. Mais que l'on s'ingénie à faire payer un objet, de qualité et de valeur uniques, plus cher à un citoyen qu'à un autre, nous ne pouvons l'admettre.

« La question de la suppression des octrois, dit M. Victor Borie, « rédacteur du journal l'*Echo agricole*, doit être abordée avec une « grande prudence, car les villes ont des besoins qu'il faut satisfaire, « et il est nécessaire qu'elles possèdent un budget, comme l'Etat a le « sien. Avec un budget très chargé comme est celui de la France, « comment remplacerait-on les ressources que donnent les octrois ! « Cette question me semble difficile à résoudre. »

C'est aussi notre avis, Messieurs, et après avoir rappelé :

1° l'essai infructueux de la Ville de Paris en 1848,

2º celui de la Ville de Lyon en 1870-1871,

nous croyons être dans le vrai en prévoyant, dès maintenant, que, si la suppression des octrois avait lieu, ils seraient, dans un avenir peu éloigné, rétablis au fur et à mesure des besoins des villes, et même en laissant subsister les impôts de remplacement. La Belgique nous en fournit un exemple; il suffit de se renseigner à Anvers et dans plusieurs autres villes de cet Etat.

Nous avons suivi avec attention les dernières discussions à la Chambre des députés, concernant l'impôt sur les revenus. Nous croyons, nous avons même la ferme conviction que la question des octrois suivra la solution de ce problème économique.

On parle de surtaxes sur les successions! Mais déjà, hier, les éminents orateurs que nous avons entendus ont employé ces surtaxes au dégrèvement de l'impôt des portes et fenêtres et autres qui ont été discutés dans la première section.

L'honorable M. Berthélemy, dans son rapport, nous indique le seul, le véritable impôt qui remplacerait l'impôt d'octroi supprimé.

Il dit : « Qu'on laisse donc aux villes la faculté d'imposer les mai-
« sons et le problème de la suppression des octrois sera résolu. »

Prenez garde, Messieurs, admettez, pour un instant, que, par le jeu des élections, une grande partie des villes sujettes à l'octroi soient administrées par des municipalités dont les membres ne soient pas propriétaires, ou n'aient qu'une minorité de propriétaires.

Qu'arrivera-t-il généralement ? — le paiement des impôts ou de presque tous les impôts d'octroi par la propriété bâtie.

Cette marche est dangereuse, très dangereuse même. Elle mène à la ruine du propriétaire; c'est le commencement, c'est la première étape de cette grande liquidation générale, tant prônée par certains personnages d'une politique avancée, très avancée même, dans un but facile à comprendre : « L'INTÉRÊT ÉLECTORAL ».

Messieurs, si vous voulez la patrie grande et prospère, ne ruinez pas la propriété bâtie; et, pour ne pas risquer de la ruiner, ne touchez pas à l'octroi, quant à présent, sauf pour des modifications plutôt *locales* que générales.

Lorsque le Parlement aura voté, si jamais il le vote, l'impôt unique, « L'IMPOT SUR LE REVENU » et la suppression de tous les autres impôts, la question d'octroi sera forcément remise à l'ordre du jour et englobée dans la question de la suppression générale des impôts spéciaux. Alors, comme aujourd'hui, nous serons sur la brèche. Attendons !

En conséquence, Messieurs, je maintiens les conclusions de mon rapport, qui sont les suivantes :

« 1º Que les octrois ne peuvent être supprimés actuellement, ne pouvant être remplacés par des taxes présentant moins d'inconvénients. »

« 2° Que des réformes peuvent être étudiées pour l'amélioration du mode de perception, tant à l'entrée des portes qu'à l'intérieur des villes, et pour la progression et la proportion des taxes de certains objets, denrées ou liquides, dont la valeur varie suivant la qualité. » *(Applaudissements.)*

M. LE PRÉSIDENT. — La parole est à M. Yves Guyot.

M. YVES GUYOT. — Messieurs, si je n'étais pas animé par une conviction profonde, j'hésiterais à prendre la parole ; car chaque fois que, dans ce Congrès de la propriété bâtie, on cite mes opinions ou que je prends la parole, j'ai l'air d'être présenté comme un adversaire de la propriété. Si je demande la suppression des octrois, on me considère comme un adversaire de la propriété. Par conséquent, je pourrais me demander ce que je suis venu faire ici, comment les organisateurs du Congrès ont pu avoir la main assez malheureuse pour vouloir bien me nommer un de leurs présidents d'honneur et me donner la présidence d'une section.

Mais enfin il y a quelque chose qui me console, c'est que, quelquefois, ce ne sont pas les intéressés eux-mêmes qui comprennent le mieux leurs intérêts, permettez-moi de vous le dire et de vous rappeler l'histoire des chemins de fer. Lorsqu'on inaugura le chemin de fer de Paris à Versailles, il n'y avait pas un seul membre de la municipalité versaillaise à l'inauguration. J'ai fait des inaugurations pour mon compte depuis, et cela a changé.

Il y a beaucoup de choses comme cela, et actuellement les fils des propriétaires qui, il y a 40 ans, se considéraient comme ruinés si le chemin de fer passait dans leurs villes, regrettent amèrement que leurs pères les en aient détournés, et depuis ce temps-là ils ont fait tous les efforts possibles pour établir des traits d'union entre le chemin de fer et la ville où ils sont propriétaires.

Eh bien, Messieurs, sans créer d'analogie, j'appelle cependant votre attention sur ce sujet, au point de vue de la méthode d'observation qui doit vous diriger. Il ne faut pas borner son horizon, se renfermer dans une conception de ses intérêts immédiats et il faut considérer aussi les intérêts généraux.

Ce matin, le représentant des notaires disait ceci : la Belgique a accepté le Livre Foncier, mais la Belgique a, depuis 1851, la réforme du régime hypothécaire. Il oubliait une chose, c'est que, comme le rappelait M. Challamel, la loi qu'ils ont adoptée a été préparée en France et que c'était la Chambre des notaires qui s'était prononcée à l'unanimité contre elle.

On a parlé de la loi de 1855 qui en a été un débris, on a considéré qu'elle a été une amélioration, et la Chambre des notaires s'était également prononcée contre elle ; de sorte que vous me permettrez aujourd'hui de dire : Mais les défenseurs de la propriété bâtie, qui repoussent actuellement la suppression des octrois dans l'intérêt de la propriété bâtie, les notaires qui repoussent les Livres Fonciers dans l'intérêt de la propriété bâtie, se trompent peut-être comme leurs prédécesseurs se sont trompés ; et c'est peut-être moi qui ai raison.

Messieurs, vous comprenez bien qu'il y a eu trop de questions agitées pour que, étant données non seulement la limite du temps accordé par le règlement, mais la limite du temps que vous voudrez bien me donner, je me permette de répondre à ces objections.

Je vous demande donc seulement de faire une causerie à bâtons rompus, et de prendre ces objections au fur et à mesure qu'elles ont été présentées.

On a beaucoup dit qu'il faut garder les impôts qu'on a. C'est un système qu'on trouverait en Chine, en Orient, qu'on trouve dans toutes les nations que nous appelons réfractaires au progrès. Le bât blesse un animal, mais plus il reste dans le même endroit, plus il creuse la blessure, et c'est un mauvais argument de dire que l'animal y est habitué et que, par conséquent, on ne doit pas le changer. Au contraire, il faut chercher à perfectionner le bât.

J'accepte, comme le disent tous les orateurs, que tout impôt est désagréable, — je l'ai déjà dit hier, — que tout impôt consiste à demander à des contribuables de donner de l'argent qu'ils aimeraient mieux garder pour eux.

Mais la grosse question, c'est de tâcher d'obtenir cet argent de deux manières, de la manière la moins préjudiciable au développement de la richesse publique, de la manière qui provoque le moins de répercussion injuste.

On a dit, tout à l'heure, que nous étions incapables de supprimer l'octroi en France ; mais c'est toujours le raisonnement chinois ou turc, et encore la Turquie a supprimé ses octrois. Nous sommes actuellement l'un des deux peuples de l'Europe ayant des octrois. La France est-elle donc incapable de faire une réforme faite par les autres nations ? Un orateur vient de dire : « vous supprimerez les octrois demain, et peut-être que, dans 20 ans, il y aura un Congrès analogue qui viendra en demander le rétablissement. » J'attends ce Congrès. Il y a plus de 20 ans que les octrois ont été supprimés en Angleterre, il y a plus de 30 ans que les octrois ont été supprimés en Belgique. Dans la plupart des autres pays, il y a plusieurs dizaines d'années que les octrois ont été supprimés, et jusqu'à présent, dans aucun de ces pays, on n'a vu un Congrès se réunir pour en demander le rétablissement. Nous aurions donc des chances, si les octrois étaient supprimés en France, pour que nos petits-neveux ne vissent pas des Congrès en demander le rétablissement.

Vous avez dit qu'on prenait l'habitude de la répercussion des octrois, et que, somme toute, les ouvriers eux-mêmes comprennent dans le taux de leurs salaires une part de l'octroi, et que, par conséquent, les salaires s'élevant au fur et à mesure que les droits d'octroi s'élevaient, tout était pour le mieux dans le meilleur des mondes.

C'est une doctrine à la Pangloss.

Mais je crois qu'à Lyon, et vous en trouverez la trace dans le rapport de M. Berthélemy et dans divers documents, l'un des motifs pour lesquels certains ouvriers de Lyon vont habiter la campagne, c'est précisément les droits d'octroi que supporte la ville de Lyon.

Est-ce que, par hasard, c'est le taux des impôts qui règle le taux des salaires ? Ce serait alors trop commode d'avoir de hauts salaires, il n'y aurait qu'à élever les impôts. Non, ce qui règle le taux des salaires, c'est la demande des consommateurs ; et lorsque le consommateur trouve un produit trop cher, il ne le demande plus : alors il y a du chômage, c'est la diminution ou la suppression du travail ; et lorsque, par vos octrois, vous arrivez à élever d'une manière factice le taux des salaires, vous frappez par cela même la production dans le milieu où elle s'élabore et vous frappez de déchéance l'industrie locale. Aussi l'industrie s'en va.

Est-ce que, par hasard, il y a de grandes industries qui viennent s'établir à Paris, dans les villes à octrois ? Elles s'en vont dans la banlieue, au dehors. Pourquoi ? Parce qu'elles calculent les prix d'octroi et se disent qu'elles pourront avoir de la main-d'œuvre à meilleur marché et des produits à meilleur marché.

M. Dupay, de Versailles. — Les matières premières sont dégrevées dans les villes à octrois, pour les industries.

M. Yves Guyot — Pas toutes, pas toujours : et ces dégrèvements donnent souvent lieu à de singuliers abus.

Dans les questions de dégrèvements, est-ce que vous croyez qu'il n'y a pas des difficultés de toutes sortes ? Est-ce qu'une ville industrielle ne devrait pas avoir la liberté du travail, pour se soustraire aux charges fiscales qui résultent de l'exonération même des droits ?

Mais je parlais des salaires qui souvent entrent dans le prix de revient pour plus de 60 0/0.

L'industrie cherche le prix de revient le plus bas possible de son produit, pour lutter contre la concurrence, et, par conséquent, lorsque par des octrois vous augmentez le prix de revient d'un produit, par cela même vous éloignez la production du lieu où elle se trouve, afin de ne pas lui faire supporter une charge quelconque du droit fiscal qui augmente le prix de revient de l'objet.

Messieurs, au point de vue de la méthode, j'ai été étonné de certains arguments donnés par M. Mourgues, par exemple. M. Mourgues a dit ceci : Le 3 août 1848, on a supprimé les octrois à Paris et on les a rétablis ensuite.

Il faudrait calculer, quand on invoque une expérience, les conditions du milieu dans lequel elle se produit. En 1848, on s'est aperçu que la suppression des octrois n'avait pas augmenté la consommation de la viande. C'était la période des journées de juin, d'une des crises les plus aiguës subies par notre histoire, et les malheureux n'augmentaient pas leur consommation de viande, par l'excellente raison qu'ils avaient besoin de pain.

Cela ne prouve absolument rien, et j'oppose à ces expériences les expériences qui ont eu lieu dans les pays étrangers, qui ont été faites en temps de paix, qui existent dans toute l'Europe et qui nous laissent, nous avec l'Italie, les deux seules grandes nations actuellement chargées d'octrois.

Au point de vue de la perception, on a paru faire bon marché du côté vexatoire de la perception. En fait, je pose que la perception de l'octroi doit être forcément vexatoire. Si elle n'est pas vexatoire, l'impôt cesse d'être productif. Il faut que les employés d'octroi aient du zèle pour que l'octroi rapporte quelque chose. Si on veut diminuer leur zèle, il est évident que l'octroi constituera des primes à la fraude.

Dans le rapport de M. Pey, il y a une description de la situation difficile qui est faite à la plupart des préposés des octrois. Dans un rapport de M. Hennequin, qui a été fait au nom du Ministre de l'intérieur, en 1887, il ne relève par exemple que les villes où l'octroi est à ferme ; il y a un certain nombre de fermiers qui prennent à l'adjudication des octrois, alors qu'il semblerait résulter de leurs comptes qu'ils sont en perte. Il est évident que cela démontre une administration un peu fantaisiste.

Je ne veux pas insister, mais il y a eu un certain nombre de procès scandaleux qui ont prouvé que cette institution n'était peut-être pas une excitation à la moralité des contribuables ni des agents de perception.

On a parlé, tout à l'heure, des inconvénients que pourrait avoir, au point de vue des conseils municipaux dont la majorité ne serait pas composée de propriétaires, le remplacement des octrois par des taxes directes. Mais vous avez des conseils municipaux dont la majorité demande le maintien des octrois, le conseil municipal de Roubaix, par exemple ; il y a encore d'autres conseils municipaux qui apportent une certaine fantaisie dans la manière d'administrer leurs budgets ; je ne crois pas qu'ils présentent toutes les garanties au point de vue des perceptions des taxes d'octroi. Aujourd'hui, il y a, en ce moment-ci, un projet devant le conseil municipal de Paris, qui considère que l'octroi doit être un instrument de protection, qui frappe des produits pour protéger la main-d'œuvre des ouvriers, des entrepreneurs, dans l'intérieur des villes.

Je ne crois pas que ces inconvénients de l'octroi soient d'une nature si éphémère que l'on puisse les négliger et dire que l'octroi, s'il était remis entre les mains de conseils municipaux peu propriétaires ou ayant peu de respect pour la propriété, serait plus dangereux que les taxes actuelles de l'octroi, parce qu'il est plus facile, en matière de contributions directes, d'établir des méthodes générales de droit commun qu'un conseiller municipal ne pourra pas violer, qu'en matière de perceptions d'octrois variables et se prêtant à des fraudes multiples.

Il ne faut pas se dissimuler qu'il faudra bien que les ressources fournies aujourd'hui par l'octroi soient payées par quelqu'un. Toute la question est de savoir si les propriétaires ont intérêt à maintenir l'octroi. Je me placerai à ce point de vue.

Je posais tout à l'heure à mon honorable collègue la question suivante : Est-ce que les magasins du Louvre, du Bon-Marché, mettent des tourniquets à leurs portes et demandent à leurs clients de payer un franc, par exemple, avant d'entrer dans leurs magasins ? C'est exactement le contraire qui se produit. Non seulement ils ne mettent pas de tourniquets, mais ils cherchent au contraire à attirer les clients : ils les invitent à entrer par leurs réclames, leurs ballons, leurs étalages; ils disent : Vous êtes chez vous, entrez ; et ils espèrent bien que ces personnes, en entrant, augmenteront la plus-value de leurs maisons. Je sais combien il faut se méfier des raisonnements par analogie ; mais permettez-moi de vous dire qu'il en est de même exactement pour les villes. Quel est l'intérêt des propriétaires dans les villes ? C'est d'appeler le plus de monde possible dans la ville, c'est d'y provoquer la plus grande activité industrielle et commerciale possible, c'est de donner toutes facilités aux personnes qui vivent sur le territoire de leurs communes. Que fait l'octroi ? C'est le tourniquet qui impose une cherté de vie, une cherté du prix de revient de toute industrie, des vexations multiples au point de vue de la perception des droits ; et les propriétaires des villes doivent être les premiers intéressés à supprimer ces barrières.

A quels signes considérerez-vous qu'une ville est en voie de prospérité ou de décadence ? De prospérité, quand il y a plus de locataires que de logements libres, quand on demande à acheter du terrain ; et, au contraire, elle est en décadence, quand les habitants s'en vont, quand il y a plus de locaux à louer, qu'il n'y a de preneurs, quand, au lieu de pouvoir vendre ou louer vos terrains, vous en êtes réduits à les offrir et que vous ne trouvez pas acquéreurs.

Est-ce que vous croyez que l'octroi contribue à augmenter la population des villes? Vous n'avez qu'à voir ce qui se passe à Paris ; la population s'éloigne sans cesse, et il y a dans la banlieue, relativement à la population, une augmentation de 33 0/0, tandis qu'au contraire Paris reste stationnaire. Eh bien, Messieurs, je dois dire qu'avec les moyens industriels que nous donne actuellement la science, avec les chemins de fer, avec les tramways, ce mouvement là se produira de plus en plus, que vous rejetterez la population en dehors des villes ; et, si vous ne voulez pas l'affranchir de l'octroi, elle s'en affranchira elle-même, et ce sont vos tramways, vos omnibus, vos chemins de fer qui contribueront à cette besogne ! *(Applaudissements.)*

J'entends mon voisin dire : on imposera les tramways....

UN MEMBRE.— Nous éloignerons l'octroi.

M. YVES GUYOT.—Vous ne pourrez pas lutter, parce que le tramway s'éloignera aussi.

Je dis que c'est aux propriétaires à envisager la question et à se dire que leur premier intérêt, c'est d'amener autour de leurs propriétés la plus grande activité possible, et, par conséquent, d'attirer les locataires, en facilitant le commerce et l'industrie dans le centre où se trouvent placés leurs immeubles, au lieu de les décourager par les octrois.

Au point de vue des impôts généraux qu'on a présentés pour les octrois, je déclare très nettement que je ne crois pas que l'Etat puisse contribuer d'une manière utile à la suppression des octrois, immédiatement au moins...

UN MEMBRE.— C'est la grosse affaire.

M. YVES GUYOT. — Sur les 1,528 octrois, car le nombre n'augmente pas, et j'ai eu la satisfaction de contribuer à la suppression d'une vingtaine, — et on ne les rétablit pas, — dans 906 communes, il suffit de 50 centimes additionnels pour supprimer les octrois. Dans ces conditions là, il n'y a pas de difficulté. Dans 309 communes, il suffit de 50 à 100 centimes ; dans 200, de 100 à 150 centimes ; dans 113, de plus de 150 centimes.

Si on ajoutait, à ces nouveaux centimes, les centimes actuellement existants, 442 communes seraient grevées de moins de 50 centimes ; 515, de 50 à 100 centimes ; 272, de 100 à 150 centimes ; 192, de 150 à 200 centimes ; 75 communes de 200 à 250 centimes ; 23, de 250 à 300 centimes ; enfin 9, de plus de 300 centimes.

Ces dernières communes sont : Chalon-sur-Saône, 372 centimes ; Bastia, 331 centimes ; Aubervilliers, 311 centimes ; Lunéville, 307 centimes, etc.

Quant à Paris, il faudrait ajouter 237 centimes.

Vous voyez que je ne dissimule pas le moins du monde la difficulté de la question ; mais il n'en reste pas moins acquis que, pour 900 communes, vous pouvez, avec 50 centimes, supprimer les octrois. C'est déjà quelque chose.

Voulez-vous établir des impôts généraux, comme on l'a proposé ? Alors, si vous établissez des impôts généraux pour remplacer les octrois dans les 1,500 communes où ils existent, vous allez prendre sur les autres communes qui ont eu le souci de ne pas mettre des octrois, et vous allez prendre à tous ces contribuables, à ceux de toutes ces communes une certaine somme pour récompenser les communes qui ont eu des octrois.

Je ne crois pas qu'il y ait pour cela une majorité dans le Parlement ; car il ne faut pas se dissimuler que 67 0/0 des électeurs ne paient pas le droit d'octroi. Je ne crois pas que vous trouviez une majorité qui soit disposée à prendre sur des impôt généraux la somme nécessaire pour remplacer les octrois. En Belgique, lorsqu'on a supprimé les octrois, on a pris sur les douanes, sur la poste et sur certains droits d'accise, certaines sommes pour payer les octrois. Non seulement on a remis aux villes qui avaient des octrois, mais à toutes les communes, afin que l'inégalité que je viens de signaler ne pût pas se produire.

Voulez-vous que nous augmentions nos droits sur le café, sur les postes, pour supprimer les octrois ? Je ne crois pas que vous trouviez dans le Parlement une majorité qui soit disposée à suivre ce procédé.

Je prends le système de M. Berthélemy, qui diffère du système que le Maire de Lyon a exposé en 1888. M. Berthélemy parle des droits successoraux. M. Pey a déjà fait la réponse que que je fais. Il veut augmenter les droits successoraux et établir des droits progressifs. Il y a peut-être quelques propriétaires qui se sont dit : « Avec des droits successoraux progressifs, c'est bien, cela pourra servir à remplacer les octrois. » Je considère que ce système est une des plus graves atteintes que l'on puisse porter non seulement au principe même de la propriété, mais à la valeur de la propriété. (*Applaudissements.*)

Qu'est-ce qui se produirait ? Vous voyez que déjà beaucoup de personnes, tenant compte des droits sur les successions, prennent leurs précautions et ont soin d'avoir des valeurs au porteur. Vous savez que non seulement il y a des dissimulations dans les successions, mais encore qu'il y a des personnes qui règlent leurs affaires de famille un certain temps avant leur mort et qui remettent de la main à la main des valeurs au porteur, de manière à échapper aux droits successoraux.

Alors, si vous établissez des droits successoraux progressifs qui peuvent se monter jusqu'à 20 0/0, vous donnez une prime à la dénaturalisation de la propriété immobilière ; par conséquent vous diminuez le placement immobilier et vous frappez la valeur de la propriété immobilière.

J'aimerais mieux, à coup sûr, que la propriété se rachetât directement des taxes d'octroi, en vertu des considérations que je viens d'indiquer tout à l'heure, plutôt que d'avoir recours à une taxe pareille qui la frapperait indirectement mais beaucoup plus lourdement.

On a parlé de la suppression des bouilleurs de cru. J'en suis tellement partisan, que j'ai eu l'avantage de faire voter leur suppression le 11 mars 1888 ; mais la Chambre s'est rattrapée le lendemain. On y arrivera, mais cette suppression sera noyée dans une transformation de l'impôt sur les boissons. On a parlé de monopole sur l'alcool, on en a parlé hier, on en parle à propos de la suppression des octrois. Il y a ainsi certaines taxes que l'on met en avant et auxquelles on fait jouer toute espèce de rôles. Ce sont des appâts que l'on donne à ceux qui voudraient un changement quelconque dans leur situation. Alors, les foules se lancent vers ces bienheureux impôts nouveaux : et, sans calculer ce qu'ils pourraient rapporter, chacun les escompte au gré de ses instincts ou de ses fantaisies.

Eh bien, Messieurs, je crois qu'il faut laisser cela de côté et qu'il faut prendre très nettement la question de l'octroi telle qu'elle est. L'octroi est un impôt local, et il faut, si vous voulez supprimer l'octroi, que ce soient les propriétés qui sont situées dans les localités frappées par les taxes d'octroi qui payent l'octroi.

M. PEY. — C'est la conclusion.

M. YVES GUYOT. — C'est une conclusion qui est bien vieille et je regrette qu'elle soit aussi vieille, car je considère que si, au lieu de discuter pendant 11 ans après qu'elle a été posée pour la première fois devant le Parlement, on avait commencé par la mettre en pratique, il est probable que la question de l'octroi serait résolue.

Je suis partisan (et depuis 30 ans dans la vie publique je n'ai cessé de le dire) de la méthode expérimentale en matière économique et fiscale. Je désire que nous apportions dans nos transformations sociales le même procédé que nous apportons dans les recherches scientifiques. Je considérerais comme extrêmement imprudent de vouloir supprimer du jour au lendemain un octroi comme celui de Paris ou Lyon. Je crois qu'il faut y aller très prudemment et par gradation.

J'ai fait adopter, en 1880, au Conseil municipal de Paris, un premier projet supprimant les droits sur les boissons et sur la viande. Avec une taxe de 2 (deux) pour mille sur la valeur de la propriété, on aurait pu obtenir ce résultat et on aurait vu la répercussion qui se serait produite. Elle n'aurait pas été énorme et, au bout de deux ou trois ans, on aurait pu faire un pas de plus, quand déjà la propriété aurait pu bénéficier de la charge qu'elle aurait assumée. Au lieu de cela, qu'avons-nous fait, que faisons-nous ? Rien.

Les propriétaires considèrent la suppression des octrois comme une chose épouvantable. D'un autre côté, les esprits s'exaspèrent, et alors voici les dangers qui se produisent : au lieu de faire une réforme graduelle, un beau jour vous aurez, dans un emportement de majorité parlementaire, dans le coup de tête possible d'un Gouvernement faible ou passionné, vous aurez une suppression brutale des octrois, soit à l'aide d'un impôt progressif sur les successions, soit sur la propriété bâtie, soit sur le revenu : ce sont là des questions qui s'agitent et qui ont déjà été résolues dans tous les pays voisins, sauf l'Italie. Vous pourrez voir ces impôts tomber sur vous, du jour au lendemain, et vous aurez votre part de responsabilité, parce qu'au lieu de prévenir en agissant par vous-mêmes, vous aurez attendu en refusant de rien faire.

Je considère que les propriétaires auraient dû, depuis longtemps, se mettre à la tête de la réforme de l'octroi, prendre cette initiative, s'ils avaient bien calculé leur intérêt.

On a parlé tout à l'heure des fourrages. Rien n'est plus facile que de supprimer un impôt sur les fourrages : ce sont les chevaux qui les mangent. C'est un simple artifice de comptabilité de prélever sur les fourrages, au lieu de prélever sur les chevaux. L'assiette de l'impôt est facile à déterminer. Actuellement les propriétaires sont obligés de faire recenser leurs chevaux pour la guerre. En prévision de la perte de leur cheval, c'est eux-mêmes qui en déterminent la valeur. Il n'y aura qu'à prendre la somme qu'ils fixent de leur cheval, pour savoir ce qu'il faudra faire payer.

Au point de vue du combustible, rien n'est plus facile que de changer l'impôt sur les combustibles en un impôt sur les usines et les cheminées.

Au point de vue des matériaux, rien de plus facile. Vous faites payer l'avance de l'octroi par un entrepreneur, qui escompte ensuite l'avance faite à l'octroi sur le propriétaire, et le propriétaire est obligé d'escompter à son tour sur le locataire qui vient. Par conséquent, cet impôt est chargé de deux escomptes, tandis qu'il n'y a rien de plus simple que de percevoir sur les matériaux, à l'aide d'abonnements, et de prélever l'impôt sur une période de quatre ou cinq ans, de façon que le propriétaire et l'entrepreneur ne soient pas immédiatement obligés d'en faire l'avance.

Nous en revenons donc à l'impôt sur les vins, les objets d'alimentation, les alcools. A Paris, l'impôt sur l'alcool produit peu de chose : 13.600.000 francs en moyenne. C'est une grosse erreur de supposer que l'impôt sur l'alcool peut remplacer les octrois. Si on voulait remplacer les droits sur les vins, qui sont de 47 millions à Paris, par une taxe sur les alcools, il faudrait arriver à des droits d'octroi de 359 francs qui, ajoutés aux 156 francs de droits actuels, élèveraient le droit d'octroi à environ 540 francs.

Un droit d'octroi pareil donnerait une forte prime à la fraude et diminuerait la consommation de l'alcool. Dans aucun Etat, l'alcool ne paye autant.

Il faut donc que, de toute manière, nous en revenions à un impôt sur la propriété pour supprimer l'octroi, et, je le dis très nettement, je considère que c'est sur la valeur vénale de la propriété qu'il doit être établi et non pas sur le revenu. Je crois qu'il faut complètement laisser de côté le locataire ; j'en ai déjà dit quelques mots hier, et j'ai encore un argument bien plus fort que celui que j'ai indiqué, pour demander que le fisc ne le connaisse pas.

On a parlé tout à l'heure des Conseils municipaux. Oui, il y a des conseils municipaux qui exemptent les petits loyers et qui font reporter sur l'octroi le contingent de ces petits loyers. C'est là un argument que l'on donne en faveur du maintien de l'octroi, sans s'apercevoir que ce système habitue une grande quantité de contribuables, 400,000 à Paris, à ne pas payer d'impôt. Je considère qu'il faut traiter tous les citoyens au même titre devant l'impôt, et comme, d'un autre côté, il est impossible que vous perceviez l'impôt sur ces contribuables, je trouve qu'il est beaucoup plus simple de frapper directement la propriété. Ce sera le propriétaire qui fera la répercussion de l'impôt sur le locataire, et le locataire saura parfaitement que, dans son loyer, il y a une part de l'impôt, et qu'il n'en est pas exempt.

M. Picot disait hier que c'était la propriété occupée par le petit locataire qui produisait le plus fort revenu. Il ne tenait pas assez compte de la question du risque locatif que le propriétaire compte dans sa rémunération. Vous avez des maisons dans le XIe arrondissement qui sont louées à beaucoup de petits ménages, avec des murs pas solides, des cloisons minces, des escaliers pas luxueux. Ce sont des maisons de très petite valeur et qui rapportent beaucoup. Vous avez, au contraire, des maisons dans les quartiers riches, solidement établies, avec de beaux matériaux et elles rapportent moins que les autres.

C'est pour cela que je préfère de beaucoup frapper la valeur vénale de la propriété, plutôt que de frapper la valeur locative ; parce que je considère que, de cette manière, on a une proportionnalité plus exacte, et que vous ne grevez pas le petit contribuable. Puis, il y a des hôtels particuliers, des parcs, des jardins. Actuellement, ils ne payent presque rien. Je considère qu'il faut faire payer d'après la valeur.

On a parlé des terrains. Est-ce que vous croyez que ces terrains de spéculation ne rapportent pas un intérêt ? Pourquoi donc ces terrains de spéculation seraient-ils exonérés d'impôts ? Pourquoi donc ne paye-raient-ils pas ?

Permettez-moi de dire que je suis tout à fait hostile, opposé au dégrèvement du propriétaire quand sa maison n'est pas louée, parce que je considère que vous donnez, dans ce cas-là, une prime au proprié-taire contre le locataire. Je demande que la propriété soit imposée d'après sa valeur, mais c'est au propriétaire d'en faire le meilleur usage possible.

Voilà mon système très net. Je vous ai dit pourquoi je le soutenais ; que je considérais qu'il était de l'intérêt même de la propriété de ne pas maintenir d'obstacle à l'entrée des villes ; qu'on ne peut racheter les octrois que par des taxes locales, et enfin que je crois qu'il est bon que les propriétaires urbains examinent la question dans toute sa réalité et ne se payent pas de l'utopie de croire que les octrois puissent être rachetés par les impôts généraux.

Dans les rapports, on a dit : le projet de M. Yves Guyot a été voté en 1889, puis à la Chambre dernière ; et un rapporteur a ajouté : « La Chambre, à la hâte, a voté ce projet. » Mais il avait déjà été voté par la législature de 1885-1889 ; il avait déjà été déposé une première fois par M. Menier en 1880, et je n'ai fait que le reprendre. Vous ne le trouvez pas parfait ? Soit. J'attends un meilleur projet, j'attends que des législateurs veuillent bien le déposer avec quelque chance de le faire accepter. Jusqu'à présent, j'ai toujours attendu, et mon attente a été vaine.

On a beaucoup parlé de l'octroi, mais on n'a rien fait. Il n'y a pas eu d'autre projet que le mien ou des projets correspondant au mien. Je demande certaines garanties de droit commun, de manière à protéger la propriété contre les fantaisies de certains conseils municipaux. Je demande la liberté pour les communes d'avoir recours aux divers modes de taxes pour le remplacement des octrois. Je leur laisse le champ de l'expérience. Certaines communes commenceront par faire telle ou telle tentative pour supprimer les droits d'octroi dont la disparition semblera la plus urgente. Et puis trois ou quatre formules s'établiront peu à peu ; elles entreront dans les mœurs ; et, dans peu de temps, nous pourrons assister à la suppression de ces 900 octrois dont la charge est si minime ; puis, pour de grandes communes comme Paris et Lyon, il pourra y avoir une période de 8 ou 10 ans, au bout desquels la question de l'octroi sera résolue. Ce que je considère comme urgent, c'est de commencer par agir, au lieu de continuer à discuter. (*Applau-dissements.*)

M. le Président. — La parole est à M. Larsonneau.

M. Larsonneau. — Je n'ai pas entendu parler de la question de droit. A-t-on le droit, dans l'état de choses actuel, de supprimer l'octroi ? Je soutiens que non. Une commune contracte un emprunt ; c'est à l'aide de l'octroi qu'elle doit payer l'emprunt. Le prêteur a un octroi comme gage.

M. le Président. — La parole est à M. Haumont.

M. Haumont. — Je crois que le précédent orateur va bien loin au point de vue du droit. Si une commune n'inscrit pas à son budget les sommes suffisantes, il y a l'inscription d'office par l'autorité supérieure.

La théorie précédente irait bien loin ; ce serait l'immobilité absolue en matière d'impôt. Il y a dans l'esprit de l'orateur une confusion, et je crois que ce serait une erreur de penser que les communes n'ont pas le droit de supprimer les octrois. Au point de vue qui vient d'être posé, je revendique pour les Villes comme pour l'Etat le droit de modifier les systèmes d'impôts. (*Applaudissements.*)

M. le Président. — Je tiens, avant de lever la séance, à répondre un simple mot à M. Yves Guyot. Il demandait, tout à l'heure, quelle avait été l'idée des organisateurs du Congrès en lui confiant la présidence d'une section. Leur but a été bien simple : c'était d'apporter au Congrès de grandes lumières et une grande compétence sur toutes les questions portées à l'ordre du jour. (*Vifs applaudissements.*)

La séance est levée à 5 h. 55.

CINQUIÈME SÉANCE

(Mercredi matin, 8 Août)

SECTION IV

La séance est ouverte à 8 heures 30, sous la présidence de M. Félix Richer, président de la Section IV.

Prennent place au bureau : MM. Félix Richer, président ; Vachez et Bellan, vice-présidents ; J.-B. Pey, secrétaire ; Enou, Laignel, Bagnard, rapporteurs.

M. le Président. — Messieurs, nous avons à nous occuper, ce matin, de l'étude des questions portées à la Section IV : *Rapports de la propriété bâtie avec les Villes, les Compagnies concessionnaires de services publics, les Administrations.*

En voici le programme :

De la Voirie dans ses rapports avec la propriété privée. — Constructions et réparations d'immeubles longeant la voie publique. — Des passages privés dans les villes. — Taxes municipales : Trottoirs, Balayage, Vidange *(Droits de stationnement)*. Egouts, Eaux, Gaz et Electricité...

Le premier rapporteur inscrit est M. Bellemain.

M. Grosset, secrétaire général. — Nous avons reçu une lettre de M. A. Bellemain, nous indiquant les raisons pour lesquelles il n'a pas cru devoir présenter un rapport distinct de celui de M. Enou, sur *la Voirie dans ses rapports avec la propriété privée.*

La voici :

Monsieur le Secrétaire Général,

J'ai reçu le programme que vous m'avez adressé du Congrès de la Propriété bâtie.

Après entente avec M⁰ Enou, nous ne ferons pour la Section IV qu'un rapport unique sur *la Voirie dans ses rapports avec la propriété privée,* — sujet qui comprend les *Servitudes de Voirie.*

Veuillez agréer.....

Nous avons également à vous présenter les excuses de M. P. Gombault, secrétaire de la Section IV, retenu par un deuil de famille, ainsi que de MM. Rubellin, Edm. Badois et J. Tavernier, qui n'ont pu préparer les rapports qu'ils s'étaient chargés de présenter au Congrès.

Voici la lettre de M. Edm. Badois :

Paris, le 3 août 1891.

Monsieur le Secrétaire Général,

J'ai le vif regret de ne pouvoir me rendre au Congrès de la Propriété bâtie à Lyon, et de ne pouvoir faire le rapport que j'avais en vue.

Je vous prie de vouloir bien faire agréer mes excuses.

J'ai espéré jusqu'au dernier moment me rendre libre, mais je vois aujourd'hui que cela m'est impossible.

Sous ce pli vous trouverez mon adhésion...

Veuillez agréer.....

M. J. Tavernier, cruellement éprouvé par la mort de son père, nous écrivait également à la date d'hier :

Monsieur,

J'ai le regret de vous confirmer que, par suite de circonstances dont j'ai entretenu M⁰ Pondeveaux, il m'a été impossible de m'occuper du Congrès de la Propriété bâtie.

Recevez.....

M. LE PRÉSIDENT. — Pour les raisons qui viennent de nous être indiquées, les seuls rapporteurs restant inscrits à la Section IV sont donc :

M. L. Enou, avocat à la Cour d'appel de Lyon, professeur à la Faculté de droit de Lyon : *Les servitudes de voirie.*

M. René Laignel, avocat, membre du Conseil d'Administration de la Chambre Syndicale des propriétaires et constructeurs du Havre : *Constructions et réparations d'immeubles longeant la voie publique.*

M. Emile Bagnard, membre du Conseil d'administration des propriétaires de maisons d'Amiens : *Les passages privés dans les villes.*

Je donne la parole à M. Enou.

M. Enou. — Messieurs, je m'en veux presque, après les intéressantes discussions auxquelles vous vous êtes livrés ces jours-ci, d'appeler votre attention sur des questions qui, au premier abord, paraissent secondaires ; mais qui, je l'estime du moins, présentent un intérêt capital pour le régime de la propriété foncière : ce sont celles de ses rapports avec la voirie.

Dans le rapport très bref que j'ai eu l'honneur de déposer, j'ai appelé l'attention du Congrès sur un certain nombre de réformes qui me paraissent absolument indispensables, pour assurer la sécurité et surtout la stabilité, la précision dans les rapports de la propriété privée avec la voie publique.

La première réforme sur laquelle j'appelle votre attention est la suivante : A l'heure actuelle, toutes les questions qui se posent touchent à ces grands problèmes financiers, sociaux, qui absorbent peut-être trop exclusivement l'attention de nos législateurs. Il y a, à mon avis, des questions d'une autre nature qui, pour être secondaires, en apparence du moins, n'en ont pas moins trait à la vitalité même de la propriété privée.

Nous vivons sous l'empire de la législation la plus surannée, et j'ajoute la plus étrange, qui se puisse concevoir. Sous l'ancienne monarchie, un certain nombre de règlements, dont la plupart étaient relatifs spécialement à la ville de Paris, déterminaient accidentellement, occasionnellement les rapports qui existaient entre les propriétés construites au milieu des agglomérations urbaines et la voie publique. Ces règlements étaient-ils bons, étaient-ils mauvais ? Il ne m'appartient pas de le décider actuellement. Ce que je veux en retenir, c'est qu'en 1791 on avait décidé qu'ils seraient maintenus, mais provisoirement.

Chose étrange ! ces règlements existent encore aujourd'hui. Ce sont ces règlements, chefs-d'œuvre d'obscurité, en dehors de nos conceptions modernes, sur les voies publiques, qui régissent encore la propriété privée.

S'il m'était permis (la résolution que vous avez prise y fait obstacle) de formuler un vœu au sujet de cette discussion, ce serait d'appeler l'attention du législateur sur la nécessité d'une codification des règles régissant cette matière. Si le législateur se contentait de formuler, dans un texte contemporain, les règles qui régissent la propriété privée dans ses rapports avec la voirie, son innovation consistant purement et simplement à formuler dans un texte intelligible pour tout le monde, précis, clair, quels sont les sacrifices imposés à la propriété privée dans l'intérêt de la voie publique, je considérerais qu'il y aurait là, dans cette simple œuvre de codification, une des réformes les plus pratiques que la propriété privée puisse réclamer. *(Applaudissements.)*

Permettez-moi de vous en donner un exemple. Que le simple particulier veuille faire un contrat de mariage, un testament, une vente, un échange, une transaction. Qu'il aille trouver son conseil, son homme d'affaires, son notaire. L'homme d'affaires, le conseil ou le notaire, sur la demande du client intéressé, trouvera très facilement le texte dont il doit faire l'application dans l'opération juridique qu'il s'agit de constater.

Prenez un propriétaire, et qu'il ait l'indiscrétion de demander à une administration municipale, lorsqu'il vient réclamer l'alignement, par exemple, et qu'on lui dit : « Vous construirez telle ou telle maison », qu'il ait l'indiscrétion de demander à l'administration : « Mais vous m'imposez, à moi, propriétaire, de tels sacrifices, ayez donc l'obligeance de m'indiquer où se trouve votre droit, que je puisse moi, contradictoirement, apprécier vos prétentions. »

Je ne suis pas téméraire en vous disant que si le propriétaire a été embarrassé, — et c'est son droit : il n'est pas jurisconsulte, pour se rendre compte par lui-même des droits qui peuvent appartenir aux administrations en ce qui concerne l'intérêt de la voie publique à l'encontre de la propriété privée, — l'administration elle-même le sera davantage, lorsqu'il faudra dire à ce propriétaire intéressé : « Voilà quels sont les textes et les règles que j'entends vous appliquer. »

C'est cette situation étrange, dont nous comprenons à peine le caractère exorbitant, parce que cette situation dure depuis un siècle, c'est cette situation, dis-je, qu'il importerait à tout prix de faire cesser.

Mon premier vœu est donc d'obtenir, et c'est possible, une codification des règles de la voie urbaine, des textes précis disant : voilà les prérogatives qui appartiennent à l'administration, voilà où l'administration peut aller dans ses rapports avec la propriété privée, au point de vue des sacrifices qu'elle peut lui imposer. *(Applaudissements.)*

C'est l'objet de mon premier point.

Dans le très modeste rapport que j'ai fait, j'ai appelé l'attention du Congrès sur un certain nombre de réformes de détail. Je n'ai pas besoin de vous dire que mon travail est loin d'être complet. La première réforme que je soumets à vos appréciations est la suivante. Vous savez tous que, lorsqu'un propriétaire veut construire le long d'une voie publique, la première charge que la loi lui impose c'est de demander l'alignement. L'administration municipale est appelée à délivrer l'alignement individuel ou partiel, c'est-à-dire la délimitation précise entre la voie publique et la propriété privée. Cette administration, qui est appelée à délivrer l'alignement, comment doit-elle le délivrer et surtout dans quel délai ? Ce sont les règlements locaux, règlements sans valeur à ce point de vue, qui viennent déterminer dans quel laps de temps, pour ce propriétaire qui veut construire, qui a intérêt à construire et qui peut avoir intérêt à construire le plus tôt possible, l'administration doit faire cette délivrance.

Voilà donc un propriétaire qui, au point de vue de l'exercice de son droit, — ici du moins nous le considérons comme un droit primordial, — est à la merci de l'administration.

J'aurais moins qualité que personne pour incriminer les administrations, je les tiens pour très bienveillantes, très intelligentes, mais cependant le propriétaire peut se trouver en face d'une administration mal intentionnée, ou bien intentionnée en général, mais malveillante à l'égard du particulier qui demande l'alignement.

Voilà un propriétaire qui se trouve en présence d'une législation, donnant le pouvoir à l'administration de délivrer l'alignement, faisant de cette délivrance une condition *sine qua non* pour que le propriétaire puisse construire légalement, et qui n'impartit aucun laps de temps, dans lequel cette obligation doit être remplie.

La première réforme de détail que nous demandons, c'est d'impartir un délai aux administrations compétentes pour délivrer l'alignement, délai pendant lequel elles auront l'obligation, sous une sanction dont je parlerai tout à l'heure, de délivrer l'alignement au propriétaire. *(Applaudissements.)* Il ne faut pas que le propriétaire qui veut construire soit à la merci de l'administration.

Dans ce même ordre d'idées, il arrive souvent que les administrations projettent des opérations de voirie, des modifications profondes au point de vue de la direction, de la longueur des voies publiques. Ces modifications ont leur contre-coup, leur répercussion sur la situation des propriétaires riverains.

Il est évident, par exemple, que, lorsqu'une rue a 8 mètres de largeur, que l'administration municipale fait étudier une amélioration de cette voie publique pour en porter la largeur à 12 ou 14 mètres, les propriétaires, dont les constructions bordent l'ancienne voie, ne pourront pas obtenir l'alignement dans les mêmes conditions qu'avant l'opération projetée.

Une opération de voirie est longue : depuis le moment où elle germe dans l'esprit de l'administration, jusqu'au moment de sa réalisation, il s'écoule toujours un laps de temps appréciable. Ici, les opérations deviennent plus complexes. L'intérêt du propriétaire, c'est de pouvoir construire le plus tôt possible; il le désire, c'est son vœu, c'est l'exercice de son droit. D'un autre côté, il faut bien tenir compte d'un intérêt général représenté par les administrations, qui ne peuvent pas laisser élever des constructions qui viendraient mettre un obstacle considérable à l'amélioration projetée.

Il y a donc à concilier deux intérêts en opposition.

Jusqu'à quel moment une administration municipale, pour prendre toujours cet exemple, peut-elle refuser l'alignement au propriétaire en vue d'une opération de voirie projetée ? Voilà un point qui n'est pas examiné par le législateur et qui doit être résolu.

De telle sorte qu'à l'heure actuelle, en vue d'un projet rudimentaire qui n'entre pas encore dans la période de précision, une administration municipale peut opposer la force d'inertie au propriétaire lui demandant l'alignement, ou même le lui refuser en lui disant : « Sans doute la voie publique est telle aujourd'hui, mais nous avons un projet qui sera réalisé dans deux ou trois ans, ou dix ans : et, en vue de ce projet, nous vous refusons l'alignement, parce que, si vous veniez à reconstruire, vous mettriez sur nos plans un immeuble plus considérable que l'immeuble actuel, et nous préférons n'avoir pas à exproprier une maison qui entraînerait une indemnité trop lourde. »

Il faut que le législateur vienne préciser le moment à partir duquel des opérations de voirie projetées constituent un obstacle juridique. Il faut que l'administration soit couverte vis-à-vis du propriétaire en lui disant : « Je vous refuse l'alignement, parce que la loi me donne le droit de refuser en vue d'une opération de voirie arrivée à tel point de son étude. »

Il faut, d'autre part, que le propriétaire puisse dire : « J'exige, malgré le projet, la délivrance de l'alignement qui m'est nécessaire pour construire, parce que les projets que vous étudiez actuellement ne sont pas arrivés à ce degré de certitude telle que vous puissiez faire obstacle à l'exécution d'une construction nouvelle. » Je vous demande pardon d'insister là-dessus, mais l'expérience me montre que les remèdes apportés à cette situation sont détestables.

Sans doute, la jurisprudence vous dit que, lorsqu'un maire refusera l'alignement, vous pourrez faire un procès devant le Conseil de Préfecture. Pourquoi le Conseil de Préfecture? Sans sortir de cette enceinte, si je faisais appel aux connaissances juridiques de ceux qui m'écoutent, je ne trouverais pas de contradicteur en disant que cette jurisprudence est difficile à justifier...

C'est un expédient, dit notre honorable Président. Eh bien, tous les expédients sont détestables, surtout lorsqu'il s'agit du régime de la propriété foncière.

Il y a un autre inconvénient. Vous savez tous que les voies publiques appartiennent à la grande et à la petite voirie, que celles qui appartiennent à la petite voirie rentrent dans le contentieux des tribunaux d'ordre judiciaire, que celles qui appartiennent à la grande voirie rentrent dans le contentieux du Conseil de Préfecture. De telle sorte que nous avons une double jurisprudence, l'une émanant du plus grand corps de l'autorité judiciaire, l'autre du plus grand corps de l'autorité administrative : le Conseil d'Etat. Avantage appréciable, mais j'en aimerais mieux un autre, l'unité jurisprudentielle. J'aimerais mieux une jurisprudence qui m'accorderait la sécurité aussi complète qu'on peut l'obtenir. Et c'est là un regret que j'exprime avec d'autant moins d'hésitation qu'il y a entre ces deux jurisprudences des divergences complètes, c'est-à-dire que tel propriétaire, qui fait tel acte impunément avec l'une de ces jurisprudences, ne le fera pas impunément avec l'autre.

Permettez-moi de vous citer un exemple. Voici un propriétaire qui construit le long de la petite voirie. Il néglige de demander l'alignement. Procès-verbal. Il a cependant respecté le plan général d'alignement. Si c'était sur la grande voirie, il en serait quitte pour une amende, et sa construction serait maintenue. Mais voici que la Cour de Cassation, bien plus rigoriste que le Conseil d'Etat, (cela arrive souvent), vient dire : ce qui a été construit, l'a été illégalement : et comme les anciens règlements disent qu'il faut détruire la besogne mal faite, on vient forcer ce propriétaire à démolir une construction qui était, notez-le bien, à l'alignement, sous prétexte qu'elle a été élevée sans l'autorisation de l'administration !

Je dis qu'il faut avoir supporté pendant près d'un siècle une législation aussi surannée, pour ne pas comprendre qu'il y a là une réforme qui s'impose absolument. Par conséquent il y a, dans la sanction à introduire au point de vue qui nous occupe, cette règle fort simple que, là où une construction aura été élevée sans autorisation, mais conforme à l'alignement du plan général, elle doit être maintenue ; c'est l'évidence, c'est le bon sens. *(Applaudissements.)*

Dans cet ordre d'idées, j'ai à vous signaler une autre réforme. Vous savez tous ce qu'on entend par plan général d'alignement. Quand une voie publique va être créée, il est dressé un plan général, qui comprend le plus généralement l'ensemble de cette voie en longueur et en largeur. Ce plan général fait l'objet de certaines formalités dont je n'ai pas à vous entretenir.

C'est très théorique ce que dit la loi sur ce plan général d'alignement ; mais voyons les choses au point de vue pratique. Voilà un propriétaire qui veut construire ; il s'adresse à l'administration municipale, il demande une délivrance d'alignement individuel. L'employé de la voirie le lui délivre ou doit le lui délivrer conforme au plan général d'alignement.

Mais, propriétaire, je me pose la question suivante : cet alignement individuel qu'on me délivre est-il conforme au plan général d'alignement ? J'estime qu'il y a là une opération contradictoire qui devrait être faite, entre le propriétaire bénéficiant de l'alignement individuel qu'on lui délivre et l'administration qui lui fait cette délivrance. Il y a une opération de vérification et de contrôle, à l'effet de rechercher si cet alignement individuel est absolument conforme au plan général d'alignement.

Notez que les observations que je présente ne sont pas purement théoriques ; elles ont leur intérêt. Supposez une administration qui veuille améliorer les voies publiques dans des conditions autres que le plan général lui-même. Voilà une rue qui a une largeur de douze mètres. L'administration se dit : mais si nous lui donnions seize mètres de largeur !

Il faudrait organiser un système de publicité, permettant au propriétaire de trouver ces documents officiels qui constituent la loi de la propriété privée dans ses rapports avec les pouvoirs publics. Il faut qu'il puisse les trouver ailleurs que dans les bureaux des administrations qui font exécuter les opérations de voirie, et il faut qu'un propriétaire, accompagné d'un homme de l'art qui a sa confiance, puisse contrôler ce plan général d'alignement et se rendre compte si les délivrances d'alignement qui lui sont faites sont ou non conformes. *(Applaudissements.)*

Au point de vue des opérations de voirie, y en a-t-il un seul parmi vous qui n'ait pas été frappé des inconvénients suivants ? Voilà une administration municipale qui étudie un projet d'amélioration des voies publiques. L'étude est terminée, le plan général d'alignement est homologué ; c'est la loi, c'est entendu. Un an après, alors que, sur la foi de ce plan général, et à la suite de la délivrance d'alignement, les propriétaires ont construit, voici que cette même administration met à l'étude un nouveau projet de voirie imaginant de transformer cette même voie en une voie beaucoup plus importante.

Voilà donc un propriétaire qui, après avoir construit un immeuble de 700.000 francs, — l'hypothèse n'est pas invraisemblable, — d'après l'alignement qui lui avait été délivré, voit, un an après, un nouveau plan d'alignement de la voie publique frapper son immeuble d'un reculement de trois mètres, par exemple ; de telle sorte que ce propriétaire, qui était autorisé à considérer, non pas comme définitif, son immeuble, mais comme en sécurité avec les règles de la voirie pour une longue période, voit cet immeuble, représentant une valeur considérable dans sa fortune, subir alors une dépréciation énorme.

Est-ce qu'il n'y a pas quelque chose à faire ? Est-ce que, dans la substitution possible d'un plan général d'alignement nouveau à un autre plan général d'alignement, est-ce qu'il n'y a pas lieu à une intervention du législateur venant dire que, quand une voie publique aura été l'objet d'un plan général d'alignement, ce plan ne pourra plus être modifié, si ce n'est après l'expiration d'un délai de..... Et alors, vous n'aurez plus ces transformations brusques que subit la propriété bâtie des villes : des plans généraux d'alignement venant porter l'atteinte la plus grave aux droits très légitimement exercés sur la foi de mesures prises par l'autorité administrative. Voilà un point sur lequel j'appelle votre attention.

Il en est un autre très important. Vous savez tous ce que c'est que la servitude de reculement. Lorsque, pour une voie publique existante, un plan général d'alignement est dressé, les maisons qui se trouvent en avancement des limites de cette voie publique sont frappées de ce qu'on appelle la servitude de reculement, c'est-à-dire que, le jour où le propriétaire veut reconstruire son immeuble, il est obligé d'abandonner à la voie publique, sur une profondeur plus ou moins considérable, une bande de terrain.

Mais, au moyen de ces servitudes, les administrations peuvent-elles arriver à opérer sur les immeubles qui les bordent une véritable expropriation ? Je prends un exemple. Voici une voie publique qui a 6 ou 7 mètres de largeur. L'administration municipale imagine une magnifique percée : à cette voie elle substitue, sur le papier, une voie de 18 mètres. Vous voyez d'ici les immeubles qui se trouvent en bordure.

Est-ce que vous allez les prendre par la servitude de recul, c'est-à-dire attendre jusqu'au jour où le propriétaire voudra démolir, lorsque vous serez appelé à lui délivrer son alignement ? Est-ce que vous lui direz : votre terrain se trouve en avancement, il faut reculer, abandonner le terrain, et, d'après la loi, nous allons vous indemniser ?

Cela est si monstrueux que la jurisprudence a été appelée à se prononcer : elle a décidé qu'il y avait une différence entre ce que j'appelle le domaine de la servitude de reculement et le domaine de l'expropriation.

Je suis plus exigeant encore, et cette jurisprudence ne me suffit pas. Voici pourquoi. Ce qu'il me faut, à moi propriétaire, c'est de la précision dans les règles qui sont applicables. Il ne faut pas qu'un arrêt, appréciant le pouvoir d'une administration, puisse nous dire : « Vous, propriétaire, vous céderez votre terrain par la servitude de reculement, et l'indemnité ne sera que de la valeur du terrain nu cédé. Mais vous,

11

propriétaire, on ne vous expropriera que sous la condition d'appliquer la loi du 3 mai 1841, et de vous donner une indemnité représentative de la valeur intrinsèque de votre terrain et de votre maison. »

Je dis que, pour le propriétaire, il faut une législation précise, qui vienne lui indiquer le domaine précis de la servitude et le domaine précis de l'expropriation. Il faut savoir à partir de quel moment l'administration ne pourra plus prendre la propriété appartenant aux riverains, ou, pour l'obtenir, devra recourir à la procédure de l'expropriation pour cause d'utilité publique.

Et puis enfin, dans ce même ordre d'idées, j'ai besoin, moi, propriétaire, d'avoir un autre renseignement. Il n'est pas douteux que ma demande d'indemnité sera portée devant le jury d'expropriation, lorsqu'il y aura expropriation proprement dite ; mais lorsqu'il y a une expropriation d'une nature particulière, qui résulte des plans d'alignements, où se trouve donc le texte qui parle du jury ? Il n'y en a pas. De sorte que, pour l'une des servitudes les plus fréquentes, les plus graves au point de vue des conséquences, la plus importante, l'indemnité n'est réglée par aucun texte législatif. Il serait impossible à une administration, comme au propriétaire lui-même, de venir dire : voilà le texte dont je me prévaux pour aller devant le jury. Impossibilité pour le propriétaire de dire à l'administration : vous ne voulez pas me payer, voilà le texte qui m'autorise à vous conduire devant le jury d'expropriation pour faire fixer une indemnité. De telle sorte que le propriétaire est à la merci d'une décision de jurisprudence, très stable je le reconnais, mais jurisprudence qui peut changer.

Voilà, Messieurs, ce que j'avais à vous dire dans ce premier ordre d'idées. J'en aborde un autre où, peut-être, nous ne serons pas d'accord. Mais j'abuse peut-être de vos moments... *(Non ! — Parlez ! — Parlez !)*

Dans les desiderata que je viens de formuler, je me suis préoccupé des intérêts de la propriété foncière : c'est en me plaçant à ce point de vue que j'ai réclamé, pour son régime dans ses rapports avec le domaine public, plus de clarté, plus de précision. Mais ces améliorations et réformes sont aussi bien justifiées par l'intérêt bien entendu des administrations municipales. Il importe autant à elles qu'aux propriétaires d'avoir une législation claire et intelligible.

C'est en faveur de l'administration que je réclamerai la réglementation nouvelle d'une prérogative, consacrée dans un certain nombre de textes, portant atteinte, en apparence, aux droits du propriétaire, mais que je considère comme étant encore dans l'intérêt de la propriété privée. Je veux parler de la plus-value. Vous savez tous que les voies publiques, créées dans l'intérêt de tout le monde, peuvent procurer à la propriété privée des avantages. Il est bien certain que, sans sortir de

Lyon, si vous avez contemplé les résultats obtenus par certaines opérations de voirie récentes, vous avez pu vous rendre compte qu'à côté des immeubles pris par la Ville de Lyon, il en est d'autres qui, grâce à cette opération, vont augmenter de valeur dans une proportion considérable, sans indemnité à la charge des propriétaires.

Est-il juste que ces propriétés augmentent de valeur indirectement, sans compensation pour l'administration ?

Si je consulte le législateur, il fait trois réponses inacceptables, je n'aurai pas de peine à vous le démontrer. Il dit au propriétaire qui subit une expropriation pour partie : lorsque vous irez devant le jury, si la partie qui vous reste reçoit par les travaux une plus-value, le jury devra tenir compte de cette plus-value. Si ce même propriétaire, qui n'est pas exproprié mais subit un dommage, va devant le Conseil de Préfecture demander le montant du préjudice causé, la jurisprudence vient dire au Conseil de Préfecture : fixez une indemnité, mais tenez compte de la plus-value procurée à la propriété endommagée. Enfin, lorsque le propriétaire n'est pas exproprié pour partie, la plus-value peut être encore réclamée au propriétaire, mais sous des conditions spéciales d'une application en fait presque impossible. On n'en citerait que de très rares exemples. La Ville de Lyon en donne un exemple pour les quais de la Saône, qui ont donné lieu à ces indemnités. — Je dis que cela est injuste. Pourquoi faire payer la plus-value à ces propriétaires, et non pas aux voisins, qui n'ont pas d'indemnité à réclamer ? Pourquoi diminuer l'indemnité à ce demandeur qui a subi un préjudice, alors que vous ne réclamez rien à son voisin qui, lui, n'a pas de préjudice pour lequel il réclame une indemnité ? Il y a là, d'une part, une injustice flagrante. D'autre part, c'est un élément de produit que les villes ne doivent pas négliger et qu'il serait bon de voir consacrer. Sans doute, la ville qui réalise une opération de voirie poursuit un intérêt général, — c'est entendu, — mais enfin les propriétés acquerront une plus-value pouvant atteindre au quart de la valeur totale des immeubles. Est-il juste que les propriétaires bénéficient de cette valeur sans bourse délier ?

Je dis qu'il y a là une réforme à faire dans l'intérêt des administrations municipales à l'encontre des propriétés privées. Il faut que, dans une mesure à déterminer, et je vais y venir, le propriétaire soit tenu de payer une indemnité de plus-value. Il faut que les administrations trouvent là une atténuation de leurs charges pécuniaires, puisqu'en même temps qu'elles font des opérations de voirie, elles procurent des avantages et une augmentation de valeur très appréciable aux propriétés privées.

Je sais bien les objections qu'on va me faire. On va me dire : mais le propriétaire n'a rien demandé, ce n'est pas pour lui qu'on fait cette opération ; pourquoi voulez-vous imposer des charges à ce propriétaire pour des travaux qui lui sont étrangers ?

Puis, le propriétaire pourra-t-il payer ? Est-ce que vous n'allez pas le mettre dans la nécessité d'emprunter ou de vendre ?

Si l'alternative se présentait aussi rigoureusement, je serais le premier à ne pas l'accepter. Mais, quand un principe est vrai, on peut trouver sans trop de difficultés les moyens d'en réglementer l'application. Au point de vue de la quotité de la plus-value, il serait bon d'emprunter à la loi de 1807 une réduction considérable sur la plus-value constatée ; de dire à ce propriétaire : les experts constatent que votre immeuble, qui valait 200,000 fr., en vaut maintenant 250,000 ; il y a 50,000 francs de plus-value. Eh bien, la plus-value sera du quart de celle qui aura été constatée par les experts. Voilà un premier élément d'atténuation.

Et puis, il faut exiger le paiement de ces indemnités de plus-value au moyen d'annuités successives, de sorte qu'on puisse imposer cette charge aux propriétés privées dans des conditions de répartition telles que, sur un nombre assez grand d'années, les charges deviennent insensibles pour la propriété et se confondent avec le bénéfice qu'on retirera de l'immeuble.

— Enfin, pour ne pas abuser trop longtemps de votre attention, je veux vous parler encore d'une lacune extrêmement grave de notre législation. Je ne parle pas de Paris, pour lequel il y a des règles particulières, mais de la province. En 1884, lorsqu'on a fait une législation nouvelle sur l'administration municipale, on a introduit un texte dans la loi, relatif aux plans de nivellement analogues aux plans généraux d'alignement, qui déterminent la hauteur de la voie publique..., etc..., etc...

Cette disposition, commentée par une circulaire du 15 mai 1884, rendrait ces plans obligatoires pour les communes, en même temps que pour les propriétés privées construites sur le long de la voie publique ; il en résulterait des servitudes, non pas identiques, mais présentant la plus grande analogie avec celles qui résultent des plans généraux.

Or, Messieurs, chose triste à dire, cette loi qui date d'hier, et c'est peut-être ce qui me rend craintif en demandant une disposition nouvelle, cette loi d'hier est si peu claire, qu'à l'heure actuelle, sur une question qui touche au régime de la voirie de toutes nos grandes villes de France, il n'est pas possible d'avoir une opinion très sérieusement motivée. C'est qu'à raison de cette réglementation incomplète, il est impossible de considérer le nivellement comme une obligation et comme emportant les servitudes cependant absolument nécessaires au point de vue de la voirie.

J'espère qu'il n'y a pas témérité à demander ici que cette question du nivellement, qui a trait aux rapports entre la propriété privée et la voie publique, soit enfin résolue par un texte intelligible et clair.

Puis, et c'est par là que je termine, toutes les voies publiques n'ont pas un caractère simple. En général, les rues, les places, les villes font partie de ce qu'on appelle la petite voirie; mais il y a, vous le savez, un certain nombre de rues, et ce ne sont pas les moins importantes, qui servent de « traverses » aux routes nationales et aux routes départementales. Voici, par exemple, une route nationale qui arrive à une extrémité d'une ville, qui trouve pour se continuer une rue qui traverse la ville, et à l'autre extrémité la route nationale reparait. C'est ce qu'on appelle la rue « traverse ».

Lorsqu'une rue de cette nature relie ainsi deux tronçons de routes départementales ou nationales, cette rue devient une rue traverse ou mixte, c'est-à-dire une rue soumise à un régime complexe, qui tiendra à la fois du régime de la voirie urbaine et du régime de la grande voirie. Ce ne sont pas là des formules vides de sens; car le caractère mixte entrainera cette conséquence que dans ce régime participeront à la fois et l'administration municipale et l'administration qui s'occupe des routes, le service des ponts et chaussées.

Supposez un propriétaire ayant une construction le long d'une rue de cette nature. Il sera intéressant pour ce propriétaire de savoir à qui s'adresser. Qui lui délivrera l'autorisation de bâtir? Est-ce l'administration qui s'occupe de la voie publique en tant que routes, ou est-ce l'administration qui s'en occupe en tant que rues? Il a besoin d'occuper sur le trottoir une portion de terrain plus ou moins considérable. A qui devra-t-il s'adresser? Autant de questions qui ne sont résolues nulle part. Ce sont des habitudes, ce sont des règlements locaux, ce sont des circulaires ministérielles. Demandez donc à un propriétaire de connaitre les règlements locaux, les circulaires ministérielles, en supposant qu'il y ait de l'unité dans ces divers documents!

Evidemment, c'est un propriétaire qui est à la merci de plusieurs administrations, bien heureux encore, et ce n'est pas une hypothèse téméraire, si ces administrations ne sont pas en conflit elles-mêmes à l'occasion de ces voies publiques. (*Applaudissements.*)

Je pourrais ajouter que, le plus ordinairement, ce sont les voies les plus importantes des villes qui présentent ce caractère, et je pourrais vous citer à Lyon telle grande rue, qui constitue une voie mixte pour laquelle il y a intervention d'autorités multiples. Il y a là une réforme de simplification qui s'impose.

En effet, si à ce régime de ces rues mixtes se rattachent des intérêts privés, intérêts des propriétaires riverains, il y aussi les intérêts des villes, notamment au point de vue des concessions administratives. Vous savez tous que les villes passent des traités sous le nom de concessions, qui ont trait à des services publics, d'éclairage, d'eau, d'électricité, de gaz, toutes choses qui intéressent la propriété privée.

La plupart de ces concessions ne peuvent être exploitées sans une emprise du tréfonds de la voie publique ou une emprise aérienne, si je puis m'exprimer ainsi. Pour l'eau, on est obligé de poser des canalisations et d'avoir des branchements qui aboutissent aux propriétés privées. Que les villes puissent concéder des emprises de cette nature à une Compagnie concessionnaire traitant avec elle, lorsqu'il s'agit d'une entreprise municipale, c'est entendu.

Mais qu'arrive-t-il lorsque ces rues mixtes constituent la presque totalité de la ville ? Je ne sais pas si, parmi vous, quelqu'un connait à Saint-Etienne la rue Saint-Louis, qui a plusieurs kilomètres et qui constitue la voie la plus importante de cette grande ville. Voilà une voie publique qui n'appartient pas exclusivement à l'administration municipale. Eh bien, est-ce que cette administration municipale, dans l'intérêt de la propriété privée, par exemple, dans l'intérêt de ces habitants qui longent cette voie publique, peut faire rentrer dans les traités qu'elle est appelée à conclure ces voies publiques au point de vue des concessions ?

Nous vivons actuellement sous l'empire d'une jurisprudence qui malheureusement change, — l'honorable M. Yves Guyot n'est pas là, je puis le dire tout bas, — qui change presque avec les ministères. *(Rires.)* Nous en rions ici, mais ce qui est moins plaisant, c'est la situation des villes ; j'entends des villes comprenant bien leur intérêt et leur situation vis-à-vis de leur concessionnaire.

Voilà une ville qui, en 1894, veut conclure un traité avec une Compagnie pour le service des eaux par exemple. Avec ce régime, la ville se dit : Est-ce que je peux accorder ces avantages à la Compagnie concessionnaire ? Est-ce je peux lui promettre que, pendant un délai de...., aucune compagnie concurrente ne s'établira sur telle voie publique ? La Compagnie, qui a des capitaux, calcule les chances de succès et de risques de l'entreprise. Elle se dit : Si vous ne pouvez pas me promettre le noyau de votre ville, ce qu'il y a de meilleur au point de vue de l'exploitation, je ne veux plus de votre ville. Actuellement les villes ne savent pas à quoi s'en tenir, les concessionnaires ne le savent pas davantage, et ce sont des circulaires ministérielles qui sont appelées à résoudre ces questions vitales et qui le deviendront davantage, car ces questions d'éclairage, d'eau, de tramways, etc., sont plus à l'ordre du jour que jamais.

Nous avons des besoins auxquels il faut donner satisfaction. Est-ce que nous pouvons vivre plus longtemps sous le régime de circulaires ministérielles contradictoires ? Non, et il faut, c'est là l'idée sur laquelle j'appelle votre attention, il faut que dans notre esprit il soit

décidé que toutes ces concessions, qui ont pour objet un service intéressant les villes, doivent entrer dans les pouvoirs exclusifs de l'administration municipale, à l'exclusion de ces autorités, qui peuvent
hiérarchiquement être supérieures, mais qui n'ont pas pour mission de
donner satisfaction à des intérêts exclusivement locaux et municipaux.
(Applaudissements.)

C'est la solution du bon sens, c'est la solution juridique. Je vous
demande pardon de laisser parler plutôt le professeur de droit administratif que le conférencier, mais ce qui me décide à soutenir ici cette
idée, c'est que c'est la solution la plus favorable à l'intérêt de la propriété
privée dans ses rapports avec les services municipaux.

On n'obtiendra jamais de meilleures conditions, on n'aura jamais plus
de crédit, on ne traitera jamais dans des conditions plus favorables
qu'en disant : Le service pour lequel vous me demandez une concession
rentre dans ma mission et c'est à moi seul, à l'exclusion de toute autre
autorité, qu'il appartient d'en déterminer les conditions, aussi bien
quant aux avantages conférés au concessionnaire, que pour les charges.

Telles sont, Messieurs, les observations que j'avais à vous présenter.
(Vifs applaudissements.)

M. LE PRÉSIDENT. — La parole est à **M. Haumont, du
Havre.**

M. HAUMONT. — En applaudissant aux paroles qui viennent d'être
prononcées, je demanderai la permission d'ajouter un vœu à ceux qui
ont été émis tout à l'heure. Il s'agit aussi d'obtenir du législateur un
peu plus de précision sur un point qui intéresse vivement la propriété
bâtie. L'œuvre du législateur est difficile ; mais une tentative pourrait
peut-être être faite : c'est de préciser un peu mieux les pouvoirs des
municipalités en ce qui concerne les constructions privées. C'est un
point qui intéresse beaucoup notre Syndicat du Havre ; car notre
Syndicat a eu, comme raison de sa fondation, une lutte à soutenir
contre une municipalité absolument fantaisiste en matière de
construction, municipalité qui n'existe plus aujourd'hui et à laquelle a
succédé une administration sérieuse. Notre Syndicat a donc été fondé
pour organiser, dans l'intérêt des propriétaires, une lutte contre les
fantaisies de l'administration.

Je veux vous en citer une qui vous montrera jusqu'à quel point
fantaisiste peut aller une administration municipale. Au Havre, dans
les vieux quartiers de la ville, il n'y a pas de fosses d'aisances ; ce sont
des fosses mobiles qui en tiennent lieu. A une certaine époque, un
adjoint imagina, quoi ? — De proscrire ces fosses mobiles ? — Non, de
changer uniquement la forme de tous les récipients et… je défierai qui
que ce soit de deviner le surplus de l'arrêté… et de les peindre en bleu

ciel. Il a fallu plaider pour soutenir l'illégalité de cet arrêté, et à chaque instant c'étaient de nouvelles fantaisies. *(Rires.)*

Le pouvoir de l'administration municipale repose sur des textes assez indécis. D'une part, le maire, chargé d'assurer la sécurité de la voie publique, a le droit de réglementer les constructions qui bordent la voie publique, et qui, à un moment donné, pourraient s'écrouler sur la voie et occasionner des accidents. D'un autre côté, chargé de prévenir les accidents, il a le droit de jeter un coup d'œil sur les constructions au point de vue de l'hygiène.

Où commence et où finit le droit de l'autorité municipale ? Ce sera très difficile à préciser. Je crois pourtant qu'il serait, peut-être, possible de poser quelques principes généraux éclairant la question : car actuellement il est encore très difficile, même avec l'état de la jurisprudence, de savoir où commencent et où s'arrêtent ces pouvoirs, parce qu'il y a dans la jurisprudence deux tendances absolument contradictoires, l'une qui dit : le maire peut prescrire certaines choses, mais il ne peut pas imposer les voies et moyens, et une autre partie de la jurisprudence qui valide les arrêtés qui ont prescrit les voies et moyens.

Au Havre notamment, il y a une décision de l'administration, qui a été très contestée et qui a pour résultat, peut-être, de s'opposer à ce que l'on réclame aujourd'hui à grands cris, des constructions économiques : c'est de proscrire l'emploi des matériaux naturels du pays. Quand vous passez dans les pays normands, vous voyez des constructions en briques et en silex. Ce n'est peut être pas beau, mais c'est très solide. Le plus vieil édifice du Havre est construit de cette manière. Il est interdit absolument de recourir à ce mode de construction. *(Protestations.)*

Il faut avoir habité le Havre pendant ces dix dernières années, pour savoir jusqu'où peuvent aller ces fantaisies municipales en matière de construction. Ne pourrait-on pas établir des limites au pouvoir des maires sur ce point? Je crois que ce serait un sujet très intéressant, si les pouvoirs de notre administration étaient un peu mieux précisés. *(Applaudissements.)*

M. LE PRÉSIDENT. — La parole est à M. Laignel, rapporteur.

M. LAIGNEL. — M. Enou vient de faire ressortir les divergences qui existent entre la jurisprudence du Conseil d'Etat et celle de la Cour de Cassation dans beaucoup de matières qui intéressent la propriété bâtie. L'objet de mon travail est de vous donner un exemple de cette divergence et de la nécessité de donner à la propriété bâtie une seule juridiction, pour trancher toutes les difficultés qui peuvent surgir.

C'est là le vœu qu'exprimait tout à l'heure M. Enou, et je vais vous donner un exemple que ce vœu est on ne peut plus fondé. En matière de constructions et de réparations d'immeubles longeant la voie publique, lorsque ces immeubles sont frappés de la servitude d'alignement, une divergence complète existe entre le Conseil d'Etat et la Cour de Cassation. Le Conseil d'Etat reconnait au propriétaire le droit de faire des réparations sans avoir besoin d'une autorisation préalable de l'administration, à la condition toutefois que ces réparations, quelque confortatives qu'elles puissent être, n'intéressent pas le mur de façade, d'une façon directe ou indirecte ; par la raison que le mur de façade qui ne pourra pas être réparé, être consolidé, durera ce qu'il pourra durer, et que le jour où, faute de réparations, il devra tomber, toutes les réparations, toutes les constructions qui auront été faites dans l'intérieur devront subir le même sort et devront disparaitre.

Le Conseil d'Etat, donc, très logiquement, a décidé que l'on n'avait pas besoin de solliciter une autorisation de l'administration municipale pour faire ces réparations même dans la partie retranchable de l'immeuble, mais à la condition que ces travaux n'intéressent ni directement ni indirectement le mur de façade.

La Cour de Cassation juge le contraire. Se fondant sur l'une de ces ordonnances extrêmement difficiles à lire aujourd'hui, la Cour de Cassation décide qu'on ne peut faire aucune construction, aucune réparation, même n'ayant pas un caractère confortatif, non seulement dans la partie retranchable, mais même au delà de la partie retranchable, dans une limite qui n'est pas précisée, pourvu qu'elle soit à peu près sur la limite projetée pour l'alignement de la rue.

La Cour de Cassation dit qu'on ne peut pas faire de réparations, de quelque nature qu'elles soient, sans une autorisation préalable de l'administration, qui alors ne vous donnera l'autorisation de faire ces réformes que si elles n'ont pas un caractère confortatif.

Vous voyez la divergence complète qui existe entre ces deux jurisprudences.

Quelle est la situation d'un propriétaire qui a besoin de faire des réparations confortatives dans la partie retranchable d'un immeuble ou dans la partie voisine ? Que lui faut-il faire ? S'il demande l'autorisation au maire, le maire, se basant sur la jurisprudence de la Cour de Cassation, et sachant très bien que le propriétaire, s'il se révolte contre ce refus d'autorisation, va être amené devant une juridiction soumise à la juridiction de la Cour de Cassation, le maire, dis-je, va refuser l'autorisation. Voilà donc le propriétaire qui ne peut pas faire ses réparations confortatives, et le voilà par conséquent obligé, bien avant que le temps en soit venu, de démolir son immeuble et de se contenter d'une indemnité représentant la valeur du terrain.

S'il passe outre, il sera poursuivi en simple police et condamné à l'amende et à la démolition de ses travaux, sans qu'il y ait à rechercher si les travaux avaient ou non un caractère confortatif, par cette seule raison que le propriétaire a fait un travail sans autorisation, et, quelle qu'en soit la nature, ce travail devra disparaître.

Le Conseil d'Etat peut, il est vrai, annuler l'arrêté du maire pour excès de pouvoir, mais vous savez qu'il faut attendre longtemps les décisions du Conseil d'Etat, non pas seulement pendant des mois, mais pendant des années ; et en pareille matière, tout récemment au Havre, nous avons été obligés d'attendre pendant un an et demi la décision du Conseil d'Etat qui, au bout de ce long temps, n'a pas hésité à frapper de nullité l'arrêté du maire. Le Conseil d'Etat reconnaissait, il est vrai, que c'était une véritable expropriation que la Ville avait voulu faire subir à l'immeuble ; mais le propriétaire avait dû attendre pendant plus d'un an et demi, avant de pouvoir faire les réparations dont son immeuble avait besoin.

Le propriétaire sera donc obligé d'attendre ces arrêtés. Mais quelquefois même il ne pourra pas attendre. Les réparations auront un caractère de telle urgence, qu'il faudra en passer par l'arbitraire de l'administration municipale.

Pour vous faire toucher du doigt combien cette divergence est regrettable, jusqu'à quel point on peut arriver avec elle à l'absurde, supposez que le propriétaire n'ait pas tenu compte du refus d'autorisation du maire et qu'il ait fait les réparations. Le voilà condamné à la démolition, en simple police, le voilà obligé de démolir. Puis, il obtient du conseil d'Etat un arrêté frappant de nullité, pour excès de pouvoir, l'arrêté du maire, et alors il se trouve autorisé, par jugement, à reconstruire ce qu'il aura dû démolir par jugement aussi.

Voilà un point sur lequel je voulais appeler votre attention. Vous voyez donc qu'il est nécessaire de mettre de l'unification dans la jurisprudence. Le meilleur moyen, et le seul moyen pour moi, ce serait de nous soumettre à l'une ou à l'autre de ces deux juridictions, mais de ne pas nous obliger à aller devant l'une et devant l'autre.

M. le Président. — Quelqu'un demande-t-il la parole ?...

La parole est à M. Gay, de Marseille.

M. Gay. — Messieurs, parmi les servitudes légales de voirie qui frappent la propriété, il en est deux que les rapporteurs ont passées sous silence jusqu'à présent et qu'il est de mon devoir de vous soumettre, parce que l'une d'elles, la seconde, intéresse au plus haut point la propriété foncière. Vous allez le voir.

La première de ces servitudes légales est celle établie par la loi de

1885, je crois, sur les postes et les télégraphes, et ensuite sur les téléphones. Cette loi concerne la pose des fils et des étagères nécessaires à les supporter. Tant que ces étagères, ces consoles sont placées sur la façade de l'immeuble, elles ne deviennent pas un très grand inconvénient pour les propriétaires et les locataires. Elles gênent bien la vue, mais enfin ce n'est pas un inconvénient. Mais la loi donne également le droit à l'administration de poser ces fils sur les toitures des maisons, et la loi ajoute : à la condition qu'on puisse y parvenir du dehors. Toute la question est là.

Si donc je ferme ma porte, si j'en interdis l'accès aux agents de l'administration, comment procèdera-t-elle ? La loi est formelle, elle ne pourra le faire que tout autant qu'elle pourra y parvenir du dehors. Aura-t-elle le droit de fracturer ma porte ? Je ne le pense pas. D'établir des échelles courantes ?...

Messieurs, cette servitude légale de la pose des fils télégraphiques sur les toitures des maisons, beaucoup d'entre vous n'en ont pas encore éprouvé l'inconvénient. Mais à Marseille, où nos rues sont littéralement sillonnées de fils, ils ont un inconvénient considérable pour la propriété et surtout pour les étages supérieurs, que les locataires ne veulent plus aller habiter. En Provence, nous avions trois fléaux. Le premier nous ennuie le plus, c'est le Mistral. Je ne dirai rien des deux autres : le Parlement n'existe plus, la Durance a été endiguée ; reste le Mistral et c'est assez. Dans notre pays, lorsqu'il passe à travers ces fils, il les transforme en une véritable harpe éolienne, dont les sons créent pour les habitants de la maison une situation réellement insupportable. (*Rires.*)

De là un préjudice pour le propriétaire. Si je me retourne vers la loi de 1885, qui dit qu'on me doit un dommage lorsqu'on me cause un préjudice, je dis à l'administration : il faut me payer un dommage, parce que quiconque cause un préjudice à autrui est tenu de le réparer. L'Administration dit : il y a la pose d'une échelle, deux heures d'un maçon qui a fait un trou dans votre façade, total 0 fr. 75. Voilà le dommage que je vous dois.

Cette servitude dont j'ai voulu vous entretenir, nous en sommes tous victimes, et vous pourrez même l'être, à un moment donné, et c'est pour cela que j'ai reçu mission de soumettre ce cas au Congrès.

Il existe une seconde servitude qui est tombée sur nous comme un boulet de canon. Elle pourra frapper Lyon ; elle a frappé Paris dernièrement, mais dans des conditions acceptables ; à Marseille, au contraire, elles ont été draconiennes. Cette servitude peut vous frapper d'un moment à l'autre. Voilà pourquoi j'ai tenu à vous avertir.

Messieurs, à la suite de l'épidémie de 1884 et à la suite surtout des théories admirables, il faut le reconnaître, de M. Pasteur, ces fameuses théories qui reposent sur les microbes de différentes natures qui se disputent entre eux, — et qui nous rappellent cette bataille des Anges où le bon quelquefois vainc le mauvais, et où le mauvais, à son tour, remporte une victoire et terrasse le bon, et ainsi de suite (*Rires*), — nos édiles résolurent d'assainir Marseille.

Je dois vous dire, Messieurs, que le régime des vidanges à Marseille n'est pas le même qu'à Lyon. Chaque maison possède une tinette. Cette tinette, percée dans le fond, empêche par une toile métallique les matières épaisses de passer à travers le tuyau, et ne laisse écouler absolument que les liquides. Ces liquides vont soit à l'égout, soit au ruisseau et de là à la mer.

On oblige les propriétaires des tinettes d'avoir constamment, dans le petit bassin où elles reposent, un jet d'eau continu, de façon à délayer les eaux urinaires qui peuvent aller au ruisseau. Je vous demande pardon de vous parler de tous ces détails. Ils sont nécessaires, car on a prétendu que de ces tinettes venait tout le mal, et on a résolu de jeter à l'avenir toutes les vidanges des maisons à l'égout.

Cette théorie qui est très belle et très saine, je le reconnais, s'appelle la théorie du *Tout à l'égout*.

Pour nous débarrasser de ces sortes de vidanges, on a donc résolu de les jeter à l'égout et de créer, à cet effet, un grand réseau qui, comprenant toutes les rues de la ville, aboutirait à un grand collecteur situé dans l'artère principale et qui déverserait ensuite toutes les matières à la mer.

On a fait le devis de ces travaux. Un constructeur, M. Génis, de Bruxelles, a fait un devis qui s'élevait à la somme de 33.500.000 francs. Il s'agissait, Messieurs, de savoir qui payerait cette somme. Dans un magnifique rapport présenté à la Chambre, et fait par l'un de nos mandataires, M. Charles Roux, il était dit que Marseille était la porte de l'Orient, que c'était par là que toutes les épidémies arrivaient en France, que c'était l'antre d'où sortaient tous les méfaits qui pouvaient arriver dans les villes de France, et que ces 33 millions devaient être payés par ceux qui ne voulaient avoir ni le choléra ni la peste, c'est-à-dire une portion par le département, une autre par la Chambre de Commerce, la Ville et enfin par l'Etat ; puisque, d'après le système, on fermerait la porte au choléra et qu'il ne pourrait plus pénétrer en France.

Ce projet-là nous a souri, je l'avoue franchement. Marseille contribuant à l'assainissement général de la France, c'était un projet trop magnifique pour ne pas lui donner notre assentiment.

Hélas, les choses ont bien vite changé. Ce projet tout mirobolant est allé à Paris, il a été étudié, on l'a reconnu bon, mais, voilà en quoi il est mauvais pour nous. C'est qu'un jour, entre la discussion de deux tarifs de douanes, c'est-à-dire dans l'espace d'une minute, on a voté un projet par lequel les 33 millions nécessaires à l'assainissement de Marseille, du département et de la France entière, seraient payés par les propriétaires seuls des immeubles marseillais, et non plus par ceux que le choléra devait épargner. Voilà où nous en sommes.

C'est une question très importante, qui frappera certainement Lyon, lorsque le fameux projet de loi sur l'assainissement des villes qui est déposé sur le bureau des Chambres viendra en discussion. De par une loi qui a été votée en une minute, sans aucune espèce de discussion, on a frappé la propriété marseillaise d'un impôt de 33 millions. Ce n'est pas tout. Si la propriété marseillaise n'était imposée que de 33 millions, ce serait déjà quelque chose ; mais la même loi ajoute qu'un règlement, qui y sera joint, aura force exécutoire par le fait même que le ministre y apposera sa signature.

Que dit ce règlement ? Il oblige tous les propriétaires marseillais, ceux qui ont des lieux d'aisance à chaque étage, de les démolir ; les tuyaux de chute en plomb, en zinc, en poterie, en fonte, tout cela ne vaut rien, il n'y a plus qu'une seule chose reconnue par le règlement, c'est le tuyau en grès.

Tous les propriétaires de Marseille, dans un délai qui n'excèdera pas certainement deux ans et demi, seront obligés de démolir à grands frais ce qui a été fait dans leurs immeubles, pour transformer le tuyautage en grès. Le siège qui consiste en une soupape au moyen de laquelle les matières s'échappent, — et quelques instants après un jet d'eau vient laver la cuvette, — doit être enlevé, pour y substituer quoi ? La cuvette siphoïde, ayant à sa base un siphon formant poche, qui concentrera une certaine quantité d'eau, et qui devra former fermeture hermétique.

Si on n'avait pas imposé cette cuvette, tout aurait pu marcher à la rigueur. Mais cette cuvette siphoïde est un instrument qui ne marche pas seul ; il faut de l'eau et de l'eau en quantité. Qui doit fournir cette eau et qui doit la payer ? Voilà la question ; car tout se résout par une question d'intérêt. Les propriétaires, obligés d'amortir les 33 millions de travaux d'égout, vont se voir, en outre, obligés d'amortir les 60 ou 70 millions que vont coûter les transformations complètes de toutes les maisons et de tous les lieux d'aisance. Je ne parle pas de la redevance du tout à l'égout. Elle sera sensiblement élevée, elle dépassera ce que nous payons aujourd'hui à l'entreprise des vidanges, mais pas de beaucoup ; je n'ai donc rien à dire.

Quant à l'eau, c'est différent. L'eau, d'après les principes de l'école microbienne, doit être dans les grandes villes une eau potable, limpide, pure, exempte de toutes matières nuisibles. C'est difficile à trouver dans les villes. On en est arrivé aujourd'hui à créer une école à côté de l'autre, et qui dit absolument le contraire de ce que dit la théorie de M. Pasteur ; cette nouvelle école affirme : qu'une eau pure est plus facilement assimilable aux microbes qu'une eau sale. Le microbe arrivant dans un milieu pur, sain, s'y étend à son aise, s'y installe et y donne naissance à une quantité considérable de ses congénères. *(Rires.)*

Voilà, Messieurs, les deux théories. Faut-il accepter l'eau du canal ou l'eau de source ? La loi est votée, le propriétaire est obligé de payer. Il n'a pas d'eau et la Ville ne peut lui en fournir. L'eau du canal, elle a été jugée la plus détestable : on affirme à 5.000 la quantité de bacciles qui existe dans un centimètre cube d'eau ; c'est inouï ! Nous n'avons donc pas d'eau. Il faut aller la chercher, où ? Les uns veulent aller la prendre dans les charbonnages des Bouches-du-Rhône, les autres à une célèbre fontaine, la fontaine de l'Evêque, qui a un débit de près de 6.000 litres à la seconde. Lorsqu'on a chiffré cela, on est arrivé à 20 millions de dépenses, et on affirme qu'en fixant le chiffre à 40 millions on serait peut-être encore au-dessous de la vérité.

Cette eau là, elle n'est pas encore venue, et je vous déclare que tous les propriétaires marseillais sont parfaitement d'accord sur ceci : qu'ils n'exécuteront la loi de 1891 que tout autant que la Ville de Marseille aura rempli son obligation vis à vis des propriétaires. Le propriétaire est obligé de jeter à l'égout, mais la Ville doit donner les moyens de pouvoir jeter à l'égout. Si la Ville ne donne pas une eau fraiche, limpide, sans interruption et allant aux plus hauts étages des maisons pour pouvoir desservir cette fameuse cuvette siphoïde, il est évident que tous nous aurons le droit de ne pas obéir à cette loi.

Cette cuvette siphoïde, admirable en principe, je le reconnais, devient préjudiciable le jour où vous n'avez pas à la portée de votre main l'eau nécessaire pour la faire fonctionner. C'est le vase à domicile. Si on avait le malheur d'avoir une personne attaquée par la fièvre typhoïde, le choléra ou la petite vérole, on infecterait la maison et par suite tout le quartier de la ville.

Qui doit payer cette eau ? C'est une question très importante pour les propriétaires. Vous savez les charges qui incombent à la propriété. Faudrait-il y ajouter encore celle de l'eau ?

Il faut cependant payer les 40 millions nécessaires pour amener l'eau à Marseille. Qui payera ? Est-ce le propriétaire de l'immeuble ou le locataire, c'est-à-dire l'usager ? J'ai posé cette question à la commission d'hygiène et il m'a été immédiatement répondu par ce cri du cœur : mais c'est l'usager qui payera. Et on s'est rétracté après, quand on a su que l'usager était le locataire : on a dit : pas du tout, l'usager ce n'est pas le locataire, c'est le propriétaire, Eh bien non, le propriétaire n'est pas tenu de fournir à son locataire l'eau nécessaire à l'assainissement de tous. Chacun doit y contribuer.

Notre éminent président nous disait, au moment de l'ouverture de ce Congrès, qu'il ne fallait pas s'arrêter à ce vieux principe de droit, qu'il ne fallait pas seulement tenir son locataire clos et couvert et le préserver de toute espèce de préjudice qui pourrait lui arriver de la part de tiers. Mais, de là à payer pour lui une chose qui coûte énormément cher, l'eau, il y a loin.

Je dis : non, ce n'est pas le propriétaire qui doit payer cette eau, c'est le locataire. Voilà le désaccord qui règne entre la municipalité et les propriétaires.

La municipalité marseillaise tient ce raisonnement : si nous faisons payer l'eau, pour la perception de cet impôt il nous va falloir créer une nuée d'employés. Mais est-ce que le Gaz a besoin de créer une nuée d'employés ? Il encaisse cependant, à domicile, très facilement les mètres cubes que le locataire consomme. Le propriétaire ne sait qu'une chose, c'est que les tuyaux qui sont dans sa maison ne sont pas sa propriété. Je dis que, naturellement, il doit en être de même pour la question de l'eau. Si vous partez de ce principe que le propriétaire est obligé de fournir l'eau à son locataire, bientôt il faudra lui fournir les autres objets nécessaires à la vie, le sel, le feu, et puis, en progressant, les propriétaires deviendront un jour les fournisseurs obligés de leurs locataires.

Nous ne voulons pas de choses injustes. Nous payerons donc les 33 millions pour les travaux d'assainissement, nous payerons les 60 ou 80 millions que va nécessiter la transformation complète des appareils de vidanges : mais quand il s'agira de faire marcher l'appareil, je dis que ce sont les usagers qui seront chargés de fournir le combustible. (*Rires.*)

Les inconvénients seraient considérables, si une pareille servitude légale venait à être imposée à la propriété. Comment sera distribuée cette eau ? Pourra-t-on employer le système qui est en usage à Lyon, c'est-à-dire un modeste robinet ? Et la cuvette siphoïde, comment la fera-t-on marcher ? Il vous faut 10 litres d'eau à chaque visite…

M. Georges Picot. — A Paris on exige 15 litres.

M. Gay. — La pratique a démontré, après un long usage, que 6 litres suffisaient.

M. Georges Picot. — Je partage absolument votre avis.

M. Gay. — Il y a des personnes qui s'imaginent que plus un tuyau de chute est large, mieux cela passe. C'est une erreur. Il suffit, si votre cuvette siphoïde a 10 centimètres, que votre tuyau de chute en ait 12 ou 13 pour que la matière puisse passer. C'est incontestable. Donc, par la pratique, par des exemples journaliers, vous ferez comme nous, vous travaillerez lorsque vous serez menacés, et vous verrez que cette question, quoique indélicate, est très délicate.

Nous disons que 6 litres d'eau suffisent. Mais vous avez dans les locataires des familles composées de 10 ou 15 personnes. Vous voyez, à la fin de la journée et par des temps d'épidémie, l'énorme consommation d'eau que ces locataires vont vous occasionner. D'autres feront des lessives, certains prendront des bains, et ainsi de suite, et alors, à la fin de l'année, il faudra payer un chiffre énorme. Vous voyez qu'il est utile d'insister sur ce point. Ce serait un arrêté tyrannique, mauvais, que celui qui mettrait à la charge du propriétaire ce dont, après tout, bénéficie complétement le locataire.

Je demande que le Congrès se prononce sur cette question, non pas sous forme de vœu, mais seulement par son attitude, et son attitude m'indique que j'ai raison. *(Applaudissements.)*

M. LE PRÉSIDENT. — La parole est à M. Mourgues.

M. MOURGUES. — Je voudrais poser une question seulement à M. Gay.

Tout ce qui vient d'être dit pour Marseille se passe à Paris, avec cette différence que nous sommes encore moins convaincus des avantages du *Tout à l'égout* tel qu'il est pratiqué.

Non seulement nous pensons que Paris ne sera pas assaini, faute d'une canalisation spéciale, mais nous craignons que le *Tout à l'égout* n'infecte les environs de Paris par l'épandage.

Je voudrais poser une question au sujet des prescriptions faites pour Marseille. L'honorable M. Gay déplore le système imposé, mais il ne parle pas du nombre de cabinets d'aisances obligatoires.

A Paris, l'administration voulait imposer d'abord un cabinet obligatoire pour chaque chambre louée séparément, fût-elle un cabinet ! *(Exclamations.)*

Nous avons protesté, et le nouveau projet de règlement ne prescrit qu'un cabinet pour trois chambres louées séparément, ce qui est matériellement impraticable dans les maisons anciennes.

M. LE PRÉSIDENT. — Je donne la parole à M. Gay.

M. GAY. — Je vais répondre en peu de mots à la question que vient de poser l'honorable M. Mourgues. A Marseille, on voulait nous imposer ce règlement et, si nous n'avions pas eu une Chambre syndicale, c'eût été chose faite.

On aurait inséré dans le règlement une clause disant que le locataire, n'occupât-il qu'une chambre, devait avoir un cabinet. Notre Chambre syndicale a fait triompher cette idée que le cabinet n'était nécessaire que pour l'étage, y eût-il trois ou quatre ménages à l'étage, à la condition que chaque ménage aura sa clef et que le propriétaire sera responsable de la propreté de sa cuvette. Ceci est une question à part et que nous avons à examiner.

L'intérêt du propriétaire ne sera pas d'établir un lieu d'aisance pour tous, mais au contraire pour chaque ménage, parce qu'il se soustraira ainsi à la responsabilité du Tribunal de simple police, qui est impitoyable dans ces circonstances. Car le propriétaire est responsable, sous notre législation, de son locataire malpropre.

M. LE PRÉSIDENT. — Je vais vous entretenir un instant du peu de concordance qui existe entre les règlements municipaux de voirie et les règlements de grande voirie. M. Enou a établi tout à l'heure, avec une grande précision, la distinction qui existe entre la grande et la petite voirie. Je n'y insisterai pas.

Vous savez que les municipalités, en vertu de la loi du 5 avril 1884, résumant les réglementations antérieures, peuvent prescrire les dimensions, dans les constructions neuves, des fondations, les épaisseurs des murs de façades sur voies publiques et aussi les épaisseurs des murs mitoyens, etc. Dans notre localité même, on vous l'a dit tout à l'heure, on n'est pas libre d'employer toute espèce de matériaux pour la construction des murs. Ce sont des prescriptions qui varient suivant les régions et les caprices administratifs.

Les règlements de voirie prescrivent encore la disposition des tuyaux de cheminées, des cabinets dont on vient de parler ; et enfin les municipalités s'autorisent aussi de la loi pour donner aux emprises ou saillies sur la voie publique, dans les murs de façade, certaines dimensions. C'est seulement sur ce point-là que je veux appeler votre attention une seconde.

Il arrive ceci : c'est que, lorsqu'une rue se trouve soumise au régime de la grande voirie et conséquemment de la petite dans certaines localités, les règlements municipaux autorisent certaines dimensions de saillies, tandis que les règlements préfectoraux en autorisent d'autres. Je ne retiendrai pas longtemps votre attention sur ce point. Je me bornerai à vous citer quelques cas. Ainsi, voici un arrêté en blanc de la Préfecture de la Seine-Inférieure. Nous trouvons autorisé, par exemple, pour les soubassements de façade, 5 centimètres, tandis que nous voyons dans le règlement municipal du Havre des saillies variant entre 5, 8 et 11 centimètres.

Vous savez que ces quelques centimètres jouent un rôle très important dans ce cas ; et, suivant que l'administration préfectorale vient apporter son veto sur un plan, il faut parfois le remanier en entier, pour se conformer à des exigences qui n'ont rien à voir avec la sécurité publique soi-disant en jeu. Ce sont des conséquences dommageables pour les propriétaires, résultant en définitive du désaccord qui existe entre les règlements des différentes administrations.

Nous trouvons, par exemple, que les pilastres et les colonnes sont autorisés par notre municipalité à 6, 10 et 14 centimètres de saillie, suivant la largeur des voies, tandis que, d'une façon générale, les arrêtés préfectoraux n'accordent que 10 centimètres.

Nous avons encore les petits balcons au-devant des croisées. Les règlements locaux nous accordent, dans certaines rues, de 16 à 45 centimètres de saillie, et les règlements préfectoraux 22 centimètres. Cela est dommageable. Mais où le fait est surtout frappant, c'est parce qu'il vient de se présenter dans ces derniers temps que je vous en entretiens, c'est pour la devanture des magasins. Au moment où les arrêtés préfectoraux ont pris une certaine forme de réglementation, en 1858, on ne faisait pas ce qu'on fait aujourd'hui, ou très peu du moins de ces jolies devantures avec volets mécaniques, s'enroulant sur un cylindre intérieur et nécessitant pour le loger, à leur partie supérieure, ce qu'on appelle un caisson.

On s'arrangeait auparavant, tant bien que mal, des exigences existant entre les deux règlements. Mais, aujourd'hui, la municipalité du Havre, qui vient de remanier son règlement, après avoir pris le sage parti de *consulter les architectes et les entrepreneurs*, autorise 50 centimètres de saillie à ces sortes de caissons, pour permettre l'enroulement du cylindre et des volets, tandis que le service des ponts et chaussées, représentant l'administration préfectorale, n'entend pas sortir de ses 16 centimètres d'il y a 40 ans, même en y comprenant les corniches !!...

Il ne reste plus alors qu'à prendre le parti de supprimer les devantures modernes et à recourir aux devantures d'autrefois. Je n'insisterai pas davantage, mais je me bornerai à formuler ce vœu : qu'il soit établi au plus tôt une concordance parfaite entre les arrêtés de grande voirie et les arrêtés municipaux. L'hygiène et la sécurité publiques, toujours hautement invoquées par les administrations pour justifier des réglementations attardées, n'y perdraient absolument rien et les intéressés qui, en fin de compte, päient le désaccord administratif, cesseraient de se plaindre.

La parole est à M. Emile Bagnard.

(M. Emile Bagnard se borne à donner lecture du rapport qu'il a déposé sur les *Passages privés dans les villes*).

M. le Président. — En l'absence des rapporteurs dont nous avons reçu les excuses, MM. A. Rubellin, E. Badois et J. Tavernier, quelqu'un demande-t-il la parole ?...

La parole est à Monsieur Burelle.

M. Burelle. — Je vous demande pardon de prendre la parole. J'aurais voulu entendre parler des taxes municipales en général, et je regrette énormément l'absence de M. l'avocat de la Ville de Lyon, car j'aurais été heureux d'entendre parler d'un impôt qui existe à Lyon qui ne se trouve que dans un petit nombre de villes : je veux parler du droit de stationnement sur les vidanges.

M. le Président de la Chambre syndicale des propriétaires de Marseille nous a entretenus des difficultés que la propriété marseillaise a avec la municipalité, relativement à la question des vidanges. Il a effleuré cette question relativement à la ville de Paris, et l'un des représentants de la ville de Paris est venu ajouter quelques mots qui montrent quelle est l'importance de cette question pour la propriété en général. Il faut, en effet, songer aux moyens que les municipalités emploient pour faire payer aux propriétaires certaines améliorations et certains impôts.

Je ne parlerai pas, Messieurs, de la question du *tout à l'égout*. Cette question est liée à deux principes : le principe d'hygiène, c'est celui que l'on montre, et le principe des taxes municipales, c'est celui que l'on cache.

A Paris, on fait des dépenses énormes pour parvenir à obtenir le *tout à l'égout*, on n'y est pas encore, et le représentant autorisé de la ville de Paris vous disait qu'il espérait que les communes environnantes protesteraient contre l'empoisonnement que l'on déverse dans toutes ces communes, avant que le réseau complet d'égouts de la ville de Paris soit terminé. Cela arrêtera probablement beaucoup d'autres municipalités dans les folies dans lesquelles elles s'engagent.

A Marseille, M. Gay a raconté ce qui s'est passé. On va dépenser 33 millions pour recueillir toutes les vidanges et les mettre à 10 kilomètres de la ville, où le flux et le reflux se chargent de les ramener jusque dans le vieux port.

Voilà comment la municipalité prétend faire de l'hygiène.

A Lyon, nous n'en sommes pas là, on conserve les fosses fixes. On a bien quelques rues avec le tout à l'égout, mais il y a quelque chose de remarquable : tandis que dans les autres villes on fait payer aux propriétaires, sous la forme de droit de chute, des frais de vidanges, lorsque les tuyaux se déversent dans le réseau d'égouts, à Lyon c'est tout le contraire. Si vous déversez dans l'égout, vous ne payez pas, mais vous payez si vous avez une fosse fixe. C'est très étrange, mais c'est comme cela. Ce droit remonte à environ 1830, je crois qu'il existe depuis 1855. Il y avait alors, à Lyon, diverses compagnies de vidanges qui habitaient la banlieue. Il y avait une quinzaine de compagnies possédant un petit matériel ; les vidanges étaient puisées dans la fosse et portées directement dans les champs. Il y avait alors très peu de fosses fixes. L'hygiène en souffrait.

Un préfet de Lyon, qui avait de grandes aspirations, qui désirait faire de grandes constructions à Lyon, voulut rechercher des ressources dans les droits de stationnement. Il annonça une grande amélioration hygiénique et il dit : l'hygiène souffre, la propreté de la ville souffre de cet état de choses, nous allons créer une grande compagnie qui aura un matériel reçu par l'administration ; ses opérations seront surveillées par les agents de la voirie, et alors, pour ces soins que nous prendrons, pour cette surveillance afin que le matériel soit en bon état, nous vous demandons un petit droit, d'abord de 50 centimes par mètre cube. Il était très modeste.

Quelques années se passèrent qui ont paru faire une nouvelle transformation dans le système des vidanges ; et ce qui était hygiénique en 1855 ne le fut plus en 1875. On voulut des machines à vapeur, on fit appel à de nouvelles compagnies. C'est alors que se créa la Compagnie que je représente ici : une Société mutuelle de propriétaires. On exigea des compagnies qu'elles eussent un matériel hermétiquement fermé, des machines à vapeur et un matériel suffisant pour assurer la vidange complète de la ville de Lyon ; mais on ajoutait : il sera perçu un droit de stationnement de un franc par mètre cube pour les matières non coulées (on entendait ainsi des matières qui, à cette époque, étaient jetées dans le Rhône par-dessus les ponts de la ville). Nous avions des fosses fixes qui recevaient les vidanges, un entrepreneur les amenait sur un pont et les déversait dans le Rhône. Voilà comment cela se pratiquait jusqu'en 1875. Aujourd'hui, toutes les matières de vidanges doivent aller soit dans l'usine, soit dans le dépotoir, soit enfin elles doivent être répandues dans les champs ; car je dois dire que la ville de Lyon a, comme Lille, la spécialité d'employer beaucoup de vidanges dans la culture maraîchère ; cela remonte à beaucoup d'années, de sorte que les vidanges sont très recherchées pour la culture maraîchère.

Donc, nous devions payer un franc de stationnement pour les matières employées pour l'agriculture. Eh bien ! nous avons cru que ce droit ne devait pas être payé ; nous avons protesté, d'abord comme il convient à des gens polis, vis-à-vis de l'Administration supérieure qui était alors le préfet-maire de Lyon. Nos plaintes n'ont pas été entendues. Nous avons fait un procès à la Ville, nous l'avons perdu en première instance et perdu en Cour de cassation. Dans ces circonstances, cependant, il nous restait une clause du jugement qui nous permettait de continuer le procès. C'est alors qu'est intervenu un traité avec la Ville de Lyon, par lequel nous devions payer 110,000 francs par an. Nous avons payé pendant 10 ans ; puis, un beau jour, le conseil municipal, détruisant ce qui avait été fait, voulut rompre ce traité entre la municipalité et nous. La municipalité voulait, disait-elle, établir un tarif uniforme pour toutes les compagnies de vidanges.

Il s'en était alors, dans ces temps derniers, créé deux autres. Rien de plus juste, rien de plus naturel. On a mis un droit de 65 centimes.

Vous voyez donc combien il est dangereux pour les contribuables que les municipalités puissent établir des droits sans aucun contrôle. J'ai demandé la parole pour vous raconter ces petits épisodes et aussi pour protester contre les conclusions du rapport de M. Enou, dans lequel il demandait que la police de voirie, aussi bien de la grande voirie que de la petite, fût remise entièrement à la disposition des municipalités. C'est une sauvegarde pour les contribuables qu'il y ait dans les grandes villes deux pouvoirs pour donner les permissions de voirie. Puisque M. Enou a parlé de St-Etienne, il aurait pu citer l'avantage considérable que St-Etienne a retiré précisément de cette dualité. Une grande rue traverse St-Etienne dans son plus grand quartier, et, grâce à la grande voirie, une compagnie d'électricité a pu s'établir, faire abaisser le gaz et distribuer l'électricité à presque toute la ville de St-Etienne. Vous voyez que, s'il y a désavantage pour les municipalités à partager leurs pouvoirs avec le département et l'Etat, il y a pour les contribuables de très grands avantages, et je ne crois pas que les propriétaires aient intérêt à demander qu'on étende les pouvoirs des municipalités en matière de taxes et d'impôts.

M. le Président. — La parole est à M. Enou.

M. Enou. — Je remplace un de nos confrères qui est avocat de la Ville comme moi. Je laisse de côté la question de l'éloge que l'orateur précédent a fait, très mérité du reste, de la vaste entreprise à la tête de laquelle il se trouve; le service des vidanges est admirablement fait à Lyon.

Le précédent orateur se demande si les compagnies de vidanges peuvent être grevées par les municipalités d'un droit de stationnement. Il considère ce droit presque comme illégal. Il n'y a pas, à mon avis, de taxe plus équitable. Si les compagnies échappaient au droit de stationnement, elles jouiraient d'un privilège qui n'appartient à personne. Qu'est-ce donc que le droit de stationnement? C'est la taxe perçue sur tous ceux qui occupent le domaine public, qui stationnent sur un domaine affecté à l'usage public, d'une façon anormale. Les compagnies qui font stationner un certain nombre de voitures, à la file, sur un quai ou sur une place publique, ceux qui viennent avec des petites voitures pour stationner à tel ou tel endroit, tous paient des droits de stationnement. La Ville a fait ce raisonnement rationnel et logique qu'elle pouvait demander aussi un droit de stationnement à ces compagnies de vidanges, qui occupent la voie publique sur un point déterminé, en faisant obstacle à la circulation, obstacle utile, mais enfin occupation dans l'intérêt privatif des compagnies.

Il est difficile de déterminer l'assiette de cette taxe de stationnement. Est-ce qu'on allait prendre la dimension des voitures? On a été amené à rechercher l'assiette qui fût en rapport avec la durée et l'importance des stationnements, et on l'a trouvée dans la quantité des matières, c'est à dire dans le volume de ces énormes voitures qui sont destinées à les transporter. On a établi la taxe sur cette base telle que je viens de vous l'indiquer, de sorte que la question telle qu'elle s'est posée n'était pas de savoir si ce stationnement était légal ou non, ce n'est pas discutable. Ce qui était discutable dans cette affaire de Lyon, et cela intéresse toutes les villes de France, c'était de rechercher quelle est la base d'après laquelle le droit de stationement pour ces compagnies devait être calculé.

Je proteste, en outre, contre une pensée que l'on m'a prêtée. J'ai eu, en effet, la mauvaise fortune d'être mal compris tout à l'heure ; je n'ai jamais réclamé pour la petite et la grande voirie l'intervention exclusive de l'autorité municipale. Ce que j'ai demandé — c'est bien différent — c'est l'intervention de l'autorité municipale jouant le rôle de concédante, quand il s'agit de concessions ayant pour objet des services municipaux, alors même que l'exploitation concédée nécessiterait l'occupation des voies publiques appartenant autant à la petite qu'à la grande voirie.

Pour terminer, que l'honorable contradicteur me permette de lui répondre que l'exemple cité par lui n'est pas heureux. Il a parlé de St-Etienne et il disait : voyez les immenses avantages ; St-Etienne avait le gaz ; grâce à cette dualité de régime, St-Etienne a l'électricité. Il lui en coûte cher, et j'estime que si la Ville entendait l'éloge que vous avez fait de cela, ce serait une maigre consolation pour elle. Vous savez que cela se traduit par des dommages et intérêts.

Cette dualité de régime pour les voies publiques d'une même agglomération, mal comprise, conduit à des résultats détestables pour les villes.

J'estime, en effet, qu'une ville ne traitera jamais à de meilleures conditions avec un concessionnaire, que lorsqu'on pourra lui présenter la plus grande exploitation possible, ce qui diminue d'autant les frais généraux et ce qui peut permettre de stipuler des tarifs de plus en plus réduits pour ceux qui profitent de cette concession.

M. le Président. — La parole est à M. Valentin-Smith.

M. Valentin-Smith. — Je crois que les deux derniers orateurs commettent une erreur lorsqu'ils estiment que, depuis 1884, des droits de stationnement peuvent être perçus légalement en matière de vidange. Il me semble me souvenir que le rapporteur de la loi, au Sénat, a précisément, dans son rapport, eu le soin d'indiquer, d'une façon toute particulière, que devaient être exemptés des droits de stationnement tous les stationnements nécessaires. Or, s'il y a un stationnement nécessaire, c'est celui qui s'applique à l'enlèvement des vidanges qu'on est obligé de faire sortir de la maison. Ceci dit, et en dehors de toute espèce d'intérêt, et comme propriétaire, permettez-moi de vous soumettre une simple observation en ce qui concerne ce droit de stationnement : c'est qu'en réalité ce droit de stationnement n'est pas autre chose qu'un impôt ajouté à la propriété, un impôt caché si l'on veut, mais dont on vient frapper la propriété. Il fallait véritablement arriver à notre époque, pour s'agiter au milieu de ce réseau inextricable d'impôts qui nous entourent de tous les côtés, et qui sont un peu comme ces fils télégraphiques dont parlait le représentant de la propriété marseillaise.

C'est un impôt de 0 fr. 65, dit-on, par mètre cube, alors que le mètre cube ne vaut rien du tout. Je me souviens d'une époque où la compagnie enlevait les vidanges à raison de 0 fr. 75 le mètre cube. Aujourd'hui, pour les faire enlever, le propriétaire paie 1 fr. 75 ou 3 fr. suivant la catégorie à laquelle il appartient. Par conséquent, pour une matière qui n'a aucune espèce de valeur, puisqu'on est obligé de payer pour la faire enlever, la Ville nous impose d'une somme qui n'est pas moins de 0 fr. 65 par mètre cube. Quant aux compagnies, je crois que l'impôt leur est égal, parce qu'elles font comme les épiciers qui, lorsqu'une matière est imposée, en augmentent le prix. On impose de 0 fr. 65 et les compagnies font payer davantage. Mais à nous, propriétaires, cette question n'est pas indifférente et je trouve arbitraire qu'une Ville puisse, d'une façon plus ou moins détournée, venir frapper d'impôts la propriété. Je le répète, non-seulement c'est un fait absolument arbitraire, mais encore j'estime qu'en droit le principe ne tient pas debout.

M. le Président. — La parole est à M. Enou.

M. Enou. — Je crois qu'on n'a pas très bien compris ce qu'on entend par stationnement nécessaire. Je comprends cela pour le particulier qui est en voiture et qui s'arrête devant sa porte. Mais ce n'est pas le cas des compagnies de vidanges. Il y a là un stationnement industriel et commercial. La compagnie occupe la voie publique dans son intérêt privatif : c'est une industrie privée qui occupe la voie publique pour son fonctionnement. Ce serait jouer sur les mots que de conclure de la nécessité des opérations de vidange à la nécessité du stationnement sur la voie publique avec le matériel employé par les compagnies.

Je réponds par un mot, en terminant, au chiffre de la taxe. Il ne s'agit pas d'un impôt basé sur la matière que vous transportez, il s'agit d'un impôt basé sur l'occupation du domaine public, et c'est parce qu'il a fallu trouver un moyen de calcul pour déterminer ce que votre compagnie devrait à la Ville de Lyon, qu'on a calculé par mètre cube la matière extraite. En réalité, la taxe payée est moins un impôt proprement dit qu'une redevance de location de la voie publique.

M. le Président. — Personne ne demandant plus la parole, je déclare la séance levée.

La séance est levée à midi.

SIXIÈME SÉANCE

(Mercredi soir, 8 Août)

SECTION V

La séance est ouverte à deux heures, sous la présidence de M. Georges Deloison, président de la section V.

Prennent place au bureau : M. G. Deloison, président, assisté de M. G. Picot, président du Congrès ; M. Dupay, vice-président ; MM. Flurer et Goujon, secrétaires ; ainsi que MM. de Boulongne et Dargent, rapporteurs.

M. LE PRÉSIDENT. — Messieurs, le programme que nous avons à étudier ce soir est un peu long. Je demande aux orateurs de vouloir bien, autant que possible, être très courts dans leurs observations, sans que toutefois ils négligent rien de ce qu'ils ont à dire. Vous connaissez le programme de la 5ᵐᵉ section. Il est ainsi conçu :

LA LÉGISLATION IMMOBILIÈRE. — 1º Du privilège des propriétaires ; Loyers d'avance ; Déménagement furtif. — 2º Responsabilité des propriétaires : En matière d'impôts ; Vis-à-vis de la Régie ; En cas d'infraction par le locataire aux arrêtés de police. — 3º Responsabilité en cas d'incendie ; Assurances et contre-assurances ; Projet de réforme du contrat d'assurances. — 4º Immeubles construits sur le terrain d'autrui ; Location des terrains des Hospices civils de Lyon ; Baux à long terme. — 5º Procédure de saisie-gagerie ; Référé en matière d'expulsion ; Congé et expulsion ; Extension de la compétence du juge de paix ; Réduction des frais ; Contribution — 6º Vente d'immeubles ; Droits de mutation ; Procédure en matière immobilière ; Partage amiable ; Echange ; Ordre ; Réduction des frais.

Sont inscrits comme rapporteurs :

MM. Goujon, avocat à la Cour d'appel de Paris, directeur du recueil « La Collection complète des Lois » : *Du privilège du bailleur; Loyers d'avance; Déménagement furtif.* (1re question.)

Bourgeois, docteur en droit, avocat à la Cour d'appel de Paris : *Responsabilité des propriétaires : En matière d'impôts; Vis-à-vis de la régie; En cas d'infraction par le locataire aux arrêtés de police.* (2e question.)

O. Flurer, avocat à la Cour d'appel de Lyon, professeur à la Faculté de droit de Lyon : *Responsabilité des locataires en cas d'incendie* et *Loi du 19 février 1889.* (3e question.)

R. Dargent, docteur en droit, avocat à la Cour d'appel de Paris : *Procédure de saisie-gagerie; Référé en matière d'expulsion; Congé et expulsion; Extension de la compétence du juge de paix; Réduction des frais; Contribution.* (5e question.)

De Boulongne, avocat à la Cour d'appel de Paris : *Vente d'immeubles; Droits de mutation : Procédure en matière immobilière; Partage amiable; Echange; Ordre; Réduction des frais.* (6e question.)

C.-J. Pondeveaux, avoué de première instance à Lyon : *Ventes d'immeubles; Procédure en matière immobilière; Partage amiable; Ordre; Réduction des frais.*

A. Haumont, avocat, professeur de Droit commercial et d'Economie politique à l'Ecole supérieure de Commerce du Havre : *Du mode de calcul des droits de mutation par décès applicables à la propriété bâtie.*

J'ai à présenter les excuses de MM. Lesur et Dufau, vice-présidents de la section.

M. Fleury Ravarin, député du Rhône, n'a pu réunir, en temps voulu, les éléments nécessaires à la rédaction du rapport dont il s'était chargé sur *Les Terrains des Hospices civils de Lyon* (4e question). Il vient de nous exprimer ses regrets de ce contre-temps indépendant de sa volonté.

Enfin, M. Bourgois ne peut pas assister ce soir à la séance; mais il a déposé un rapport qui est entre vos mains.

Je vais donner la parole tout d'abord à M. Goujon sur la première question.

M. GOUJON. — Messieurs, ainsi que vient de vous le faire connaître notre président, les questions qui doivent nous occuper dans cette séance sont celles relatives à la législation immobilière. Mais comme ce sujet est extrêmement vaste et a besoin de beaucoup d'étude de la part des rapporteurs, l'organisateur du Congrès a parfaitement bien fait en divisant ces différentes questions et en les attribuant à différents rapporteurs. C'est ainsi que je dois vous parler spécialement du privilège du bailleur, des loyers d'avance, et du déménagement furtif.

Avant d'aborder devant vous la question du privilège, je crois devoir vous indiquer quel est le point de départ du privilège, sur quoi il s'appuie, quelle en est la base et quelles en sont les conséquences.

J'ai une profonde admiration pour notre Code, malgré certaines retouches qu'il conviendrait d'y faire. C'est un monument si considérable que, lorsque nous avons à étudier une question qui s'y rattache, i ne faut pas seulement examiner les articles qui ont trait à la question, mais encore ceux qui précèdent, quelquefois ceux qui suivent, parce que tous se lient et forment un tout entre eux.

Je ne peux pas étudier devant vous la question du privilège, sans examiner d'abord sur quoi ce privilège doit porter, en vertu de quoi il est établi. Je commencerai donc ces observations en vous faisant une théorie très brève du contrat de louage, parce que dans cette théorie vous verrez le principe fondamental sur lequel repose le privilège.

Le contrat de louage est un contrat par lequel un propriétaire consent un bail à un locataire. Ce contrat est synallagmatique, en ce sens qu'il crée à l'égard du locataire et du propriétaire des devoirs et des droits respectifs.

En effet, vous savez, Messieurs, que le propriétaire est tenu, comme le rappelait au commencement de notre Congrès notre éminent président, M. Picot, de tenir le locataire clos et couvert ; il est dans l'obligation, en outre, de tenir la chose qui fait l'objet de la location en bon état. Voilà, d'une façon générale, les obligations du propriétaire.

Le locataire, lui, a également des obligations.

La principale, je ne dirai pas la plus importante, est de payer le prix stipulé. Il doit aussi jouir de la chose en bon père de famille, c'est-à-dire en homme soigneux. Il doit la rendre à l'expiration du bail telle qu'il l'a reçue au commencement, et après y avoir fait toutes les réparations locatives nécessaires. Voilà, d'une façon générale, les obligations du locataire. Mais il y en a une que je ne vous ai pas dite, parce que je désirais la présenter d'une façon spéciale : c'est celle de garnir les lieux loués de meubles ou d'objets mobiliers suffisants pour garantir au bailleur le paiement du loyer.

Ces mots : *meubles suffisants*, cette réunion de mots, et chacun de ces mots en particulier, doivent attirer et retenir pendant quelques instants notre attention ; — voici pourquoi : parce que le privilège s'exercera sur ces meubles. Il importe que vous sachiez ce que c'est que ces meubles, ce que c'est qu'un meuble suffisant, de manière à connaitre sur quoi porte le privilège.

Nous lisons, dans l'article 1752 du Code civil, que le locataire est tenu de garnir les lieux loués de meubles en quantité suffisante pour garantir au propriétaire le paiement du loyer, ou d'offrir une autre garantie afin d'assurer au bailleur le paiement de sa créance.

Il y a une première expression que nous devons définir, c'est le mot meuble, et ensuite une seconde, qui est le mot suffisant. Qu'entend la loi par le mot meuble ? Qu'entend la loi par le mot suffisant ?

Messieurs, les meubles sont, d'après la théorie du Code civil, ou plutôt d'après la théorie des jurisconsultes, les meubles sont tout ce que le locataire apporte dans les lieux, soit pour les faire servir à l'usage auquel il les a destinés, soit pour sa commodité personnelle, ou pour son commerce. Le mot meuble, d'après les auteurs, ne comprend pas seulement tout ce qu'il y a dans les lieux, il désigne aussi certaines choses qui ne sont pas considérées comme garnissant les lieux, telles que les marchandises que les négociants ont dans les magasins.

Il y a certains biens qui ne sont pas affectés au privilège du propriétaire, les choses que le locataire apporte, mais qui sont alors par leur destination devenues immeubles, telles que les glaces que l'on met à poste fixe dans les appartements, les statues placées dans les niches et qui ne peuvent pas être enlevées sans détériorer les murs et les choses qui sont confiées à un artisan pour être transformées.

Que faut-il entendre maintenant par le mot suffisant?

La loi emploie cette expression, sans la définir. Les jurisconsultes ne sont pas d'accord sur ce qu'il faut entendre par le mot suffisant. On dit : les meubles doivent être suffisants, mais pourquoi? M. Laurent enseigne que les meubles seront suffisants, à la condition de garantir au bailleur le paiement intégral du montant du loyer. Il reconnait que c'est une interprétation extrêmement dure, rigoureuse, mais, dit-il, *dura lex, sed lex ;* et en effet, quels que soient le prix du bail, son importance, sa durée, les meubles et les garanties offertes au propriétaire doivent être telles qu'il y trouve une sûreté pour le paiement intégral du loyer.

D'autres jurisconsultes, MM. Duvergier et Pont, admettent que les meubles seront suffisants, s'ils peuvent garantir au bailleur le paiement d'une année de loyer, plus les frais de saisie et d'exécution. Cela est juste parce que, comme on le voit, ce sera là une garantie efficace. Ce sera, dit M. Bourjon, au propriétaire à veiller par terme. Un propriétaire pourra se rendre compte de l'état de solvabilité du locataire, et il pourra prendre telles mesures qu'il jugera convenables. Par conséquent, j'estime, avec les savants jurisconsultes dont je viens de vous parler, que les meubles seront suffisants, lorsqu'ils garantiront au propriétaire, ou plutôt au bailleur, une année de loyer.

Je disais : au propriétaire, et je me suis repris pour dire : au bailleur ; c'est-à-dire que ce n'est pas la qualité de propriétaire qui fait que le privilège existe, mais c'est la qualité de locateur.

Cette distinction est importante, parce que le sous-locataire jouit des mêmes avantages et des mêmes privilèges que le propriétaire lui-même. Par conséquent, j'avais raison de vous dire que ce privilège compète au bailleur, puisqu'il existe également en faveur du principal locataire.

Par ces très courtes observations, je crois vous avoir indiqué ce que c'est que le meuble, ce que veut dire le mot suffisant, et sur quoi porte le privilège. Nous allons examiner maintenant ce que c'est que le privilège. Vous verrez que je vous fais ici un résumé très court et très succinct de mon rapport qui est sous vos yeux ; vous y trouverez en détail les indications que je vous donne et que je concentre sommairement. Vous pourrez y lire en détail les questions que j'esquisse seulement devant vous.

Le privilège est un droit que la qualité de la créance donne à un créancier d'être préféré aux autres créanciers, c'est-à-dire que le privilège du propriétaire n'est pas compétent à sa personne seule ; il est compétent à sa qualité. Le privilège du propriétaire, dans les conditions que je viens d'avoir l'honneur de vous expliquer, ne peut résulter également que d'une disposition de la loi. C'est une dérogation au principe général de notre droit, que tous les biens du débiteur constituent le gage de ses créanciers. Eh bien, les rédacteurs du Code ont fait une dérogation en faveur du propriétaire. Par conséquent, on ne peut pas étendre cette dérogation à d'autres personnes et à d'autres faits que ceux pour lesquels la loi les a spécifiés. Les privilèges ne constituent pas des droits attachés exclusivement à la personne, ils sont des accessoires des créances. Par conséquent, c'est là un bienfait que la loi accorde aux propriétaires, et, ainsi que le fait remarquer M. Laurent, c'est un bienfait unique, puisque cette dérogation n'a été faite au profit d'aucune autre personne.

Maintenant, ce privilège établi par l'article 2102 du Code civil s'étend pour la garantie d'une certaine quantité, d'une certaine quotité de loyers, s'étend à tous les loyers qui sont échus et à tous ceux qui sont à échoir. Mais ici il y a une distinction à faire, parce que différentes espèces peuvent se rencontrer ; et, en effet, le propriétaire peut être seul créancier de son locataire, comme il peut aussi se trouver en

présence d'autres créanciers. Lorsque le propriétaire est seul créancie ,
en vertu des dispositions de l'article 2102 du Code civil, il peu t
exercer son privilège pour tout ce qui lui est dû et pour tout ce qui
est à échoir, à condition, soit que le bail ait été fait par acte notarié,
soit qu'il ait date certaine, s'il est fait par acte sous seing privé.

L'article 2102 nous enseigne, et cette observation aura son importance pour ce qui va suivre, que ce privilège existe non seulemen t
pour le principal du loyer, mais encore pour les réparations locatives
et pour tout ce qui concerne l'exécution du bail.

Telle est la garantie dont jouit le propriétaire lorsqu'il a loué un
local à un locataire.

Messieurs, il ne faudrait pas croire que le législateur de 1804   a
établi le privilège dans l'intérêt du propriétaire seul. Non, ce droit,
dont profite assurément le propriétaire, a été également institué en
faveur du locataire. C'est là un point sur lequel il ne faut pas se
tromper, parce que certaines personnes pourraient peut-être penser
que c'est là un droit exorbitant, constitué au profit du propriétaire à
l'encontre du locataire. Le locataire en bénéficie également, en ce
sens que le propriétaire aura à prendre bien moins de renseignements,
aura à s'inquiéter bien moins de la solvabilité de ce locataire, s'il a
des garanties pour sûreté de sa créance. En effet, qu'arrive-t-il
lorsque, soit dans le commerce, soit dans les affaires, on traite avec
quelqu'un ? Lorsqu'on reçoit un billet, on s'enquiert de la solvabilité,
on demande des renseignements, on peut même exiger un gage. Eh
bien, le locataire n'est pas tenu de fournir ces garanties, s'il apporte
dans les lieux des meubles en quantité suffisante pour garantir le
paiement de sa dette. Par conséquent, il y a des recherches que le
propriétaire ne sera pas tenu de faire, ce qui est toujours difficile, ce
qui est délicat, ce qui surtout, dans la situation de différents locataires
commerçants, peut présenter de graves inconvénients.

Cette situation profite également aux étrangers qui viennent s'établir dans les villes, pour y exercer le commerce ou l'industrie. Si
un propriétaire n'avait pas de garanties, il ne louerait peut-être pas à
une personne qu'il ne connait pas, et dont le pays d'origine est
quelquefois trop éloigné pour lui permettre d'obtenir des renseignements en temps utile.

Le propriétaire, dans les conditions que je viens d'avoir l'honneur
d'exposer devant vous, ne s'inquiétera pas de la raison pour laquelle
un américain, par exemple, vient s'établir dans une ville ; il dira:
que m'importe? ma dette est garantie, je n'ai pas à savoir pourquoi
il est venu, ni d'où il est venu.

Maintenant, Messieurs, une question : sur quoi porte ce privilège?
Je vous ai dit tout à l'heure qu'il portait sur les meubles suffisants,

et je vous disais également que tout ce qui entre dans une maison n'est pas meuble; en outre, tout ce qui entre dans les lieux loués ne peut pas être saisi. En effet, la loi indique, et les auteurs sont tous d'accord sur ce point, que certaines choses sont à l'abri de la saisie, par exemple le numéraire, les titres de créance, les brevets d'invention ; ce sont là des choses qui ne peuvent pas servir de gage au propriétaire. Ce sont des choses telles, qu'elles sont, à certains points de vue, insaisissables.

Il y avait, avant la loi du 19 février 1889, une autre catégorie de créances qui ne pouvait pas servir de gage au privilège du propriétaire. C'était la prime due au locataire par suite d'incendie.

En vertu de la loi que je viens de rappeler, cette prime est aujourd'hui affectée au privilège du propriétaire. Le Code civil s'était appuyé sur cette idée que, lorsque la prime est due, elle constitue une créance. A ce titre, elle ne pouvait pas être saisie, d'après ce que je viens d'avoir l'honneur de vous dire. Lorsqu'au contraire cette prime était payée, elle constituait une somme d'argent et ne pouvait pas être saisie non plus.

La loi de 1889 est venue apporter une modification à cette situation pour les motifs que voici. Le législateur de cette époque a pensé que la prime d'assurance n'était autre chose, en somme, que la représentation des objets incendiés. Vous aviez un mobilier assuré pour une somme de 20.000 francs par exemple, il était détruit par un incendie, une somme de 20.000 francs était payée au locataire. Qu'était-ce que cette somme ? Sinon le mobilier lui-même, mais changé de nature et représenté par du numéraire. Dans ces conditions, le législateur de 1889 a pensé qu'il était juste, équitable et profitable aux intérêts du propriétaire, d'attribuer cette somme à son privilège.

Voilà une modification importante et sur laquelle j'ai cru devoir vous donner quelques explications.

Les points sur lesquels je m'étends en ce moment devant vous n'ont pas trait à la situation du propriétaire en cas de faillite ou de déconfiture du locataire. C'est une question délicate ; je l'ai traitée longuement dans mon rapport. Je ne ferai que vous en résumer les conclusions. Mais, avant d'en arriver à cette question, je veux parler des objets qui sont immeubles par destination et sur lesquels je vous ai déjà donné quelques indications. Ces objets ne peuvent pas être saisis, parce qu'ils ne sont plus meubles, parce que, par suite de l'affectation que le locataire en fait, ils ont cessé d'être meubles et sont devenus partie intégrante de l'immeuble. Par conséquent ils appartiennent au propriétaire, non pas alors comme gage, mais comme propriété.

Il y a, Messieurs, encore des objets que la loi déclare insaisissables

J'ai parlé tout à l'heure, il n'y a qu'un instant, des objets qui ne peuvent pas être saisis, tels que l'argent et les titres de créance. Mais il y a d'autres objets insaisissables de par la loi et par conséquent qui ne sont pas soumis non plus au privilège du propriétaire, parce que ces objets ne peuvent cesser d'être la propriété du locataire.

Au point de vue qui nous occupe, ces biens sont de très peu d'importance. En effet, l'article 592 du Code de procédure civile nous indique que ne peuvent pas être saisis le coucher du saisi, certains objets qui servent à son usage personnel et à celui de ses enfants vivant avec lui, les objets nécessaires pour l'exploitation d'une ferme : une vache, trois brebis et la nourriture de ces animaux pendant un mois. Voilà les objets qui ne peuvent pas être saisis.

Mais l'article suivant du Code de procédure civile, l'article 593, fait une exception et enseigne que ces objets pourront être saisis par le propriétaire, et que seuls seront insaisissables du chef de sa créance le coucher nécessaire des saisis, celui de leurs enfants vivant avec eux, les habits dont les saisis sont vêtus et couverts. Tout le reste constituant la propriété du locataire est saisissable et peut être affecté à la créance du propriétaire.

Maintenant, comme suite de son droit de privilège et comme conséquence de ce privilège, le propriétaire a un droit de revendication sur les objets qui garnissaient les lieux loués. Ainsi, un propriétaire peut saisir-revendiquer, pendant un délai de 15 jours à partir du jour où ils ont été déplacés, les objets détournés et transportés dans un autre appartement. Pourquoi le législateur a-t-il indiqué ce délai et pourquoi a-t-il imparti un délai aussi court ? J'ai parlé du délai de 15 jours, mais en matière de biens ruraux le délai est de 3 mois. Ce délai est plus long que lorsqu'il s'agit de location urbaine, parce que le propriétaire, lorsqu'il s'agit de biens ruraux, peut rester pendant longtemps dans l'ignorance de la question de savoir si le mobilier a été ou non détourné. Mais pour les biens urbains ce délai est de 15 jours ; c'est-à-dire que, pendant 15 jours après que le propriétaire aura appris l'enlèvement des objets, il pourra les revendiquer n'importe où, et quand même le nouveau propriétaire des lieux où ils ont été transportés ignorerait qu'ils n'étaient pas encore, si je puis me servir de cette expression, dégrevés du privilège dont ils étaient frappés au profit du précédent propriétaire.

Le délai de 15 jours est extrêmement court, afin de ne pas laisser le nouveau propriétaire longtemps dans l'incertitude de savoir si sa créance est garantie, et le législateur a pensé que ce délai était suffisant pour un homme soucieux de ses intérêts.

Ce n'est donc, lorsqu'un mobilier est transporté dans un local, ce n'est donc que 15 jours après son entrée dans les lieux, que le nouveau propriétaire est véritablement assuré que ces objets sont dégrevés ou, pour mieux dire, ne sont plus grevés de privilège antérieur et qu'ils sont alors, à ce moment, véritablement affectés à la garantie de sa créance.

Ce droit de suite et ce droit de revendication peuvent s'appliquer également à tout ce qui est l'accessoire de la créance du propriétaire.

Je vous disais tout à l'heure, en vous lisant un fragment de l'article 2.102 du Code Civil, dont vous trouverez les termes dans mon rapport, je vous disais que le privilège s'appliquait non seulement au prix du bail, mais encore au montant des réparations et de tous les accessoires. C'est ainsi que je prétends que, lorsqu'un propriétaire aura donné une quittance à son locataire, que le locataire aura déménagé ayant payé son terme, mais n'ayant pas soldé le montant des réparations locatives, je prétends que le propriétaire pourra, pendant 15 jours, exercer son droit de revendication relativement à ce qui peut lui être dû pour les accessoires de la location, même s'il n'était rien dû pour le montant des loyers.

C'est là un droit énorme et un grand avantage constitué par le législateur à votre profit.

Une question extrèmement importante est celle de savoir quelle est l'étendue du privilège. Lorsqu'un locataire ne paye pas, pour quelle somme et pour quelle quantité de loyer échu et à échoir le propriétaire pourra-t-il se faire payer ? Je vous ai dit que le propriétaire, lorsqu'il était seul en présence du débiteur, pouvait se faire payer l'intégralité de ce qui lui était dû et de ce qui était à échoir.

Mais lorsque, au contraire, le propriétaire se trouve en présence d'autres créanciers, sa situation change ; si le bail a date certaine, il ne peut se faire payer que pour le montant de ce qui est dû et pour le montant d'une année à échoir, les créanciers pouvant toujours, bien entendu, pendant ce temps disposer de la chose louée, en se conformant au bail.

Voilà, Messieurs, quelle est la situation du propriétaire, lorsque celui-ci se trouve vis-à-vis d'un homme jouissant de la plénitude de ses droits.

Une autre question fort délicate encore, car tout est délicat dans la procédure du privilège, est celle du rang des privilèges entre eux. La loi est muette sur ce point. Par conséquent, nous ne pouvons en raisonner qu'en examinant la valeur que les rangs du privilège ont entre eux aux yeux du législateur. Les privilèges spéciaux sur les meubles s'établissent, au point de vue de leur préférence, de la façon suivante. Le propriétaire prime les autres créanciers, sauf toutefois les frais de poursuite faits dans l'intérêt de la conservation de la chose même. Si les frais de poursuite n'avaient pas été faits dans l'intérêt commun des créanciers, ils ne seraient pas privilégiés sur le propriétaire. Toutefois, il y a une restriction à établir dans cette circonstance.

Lorsque, par exemple, à la suite de décès, l'administration de l'enregistrement se trouve en concurrence avec le propriétaire, il s'établit une division. Le propriétaire reste alors créancier de la succession, créancier privilégié pour le montant de six mois de loyer d'avance ; l'administration de l'enregistrement vient alors pour les droits de mutation qui sont dus, elle prime alors le reste de ce qui est dû au propriétaire ; celui-ci ne reprend son rang qu'après que la créance de l'administration de l'enregistrement a été payée.

En ce qui concerne tous les autres créanciers, les propriétaires les priment. Il y a des distinctions à établir, mais qui ne nous intéressent pas spécialement ici, je les mentionne seulement, en ce qui concerne les ouvriers qui ont travaillé pour la construction de la chose et sa conservation.

La théorie que je viens de vous exposer s'applique, soit que la location résulte d'un bail, que le bail ait été fait par acte notarié ou par acte sous seing privé, ou qu'il s'agisse d'une location verbale. Les effets sont les mêmes. Ce n'est pas la nature de l'acte, qui a donné naissance à la location, qui établit le privilège du propriétaire, c'est le fait de la location elle-même. Voilà ce que j'avais à vous dire en ce qui concerne le privilège.

Il me reste à vous indiquer quelle est la situation du propriétaire, lorsque le locataire est tombé en faillite.

Autrefois, lorsque le locataire était tombé en faillite, le bail était résilié de plein droit. La loi du 12 février 1872 est venue apporter sur ce point une profonde modification à la législation. Maintenant, en vertu de la législation sous laquelle nous vivons, le bail n'est plus résilié de plein droit par suite de la faillite du locataire. Seulement le syndic aura le droit, après que les créances auront été affirmées, de faire savoir au propriétaire s'il entend cesser ou continuer les effets du bail.

Le propriétaire a un certain délai pour faire connaître au syndic sa détermination et sa décision. Vous voyez que, dans ces conditions, le propriétaire reste, dans une certaine mesure, maître de conserver ou non son locataire, ou plutôt le représentant de son locataire, puisqu'il n'existe plus à ce moment et qu'il est représenté par la masse des créanciers et par le syndic. Si la location est maintenue, le syndic devra continuer l'exploitation des lieux dans les termes du bail. Les tribunaux ont un pouvoir absolu et discrétionnaire d'appréciation. Les juges, si l'affaire leur est soumise, bien entendu, et si une contestation s'élève, pourront décider si ce qui est laissé au propriétaire est suffisant pour que le syndic profite de la location. Les sûretés seront suffisantes, si elles sont à peu près analogues à celles que le propriétaire avait exigées du locataire, au moment de la location, et le Tribunal, dans cette occurrence, pourra forcer le propriétaire à supporter que le syndic continue l'exploitation. Le Tribunal aura un pouvoir souverain d'appréciation, parce qu'en effet il pourra, dans bien des cas, être désavantageux pour un propriétaire qui a consenti un bail à telle ou telle personne, en considération de sa situation commerciale et morale, pour sa personnalité elle-même, il pourra être désagréable et désavantageux pour le propriétaire de se trouver en présence du syndic, mais enfin le Tribunal appréciera et départira les parties en cause.

Si le bail n'est pas résilié, le syndic conservera l'exploitation des lieux pendant le temps pour lequel le montant des loyers d'avance aura été versé, ou pour le temps restant à courir du bail, à condition d'en exécuter les charges. Si, au contraire, le bail est résilié, le propriétaire touchera à ce moment le montant des loyers dus, et soit une année, soit deux années de loyers à échoir, selon les cas. Telle est la situation du propriétaire en cas de faillite.

Le Tribunal de la Seine a été saisi, tout dernièrement, d'un différend sur ce point : un jugement très intéressant a été rendu par la troisième Chambre, le 11 avril 1891, dans les circonstances que voici :

Un propriétaire avait loué une boutique à un commerçant, et dans le bail l'éventualité de la faillite du locataire avait été prévue. Il avait été consigné qu'en cas de faillite du locataire le bail serait résilié de plein droit, si bon semblait au bailleur. Le locataire a été déclaré en faillite. Le syndic de la faillite a demandé à continuer l'exploitation du fonds de commerce conformément aux dispositions de la loi. Le propriétaire lui a répondu que, puisque la résiliation était obligatoire, aux termes du bail, en cas de faillite, il s'opposait à la prétention du syndic et qu'il sollicitait le Tribunal de prononcer la résiliation.

Il s'agissait de savoir si, par un article inséré dans un bail, on pouvait faire échec aux dispositions de la loi de 1872, modifiant les articles 450 et 550 du Code de commerce. Le Tribunal, saisi de la question, a décidé que le délai, pendant lequel les syndics devaient notifier aux propriétaires leur intention de continuer le bail, s'appliquait au cas de continuation du bail, d'exécution du bail, mais non pas au cas où le bail était résilié de plein droit, en vertu d'une de ses clauses. Il ne s'agissait pas là d'une question d'ordre public et une clause insérée dans un bail était valable. Je ne sais pas si, à ce jour, cette décision a été frappée d'appel.

Ainsi, lorsqu'on fait un bail à un commerçant, on peut toujours insérer dans le bail une clause de résiliation en cas de faillite, et cette clause est déclarée bonne et valable. Telle est la théorie générale de la situation qui est faite au propriétaire en cas de faillite.

Pour faire un bail, il faut être propriétaire de la chose, ou du moins il faut en avoir la jouissance ou l'administration. Lorsqu'on est propriétaire d'une maison ou d'une ferme, on peut la louer pour tout le temps que l'on veut et pour tel objet que l'on veut ; je me trompe en disant pour tout le temps que l'on veut, car il est interdit de faire des baux au-delà de 99 ans. Mais le véritable propriétaire qui a la jouissance de son bien peut faire un bail de 99 ans et pour telle chose et pour tel objet qu'il veut.

Au contraire, un père gérant les biens de son enfant, un mari administrant la fortune de sa femme, l'administrateur des biens d'une personne placée dans un établissement d'aliénés, lesquels ont l'administration d'une chose, sans en avoir la propriété, ne peuvent louer l'objet que pour servir à la destination qui lui avait été donnée primitivement, et cela pour un temps qui ne peut dépasser, soit 9 ans, soit 18 ans, dans les différentes espèces.

Au contraire, certaines personnes propriétaires d'un objet, d'une maison, d'une propriété, ne peuvent pas la louer ; tels sont les mineurs et les interdits. Ils ne peuvent contracter de bail qu'avec l'autorisation de leur tuteur.

Mais, en dehors de ces cas là, toute personne peut faire un bail, peut donner à loyer. Il est admis encore que, pour une location, un prix doit être fixé ; s'il n'en avait pas été prévu, les tribunaux devraient accorder au propriétaire une indemnité représentative. Le bail n'est pas annulable pour cause de vileté du prix.

Voilà, Messieurs, d'une façon générale, et très brièvement résumées, les considérations que j'ai exposées dans mon rapport au sujet du privilège du propriétaire.

Nous avons encore deux questions secondaires à examiner. Je veux parler du déménagement furtif et des loyers d'avance.

Le déménagement furtif, vous savez tous ce que c'est : c'est le fait pour un locataire de déménager sans prévenir personne, c'est ce qu'on appelle en langage vulgaire déménager à la cloche de bois.

Lorsqu'un locataire a ainsi déménagé, le propriétaire peut, pour se décharger vis-à-vis de l'administration de l'enregistrement, faire une déclaration soit au commissaire de police, soit au maire de la commune, qui lui donne acte de sa déclaration, lequel acte est ensuite remis par le propriétaire au percepteur qui lui en délivre un récépissé ; ainsi le propriétaire n'est pas tenu de payer à l'administration ce qui resterait dû par le locataire.

Mais le délai pour faire cette déclaration est très court, il est de trois jours seulement. Pourquoi est-il aussi court ? C'est la loi, je crois, du 22 frimaire, an VII, qui l'a établi et vous savez qu'en matière fiscale il ne faut pas s'attendre à beaucoup de longanimité de la part de l'Administration. *(Applaudissements.)*

Aussi, dans la plupart des cas, la déclaration est-elle tardive. Le point de départ de ce délai de trois jours date du moment où le locataire a déménagé furtivement, c'est-à-dire où il est parti sans prévenir personne. Le plus souvent, ce déménagement a lieu pour les boutiques. En ce qui concerne ces sortes de location, rien de plus facile que de déménager sans rien dire. Le locataire a déjà pris ses précautions et, sous prétexte de donner des meubles à réparer ou de ne pas acheter de nouvelles marchandises pour attendre la saison nouvelle, il n'aura que fort peu de choses dans son établissement, et il lui sera facile, la nuit, d'emporter par la porte de la boutique tout ce qui se trouvait dans son magasin, et de disparaître.

Il me reste a vous parler des loyers d'avance. Vous savez que les garanties offertes au propriétaire résident non seulement dans les privilèges, mais que le propriétaire a encore d'autres avantages. Je vous ai parlé tout à l'heure du droit de revendication ; mais le propriétaire peut encore se faire verser six mois de loyer d'avance pour les boutiques ou pour les maisons industrielles. Je vais revenir, tout à l'heure, sur la question des loyers d'avance, mais je continue en vous indiquant les autres avantages dont le propriétaire a le bénéfice. Il a la faculté de pouvoir poursuivre et exécuter son locataire sans avoir obtenu de décision de justice.

En vertu de l'article 819 du Code de procédure civile, le propriétaire peut faire un commandement à son locataire par le fait seul de son titre de propriétaire ou de bailleur, et il peut, 24 heures après ce commandement demeuré infructueux, saisir et ainsi garantir sa créance et en opérer le recouvrement.

Un autre avantage conféré au propriétaire par l'usage, pour les locations de moins de 400 francs, à Paris, c'est de se faire payer trois mois d'avance. Dans la plupart des cas, ces petits locataires ont fort peu de mobilier ; ils habitent généralement dans des maisons où il y a beaucoup d'autres locataires, et il serait quelquefois difficile au concierge de savoir si tel locataire a déménagé ou non.

Pour ne pas abuser de votre bienveillance, je termine par quelques observations sur les loyers d'avance. Le propriétaire, lorsqu'il s'agit d'une maison entière ou d'une boutique, se fait verser six mois de loyer d'avance. Cet usage a beaucoup préoccupé le public du commerce, qui s'est dit qu'il ne payait pas seulement la somme déterminée par la location, mais encore une somme représentant le montant des intérêts produits par la somme ainsi versée.

Supposez, en effet, une location de magasin de 20,000 francs : dans l'Avenue de l'Opéra et dans les grands quartiers de Paris il s'en rencontre un grand nombre. Le locataire paye 10,000 francs à titre de loyer d'avance. Envisagez que la location soit faite pour une durée de 20 ans, il en résultera qu'au bout de cette époque, la somme payée d'avance sera doublée, le locataire ne paiera pas 20.000 francs de loyer, mais 20,500 francs.

Un courant d'idées parait s'établir tendant à interdire au propriétaire de se faire consigner des loyers d'avance. Je ne suis pas partisan de cette immixtion du législateur dans les transactions entre propriétaires et locataires, je crois qu'il faut autant que possible laisser les transactions libres.

Lorsqu'un propriétaire et un locataire se trouvent en présence, il leur est loisible de débattre les conditions du bail. Le preneur peut dire au bailleur : vous voulez me louer 20,000 francs : non, je ne vous paierai que 19,500 francs, et je vous verserai six mois d'avance, de façon à avoir une diminution équivalente aux intérêts de la somme versée d'avance.

On objecte que cela ne s'obtiendrait pas facilement, et que le locataire qui trouve qu'un local est bien situé, qu'il pourrait y exercer d'une façon fructueuse son commerce, passerait sous les fourches caudines du propriétaire. Cet argument n'est pas sérieux ; car, si le locataire a envie de la boutique, il faut bien avouer que le propriétaire est fort désireux de la louer ; et, pour une somme de peu d'importance, tous les deux se mettront d'accord ; ce sera leur avantage réciproque.

Un honorable député, M. Albert Pétrot, a déposé à la Chambre, le 8 février 1894, une proposition de loi tendant, non pas à interdire au propriétaire de réclamer six mois de loyer d'avance, mais à décider que la somme ne sera pas versée entre les mains du propriétaire, mais à la Caisse des Dépôts et Consignations et que le locataire touchera sur un quitus délivré par le propriétaire le montant des intérêts produits par la caisse. Les intérêts de chacun seraient ainsi sauvegardés.

C'est là un système qui ne serait pas mauvais en soi. Mais je ne suis pas partisan du dépôt à la Caisse des Dépôts et Consignations. Il y aurait là un danger pour nos fonds nationaux. En effet, vous le savez, la Caisse des Dépôts emploie en rentes sur l'Etat les sommes qui lui sont confiées ; cela donne à nos fonds nationaux une hausse fictive. Je crois donc qu'au point de vue de la confiance qu'on doit si légitimement à la France, il y a là un péril. Voilà ce que j'avais à dire pour réfuter la proposition de M. Pétrot.

Le 4 juin 1894, M. Chauvin et plusieurs de ses collègues ont déposé une proposition de loi beaucoup plus radicale ; elle tend à interdire d'une façon absolue au propriétaire de recevoir des loyers d'avance ; et, si cette clause était insérée dans un bail, elle serait nulle et non avenue.

C'est une immixtion beaucoup trop absolue dans les affaires particulières. Et cette proposition doit être rejetée d'une façon complète.

Pour conclure, je crois, qu'étant donnée la législation actuelle régissant la propriété et les privilèges qui y sont attachés, il n'y a pas de modifications à apporter au système du Code civil, également efficace dans l'intérêt du propriétaire et du locataire. En ce qui touche le déménagement furtif, assurément le délai fixé pour la déclaration à faire devrait être augmenté. En ce qui concerne les loyers d'avance, je crois qu'il faut laisser ce point à régler par les parties intéressées.

J'estime que notre législation doit rester telle qu'elle est ; et nous devons tous, tout en sauvegardant nos intérêts, nous appliquer à apporter dans nos relations avec nos locataires la plus grande bonté, la plus grande bienveillance, la plus grande douceur, et, je dois le dire aussi, dans certains cas, la plus grande charité. (*Applaudissements.*)

M. LE PRÉSIDENT. — Vous venez d'entendre un rapport très complet et très précis, qui fixe bien les bases de notre législation immobilière au sujet du privilège du propriétaire et des loyers d'avance. Je prierai les orateurs qui prendront la parole sur ce point de vouloir bien se limiter aux observations qu'ils auront à faire, soit comme critique, soit comme vœu.

Je demanderai à l'assemblée de vouloir bien diviser les différents points, car la question est importante. Vous voyez, d'après le programme, que cette division se trouve déjà faite ; de sorte que, si un orateur parlait sur tous les points en discussion, il pourrait y avoir un mélange d'observations nuisible à la clarté du débat. Je demanderai donc quel est l'orateur qui veut prendre la parole sur le premier de ces trois points : privilège des propriétaires. Ensuite, on pourra s'expliquer sur la question des loyers d'avance et sur celle des déménagements furtifs.

La parole est à M. Dufour :

M. DUFOUR. — J'ai une observation très courte à présenter au sujet du privilège du propriétaire. Après le rapport si précis de M. Goujon, il ne reste plus grand chose à ajouter. Je vous demande cependant s'il ne serait pas bon, lorsque le propriétaire donne une quittance à son locataire, qu'il mette « sous réserves de mes droits ».

M. LE PRÉSIDENT. — Nous remercions M. Dufour des conseils qu'il veut bien nous donner. Je ferai simplement remarquer que ce n'est pas une modification à la législation actuelle qu'il demande mais un conseil qu'il donne.

Quelqu'un demande-t-il la parole sur la question du privilège du propriétaire ?...

La parole est à M. Gay.

M. GAY. — Du précieux rapport que M. Goujon vient de nous développer, et qui est une espèce de *vade mecum* du propriétaire, j'ai retenu deux choses dont je voudrais vous entretenir, la première sur le privilège du propriétaire et la seconde sur le déménagement furtif. Je serai très bref.

Sur le privilège du propriétaire, M. Goujon nous a dit que les loyers étaient privilégiés aussitôt après les frais de justice et les contributions payées au percepteur. Eh bien, je vais vous citer un cas qui fait que ce privilège du propriétaire n'est quelquefois qu'un leurre. J'ai loué un étage de ma maison à un Monsieur qui a en même temps un logement à la campagne ; il ne paie pas le loyer et, usant de mon droit, en vertu de l'article 819, je fais saisir les meubles, je fais procéder à une saisie, je la fais valider et je fais vendre à l'encan. Le commissaire-priseur me fait appeler quelques jours après la vente et me dit : Il n'y a rien. — Et pourquoi ? — Voici : il y a d'abord 250 francs de frais ; ce Monsieur doit ensuite ses impositions personnelles et mobilières et sa patente ; le montant prend déjà la moitié du produit de la vente. Mais il y a plus, il y a encore une opposition d'un autre percepteur, celui sur la circonscription duquel se trouve la campagne : 250 francs sont dûs à ce percepteur, et, en ma qualité de commissaire-priseur, je suis obligé de payer.

Messieurs, j'attire votre attention sur cette partie du privilège du propriétaire qui est un leurre, si la prétention de ce percepteur était admise. Je consens bien à faire passer avant ma créance privilégiée les frais de justice qui, comme le disait avec raison M. Goujon, ont conservé la chose, ensuite l'Etat sous la forme de l'impôt dû, parce que je suis responsable aux termes de la loi de l'impôt mobilier et de la patente de mon locataire ; mais je ne veux rien payer pour une location qui ne me regarde pas. C'est cette question tout à fait particulière à la propriété que je viens vous soumettre. Un percepteur, étranger à la localité où a été pratiquée la saisie, a-t-il le droit de prendre par privilège sur le montant de la vente les sommes qui pourraient lui revenir ? Je dis que non et je crois que le Congrès sera de mon avis.

Reste la seconde observation que je voulais faire au sujet du déménagement furtif. A la page 19, M. Goujon dit : « Les propriétaires et « les principaux locataires sont responsables des sommes dues par les

« locataires à l'administration des contributions directes. En cas de
« déménagement furtif, ils sont tenus de faire constater, dans les
« trois jours..... etc... Faute par eux de remplir ces formalités, ils
« peuvent être rendus responsables ».

Et il ajoute : « Cette disposition est ignorée d'un grand nombre
« de propriétaires ».

Hélas non, cette disposition n'est pas ignorée de la masse des propriétaires marseillais ; ils la connaissent trop, hélas, à leurs dépens.
C'est encore un impôt qu'il faut ajouter aux nombreuses contributions
que le propriétaire a à payer, et cette contribution se chiffre quelquefois par des sommes considérables. Le propriétaire, dit la loi, est
responsable de l'impôt personnel-mobilier et de la patente de son
locataire. Lorsqu'il veut se décharger de cette responsabilité, la loi
l'oblige, un mois avant le déménagement, à faire une déclaration au
percepteur, constatant que son locataire part à la fin du mois.

C'est compréhensible, parfait : mais si le locataire part avant la
fin de ce mois ?... Il est nécessaire que je vous dise quelle est à Marseille la forme des locations. Elles se font d'année en année, de
Saint-Michel à Saint-Michel, la location part toujours de cette époque,
du 29 septembre. Les locations sont payables par semestre et d'avance.
Je m'expliquerai tout à l'heure sur ce mot : loyer payable d'avance,
parce que cette question a fait l'objet du dépôt d'un projet de loi à la
Chambre des Députés et il est indispensable que je vous en dise quelques mots. Donc ce mode de procéder à Marseille, qui consiste à
entrer à Saint-Michel, fait que le propriétaire est responsable de
l'impôt d'une année de son locataire. Pour éviter cette responsabilité,
il faut que le propriétaire avertisse avant le 1er septembre le percepteur de son arrondissement.

Mais, comme je vous le disais tout à l'heure, si le locataire, au lieu
de sortir le 29 septembre, sort le 12 ou le 27, ah ! immédiatement le
propriétaire est pris et le percepteur de lui dire : Vous êtes responsable, parce que je considère cela comme un déménagement furtif.

J'estime que le propriétaire doit être déchargé de cette responsabilité,
du moment qu'il a fait la déclaration un mois avant la sortie prévue
de son locataire. Si le locataire sort quatre jours après la déclaration,
c'est tant pis pour le percepteur. Vous me direz : oui, mais le propriétaire peut éviter cette chose en disant que le déménagement n'est plus
conventionnel, qu'il est devenu furtif, et, dans les trois jours, vous
avez le droit d'aller le dénoncer au commissaire de police.

Ah ! c'est ici que commence réellement le travail du propriétaire, du
professionnel, comme je l'ai dit en commençant. Je suis responsable
des impôts de mon locataire qui part sans m'avertir, si dans les trois
jours de son départ je ne me transporte chez le commissaire de police

pour faire constater ce départ furtif, — c'est parfait. Je vais donc trouver le commissaire de police et lui dénonce la conduite de mon locataire.

Les commissaires de police à Marseille sont comme les ministres, ils changent deux ou trois fois par an. Un commissaire de police à Paris n'arrivera pas à Marseille, mais un commissaire de Bordeaux y viendra.

Il ne connaît pas les usages de la localité et on les lui explique. Il répond que cela ne rentre pas dans ses attributions : «qu'est-ce qui me prouve que le déménagement est furtif ? » ... alors, tête du propriétaire. (*Rires.*)

Le magistrat envoyé par les pouvoirs publics ignore complètement les usages de la ville : cela arrive à Marseille 99 fois sur 100. Le commissaire ne sait pas ce que c'est qu'un déménagement furtif. Vous le lui expliquez, vous lui montrez même la circulaire du ministre commentant cette importante question , et ce magistrat de vous répondre : Je n'ai pas les pouvoirs de faire ceci, j'étudierai la question, repassez ce soir.

Le propriétaire, qui est toujours un patient, repasse, le temps ne lui coûte rien. Alors le commissaire dit : J'ai examiné la loi, c'est vrai, je suis obligé de faire cela, mais il faut me prouver que le déménagement est furtif ! ! Et il faut que je le lui prouve. Ma déclaration, les preuves données sont insuffisantes, le commissaire de police va dans la maison pour interroger les locataires, faire une enquête ; mais malheureusement, dans les grandes villes, le propriétaire c'est l'ennemi, vous le savez ; et les locataires de répondre : Oui, une voiture est arrivée, on l'a chargée et M. X... est parti, nous ne savons dans quelle direction. Et le commissaire de police se retourne vers le propriétaire et lui dit : Vous m'avez trompé, monsieur, ce n'est pas un déménagement furtif. Votre locataire a déménagé avec une charette, *ostensiblement*, au vu et su de tous les locataires. Et vous êtes bien heureux si le commissaire de police ne vous dresse pas un procès-verbal pour vous être moqué de lui. (*Rires.*)

C'est contre cet état de choses que je m'élève. Cette question du déménagement furtif, Messieurs, est peut-être le plus lourd impôt qui pèse sur le propriétaire marseillais.

Certains propriétaires ont voulu faire décider la question par le Tribunal. Le Tribunal s'est prononcé ; mais de là à l'exécution par le commissaire de police, il y a loin. Une loi claire et précise sur cette importante question est nécessaire, et si le brave propriétaire, qui ne vit que du revenu de sa maison, va dans les trois jours dire au commissaire : «Mon locataire ne m'a pas payé mon loyer, il est parti en emportant ses guenilles », il doit être, *ipso facto*, déchargé de l'impôt.

Voilà ce que demande la petite propriété marseillaise ; c'est équitable, ce n'est que juste. (*Applaudissements.*)

Je n'ai plus qu'une chose à dire, au sujet du second rapport de M. Bourgeois sur la responsabilité des propriétaires.

M. LE PRÉSIDENT. — Vous pourriez peut-être reprendre cette question, tout à l'heure, et parler d'abord sur le troisième point soulevé, celui des loyers d'avance.

M. GAY. — Je termine. Un groupe de députés a déposé dernièrement sur le bureau de la Chambre un projet de loi sur les loyers payés d'avance. Ce projet de loi vise particulièrement Marseille, où cet usage est général, au point de considérer comme une exception celui qui ne paie pas son loyer d'avance.

On a beaucoup parlé contre les loyers payés d'avance, on a surtout beaucoup écrit sur cette question. C'était inutile. Lorsque j'ai besoin d'un pantalon, je vais chez le marchand de drap, je lui achète un coupon. Je le paie ensuite. Que dirait-il, si je lui proposais de ne le payer qu'après que le pantalon serait usé ?

Le locataire n'use-t-il pas de ma maison, comme j'use du drap du marchand ?

Ce raisonnement est si simple que je n'insisterai pas. (*Applaudissements.*)

M. LE PRÉSIDENT. — Nous allons passer à la seconde question : *Responsabilité des propriétaires : en matière d'impôts ; vis-à-vis de la régie ; en cas d'infraction par le locataire aux arrêtés de police.*

Sur cette seconde question, un rapport devait être fait par M. Bourgeois, docteur en droit, avocat à la Cour d'appel de Paris. M. Bourgeois est absent, comme j'ai eu l'honneur de vous le dire en l'excusant au début de la séance ; mais son rapport est imprimé et il est entre vos mains. Je donnerai la parole à ceux qui voudront discuter ce rapport.

La parole est à M. Gay.

M. GAY. — Messieurs, à la page 6 du rapport présenté par M. Bourgeois, parmi la kyrielle effrayante des responsabilités des propriétaires, je trouve celle-ci :

« De ne pas louer à des femmes débauchées et de ne pas les loger ou « recueillir chez eux. »

Par le temps de libre pensée qui court, et j'attache à ce mot le sens que les véritables penseurs y attachent, l'édilité marseillaise a cru devoir, à une certaine époque, se partager en deux camps, l'un partisan de la liberté de la prostitution, et l'autre partisan de la réglementation. Cette question peut vous paraître un peu délicate, mais elle touche encore à la propriété marseillaise et elle est une des charges les plus écrasantes qui la frappent. Je suis obligé d'en parler ici, mon mandat m'y oblige.

Je dis donc que notre municipalité se trouvant divisée en deux camps : liberté et réglementation de la prostitution, les arrêtés du Maire et du Préfet qui régissaient la matière ont été relégués au rancart, et nous avons vu ces prostituées qui, il y a quinze ans, étaient soigneusement reléguées dans un ghetto parfaitement déterminé, se répandre aujourd'hui dans presque toutes les maisons de notre ville.

La responsabilité du propriétaire consiste en ceci. Je suis propriétaire d'une maison, je la loue à un principal locataire moyennant un certain prix. J'ai le soin d'insérer dans une clause essentielle du bail qu'il est expressément interdit au sous-locataire de louer à des personnes de mauvaises vie et mœurs : j'entends que ma maison soit habitée bourgeoisement et par des personnes respectables.

Croyez-vous que cette clause essentielle du bail soit pour moi une garantie ? Vous allez voir le contraire.

Mon principal locataire, trompé quelquefois par les allures de la personne qui vient lui demander un logement, consent à louer, et le lendemain un agent de police arrive et lui déclare qu'il est en contravention, parce qu'il a loué à une personne de mœurs légères. Comment s'appelle votre propriétaire ? ajoute l'agent. — M. X., répond le principal locataire. Et l'agent de police de dresser procès-verbal : 1° contre la fille légère ; 2° contre le principal locataire et 3° contre le propriétaire : de telle sorte que, pour une contravention qui a été commise par une seule personne, trois sont frappées. Je dis que c'est profondément illégal. En matière de contravention, celui qui la commet doit être personnellement puni. Punir les deux autres personnes qui n'y sont absolument pour rien est souverainement illégal. Nous avons un jugement du tribunal de simple police de Marseille qui punit jusqu'à cinq personnes : le propriétaire, le principal locataire, et trois autres sous-locataires. C'est une véritable filière.

Je dis que le propriétaire ne peut pas être puni pour une contravention qu'il n'a pas commise. Nous sommes régis à Marseille, à ce point de vue, par un arrêté qui, dans un de ses articles, dit : « Il est expressément interdit aux propriétaires, principaux locataires et logeurs en garnis de louer ou de sous-louer directement ou indirectement à des personnes de mauvaises vie et mœurs. »

Eh bien, c'est sur ces deux mots « directement ou indirectement » que repose la question.

Un sous-locataire peu consciencieux contrevient aux arrêtés du maire et loue à une femme légère. La location est *directe* par le sous-locataire, mais elle est *indirecte* par le propriétaire : et alors, en vertu de ces deux adverbes *directement ou indirectement*, propriétaire, locataire et sous-locataire sont condamnés par le tribunal de simple police.

Tout cela est injuste, et il serait temps que les maires fussent obligés d'établir leurs arrêtés de façon à punir seulement celui qui a commis la contravention, et non pas celui qui ne peut pas la commettre. Si l'un de vous était affligé d'une propriété à Marseille... et, dans notre mémoire à la Cour de cassation, nous prenions précisément cet exemple d'un Conseiller à la Cour de cassation propriétaire d'une maison à Marseille ; il est obligé de résider à Paris, de louer sa maison à un principal locataire ou à des sous-locataires ; irez-vous condamner ce Conseiller à la Cour de cassation, parce qu'un sous-locataire aura par erreur loué à une personne de mauvaises vie et mœurs ? Non, n'est-ce pas ! A Marseille, vous seriez cependant condamné, et lorsque je racontais à mes collègues de l'Union, l'autre jour, que, parmi les personnes victimes de cet état de chose, il y avait des religieuses propriétaires, cloîtrées depuis vingt ans, la chose a paru impossible : et cependant elle est vraie. *(Rires.)*

J'ai été chargé de dénoncer ce fait au Congrès, et j'espère que les pouvoirs publics, émus d'une pareille injustice, prendront à l'avenir des mesures pour que le seul auteur de la contravention soit puni. *(Applaudissements.)*

Un Membre. — Je m'associe aux observations de M. Gay, qui fait reposer sur l'arrêté municipal de Marseille la cause de cette situation intolérable pour les propriétaires de se trouver ainsi condamnés pour des contraventions qui n'ont pas été commises par eux. Alors même que cet arrêté n'existerait pas à Marseille, la situation resterait la même, parce qu'elle est ainsi pour tous les propriétaires en France, et cela en vertu de la jurisprudence de la Cour de cassation. Ce qu'il faudrait faire, ce serait d'obtenir un texte de loi, ne permettant pas de considérer comme coupables d'une contravention les propriétaires qui ont fait tout ce qu'ils ont pu pour ne pas la commettre. *(Applaudissements.)*

M. le Président. — Nous allons passer à la troisième question : *Responsabilité en cas d'incendie.*

La parole est à M. Flurer.

M. Flurer. — Messieurs, le rapport que j'ai l'honneur de vous présenter est relatif à la responsabilité du locataire en cas d'incendie, telle qu'elle est réglementée par la loi du 5 janvier 1883, et à l'attribution prononcée au profit des créanciers hypothécaires et privilégiés des indemnités dues par suite d'assurances.

Cette attribution est une innovation de la loi de 1889. Avant d'abandonner mon rapport à la discussion, je voudrais vous dire dans quel esprit il a été écrit et rappeler les principales des idées que j'y ai exprimées.

Conformément à la recommandation et aux conseils que nous a donnés notre Président, je me propose d'être court; cette promesse par laquelle nous commençons si volontiers, je compte bien me la rappeler jusqu'au bout...

Je n'ai pas cru devoir, dans le petit travail que j'ai présenté au Congrès, me livrer à un examen complet des sujets que j'y ai traités. Il m'a semblé que ce rapport devait être avant tout un thème de discussion, et par conséquent je me suis borné à signaler les questions qui me paraissent mériter votre attention, en insistant sur les considérations qui peuvent le mieux préparer la discussion.

Maintenant, un mot seulement sur chacune des deux parties que j'ai traitées dans ce petit rapport. Dans la première partie, je me suis occupé, en quelques lignes, de la responsabilité du locataire en cas d'incendie, telle qu'elle est réglementée depuis la loi de 1883. Je puis bien dire que la loi de 1883 est connue de tout le monde : car enfin l'espèce humaine se partage en locataires et en propriétaires, et la loi du 5 janvier 1883 intéresse également les uns et les autres.

Avant la loi de 1883, et en vertu de l'article 1734 ancien du Code civil, lorsqu'un immeuble était incendié, les locataires étaient solidairement responsables envers leur propriétaire ; en d'autres termes le propriétaire choisissait ses victimes. Il pouvait demander à l'un quelconque des locataires, qu'il lui convenait de choisir, la réparation complète du préjudice, sauf ensuite à ce locataire, choisi par le propriétaire, à s'arranger avec les autres et à tâcher de se faire rembourser par eux. Cette responsabilité a été jugée rigoureuse et trop sévère, et à la responsabilité solidaire, formulée par l'ancien article 1734, la loi de 1883 est venue substituer la responsabilité proportionnelle, c'est-à-dire que chaque locataire est responsable envers le propriétaire pour une quote-part proportionnelle à la fraction de la maison qu'il habitait. Si le locataire occupait le tiers de la maison, c'est le tiers du sinistre qu'il aura à payer.

Messieurs, cette loi prévoit une situation qui est malheureusement fréquente, le triste accident de l'incendie, et, comme elle est appliquée depuis plus de dix ans, on peut dire qu'elle a subi l'épreuve de la pratique. Les tribunaux ont eu, dans de nombreuses circonstances, à l'appliquer. Au contact des faits, de la réalité, les questions se sont posées et ont été résolues. Presque toutes les questions si délicates que soulève la loi de 1883 ont reçu leur solution, non pas théorique ; au point de vue théorique et scientifique elles sont toujours discutables ; mais, c'est là ce qui doit vous intéresser, elles ont reçu leur solution pratique.

J'ai pu, Messieurs, me borner à en prendre acte et j'ai pu constater que la jurisprudence avait orienté ses décisions dans une direction généralement favorable aux intérêts des propriétaires. J'en ai donné quelques exemples dans le rapport que je vous ai soumis ; il n'est pas nécessaire de les reproduire.

Je devrai, dans ces observations orales, insister plus longuement sur la loi du 19 février 1889 relative à l'attribution des indemnités dues par suite d'assurances. Messieurs, avant cette loi de 1889, et lorsqu'un immeuble assuré était hypothéqué et venait à être brûlé, voici ce qui se passait. L'immeuble disparaissait. Dans le patrimoine du propriétaire, la brèche pratiquée par l'incendie était comblée par la Compagnie d'assurances. Mais lorsque, sur cette somme qui représentait la valeur de l'immeuble détruit, les créanciers hypothécaires prétendaient exercer leurs droits d'hypothèques comme ils l'auraient fait sur un prix de vente, on leur répondait : non, cette indemnité n'est pas la représentation de l'immeuble, l'immeuble s'est évanoui, et sur cette indemnité vous viendrez au marc le franc avec tous les autres créanciers. Il en était ainsi, à moins que les créanciers hypothécaires n'eussent obtenu la cession de l'indemnité d'assurance. Mais cette cession ne pouvait pas se réaliser au profit des créanciers à hypothèque légale, de sorte que c'étaient précisément les créanciers que la loi avait voulu favoriser, qui se trouvaient sacrifiés.

Ainsi le sinistre qui frappait l'immeuble opérait une espèce de déclassement parmi les créanciers : et, alors que le prix de vente aurait été aux créanciers hypothécaires et soustrait à l'action des créanciers qui n'avaient pas d'hypothèques, le fait du sinistre opérait, entre ces deux créanciers placés d'une façon inégale, un véritable nivellement, et les créanciers hypothécaires étaient forcés d'assister à la disparition de leur gage.

Telle était, Messieurs, la jurisprudence invariablement fixée. Cependant cette jurisprudence était regrettable au point de vue pratique : et la loi du 19 février 1889 a fait une œuvre pratiquement heureuse et équitable, en venant déclarer que désormais l'hypothèque des créanciers s'exercerait sur l'indemnité d'assurance exactement comme elle se serait exercée sur un prix de vente. Cependant la loi de 1889 a laissé subsister dans ses dispositions une lacune assez grave, sur laquelle il est maintenant temps d'insister.

Mais je suis forcé encore de faire un retour en arrière. Reportons-nous donc, pour une minute, à la période qui précède la loi de 1889.

à cette époque où les créanciers hypothécaires devaient assister à la distribution des indemnités d'assurance, sans pouvoir prétendre à aucun rang de préférence.

Les Compagnies d'assurances se réservent le droit ou de payer en argent, ou bien de refaire, de reconstruire, de réparer. Lorsque les Compagnies d'assurances, au lieu de verser l'indemnité en argent, reconstruisent l'immeuble sinistré, voici à quels résultats très curieux on arrive. C'est que cette reconstruction d'immeubles a pour effet de reconstituer le gage des créanciers hypothécaires. Ainsi, lorsque la Compagnie d'assurances paye son indemnité en nature, si je puis ainsi dire, et en reconstituant l'immeuble, les créanciers hypothécaires en profitent ; ils n'en profitent pas, au contraire, lorsque la Compagnie paye en argent.

Aujourd'hui, cette incohérence n'existe plus. Que la Compagnie paye en argent ou en nature, les créanciers hypothécaires viendront toujours exercer leurs droits de préférence sur l'indemnité.

Seulement, à côté de cette incohérence que la loi nouvelle a fait disparaitre, la loi de 1889 en a laissé subsister une autre que j'indique dans mon rapport. Je suis forcé d'insister un peu, parce que vous allez voir que je vais être amené à vous signaler une lacune dans mon rapport. Supposons que la Compagnie paye en argent, la destination naturelle de l'indemnité c'est la reconstitution de l'état antérieur, c'est la reconstruction de l'immeuble.

Supposez que l'assuré déclare qu'il veut employer l'indemnité à reconstruire l'immeuble sinistré, les créanciers interviendront et diront : la loi de 1889 nous attribue l'indemnité, nous allons nous faire payer ; et l'assuré ne pourra pas, devant cette attitude des créanciers, persister dans sa résolution et faire reconstruire l'immeuble. Il faudra qu'il laisse son terrain en ruines, pour attribuer l'indemnité aux créanciers.

Eh bien, n'est-il pas manifeste que c'est là un résultat profondément regrettable ? employer l'indemnité à la reconstruction, c'est non seulement lui laisser suivre sa destination naturelle, mais c'est aussi donner aux créanciers tout ce à quoi ils peuvent raisonnablement prétendre.

Avec le système de 1889, les créanciers réalisent un avantage sur lequel ils n'avaient pas le droit de compter. En effet, ils devancent l'échéance ; et, au lieu d'être payés dans 20 ans, ils vont être payés aujourd'hui, réalisant un bénéfice sur lequel rien ne les autorisait à compter. Ce bénéfice, ils le réalisent d'ailleurs au détriment de l'intérêt particulier de l'assuré et de l'intérêt général.

Déjà, en 1844, lors des projets de réforme hypothécaire qui ont

souvent préoccupé notre Parlement, M. Bethmont signalait cet inconvénient dans des termes que j'ai le devoir de vous rappeler :

« L'indemnité que reçoit le propriétaire d'une maison incendiée a
« une destination indiquée par la nature des choses. Elle devrait servir
« à reconstruire l'immeuble plutôt qu'à une distribution de prix. Si la
« réforme se bornait à exiger que les sommes payées par l'assureur
« fussent consacrées à la restauration du gage, si elle donnait aux
« créanciers privilégiés et hypothécaires le droit d'exiger cet emploi,
« il y aurait tout à la fois pour le prêteur et l'emprunteur la saine
« exécution du contrat, en même temps que le respect des intérêts et
« des droits du propriétaire. Le projet, en exigeant la distribution de
« la somme payée par l'assureur, place le propriétaire dans l'impossi-
« bilité de reconstruire ou de réparer. Il convertit pour lui la pro-
« priété, qui a été attaquée par le feu, en un terrain couvert de décom-
« bres qui restera tel et en une somme d'argent dont s'emparent les
« créanciers hypothécaires : résultat funeste à tous les intérêts. Si
« l'incendie a détruit les bâtiments d'une ferme, lesquels sont hypo-
« théqués en même temps que les terres, les conséquences seront
« encore plus déplorables. Ne pas reconstruire les bâtiments brûlés,
« c'est anéantir l'exploitation agricole. Le fermier demandera la rési-
« liation du bail. La réforme devrait donc se borner à imposer au pro-
« priétaire emprunteur l'obligation de consacrer les indemnités d'assu-
« rance au rétablissement du gage. Ramenée à ces termes, elle se
« concilierait avec la doctrine et satisferait à tous les intérêts. »

C'est, Messieurs, pour ces motifs que, dans mon rapport, je vous
convie à solliciter une réforme législative, une modification de la loi
de 1889, d'après laquelle il dépendrait toujours de l'assuré d'exclure
l'action immédiate des créanciers hypothécaires, en employant l'indemnité d'assurance à la réparation matérielle du sinistre. C'est ici que j'ai
à vous signaler dans mon rapport la lacune dont je parlais tout à
l'heure.

Ce résultat, vous pouvez l'obtenir dès à présent, indépendamment
de toute réforme législative et par une simple stipulation dans la
police d'assurance. Rien n'est plus simple en effet et c'est une démonstration qui peut se faire en deux mots. J'ai montré que les Compagnies
d'assurances se réservent la faculté de payer par voie de réfection et en
nature, comme je viens de le dire. Lorsque la Compagnie d'assurances,
au lieu de verser en argent, reconstruit et répare, il est évident que
les créanciers hypothécaires n'ont rien à réclamer, ils n'ont pas à se
plaindre, leur gage est reconstitué, ils ne peuvent pas exiger le versement immédiat d'une somme d'argent. Cela est incontestable.

Rien n'est plus facile que de mettre dans la police une clause, qui
stipulera que la Compagnie ne pourra pas payer en argent et que la

14

somme assurée sera obligatoirement employée à la réfection du sinistre. Je ne vois pas quelle considération juridique on pourrait faire valoir contre la validité d'une pareille clause. Si le droit des créanciers subsiste lorsque la Compagnie procède spontanément à la réfection, comment en serait-il autrement lorsqu'elle reconstruit parce qu'elle s'y est obligée ?

Il ne devient pas pour cela inutile de solliciter une réforme législative. Le projet de résolution que je vous soumets, et qui ne sera pas voté parce qu'on vient de me prévenir qu'on ne voterait rien, ce projet ne devient pas une formule platonique et sans valeur. Voici pourquoi. C'est que, très fréquemment, cette clause dont je signale l'utilité ne sera pas insérée dans la police ; quelquefois les Compagnies ne voudront pas en entendre parler.

D'autres fois, l'assuré n'aura pas voulu en solliciter l'insertion : l'assuré ne peut pas prévoir les nécessités des époques ultérieures, il ne veut pas se lier, il pourra lui être très agréable, au moment du sinistre, d'empocher son indemnité au lieu de l'employer à reconstruire le local sinistré.

En prévision de ces hypothèses qui resteront nombreuses, et dans lesquelles les parties n'auront pas eu la prévoyance d'insérer dans la police les stipulations que je signalais, il reste utile d'obtenir du pouvoir législatif une modification à la loi. Le moment est bien choisi, puisque nous sommes à la veille d'une réorganisation de notre régime hypothécaire.

Un mot, d'un autre point que j'ai dû toucher, et c'est par là que je termine. La loi de 1889, après s'être occupée de l'indemnité d'assurance a consacré une disposition malheureuse à l'attribution de quelques autres indemnités. Dans son article 3, la loi a cru devoir dire que les créanciers hypothécaires et privilégiés exerceraient aussi leurs droits sur l'indemnité due par le locataire en vertu de l'article 1734, et par le voisin en vertu de l'article 1382.

Je me suis efforcé de démontrer dans mon rapport, — je ne veux pas répéter cette démonstration, — que les indemnités autres que l'indemnité d'assurance, dues par la personne responsable du sinistre à un titre quelconque, étaient naturellement subrogées à la chose détruite, et que, par conséquent, avant même la loi de 1889, indépendamment de toute disposition législative particulière, les créanciers hypothécaires étaient fondés à exercer leurs droits de préférence sur ces indemnités.

Pourquoi en est-il ainsi ? C'est que ces indemnités, dues par la personne responsable du sinistre, représentent véritablement l'immeuble ; et elles le représentent aussi bien qu'un prix de vente. Il est certain, n'est-ce pas, que le prix de vente est soumis au droit de préférence des créanciers hypothécaires parce qu'il est la représentation de la chose même. Il est manifeste qu'il doit en être de même des indemnités dues par les personnes responsables.

Il y a beaucoup d'autres considérations à faire valoir, dans le même sens, et je les ai indiquées dans mon rapport.

Mais il en est tout autrement de l'indemnité d'assurance. Remarquez bien que, dans le contrat d'assurance, les deux valeurs qui se correspondent, ce ne sont pas d'une part l'immeuble et d'autre part le capital, l'indemnité payée par la Compagnie. Non, ce que la Compagnie doit, c'est la représentation des primes et non pas la représentation de l'immeuble. La Compagnie n'est pas l'auteur du sinistre, elle n'en a pas profité, elle ne peut donc être considérée comme débitrice de l'immeuble ou d'une somme qui la représente.

C'est pour cela qu'autrefois les tribunaux refusaient de reconnaître aux créanciers un droit de préférence sur l'indemnité d'assurance. Vous voyez que ces considérations sont absolument étrangères aux autres indemnités.

Je reviens à ces autres dispositions de l'article 3, pour dire que cette disposition est malheureuse, parce que, lorsque le législateur de 1889 s'est donné la peine de déclarer que les droits des créanciers seraient transportés sur l'indemnité due par le locataire et par le voisin, en vertu de l'article 1382, il a donné à croire que les autres indemnités représentatives de la chose échappaient à ces règles et que, sur celles-là, les créanciers hypothécaires n'avaient aucun droit de préférence.

En effet, c'est le système que je trouve enseigné dans les trois quarts des livres : les créanciers exerceront leurs droits de préférence sur l'indemnité due par le voisin, en vertu de l'article 1382 et n'exerceront pas leurs droits de préférence sur l'indemnité due, en vertu du même article 1382, par le fumeur imprudent qui aura jeté une allumette sur un grenier à foin.

Ce résultat condamne les procédés d'interprétation dont il est issu. En l'absence même de la disposition de l'article 3, nous aurions dû admettre les créanciers à exercer leurs droits sur les indemnités dues par les personnes responsables ; nous ne devons pas nous fonder sur les deux applications faites par ce texte pour refuser aux créanciers hypothécaires leur droit de préférence sur les indemnités dont le texte ne parle pas. L'article 3 est une disposition inutile, et dont il n'y a rien à conclure.

Telles sont les principales idées que j'ai exprimées dans mon rapport, telles sont les conclusions auxquelles j'aboutis. Je serai heureux d'entendre les objections que ce rapport peut soulever et d'en faire mon profit. *(Applaudissements.)*

M. LE PRÉSIDENT. — La parole est à M. Chabry.

M. CHABRY. — Je crois que la modification législative que l'on demande n'aurait pas une grande portée. Les capitalistes sont prudents et, lorsqu'ils prêtent sur un immeuble, ils prévoient parfaitement le cas d'incendie. Longtemps avant la loi, il y avait une formule dans les actes d'emprunt sans exception, qui attribuait l'indemnité d'incendie aux créanciers hypothécaires. On remplissait une formalité spéciale et le créancier touchait toujours le montant de l'indemnité. Il n'y a qu'en cas de créance judiciaire, où on n'avait pas pu faire une stipulation semblable, que le créancier hypothécaire était lésé.

Je crains que vous ne portiez atteinte au crédit de votre propriété. La première chose que fera votre créancier est de savoir à quel immeuble il aura affaire, et il ne consentira pas d'avances. *(Applaudissements.)*

M. LE PRÉSIDENT. — La parole est à M. Flurer.

M. FLURER. — Si j'ai bien compris l'objection qui vient de m'être adressée, les créanciers refuseraient de prêter, s'ils ne pouvaient pas avoir la conviction qu'en cas de sinistre ils toucheraient immédiatement le montant de leur créance sur l'indemnité d'assurance. S'il en est ainsi, je demande quelle est la signification du terme, que le créancier hypothécaire consent à son débiteur. Je suppose que le créancier ait prêté pour quinze ans, et qu'au lendemain du prêt l'immeuble hypothéqué vienne à disparaître par un incendie. Je comprends très bien que vous permettiez au créancier de se faire rembourser immédiatement, que vous lui accordiez le bénéfice d'une exigibilité immédiate, si sa créance doit être en quoi que se soit compromise, et tel était bien le point de vue auquel vous vous placiez tout à l'heure, lorsque vous disiez que jamais on ne trouverait un créancier hypothécaire qui consentirait à faire crédit sur un immeuble pas encore construit ou qui ne l'est plus.

Mais si la garantie du créancier hypothécaire est assurée, — et elle peut l'être si l'indemnité est payée entre les mains des entrepreneurs et des ouvriers au fur et à mesure que s'élèvera le bâtiment reconstituant sa garantie dans son état primitif, — je me demande ce qui peut l'effrayer.

Je dois faire remarquer que cette proposition n'a rien de chimérique ; elle a subi l'épreuve de la pratique dans d'autres législations. Il y a une loi italienne récente de 1887 et une loi belge de 1851, ancienne celle-là, qui, l'une et l'autre, contiennent la modification législative que je recommande à votre approbation. Je vous assure que dans ces deux pays on parait se trouver très bien de cette modification, qui empêche de faire obstacle à la reconstitution de l'immeuble et de maintenir en permanence les décombres résultant d'un incendie.

M. CHABRY. — Je suis de votre avis, à la condition de ne pas l'imposer. Une convention entre les parties atteindrait ce but.

M. FLURER. — Et pour les hypothèques légales et les hypothèques judiciaires qui se produisent sans convention ?

M. CHABRY. — Vous n'empêcherez pas l'exigibilité des créances. Votre indemnité sera absorbée.

M. LE PRÉSIDENT. — La parole est à M. de Casteran.

M. DE CASTERAN. — Je voudrais présenter une observation sur le numéro 3 : *Projet de réforme du contrat d'assurances.*

Comme le programme de ce jour est chargé, je ne veux pas empiéter sur le temps qui reste pour les orateurs déjà inscrits. Si le temps le permet, à la fin de la séance, je demanderai la parole pour dire quelques mots.

M. LE PRÉSIDENT. — Nous allons passer à la cinquième question, en laissant de côté la quatrième qui, comme on vous l'a dit, n'a pu être traitée. Je donne la parole à M. Dargent sur la cinquième question : *Procédure de saisie-gagerie : Référé en matière d'expulsion : Congé et expulsion : Extension de la compétence du Juge de Paix : Réduction des frais : Contribution.*

M. DARGENT. — Messieurs, on a beaucoup parlé, dans ce Congrès, des droits du propriétaire; on l'a fait avec une compétence et un talent qui ont donné un très vif éclat à vos discussions. Mais ce serait peu d'avoir des droits, si l'on n'avait en même temps un moyen pratique de les faire reconnaître. Ce moyen, c'est la procédure qui le fournit. Et c'est de diverses questions de procédure, qui intéressent tout particulièrement la propriété bâtie, que j'ai à vous entretenir ce soir. La question offre un intérêt tout actuel, car les Chambres sont saisies de différents projets de réforme de notre Code de procédure dans son ensemble, d'abord, et ensuite de la loi sur la compétence des juges de paix. J'ai essayé, dans mon rapport, d'extraire de ces projets les plus importantes des réformes que l'on propose de réaliser. J'en ai même ajouté quelques-unes, mais vous pensez bien que je ne veux pas vous parler de tout aujourd'hui. Cela prolongerait inutilement la séance et vous priverait du plaisir d'entendre des voix plus autorisées que la mienne. Je me contenterai de signaler à votre attention les points qui semblent devoir appeler, dans la discussion qui s'ouvrira devant le Parlement sur cette question, les controverses les plus vives.

Je passe complètement sur la première question de mon rapport qui intéresse la *saisie-gagerie :* elle ne saurait donner lieu à de graves discussions et j'aborde immédiatement le chapitre des *congés*.

Tout le monde sait ce que c'est que de donner congé, qu'on le fasse en qualité de propriétaire ou de locataire. Mais on sait très rarement comment il faut s'y prendre pour donner congé et, lorsqu'on nous consulte sur ce point, nous sommes parfois bien embarrassés pour donner une réponse satisfaisante. Il n'y a qu'un moyen très sûr de donner congé, de manière qu'il soit bien constaté, c'est de le faire par acte d'huissier. Malheureusement, ce moyen n'est pas toujours pratique : de ce qu'un locataire a décidé de quitter l'immeuble qu'il occupe, il ne résulte pas forcément qu'il soit en mauvais termes avec son propriétaire, et il peut trouver fort désagréable de lui envoyer un huissier ; de plus, c'est coûteux, et la dépense est à considérer, surtout lorsqu'on se trouve en présence de petits loyers.

Je proposerais, et je crois que plusieurs membres du Congrès sont déjà de mon avis sur ce point, d'autoriser par une disposition législative quelconque le locataire et le propriétaire à donner congé par une simple lettre recommandée. Vous savez que l'on a appliqué ce système dans une autre matière où il a donné de fort bons résultats. Lorsqu'on reçoit une marchandise quelconque par chemin de fer, on a, aux termes de la loi de 1888, trois jours pour faire à la Compagnie une réclamation, dans le cas où l'envoi est arrivé en mauvais état. Ces réclamations peuvent être faites par une simple lettre recommandée, et ce système, consacré par la loi, donne les mêmes résultats que la procédure de l'huissier. C'est à la satisfaction générale qu'il a été mis en pratique. (*Applaudissements.*)

En matière d'*expulsion*, la question est plus grave et plus embarrassante. Lorsque le propriétaire est muni d'un titre authentique, d'un bail notarié, par exemple, la procédure est des plus simples : l'huissier se présente muni de ce titre authentique et ordonne au locataire de quitter les lieux ; il peut requérir l'assistance de la force armée pour l'y contraindre. Si des contestations s'élèvent sur la valeur du titre, l'huissier le mentionne sur un procès-verbal et assigne séance tenante le locataire à comparaître à l'audience des *référés* par devant le président du tribunal, qui ordonne l'expulsion s'il y a lieu. On peut ainsi, grâce à cette intervention du président, se passer d'un jugement et éviter des frais.

Je demande que ce bénéfice d'obtenir ainsi une ordonnance d'expulsion, ou de réintégration si l'expulsion a été faite indûment, n'appartienne pas seulement aux locataires ou aux propriétaires qui se trouvent dans une ville pourvue d'un tribunal de première instance, mais que l'on puisse, dans les mêmes conditions, se présenter devant le juge de paix dans les localités où il n'y a pas de ces tribunaux.

Sur ce point, je me rapproche de quelques vœux émis au Congrès. On a demandé que l'expulsion pût être faite, en l'absence d'un titre authentique, sur une simple ordonnance du juge de paix. On va peut-être un peu loin en demandant qu'il soit décidé que, 15 jours après cette ordonnance, si le locataire n'a pas quitté *les lieux*, son expulsion puisse être opérée en l'absence de tout officier ministériel.

On vous a fait un tableau très humoristique de l'intervention du commissaire de police en matière d'expulsion. Il paraît en résulter qu'elle ne présente pas toujours des garanties suffisantes. Si ce magistrat était remplacé à la campagne par le garde champêtre, ainsi qu'on l'a proposé, la compétence de l'agent de la loi serait encore plus sujette à caution. Je crois que nous ferons bien, dans cette matière, de ne pas éliminer les huissiers qui ont, en tous cas, l'avantage de ne pas être changés si souvent que les commissaires de police, et de mieux connaître, outre les principes de la procédure, les usages du pays. (*Applaudissements.*)

J'arrive à une question plus vaste, c'est celle de la *compétence des juges de paix.* Vous savez que voilà longtemps que nos assemblées parlementaires s'occupent de la compétence des juges de paix. Il y a des projets qui remontent à 1865. Actuellement les Chambres sont saisies de trois projets différents. Un projet du Gouvernement par M. Antonin Dubost, une proposition de loi de M. Million, une autre de M. Dupuy-Dutemps.

On pourrait se faire une idée de la façon dont les idées sont partagées sur cette matière, en lisant au *Journal Officiel* la délibération devant les Chambres sur le projet de loi de M. Labussière. Le principe est une extension considérable de la compétence des juges de paix. Il s'agit de la porter, en dernier ressort, de 100 francs à 300 francs et, en premier ressort, de 200 à 1.500 francs. Vous voyez qu'il s'agit d'une réforme considérable. En faveur de cette réforme, on fait valoir des arguments dans le détail desquels je ne puis pas entrer, mais que je rattacherai à trois points principaux. On dit que, le taux de l'argent ayant beaucoup diminué, la compétence n'est plus aujourd'hui ce qu'elle était en 1838 ; que, par conséquent, il faut en augmenter le chiffre proportionnellement à la diminution de la valeur de l'argent.

On réaliserait une autre réforme. On opérerait une rénovation du personnel des justices de paix. On pourrait avoir des hommes plus instruits qu'ils ne le sont souvent, et il serait possible d'obtenir ces mêmes garanties avec les avantages d'une compétence plus étendue.

Enfin, la grosse question, c'est celle d'obtenir la diminution des frais, en usant d'une procédure qui pourrait s'exercer sur place pour une foule de petits procès qu'on est obligé de porter devant le tribunal d'arrondissement.

Sur le premier point, il n'y a pas de discussion : l'argent ayant changé de valeur, on convient qu'il est nécessaire d'augmenter proportionnellement le chiffre de la compétence des juges de paix. Quant à la porter à 1.500 francs, on trouve que c'est excessif, et l'on se demande si réellement le juge de paix qui, en somme, est un juge unique, qui n'a pas de conseillers dont il puisse s'inspirer, qui n'est pas éclairé par une procédure et par des conclusions soigneusement étudiées par les conseils des parties, si le juge de paix qui est un magistrat amovible, — ce qui sera toujours, et quelle que puisse être son honorabilité, un motif de suspicion, — s'il peut, sans inconvénients, juger des procès de cette importance.

La discussion est plus vive encore sur la question des frais. M. Vallé, rapporteur de la commission d'études des derniers projets, a eu l'heureuse idée d'annexer à son rapport un certain nombre d'états de frais, qui permettent de comparer le montant actuel des dépens afférents à un procès jugé sommairement par le Tribunal de 1re instance à ceux d'un litige de même valeur qui serait soumis au juge de paix : il en résulterait que ce dernier serait le plus économique. La réponse est facile. Il faut distinguer, parmi les frais, ceux qui sont attribués aux officiers ministériels et ceux qui profitent au Trésor. Ces derniers sont beaucoup moins considérables en justice de paix que devant le Tribunal civil.

En attribuant aux juges de paix un certain nombre d'affaires qui ressortissent aujourd'hui aux tribunaux d'instance, l'Etat ferait l'abandon d'une partie de ses droits. Qu'il consente à faire cet abandon à l'égard des affaires sommaires, et les dépens seront réduits d'autant sans changement de juridiction. Quant aux émoluments des officiers ministériels, ils ne figurent pas pour une somme considérable sur les états de frais en matière sommaire ; ils seraient plus que compensés par les honoraires des conseils auxquels les parties seront obligées de demander de se déplacer pour les représenter devant les tribunaux de paix. On ajoute que les appels seraient nombreux, qu'on aurait donc à supporter les frais de deux instances au lieu d'une ; que, les litiges portés en justice de paix devenant plus importants, il y aurait lieu de recourir à des mesures d'instruction plus coûteuses, enquêtes, expertises, visites de lieux ; et l'on conclut que la réforme projetée, au lieu de diminuer les frais de justice, pourrait bien les augmenter.

Ceci dit sur le principe, remarquons que les projets soumis au Parlement contiennent, spécialement en ce qui concerne la propriété bâtie, des réformes très intéressantes. Elles sont indiquées dans mon rapport et je vous prie de vous y reporter.

Il en est une, cependant, sur laquelle je voudrais appeler votre attention en terminant, parce qu'elle a constamment figuré dans les projets du Gouvernement et qu'elle a été constamment repoussée par la Commission parlementaire. En dehors des projets du Gouvernement, elle a même fait l'objet d'une proposition de loi de M. Dupuy-Dutemps. Il s'agit d'attribuer compétence au juge de paix en matière réelle immobilière, sur les questions de propriété et de servitude.

On a fait deux objections, dont l'une me parait très peu sérieuse et dont l'autre m'embarrasse énormément. La première, c'est la difficulté que, dit-on, il y aurait à juger les procès immobiliers. On prétend que les procès immobiliers sont beaucoup plus compliqués et plus ardus que les procès en matière personnelle ou mobilière, et que, par conséquent, les juges de paix, suffisamment compétents pour les uns, ne le seraient pas pour les autres. Cette objection ne me parait pas sérieuse, parce que, parmi les matières soumises actuellement à la compétence des juges de paix, il n'en manque pas d'aussi délicates que ne le seront jamais les questions immobilières qu'on voudrait leur soumettre. Je n'en veux citer, pour exemple, que les actions possessoires, sur lesquelles des jurisconsultes consommés ont écrit des ouvrages importants, sans réussir à y apporter une lumière complète.

La grande difficulté, c'est de déterminer le chiffre auquel s'arrêterait la compétence du juge de paix en matière immobilière. Cette compétence, d'après le projet du Gouvernement, ne devrait pas dépasser 60 francs de revenu, lorsqu'il s'agirait d'un procès sur la propriété : et le juge de paix serait compétent, en matière de servitude, lorsqu'aucun des deux immeubles entre lesquels s'exerce la servitude, soit le fonds dominant, soit le fonds servant, n'aurait une valeur de plus de 120 francs.

Mais comment apprécier la valeur de ces immeubles ? Le Gouvernement dit simplement : on s'attachera au revenu déterminé soit en rentes, soit par prix de bail. L'expérience a montré l'insuffisance de ce critérium, appliqué déjà à la détermination de la compétence en dernier ressort des tribunaux civils.

M. Dupuy-Dutemps voudrait s'en rapporter aux indications du cadastre. Mais ne résulte-t-il pas de la discussion même à laquelle vous vous livriez hier, sur l'importante question du cadastre, que ce n'est plus aujourd'hui qu'un instrument détérioré, dont la réfection n'est pas près d'être accomplie ? Faudra-t-il attendre cette réfection pour opérer la réforme urgente dont j'ai l'honneur de vous entretenir ? Je ne le pense pas et je souhaite vivement que la compétence en matière réelle immobilière soit, dès à présent, attribuée aux juges de paix, mais toutefois dans des limites assez restreintes pour que, quelles que soient les erreurs auxquelles pourraient donner lieu les indications inexactes du cadastre, cette compétence n'excède jamais celle qui leur est attribuée sur les autres matières.

Pour résumer en quelques mots ces observations sur la compétence des juges de paix : je crois qu'il faut se déclarer partisan d'une certaine extension de cette compétence, et qu'on pourrait, sans inconvénient, porter au double les chiffres qui la limitent actuellement. Mais ce serait certainement courir de grands dangers que d'adopter, dès à présent, les chiffres élevés des projets que je citais tout à l'heure. Une réforme de cette importance demande à n'être réalisée que progressivement : en la précipitant, on risquerait fort de dépasser le but et de rendre la justice moins certaine, sans la rendre moins coûteuse. *(Applaudissements.)*

M. CHABRY. — Voulez-vous me permettre de vous indiquer une méthode pratique de résoudre la question de compétence, c'est la pratique que je suis depuis bien des années pour une partie de ma clientèle. Dans les petits baux est stipulée la compétence des juges de paix. On se présente devant le juge de paix sur simple avertissement du greffier. Je vous avoue que depuis bien des années je n'ai pas vu un procès qui ne s'arrange devant le juge de paix. *(Applaudissements.)*

M. DARGENT. — Je me permettrai de répondre un simple mot à l'honorable M. Chabry. La clause de prorogation de compétence qu'il propose d'introduire dans les contrats ne lierait pas les parties : il résulte, en effet, des termes de l'article 7 du Code de procédure civile que la compétence du juge de paix ne peut être prorogée, conventionnellement, qu'en vertu d'une déclaration formelle à l'audience, dont le magistrat dresse un procès-verbal que les parties sont tenues de signer. La Cour de Cassation s'est encore prononcée tout récemment en ce sens.

M. le PRÉSIDENT. — Nous allons passer à la sixième question. La parole est à M. de Boulongne pour son rapport : *Vente d'immeubles ; Droits de mutation ; Procédure en matière immobilière; Partage et Vente amiables; Réduction des frais.*

M. DE BOULONGNE. — Messieurs, l'heure avancée à laquelle nous ont conduits les si intéressants rapports dont vous venez d'entendre l'exposé ne me permet pas d'abuser longtemps de votre bienveillante attention. Aussi me bornerai-je à vous présenter, parmi les différentes questions concernant la procédure immobilière que j'ai examinées dans mon rapport, celle dont les conséquences pourraient être les plus importantes.

Je veux parler de la loi sur les *partages* et *ventes amiables* des biens de mineurs, dont le projet a été déposé par M. Bovier-Lapierre le 15 décembre 1893.

L'auteur du projet cherche à remédier aux lenteurs et aux frais qu'entraînent, à l'heure actuelle, les procédures concernant ces deux séries d'opérations et voici comment il entend y parvenir.

Actuellement, le tuteur qui veut emprunter, vendre ou hypothéquer un immeuble appartenant à un mineur, doit obtenir l'autorisation du Conseil de famille; la délibération prise est soumise à l'homologation du tribunal et la vente doit être faite publiquement devant le tribunal ou un notaire commis après des publications minutieusement réglées par la loi.

S'il s'agit d'un partage, l'opération ne peut avoir lieu qu'après autorisation du Conseil homologuée par le tribunal, et le tirage des lots est fait devant un magistrat ou un notaire commis après expertise régulière.

Les précautions sont aussi efficaces que possible et, si l'on peut reprocher au système du Code les lenteurs et les frais qu'il entraine, il est impossible de ne pas reconnaître que les fraudes sont impossibles.

M. Bovier-Lapierre autorise les partages, ventes, échanges ou constitutions d'hypothèques amiables sous la seule condition que l'opération soit approuvée par le Conseil et que la délibération soit homologuée.

Il est facile de montrer qu'une pareille réforme a pour conséquence de supprimer d'une façon absolue la protection des mineurs.

D'une part, en effet, le Conseil de famille est absolument hors d'état d'apprécier des actes et des contrats concernant des biens qu'il ne peut connaître que d'une façon imparfaite, et, d'autre part, en supposant les membres qui le composent d'une bonne foi absolue, il est certain qu'ils n'apporteront qu'une attention médiocre à une situation que le tuteur pourra leur présenter comme il l'entendra. Je laisse de coté l'hypothèse fort possible où le Conseil de famille serait d'accord avec le tuteur pour agir contre les intérêts du mineur.

L'intervention du tribunal pourra-t-elle déjouer les intentions frauduleuses du tuteur? Évidemment non. Le tribunal, n'ayant pas, comme dans le partage et la vente actuels, la garantie d'un travail d'experts assermentés ou d'une publicité régulière, ne connaitra des conditions dans lesquelles les opérations auront été faites que ce que le tuteur et le Conseil de famille voudront bien lui révéler; de sorte que le projet aboutit, en définitive, à supprimer totalement la protection des mineurs.

Est-il au moins exact de dire que les frais et les lenteurs reprochés au système actuel devront disparaitre? Il est permis d'en douter. La vente, en effet, ne pourra s'effectuer d'une façon sérieuse qu'à la condition qu'une publicité l'ait précédée. Le Conseil de famille et le tribunal pourront toujours exiger des garanties de ce genre, de même qu'ils réclameront dans bien des cas pour les partages l'intervention d'experts. Et alors, les frais ainsi exposés étant en quelque sorte extrajudiciaires ne seront pas soumis à la taxe et les opérations n'auront pas la garantie nécessaire. En tous cas, il faudra subir les délais et les frais indispensables pour les procédures maintenues par le projet, et même ceux nécessités par les complications que l'auteur de la loi s'est vu dans la nécessité d'ajouter au texte primitif déposé le 15 décembre 1893.

M. Bovier-Lapierre avait, en effet, laissé de côté une partie importante de la question. Son système aurait pour résultat de préjudicier gravement aux intérêts des créanciers d'une succession échue à un mineur. Actuellement, ces créanciers, qui ne peuvent être payés que sur les biens dépendant de la succession, puisque les successions échues aux mineurs ne peuvent être acceptées que sous bénéfice d'inventaire, sont protégés par les formalités mêmes ayant pour but de sauvegarder les mineurs. Ils savent que la publicité obligatoire assure la réalisation des biens de la succession dans les meilleures conditions possibles.

La situation est tout à fait différente, si le tuteur peut consentir des ventes amiables. Dans ces opérations le mineur est bien représenté, imparfaitement il est vrai, par le tuteur et le Conseil de famille : quant aux créanciers rien ne les protège.

L'auteur du projet a compris le danger, et il a cherché à le conjurer de la façon suivante :

En premier lieu et ayant l'homologation, une insertion sommaire annonçant la vente sera faite dans un journal quelconque de l'arrondissement, et tout créancier de la succession pourra s'opposer à l'homologation.

En second lieu, après l'homologation, tout créancier pourra faire dans la quinzaine une surenchère du dixième.

On trouve ainsi reconstituée la procédure supprimée dans le projet primitif, avec cette différence toutefois qu'elle constituera une simple formalité sans effet utile. Jamais, à moins d'un hasard extraordinaire, un créancier n'apprendra la vente par une insertion ainsi faite, et sa situation ne sera modifiée à aucun point de vue, la publicité n'étant pas évidemment de nature à attirer des acquéreurs et n'y étant même pas destinée, puisqu'elle interviendrait après la vente. Enfin, le projet laisse dans l'incertitude la situation des créanciers hypothécaires inscrits sur l'immeuble vendu. Dans le système du Code, une notification individuelle doit leur être adressée après la vente, afin d'effectuer la purge des hypothèques. Ils sont mis en demeure d'accepter les conditions de la vente ou de former une surenchère du dixième.

Dans le système nouveau, ils ne seront jamais informés directement. Si une surenchère se produit à la suite de l'insertion, leur droit est définitivement fixé et aucune nouvelle surenchère ne peut être formée par eux, malgré qu'ils aient ignoré celle qui a eu lieu.

M. Bovier-Lapierre ne dit pas quelle sera la procédure suivie à leur égard, lorsqu'aucune surenchère ne se sera produite. Il est probable qu'il entend, dans ce cas également, supprimer les notifications et la purge des hypothèques. Les créanciers hypothécaires seront donc lésés gravement dans toutes les hypothèses.

Le système de la surenchère serait d'ailleurs inapplicable à un échange, opération que le tuteur pourrait faire.

En résumé, le système proposé aboutit à supprimer la protection des incapables. Il méconnaît les droits des créanciers, et cela sans avoir le mérite de la simplicité et de l'économie.

Est-il donc impossible de réduire les frais de vente concernant les propriétés de faible valeur, sans bouleverser le Code civil et le Code de procédure ?

M. Georges Michel a déjà indiqué le remède. Il consiste à appliquer strictement la loi de 1884, concernant la vente des biens de moins de 2.000 francs, et dont nous a déjà parlé notre éminent Président au début de nos travaux. Il serait facile, au besoin, d'en étendre les effets en l'appliquant, par exemple, aux ventes dont le chiffre ne dépasserait pas 5.000 francs, comme d'ailleurs M. Bovier-Lapierre le propose lui-même.

La loi de 1884 n'a jamais entraîné de difficultés et n'en amènera jamais, et cela pour un motif très simple : elle fonctionne parallèlement aux procédures prescrites par le Code et diminue les frais, non par une modification des formalités, mais par une simple restitution effectuée après la vente. On comprend que son fonctionnement et son extension soient très faciles. *(Applaudissements.)*

M. LE PRÉSIDENT. — La parole est à M. Georges Picot.

M. GEORGES PICOT. — Je vous demande la permission d'appuyer ce que vient de dire le rapporteur avec toute l'autorité que lui donne un travail fait avec compétence et que vous avez tous apprécié. Le rapporteur vous disait, à l'instant, que la loi de 1884 pouvait vraisemblablement suffire, si elle était bien appliquée, ou plutôt simplement si elle était appliquée.

C'est cette opinion que je viens soutenir à mon tour en m'excusant de vous donner quelques chiffres ; mais ils ont un véritable intérêt, ils font comprendre et saisir de près quelle est la situation bizarre qui s'est produite à la suite du vote et de la demi-application de la loi de 1884.

En 1880, on se trouvait, pour les parcelles vendues au-dessous de 500 francs, en face d'une moyenne de 137 0/0. C'est le résultat de l'indication que j'avais l'honneur de vous donner dans mon premier discours, quand je vous disais qu'il y avait confiscation de la totalité du prix, plus une amende considérable. C'était en 1880 une amende de 37 francs, en sus d'une confiscation de 100 francs. Cette situation était véritablement intolérable.

En 1886, deux ans après la promulgation de la loi, le chiffre tombait de 137 à 126. A combien aurait-il dû tomber ? Voilà la question précise qui doit nous occuper.

Dans les travaux préparatoires de la loi, on a dressé beaucoup d'états de frais. On s'est convaincu de ceci : que la moyenne des ventes au-dessous de 500 francs donnait, comme état de frais ninimum, une somme de 351 francs qui étaient déboursés par la succession. Cette somme se partageait ainsi : 127 francs au profit du Trésor, 224 francs au profit des agents de la loi.

Aux termes de la loi de 1884, les 127 francs, abandonnés par le Ministre des Finances, disparaissaient complètement ; les 224 francs perçus par les agents de la loi étaient réduits d'un quart. Cela donnait un total de 168 francs. Ce chiffre devenait le maximum de l'état de frais, au lieu de 351 francs.

Retenez donc ces deux chiffres. Si ce chiffre de 168 francs avait été appliqué, pour une vente de 200 francs le chiffre maximum de frais eût été de 84 0/0 ; pour une vente de 300 francs, il eût atteint 56 0/0 ; pour une vente de 400 francs, il eût représenté 42 0/0 ; mais en aucun cas le chiffre moyen de 126 0/0 n'eût pu se produire.

Voulez-vous mesurer de plus près les conséquences de la réduction du tarif ? Quand les frais étaient de 351 francs, si le bien était vendu 400 francs, il revenait 49 francs à la succession ; si le terrain était vendu 300 francs, le prix était entièrement absorbé par les frais et il y avait 51 francs d'amende à payer par la succession. Voilà les chiffres. Avec 168 francs, si le prix de vente était de 300 francs, il revenait à la succession 132 francs.

Que s'est-il passé ? Comment se fait-il qu'en 1886 nous trouvions un chiffre si considérable, qu'en 1887 nous trouvions le chiffre de 137 0/0 ?

Voici la double explication. Des questions ont été adressées au ministre à la tribune ; des articles ont été faits dans la presse ; et certaines personnes, et je suis du nombre, se sont occupées beaucoup de la question en faisant des démarches multiples. On a consulté les procureurs généraux et on leur a demandé les raisons. Quelques-uns des procureurs généraux ont fait des réponses qui prouvent clairement qu'ils n'ont pas tenu la main aux restitutions, que dans certains départements les restitutions, qui doivent malheureusement se faire après la procédure, n'ont été faites ni par le Trésor, ni par les agents de la loi, que dans d'autres départements le Trésor a fait ses restitutions, mais que certains agents de la loi ne les ont pas faites.

Vous le savez à merveille, Messieurs, vous qui êtes tous mêlés aux affaires judiciaires, le chiffre des frais est annoncé au moment de la mise aux enchères. Il y a là un chiffre de frais précis, connu, c'est ce chiffre qui était retenu dans les statistiques et les greffiers envoyaient en fin d'années au ministère de la justice le tableau des frais annoncés lors de la mise aux enchères.

Or, le fait qui nous intéresse, c'est le fait postérieur, celui qui réduit le total des frais déboursés et le ramène au chiffre définitif. Ce chiffre, nous l'ignorons.

Je crois être l'interprète de vos véritables doléances, en exprimant ici le vœu que la loi de 1884 soit entièrement et sincèrement appliquée. Et si la loi de 1884 est insuffisante, j'ai lieu de croire qu'un pas de plus peut être aisément accompli. La confiscation de la petite parcelle de bien ne peut plus être tolérée. Vous penserez comme moi que nous avons charge ici de défendre la propriété bâtie à tous ses degrés. (*Applaudissements.*)

M. Chabry. — Je crois que la restitution devrait être faite d'office.

M. Georges Picot. — Si on rencontre quelqu'embarras à exécuter la loi, il faudrait décider qu'au dessous d'une mise à prix de telle somme c'est en débet que seront enregistrés les actes ; la restitution ne porterait que sur ce qui regarde les agents de la loi ; pour tout ce qui concerne le Trésor, il faudrait dire que tous les actes seront enregistrés en débet. (*Applaudissements.*)

M. Larsonneau. — La somme qui est à restituer n'est pas annoncée, et je crois qu'il faudrait l'indiquer.

M. le Président. — La parole est à M. Haumont, pour son rapport sur le *Mode de calcul des droits de mutation par décès applicables à la propriété bâtie.*

M. Haumont. — J'ai à attirer votre attention sur une des plus grandes iniquités fiscales qui existent. On peut facilement se consoler, si l'on a à payer des droits même élevés, calculés sur la valeur que l'on reçoit réellement. Mais tel n'est pas le cas dans certaines situations D'abord la législation ne fait pas la déduction du passif.

Il est question de porter remède à cette situation.

Mais c'est là une question qui atteint la propriété en général et non pas la propriété bâtie en particulier ; je n'ai pas à m'arrêter à ce point de vue. Mais, spécialement en ce qui concerne la propriété bâtie, il se produit une autre iniquité, c'est que les droits sont calculés sur une valeur absolument fictive attribuée aux immeubles, de sorte que l'héritier paye un droit calculé sur une somme infiniment supérieure à celle qu'il reçoit en réalité.

Aux termes de la loi du 22 frimaire an VII, la valeur des propriétés est réputée égale à 20 fois le revenu. En 1875, une loi a porté cette évaluation à 25 fois le revenu, pour les immeubles ruraux. Or, chacun sait qu'actuellement la valeur vénale des immeubles est loin d'être 20 fois le revenu.

Vous trouverez dans mon rapport un certain nombre de chiffres relevés dans des adjudications faites dans l'étude d'un seul notaire, au Havre. Je reproduis ces chiffres dans l'ordre même où ils m'ont été fournis. Ce ne sont pas des chiffres choisis, ils sont pris au hasard :

DATE DES ADJUDICATIONS	REVENU DES IMMEUBLES	PRIX D'ADJUDICATION	SOMMES SUR LESQUELLES LES DROITS ONT ÉTÉ CALCULÉS
1 14 août 1891...	9.235	79.200	181.700
2 2 octobre 1892	240	2.350	1.800
3 12 février 1891	11.600	130.000	232.000
4 21 avril 1891.	3.050	30.000	60.100
5 30 avril 1891....	6.500	77.300	130.000
6 30 avril 1891......	1.700	23.100	34.000
7 16 avril 1891........ .	1.428	5.000	20.500
8 id.	460	1.350	9.360
9 id.	75	800	1.500
10 2 mai 1891....	790	7.300	15.800
11 id.	370	2.700	7.400
12 13 juin 1891..........	972	9.000	19.100

Dans cette situation, les héritiers ont eu à payer des droits calculés sur des valeurs supérieures. Supposez qu'à cette injustice vienne s'en ajouter une autre, que ces immeubles soient grevés d'hypothéques. L'actif pourra être entièrement absorbé.

Il est vrai qu'il y a une réforme à l'étude dans le projet de budget de cette année. Il est question d'asseoir les droits de mutation sur la valeur vénale des propriétés. Mais ne vous hâtez pas de vous réjouir, car il y a un petit correctif à cela : le droit ne pourra être jamais inférieur à ce qu'il serait d'après la loi de frimaire, an VII.

En effet, ce tarif était très onéreux pour certaines propriétés, mais il était très favorable pour certaines autres, pour les terrains non bâtis qui ne donnaient pas de revenus, pour les châteaux, pour les parcs ; et il y avait là des propriétés qui payaient moins que ce qu'elles auraient dû payer, alors que l'immense majorité payait beaucoup plus. Ces quelques privilégiés, on les soumet à la loi commune, mais la loi commune n'est pas améliorée et reste dans la même situation pour tous les autres intéressés.

Il est donc à désirer qu'un semblable état de choses soit modifié. Mais là commencent les difficultés; car, s'il est facile d'apercevoir le mal, il est plus difficile d'indiquer le remède. L'idéal, sans doute, ce serait d'avoir le calcul des droits sur la valeur vénale. Je me suis expliqué hier, à propos de la question des droits d'octroi : la valeur vénale d'un immeuble est quelque chose de fictif. Lorsqu'un notaire fixe une mise à prix, il n'est pas en état de savoir si elle sera couverte ou de beaucoup dépassée. Par conséquent la valeur vénale est impossible à déterminer par expertise.

Pourra-t-on la fixer sur d'autres éléments? Sur les actes d'acquisition? Ici encore beaucoup de chances d'erreurs sont possibles, parce que la valeur vénale des immeubles varie suivant les temps et suivant les lieux. Tel immeuble a pu être acheté très cher qui, au moment du décès du propriétaire, pourra n'avoir qu'une valeur très faible.

Comme pis aller, je propose une réforme bien modeste, c'est de conserver le système de frimaire an VII, en modifiant la proportion. Quelle proportion établir? Je ne la fixe pas. Mais l'Administration de l'Enregistrement, qui a tous les documents nécessaires, pourra établir pour les cinq dernières années, par exemple, la moyenne du rapport qui existe entre le revenu brut et la valeur vénale des propriétés, et l'on fixerait ainsi le rapport qui ne devrait pas être établi à titre définitif, qui serait susceptible de variations. Sans doute on n'aurait pas, avec le système que je propose, la perfection. La moyenne est une approximation de la vérité, mais ce n'est pas la vérité elle-même. Il est bien certain que, si on adoptait le système de la moyenne, de nombreuses injustices se rencontreraient encore, mais les évaluations seraient bien plus proches de la vérité.

Et puis, il y a une autre réforme qui serait de nature à donner satisfaction aux propriétaires d'immeubles bâtis, c'est d'appliquer aux immeubles une disposition de cette loi du 21 juin 1875 à laquelle je faisais allusion, c'est d'asseoir les droits de mutation sur la valeur vénale, telle qu'elle est déterminée dans une vente publique faite dans un certain délai après le décès. On a admis cela pour les meubles, non pas dans un esprit libéral, mais c'était pour faire monter le chiffre, que l'on décidait de faire asseoir le droit sur la valeur vénale déterminée par une vente publique.

De cette façon, on se rapprocherait sensiblement de la vérité.

Malheureusement, si cette réforme était adoptée, un grand vide se produirait dans les caisses du Trésor. On ne doit pas espérer que l'Etat consente à ce sacrifice. C'est à l'Enregistrement que l'Etat devrait demander une indemnité, indemnité qui ne pourrait s'obtenir que par une majoration des droits de mutation. Au point de vue spécial de la propriété bâtie, je ne crois pas que les propriétaires auraient à en souffrir, parce que, s'ils payaient des droits plus élevés, 2 0/0 au lieu de 1 1/2 0/0, je suppose qu'ils retrouveraient une partie de cette majoration dans le bénéfice qu'ils feraient sur le prix de leurs immeubles. *(Applaudissements.)*

M. LE PRÉSIDENT. — La parole est à M. Chabry.

M. CHABRY. — Le mal des uns ne guérit pas celui des autres. On n'a pas augmenté sur la propriété bâtie le taux de capitalisation depuis l'an VII. Pour la propriété rurale, on multiplie aujourd'hui par 25 au lieu de multiplier par 20 ; elle est encore à ce point de vue bien plus atteinte que vous. On peut demander à multiplier par 15 au lieu de 20, mais il faut avoir de l'argent.

M. LE PRÉSIDENT. — M. de Casteran a la parole pour présenter les observations dont il parlait tout à l'heure.

M. DE CASTERAN. — Messieurs, l'heure avancée ne me permet pas de me livrer à de longs développements. D'autre part, je n'ai pas préparé sur cette question un rapport complet ; mais, voyant que la rubrique de la section V portait : *Projet de réforme du contrat d'assurances,* voyant d'autre part que, parmi les travaux de cette section, ne figurait aucun rapport sur ce point, j'ai pensé qu'il était bon de vous en entretenir pendant quelques instants, de manière à planter un jalon qui pourra servir de point de départ, dans un congrès ultérieur, pour une étude plus approfondie et plus complète.

Les observations que je veux vous présenter porteront sur deux points : d'une part, la question de savoir, en matière d'assurance contre l'incendie, quelle doit être la personne avec laquelle le contrat d'assurance sera réalisé ; et, en second lieu, dans quel esprit doit être fait le contrat d'assurance lui-même.

Vous savez que des projets de loi, récemment déposés sur le bureau de la Chambre, tendent à donner à l'Etat le monopole de l'assurance contre l'incendie. Actuellement le contrat d'assurance est fait avec des compagnies. Ces compagnies sont, en général, assez anciennes, elles exercent une industrie absolument libre, qui s'est considérablement développée dans le courant de ce siècle et qui produit aujourd'hui d'assez beaux bénéfices.

Ces bénéfices, vous l'entendez bien, ont tenté deux catégories de personnes : d'une part ceux qui sont à la recherche des moyens de combler le déficit du Trésor, d'autre part ceux qui demandent, au nom des principes du socialisme, que certaines industries soient remises entre les mains de l'Etat.

Je n'ai pas à faire le procès des premiers. Leurs intentions sont bonnes, puisqu'il s'agit de payer les dettes de l'Etat. Mais tous, ici, vous serez d'accord pour condamner avec moi les tendances des seconds.

Ces tendances se rattachent à une théorie bien connue : celle du socialisme d'Etat, qui veut faire entrer dans le patrimoine national toutes les industries susceptibles de donner un bénéfice quelconque. Les particuliers, ayant fait l'expérience d'une industrie, on verrait si elle peut être laissée au libre exercice des citoyens ou, au contraire, si on devrait la faire entrer dans le patrimoine commun, pour en faire profiter la collectivité. Tout dépendrait des résultats. Les particuliers n'auraient que les mauvaises chances. *(Applaudissements.)*

Je crois que nous devons protester ici, quoique cela ne rentre pas dans le programme du Congrès de la propriété bâtie, contre ces tendances. Toutes les fois qu'il s'agit d'un individu qui se débat contre la collectivité pour conserver le bénéfice d'une industrie qu'il a créée, et dont l'exercice ne rentre en aucune manière dans les attributions de l'Etat, nous devons lui donner notre approbation et l'appui de notre influence. *(Applaudissements.)*

J'arrive au second point : l'organisation du contrat d'assurance. Tout le monde connait le contrat d'assurance contre l'incendie. C'est un contrat très important, très répandu ; et il est tellement entré dans les mœurs, que l'on peut dire aujourd'hui que tout propriétaire qui ne s'assure pas commet en quelque sorte une grave imprudence.

Comment ce contrat est-il organisé ? Il y a, dans l'histoire de ce contrat, quelque chose qui montre bien ce que l'initiative privée, quand elle est guidée par son intérêt, peut faire et les résultats auxquels elle sait arriver. Ce contrat n'a pas été organisé par une loi, car la loi ne parle guère, en cette matière, que des assurances maritimes.

Ce contrat a-t-il été élaboré à la suite de discussions contradictoires entre l'assuré et l'assureur ? Il faut répondre négativement. En général, les polices d'assurances contiennent une partie imprimée en caractères très fins ; là sont relatées les conditions générales du contrat.

Ces conditions ont été élaborées par les compagnies seules. C'est ce contrat que la compagnie propose à ses clients, et il arrive le plus souvent que l'assuré signe de confiance, sans trop lire les conditions imprimées sur sa police.

Ces conditions peuvent être dangereuses pour l'assuré. La difficulté n'apparait pas tant qu'il s'agit seulement de payer la prime ; l'assuré n'a pas l'idée de protester, la compagnie ne proteste pas davantage ; mais le danger apparait le jour où le sinistre a lieu et où il s'agit de débattre les intérêts respectifs.

Alors l'assuré examine son contrat et il y découvre, ce qui est très malencontreux pour lui, un grand nombre de clauses qui prononcent la déchéance du droit à l'indemnité, si, par malheur, il ne s'est pas conformé à toutes les clauses que ce contrat lui impose à différents points de vue. Il y trouve aussi que d'autres clauses limitent les cas dans lesquels l'assureur devra payer une indemnité en cas de sinistre.

Voilà un premier point.

Maintenant, lorsqu'il s'agit de liquider le montant de l'indemnité à payer par la compagnie à l'assuré, de nouvelles difficultés se produisent, et, pour vous faire saisir très rapidement ces difficultés, je vais passer en revue les trois ou quatre hypothèses les plus pratiques.

Je suppose d'abord qu'un immeuble soit assuré pour sa véritable valeur. Il brûle presque complètement. La compagnie paiera, mais déduira le sauvetage des matériaux. Il y aura donc pour l'assuré une certaine perte, puisqu'il ne touchera pas l'intégralité de la somme sur laquelle il croyait pouvoir compter.

En second lieu, la valeur assurée peut être supérieure à la valeur réelle de l'immeuble : on a assuré, par exemple, pour 100.000 fr. un immeuble qui en vaut 80.000. Bien entendu, si l'immeuble vient à brûler, la compagnie paiera ce qui est dû ; mais on peut relever un inconvénient : c'est que, pendant de longues années peut-être, l'assuré aura payé une prime supérieure à celle correspondant à la somme qu'il touchera en définitive. Il me semble qu'il y aurait lieu, au moment où le contrat d'assurance est fait, de procéder à une évaluation contradictoire de l'immeuble.

Troisième hypothèse : la somme assurée est inférieure à la valeur perdue. Il semble bien alors que la compagnie doive payer l'intégralité de la somme assurée. Il s'agit d'un immeuble de 100.000 fr. assuré pour 80.000 fr. S'il est détruit complètement, on est porté à croire que l'assuré va toucher 80.000 fr. En fait, il n'en est rien, à cause de l'interprétation donnée par les compagnies au contrat.

Les compagnies disent dans cette hypothèse à l'assuré : du moment où vous n'avez pas assuré la valeur réelle que l'immeuble représentait, nous ne devons pas tenir compte de la somme que je me suis engagée à vous payer, mais de la proportion dans laquelle chacun de nous a assuré l'immeuble ; dès lors, si je n'ai assuré, moi compagnie d'assurances, un immeuble que jusqu'à concurrence des 4/5 de sa valeur, je n'ai à vous payer que dans cette proportion, s'il survient un sinistre. Cette prétention a été sanctionnée par la jurisprudence.

Enfin, et c'est le dernier cas dont j'aie à vous parler, je suppose qu'un sinistre arrive à un assuré très longtemps après que la police a été souscrite. Vous savez qu'avec le temps toute chose diminue de valeur. Les immeubles eux-mêmes sont soumis à cette loi. Il est évident qu'un immeuble assuré à l'état neuf, il y a 50 ans, n'aura pas la même valeur en 1894 qu'en 1844. Si un contrat d'assurance a été souscrit en 1844, et s'il n'a pas été modifié avec le cours des années de manière à diminuer la prime, la compagnie dira, lorsque l'incendie se produira en 1894 : la somme que j'ai à vous payer pour vous indemniser, c'est non pas la somme pour laquelle vous avez assuré votre immeuble, mais bien celle qui représente actuellement, avec la détérioration provenant du temps, la valeur de votre immeuble. Et on aura payé pendant 50 ans la même prime, pour arriver à n'avoir qu'une somme inférieure à celle sur laquelle on comptait.

Je crois, sans vouloir insister davantage sur ces différentes hypothèses, que le contrat d'assurance contre l'incendie est susceptible d'une révision complète, et que les Chambres syndicales des propriétaires devraient prendre l'initiative d'une entente avec les compagnies pour arriver à l'établir sur des bases plus rationnelles. J'ai eu l'occasion de voir dans un journal que la Société d'Economie industrielle et commerciale de Paris s'était préoccupée de cette question. L'un de ses membres avait rédigé un rapport très bien fait du reste, et c'est à lui que j'ai emprunté la plupart des idées que je viens de développer devant vous. (*Applaudissements.*)

M. le PRÉSIDENT. — Avant de lever la séance, je donne la parole à M. Georges Picot pour une communication.

M. Georges PICOT. — Messieurs, j'entends dire, et ceci est une question d'organisation de notre Congrès, que plusieurs membres ont exprimé le désir que les travaux des sections fussent terminés à la séance de demain matin, ce qui permettrait à plusieurs d'entre nous d'employer la fin de la journée, soit aux travaux d'une assemblée de l'Union des Syndicats de Propriétaires, soit à la visite des Logements économiques, soit à la visite de l'Exposition. Ce serait la première après-midi libre, après ces laborieuses journées.

UN MEMBRE. — Est-ce que nous ne devons pas avoir, dans l'après-midi, une séance des délégués des Chambres syndicales ?

M. le PRÉSIDENT. — C'est ce que M. Picot vient de dire. S'il n'y a pas d'opposition, la séance qui devait avoir lieu demain dans l'après-midi sera remplacée par une assemblée de l'Union, à 2 heures. (*Adopté*).

La séance est levée à 5 heures 50.

SEPTIÈME SÉANCE

(Jeudi matin, 9 Août)

SECTION VI

La séance est ouverte à 8 heures 30, sous la présidence de M. Félix Mangini, président de la Section VI.

Prennent place au bureau : MM. Mangini, président, assisté de M. Georges Picot ; MM. de Casteran, vice-président et Petit, secrétaire ; MM. Cazeneuve, Chavassieu, Deloison et Gourd, rapporteurs.

M. LE PRÉSIDENT. — Messieurs, l'ordre du jour de la Section VI, est ainsi conçu :

HYGIÈNE ET PRÉVOYANCE. — L'hygiène de la maison. — Logements insalubres. — Les habitations ouvrières et à bon marché (*projet de loi*). — Les *Building Societies*. — Le *Homestead*. — Caisse des Loyers pour les Ouvriers.

Sont inscrits comme rapporteurs :

MM. le D\u02b3 Cazeneuve, conseiller général du Rhône, professeur à la Faculté de médecine et de pharmacie de Lyon : *L'hygiène de la maison et les logements insalubres.*

L. Rogniat, architecte, administrateur de la Chambre syndicale des propriétés immobilières de la ville de Lyon : *L'hygiène du bâtiment.*

Boullay, docteur en droit, avocat à la Cour d'appel de Paris : *Les logements insalubres.*

G. de Casteran, docteur en droit, chef du contentieux de la Banque Parisienne, secrétaire du **Syndicat** des propriétaires et principaux locataires du Vésinet (Seine-et-Oise) : *Les habitations ouvrières ou logements à bon marché.*

Alphonse Gourd, conseiller général du Rhône, avocat à la Cour d'appel de Lyon : *Les logements à bon marché de Lyon.*

Arthur Raffalovich, conseiller d'Etat actuel de S. M. l'Empereur de Russie, correspondant de l'Institut : *Les Sociétés de construction à l'étranger ; Services qu'elles ont rendus en Angleterre, aux Etats-Unis, en Allemagne ; Crise qu'elles subissent en Angleterre ; Avantages et inconvénients du système anglo-américain ; Transformation fréquente des petites Sociétés de construction en entreprises de spéculation immobilière ou en petites banques de dépôts ; Examen de la question de savoir sous quelle forme on pourrait tirer parti, en France, des expériences faites à l'étranger.*

A. Chavassieu, ancien percepteur, administrateur de la Chambre syndicale des Propriétés immobilières de la Ville de Lyon : *Les « Building Societies » et les moyens de faciliter, en France, l'acquisition de petites maisons d'habitation.*

Georges Deloison, avocat à la Cour d'appel de Paris, président de l'Union des Chambres syndicales de la propriété bâtie de France : *Caisse des loyers pour les ouvriers.*

Nous avons reçu les excuses de M. le Dr Roux, vice-président et de M. Francisque Aynard, secrétaire de la section.

MM. L. Rogniat et Arthur Raffalovich, dont les rapports ont été déposés ou imprimés, ne peuvent non plus assister à la séance.

M. le Dr Gabriel Roux, directeur du bureau municipal d'hygiène de Lyon, professeur agrégé à la Faculté de Médecine, avait bien voulu accepter de nous donner un travail sur *Les Causes de contamination et les moyens d'assainissement et de désinfection de l'habitation.*

Voici la lettre qu'il nous a adressée à la date du 23 juillet :

Monsieur le Secrétaire général,

Je me vois forcé, à mon grand regret, de manquer à la promesse que je vous avais faite de fournir un rapport au Congrès de la Propriété bâtie. Les occupations multiples et absorbantes de la fin d'année scolaire à la Faculté de Médecine et mes travaux du Bureau d'hygiène m'ont mis dans l'impossibilité de préparer et de rédiger, comme je l'aurais voulu, le travail promis ; d'autre part, des affaires d'intérêt m'obligent de quitter Lyon le 1er ou le 2 août et m'empêcheront d'assister aux séances du Congrès. Je suis bien vivement contrarié de ces contre-temps qui me forcent, d'autre part, à résigner mes fonctions de membre du Jury de l'Exposition, mais il m'est impossible de faire autrement.

Veuillez agréer.....

Dr G. ROUX.

Enfin, M. Paul Lafollye, architecte diplômé par le Gouvernement, était inscrit pour un rapport sur *Les Economies qu'il faut éviter, dans la construction des immeubles, en vue des responsabilités futures.* Nous avons reçu également de lui la lettre d'excuse que voici :

Paris, le 23 juillet 1894.

Monsieur le Secrétaire général,

Je vous enverrais mon rapport avec le plus grand plaisir, si une circonstance indépendante de ma bonne volonté ne me conseillait pas d'en ajourner la communication.

Le cas que je voulais exposer à nos collègues et qui devait leur faire le plus d'impression se juge maintenant en Appel : or, les jugements se suivent et se contredisent, en matière de jurisprudence du bâtiment surtout.

Les personnes qui suivent la question sont d'avis d'attendre ce jugement avant de lui donner toute la publicité qu'elle comporte.

Je viens donc vous demander d'ajourner ma communication au prochain Congrès ; elle sera, du reste, à cette époque plus probante, étant moins hâtivement conçue.

Veuillez agréer.....

Paul LAFOLLYE.

Je donne la parole à M. le Dr Cazeneuve, pour son rapport sur l'*Hygiène de la maison et les logements insalubres.*

M. le Dr CAZENEUVE. — Quoique mon rapport soit très court, je vais cependant essayer de résumer ce que j'y ai dit.

Nous allons d'abord nous occuper de l'air respirable, qui doit être pur pour être sain et avoir ce qu'on appelle un cubage de place convenable, pour que la santé n'en souffre pas. Après de nombreuses discussions sur la question, on est arrivé à cette conclusion que le cubage de place par habitant doit être d'environ 30 mètres cubes. Ce serait là l'espace minimum convenable à chaque individu. Il faut constater que dans les hôpitaux, dans les casernes, dans les lycées, chaque personne ne dispose pas d'un cubage semblable. Dans les constructions hospitalières modernes, nous constatons non plus 30 mètres cubes, mais jusqu'à 110 mètres cubes par malade.

La commission des logements insalubres de Paris a proposé d'interdire des pièces de moins de 14 mètres comme habitation permanente et de n'en autoriser aucune de moins de 10 mètres.

Voici, d'après Fleury, les dimensions d'une chambre à coucher pour une personne : 3 mètres 50 de haut, 4 mètres de longueur et de largeur.

On doit s'occuper de ventiler ce local et c'est une mesure de précaution nécessaire. A côté du cubage, il faut la ventilation. Les cheminées, les fenêtres, la porte d'entrée, la cage d'escalier, tout cela amène de l'air.

A cet égard, les architectes sont absolument fixés sur la quantité d'ouvertures qu'il faut donner à un bâtiment, surtout là où il y a encombrement, casernes et hôpitaux, pour que cette ventilation s'exécute d'une façon convenable. L'habitant lui-même doit prendre des précautions de ventilation. Aujourd'hui, dans certaines affections, on recommande de dormir la fenêtre ouverte, hiver comme été ; c'est une question d'habitude, il y en a qui s'en trouvent très bien.

L'aération par la fenêtre doit être faite régulièrement. C'est ce qui se pratique dans certaines salles d'hôpital, où il n'y a pas de fiévreux, et dans les casernes. Dans chaque maison d'habitation, il faut ouvrir les fenêtres sur le local habité, mais pour cela il faut qu'il y ait des fenêtres. Le système qui consiste à reléguer les domestiques dans les soupentes est un système pitoyable.

A propos de ventilation, il existe une fenêtre imaginée par M. le Dr Castaing, médecin-major, et sur laquelle j'appelle votre attention. Cette fenêtre se compose de deux verres de vitre encastrés dans un cadre à un centimètre et demi l'un de l'autre. Le verre de vitre le plus élevé est placé à l'intérieur de l'habitation. Ce verre, par suite de la température élevée de l'habitation, est à une température élevée lui-même, de telle sorte que l'air exhalé par les poumons, étant plus chaud, a une tendance à s'élever et pénètre par un interstice ménagé entre les deux verres, sans que pour cela l'air froid tombe sur les malades.

Vous pourrez voir cette fenêtre à l'Exposition, salle de la Faculté de médecine. Elle a été adoptée dans une caserne du département du Nord et est appelée à rendre de sérieux services.

Les cheminées doivent bien tirer. On les bouche souvent, mais cette façon d'agir est très défectueuse, car elles doivent être une sorte de ventilation continuelle.

Dans la plupart des cas, la ventilation par les fenêtres et par les cheminées suffit ; mais, lorsqu'il s'agit de grands établissements, d'usines....., etc., une ventilation active et directe s'impose. On peut dire aujourd'hui, dans l'état actuel de la science, que le meilleur système à préconiser est un système de ventilation par appel mécanique fonctionnant par des moteurs électriques. Il y en a de très remarquables à l'Exposition.

L'air arrive par la partie inférieure de l'établissement ; cet air peut se chauffer en passant sur des canalisations chauffées à l'eau chaude. Dans tous les cas, cette ventilation est absolument indispensable.

Une maison, pour être hygiénique, doit être chauffée. L'été, il ne faut pas qu'elle soit trop chaude, mais dans des conditions de température moyenne. Il faut se chauffer, mais pas s'infecter. Les hygiénistes ont dû s'occuper des divers modes de chauffage. S'il s'agit de grands établissements, le mode de chauffage est parfaitement établi. Aujourd'hui, on est absolument fixé sur l'avantage du chauffage à la vapeur ou à l'eau chaude sur le chauffage à l'air chaud.

L'été, dans les températures excessives, on peut faire circuler de l'eau froide et maintenir une température moyenne de 16 à 17 degrés au maximum dans les appartements. Ce sont les conditions les plus convenables.

Quant aux poêles, je n'y insiste pas. J'indique cependant qu'il est toujours nécessaire d'avoir des cheminées qui tirent bien ; car on a vu des accidents d'asphyxie produits chez des voisins par un poêle de l'appartement inférieur.

Quant au gaz d'éclairage, il est très heureux qu'il ait une odeur, car cela nous permet de nous mettre à l'abri de ses dangers, quand il se produit des fuites.

On doit conseiller de ne pas se servir de ces appareils à roulettes qu'on promène dans les appartements.

Une autre question très importante pour l'habitation est celle des cabinets d'aisances. Voici nos desiderata :

Système du tout à l'égout ou système aspirateur des matières, ventilation des fosses, interruption de la cuvette et du tuyau de chute, emploi des chasses d'eau. Il est évident que cela occasionnerait des dépenses, comme à Marseille par exemple où l'on va faire le tout à l'égout. Si vous ne pouvez transporter à la mer, transportez dans une usine de transformation ou au cœur de l'exploitation rurale.

J'appelle aussi votre attention sur l'éclairage ; je vais résumer cette question en deux mots. Il faut que la maison soit bien éclairée, par des fenêtres suffisantes au point de vue de l'éclairage naturel. Les différents systèmes employés, bougies, lampes à huiles végétales ou minérales, lampes à gaz, offrent l'inconvénient de surchauffer l'atmosphère de la salle, en l'empoisonnant par l'acide carbonique. L'éclairage électrique est celui de l'avenir ; les lampes à incandescence ne dégagent aucune odeur, aucun gaz, ne donnent pas de température; et on les emploie déjà dans les nouvelles constructions. C'est encore trop cher pour les logements dits économiques. Il y a à Lyon de vastes immeubles, à l'angle du cours Lafayette, éclairés par l'électricité.

Inutile d'insister longuement sur la question de propreté à donner à la maison. Une maison bien tenue par une femme d'intérieur est d'ailleurs chose courante. Je recommande de passer tous les huit jours le parquet à la paille de fer et à l'essence de térébenthine. Ce procédé à la thérébenthine constitue un système tout à fait recommandable au point de vue de l'hygiène, de la santé ; on apporte là un microbicide et un insecticide des plus puissants. (*Applaudissements.*)

M. le PRÉSIDENT. — Je donne la parole à M. Boullay, pour son rapport sur la *Législation des logements insalubres.*

M. BOULLAY. — Messieurs, vous avez aujourd'hui un programme extrêmement chargé et, par conséquent, je vous prierai de vouloir bien vous reporter, pour les détails, au rapport que j'ai eu l'honneur de rédiger. Je veux seulement, dans quelques observations, vous dire quel est l'état actuel de la législation et quels sont nos desiderata pour combler les lacunes de la législation aujourd'hui en vigueur. La question des logements insalubres est une des nombreuses questions où se trouvent généralement en conflit l'intérêt individuel et l'intérêt général.

Je crois que nous sommes tous unanimes à reconnaître qu'une législation est nécessaire pour résister, d'une part, aux préoccupations quelquefois trop intéressées du propriétaire, et, d'autre part, à l'incurie, à la négligence des employés et des ouvriers qui vivraient volontiers dans la malpropreté.

Dans ces conditions, une législation est indispensable ; le rapporteur de la loi de 1850, M. de Riancey, a fait un rapport extrêmement complet, où il dit avec raison que le législateur doit intervenir, quand la personne chargée de se défendre elle-même ne prend pas ce soin avec assez d'ardeur.

Je crois que la législation de 1850 est incomplète et que, si elle a soulevé tant de critiques dans son application et créé tant de difficultés, c'est que, d'une part, nous ne nous rendons pas un compte suffisant du rôle du législateur et que, d'ailleurs, dans deux ou trois de ses articles cette loi n'est pas suffisamment précise.

En effet, la loi de 1850, que j'ai analysée dans mon rapport, peut se résumer ainsi. C'est la commission municipale qui fait un rapport sur l'insalubrité des locaux. Puis, quand ce rapport est fait, il est déposé à la mairie, où on peut en prendre connaissance dans le délai d'un mois. Il est permis de présenter des observations et recours est ouvert devant le Conseil de Préfecture et devant le Conseil d'Etat.

La législation des logements insalubres, à Paris, — je vous parle davantage de Paris, parce que c'est là que je me suis rendu compte des difficultés, — soulève de très nombreuses critiques. C'est qu'en effet cette législation a été très insuffisamment et surtout très incomplètement pratiquée. Aujourd'hui, la commission des logements insalubres fonctionne à Paris, mais le plus souvent elle ne connait pas la nature de ses fonctions, et, d'autre part, elle confond presque toujours l'incommodité avec l'insalubrité. Voici, Messieurs, ce qui se présente journellement.

La commission des logements insalubres est mise en mouvement on ne sait pas par qui ; c'est là un des abus, que je considère comme le plus regrettable, de la loi de 1850, surtout en France où nous aimons la loyauté. Quand la commission des logements insalubres est mise en mouvement, le plus souvent c'est par un locataire qui veut faire tourmenter son propriétaire. J'ai pu constater, en étudiant une série de dossiers, que 70 fois sur 100, c'est une lettre anonyme qui se trouve la base du rapport. La commission dit : On nous signale un fait, et nous nous rendons compte si l'insalubrité qu'on nous signale est réelle et si nous devons la supprimer.

Mais il y a un autre inconvénient. Cet inconvénient pourrait être en quelque sorte diminué et paralysé si, lors de la dénonciation, le propriétaire était averti et pouvait se présenter à la maison réputée insalubre, pour fournir ses explications.

Cela ne se fait pas, et je crois que c'est peut-être le seul exemple dans la loi ; car notre Code de procédure donne à celui qui est attaqué, même au point de vue criminel, le droit de se défendre : on met celui qui est attaqué en présence de celui qui l'attaque. La légistation des logements insalubres est incomplète à cet égard. On ne connait pas celui qui attaque, et celui qui est attaqué n'a pas le droit de se défendre. La commission se rend au local, examine sans aucun contrôle, entend les doléances intéressées des amis de celui qui a fait la dénonciation, ou du concierge rendu complaisant, puis la commission fait son rapport.

Il faut tenir compte de la nature humaine. Quand la commission a fait un rapport, a constaté une cause d'insalubrité, il est extrèmement difficile de la faire revenir. Si vous me permettez de faire appel à ce que j'ai vu, je vous dirai que j'ai eu souvent des rapports contestés. On va devant le Conseil de Préfecture ; on vous écoute très bien, mais on ne fait aucune modification ; le Conseil de Préfecture, dans cette matière comme dans quelques autres, n'est souvent qu'une chambre d'enregistrement.

Pour aller au Conseil d'Etat, c'est un peu long : on y renonce. Constamment la commission des logements insalubres s'occupe de ce qui ne la regarde pas ; mais, ce qui est bien plus fort, c'est qu'elle va très souvent à l'encontre de la mission qui lui est donnée.

Dans une des rues les plus populeuses de Paris, la rue St-Martin, il y avait une concierge qui habitait au fond de la cour ; la maison était sur le devant et la cour était ouverte. Un locataire fait une dénonciation anonyme, indique à la commission insalubre qu'il y a une cause d'insalubrité, parce que la cour n'est pas couverte. La commission conclut à la couverture de la cour.

On m'apporte cela, et je dis : c'est fort extraordinaire ; nous faisons un mémoire en réponse à la commission, qui maintient son dire ; nous allons devant le Conseil de Préfecture, et il a été soutenu que, au point de vue de l'humanité, et au point de vue du danger, la concierge qui habitait le fond de la cour était exposée à prendre des rhumes en venant sur le devant de la maison. J'ai répondu que cela lui permettait de prendre l'air quelquefois et que je ne croyais pas que l'air était une cause d'insalubrité. Cette fois-ci nous avons été assez heureux pour gagner le procès.

Mais j'en ai perdu un autre l'année dernière. Un monsieur avait une propriété tout près de la Bastille : il y avait une cage d'escalier éclairée par une grande baie qui était fermée. Mais les enfants, d'une part, puis, d'autre part, les ouvriers en retard d'un terme, pour punir le propriétaire d'avoir fait présenter la quittance, cassaient les carreaux. Le propriétaire eut l'idée d'y mettre un treillage à mailles assez larges. Les locataires sont furieux : ils prétendent qu'en rentrant ils avaient des courants d'air et que c'était une cause d'insalubrité. Dénonciation signée de la plupart des locataires.

Devant la commission des logements insalubres et devant le Conseil de Préfecture, j'ai dit : Il y a là beaucoup d'ouvriers, et cette grande baie est une cause de salubrité. Mais le Conseil de Préfecture a déclaré que, comme il y avait antérieurement des carreaux, on devait remettre les carreaux.

Le propriétaire n'est pas allé devant le Conseil d'Etat, mais je crois qu'il aurait peut-être gagné. Il a rétabli les carreaux, et je crois que, peut-être, au point de vue du droit civil, les locataires avaient le droit de réclamer les carreaux, mais la commission des logements insalubres n'avait, en cette affaire, aucun rôle à jouer.

Le Conseil d'Etat a décidé que, dans certaines maisons, il y avait une cause d'insalubrité si on ne mettait pas le gaz. Je considère que c'est un abus de pouvoirs; on peut simplement dire qu'il n'est pas commode de rentrer le soir quand c'est éclairé au pétrole ou quand ça ne l'est pas du tout.

L'abus le plus fréquent est au point de vue des cabinets d'aisances. Aujourd'hui, à Paris, la commission des logements insalubres fait supprimer les cabinets dans les cours et les veut dans les maisons. Ce n'est pas un sujet très agréable à traiter, mais je vous demande la permission de poursuivre. La commission dit que des personnes, étant obligées de sortir, quelquefois ne sortent pas. Mais je constate qu'au point de vue de la salubrité il serait plus sain d'avoir des cabinets en dehors que dans les maisons. Dans les villes ce n'est pas facile. Dans les campagnes, dans les petites villes et aussi pour les logements ouvriers, on les met en dehors de la maison parce qu'il y a, au point de vue de l'aération, un système bien préférable et on n'est pas exposé au dégagement des gaz délétères.

Voilà, au point de vue de la législation actuelle, comment les choses se pratiquent.

Comment les choses doivent-elles se pratiquer? Il y a, depuis 1850, une série de propositions tendant à la modification de la loi du 13 avril 1850. J'ai très incomplètement énuméré les propositions de lois qui ont été déposées. Je me permets simplement de vous indiquer un projet de M. Martin Nadaud, du 3 décembre 1881. Vous trouverez dans mon rapport les indications si vous voulez les consulter. J'indique la date du *Journal Officiel*. Cette proposition de loi resta deux ans à l'étude et, en 1883, M. Maze déposa un rapport fort intéressant, qui est resté à l'état de rapport. Vous savez très bien que, quand il y a des discussions urgentes à la Chambre, elles viennent en dernier lieu; et aujourd'hui encore notre législation est la même qu'en 1850, seulement il faut reconnaître que, le 3 décembre 1891, un projet de loi sur les logements insalubres et sur l'hygiène publique a été déposé par le Ministre de l'Intérieur.

Ce projet de loi a du reste été relaté par l'organe de la Chambre syndicale des propriétaires de Paris, à la date du 1er février 1892. J'ai là ce projet de loi avec l'exposé des motifs. Il contient dix-huit articles. Voici l'article 2 :

« Lorsqu'un immeuble bâti ou non, attenant ou non à la voie « publique, est dangereux pour la santé des occupants ou des voisins, « le Maire invite la commission sanitaire, prévue à l'article 13 de la « présente loi, à délibérer sur l'utilité et la nature des travaux jugés nécessaires.

« En cas d'avis contraire à l'exécution de ces travaux, le Maire

« transmet la délibération de la commission au Préfet, qui, s'il le juge
« à propos, soumet la question au Conseil départemental d'hygiène. »

Cette nouvelle loi, par qui a-t-elle été inspirée, ou plutôt quels sont
les mobiles qui ont inspiré sa rédaction? Voici le texte officiel du projet de loi et voici ce que dit le Ministre de l'Intérieur sous la rubrique
de l'article 2 :

« Cet article, dit-il, est destiné à remplacer, en les complétant, les
« principales dispositions de la loi sur les logements insalubres. Il
« est fondé sur l'une et l'autre de ces deux idées; il faut que la santé
« publique soit sauvegardée, il ne faut pas que, sous prétexte de santé
« publique, la propriété et les droits individuels soient à la merci des
« fantaisies administratives. Si la santé publique, si l'intérêt général
« sont vraiment mis en péril, il faut que le dernier mot leur reste.
« Mais ce ne sera que lorsque cette nécessité sera reconnue par
« l'autorité chargée de la défense de tous les droits, par le pouvoir
« judiciaire ».

Je crois que la préoccupation a été double : d'une part, nous mettre
à l'abri des fantaisies administratives, — nous sommes d'accord ; d'autre
part, enlever le contrôle de la salubrité d'un logement à une
commission municipale. Le Ministre de l'Intérieur, M. Constans,
pensait qu'il fallait retirer à la commission municipale la direction de
la constatation de l'insalubrité parce que, disait-il, les propriétaires
sont très bien avec les conseillers municipaux. Si j'avais été à la
Chambre, j'aurais dit le contraire, parce que les propriétaires sont le
petit nombre et les locataires le plus grand nombre. Il est évident
que les conseillers municipaux sont portés à être favorables à ceux qui
pourront, le jour du scrutin, remplir l'urne. *(Applaudissements.)*

Voilà le fait. Pour moi, je verrais sans aucun inconvénient retirer
à la commission municipale la direction de la salubrité publique.

J'estime que la meilleure juridiction est celle qui permet aux personnes d'être jugées par leurs pairs et par leurs égaux. A Paris, au
Tribunal de Commerce de la Seine, où les juges ont de très bonnes
aptitudes commerciales, ils n'ont pas toujours l'expérience suffisante
pour la rédaction d'un jugement. Au point de vue de la salubrité des
appartements, les connaissances techniques ne sont pas nécessaires, il
suffit d'être sans parti pris.

Je voudrais que la Commission municipale eût des données plus
précises. La loi de 1850 est absolument vague, indéterminée; c'est
l'arbitraire. Pour qu'une loi soit bien appliquée par des hommes, il
faut qu'elle soit extrêmement limitative. L'on est toujours entraîné
par la passion, l'intérêt.

D'autre part, et ceci est très simple, il suffirait, je crois, qu'un
législateur le proposât à la Chambre pour que ce fût voté, si le projet

de loi de 1891. qui n'est pas encore revenu à la Chambre, n'est pas voté, ce que je demande avant tout, c'est que la dénonciation soit signée. En France, pas d'anonymat : l'anonymat c'est l'arme maniée par les lâches. *(Applaudissements.)*

Et puis, obligation pour la commission des logements insalubres de convoquer le propriétaire sur les lieux, alors que la commission s'y rendra.

Je termine par un exemple qui me revient et qui est récent, au sujet d'une affaire que nous avons gagnée devant le Conseil de Préfecture. Un propriétaire avait une concierge rue Turbigo, et il avait dit à sa concierge : Vous vous servirez comme chambre de la grande pièce qui est devant et la soupente qui est derrière vous servira de débarras. Cette malheureuse concierge, par une pudeur que ses 67 ans n'avaient point effacée, voulut coucher dans la soupente et fit de la première pièce sa loge. Le propriétaire a fait une sommation à sa concierge de ne pas coucher dans le fond. La commission des logements insalubres a décidé qu'il fallait murer le débarras, parce que la concierge y couchait.

Nous avons dit devant le Conseil de Préfecture : c'est un procès de tendance. Or cela se présente souvent à Paris et on condamne un propriétaire pour l'insalubrité de pièces qui n'étaient pas destinées à l'emploi qu'en font les occupants. Je vous loue une cave pour y mettre du vin, mais non pour y faire coucher vos enfants. *(Applaudissements.)*

M. le Président. — Je donne la parole à M. Georges Picot.

M. Georges Picot. — Messieurs, je crois qu'après les explications qui viennent de nous être données par notre rapporteur, avec une précision à laquelle je me plais à rendre hommage, la question a fait un grand pas. Néanmoins, il y a deux ou trois points sur lesquels je vous demande la permission d'appeler l'attention du Congrès.

Nous sommes unanimes à reconnaitre les lacunes de la loi de 1850. Cette loi est issue d'un mouvement qui a fait grand honneur aux assemblées de cette époque. Une grande commission a été nommée, commission d'assistance dont M. Thiers fut le rapporteur, et ceux qui ont lu son rapport peuvent dire qu'il est en tête des documents les plus importants de cette époque. Il mentionnait en quelques lignes ce qui allait être l'objet d'un rapport spécial, qui allait préparer la première législation sur les logements insalubres.

Nous n'avons pas l'habitude en France d'amender les lois. Nous attendons le jour où les abus sont de telle nature qu'il se fait en matière législative une sorte de révolution. Dans les pays qui ont un long usage de la liberté, on sait ce que c'est que d'amender une loi. Le Parlement d'Angleterre est saisi d'un nombre considérable d'amendements, au grand désespoir, je le reconnais, des jurisconsultes chargés d'appliquer la loi; mais ces réformes de détail paralysent les abus.

En France, nous ne savons pas user de ce système d'amendements. La pratique de la liberté en France a encore, vous le savez, Messieurs, bien des progrès à accomplir; c'est une des lacunes que je me permets de signaler. Dès 1855, après 5 ans d'expérience, il n'y avait personne en France qui ne fût d'avis que la loi dût être modifiée. Nous sommes en 1894 et nous attendons encore.

Que s'est-il passé? En 1856, le premier effort des villes a été considérable : vous savez que la Commission des logements insalubres était facultative. En 1853, 228 communes établissent la Commission. En 1858, il y avait 520 communes. On pouvait espérer que le mouvement se propagerait, que l'intérêt public se porterait sur ces questions, que les initiatives municipales se produiraient et que la loi deviendrait efficace.

En 1883, on constatait qu'il n'y avait plus que 5 conseils municipaux en France qui eussent considéré que la Commission pût être appliquée : Paris, Lille, le Hàvre, Roubaix et Nancy. En dehors de ces cinq villes, on ne sait pas ce qu'est la pratique de la Commission des logements insalubres.

Quelles sont les réformes absolument nécessaires? Tout à l'heure votre rapporteur vous disait : c'est la loyauté des procédés. Je n'ai pas pour la dénonciation anonyme des scrupules aussi vifs que les siens. Il ne faut pas la prohiber, mais, en revanche, je crois que le contrôle et la contradiction doivent être organisés sans réserve; le propriétaire doit être appelé dès le premier jour à constater contradictoirement un fait.

J'admets que, dans telles circonstances, tel individu puisse se trouver dans des conditions d'indépendance telles qu'il ne puisse pas, le front levé, sans un héroïsme que vous ne pouvez pas demander à celui qui souffre, aller dire aux pouvoirs publics : c'est moi qui accuse mon propriétaire. C'est dépasser la mesure du courage que vous devez demander à l'homme; mais ce que vous devez exiger, c'est qu'il ne soit pas fait un acte de procédure, sans qu'il y ait visite contradictoire.

A la fin de ses observations générales, notre rapporteur a touché le point qui, à mon sens, est le plus scandaleux dans la loi des logements insalubres : c'est le fait que, quelle que soit la nature de l'insalubrité, quelle que soit sa cause, c'est le propriétaire qui est traduit devant le Tribunal et condamné. Je connais des faits que j'ai vus de très près et qui démontrent à quel point ses plaintes sont justes.

Un propriétaire loue un immeuble considérable, un hôtel de trois étages, entre cour et jardin; quelques années après, le propriétaire est assigné devant le Tribunal de simple police. Grande surprise de sa part. Que s'est-il passé? Il se renseigne et il apprend qu'on a trouvé des lits dans la cave. Il fait prévenir son locataire. Il ne se contente pas d'une démarche, d'une lettre, il fait une signification extra-judiciaire, en disant : Je vous ai loué une cave pour le charbon et les provisions, mais pas pour y établir des dortoirs. Le Tribunal de simple police, ne connaissant que le propriétaire, l'a condamné à l'amende et à la contravention.

Quelle est la situation du propriétaire en pareil cas? Il ne peut que renouveler, par acte extra-judiciaire, la défense.

Voici un autre fait. Ce n'est pas à Lyon que j'ai à apprendre à ceux qui m'écoutent ce que sont les locations à longs baux de terrains. Un propriétaire loue, pour 20 ans, à un locataire qui élève des ateliers sur le terrain. Cinq ans après, il est assigné devant le Tribunal de simple police, parce qu'il y a des lieux d'aisances infects et des chambres à coucher voisines de ces lieux d'aisances. Il se transporte sur place et reconnaît que les ouvriers sont couchés dans des conditions insalubres, mais les constructions ne lui appartiennent pas; en fin de bail, elles seront enlevées par le locataire. Comment peut-il être tenu des charges d'une propriété bâtie, alors que le sol seulement lui appartient? Et malgré cela, il est seul poursuivi et condamné.

Tels sont les deux faits dont j'ai été témoin et qui justifient les modifications de la loi.

Ici, j'arrive à la période législative. En 1880, M. le rapporteur a eu raison de le dire, M. Martin Nadaud dépose une proposition. En 1883, un rapport est fait par M. Maze; il est déposé le 21 avril 1883, et depuis cette date le rapport est à l'état de dépôt. Personne n'a relevé ce rapport, personne n'a demandé que la discussion ait lieu à la tribune. Aucune réforme n'a été proposée.

Ces réformes portaient sur l'accélération de la procédure, sur le fait que les occupants aussi bien que les propriétaires pouvaient être, suivant les cas, responsables de la contravention commise. Elles portaient sur le droit pour les commissions des logements insalubres de fonctionner d'office.

Messieurs, ne vous alarmez pas trop de ceci : les villes de Lille et de Roubaix ont modifié par un règlement municipal l'application de la loi sur les logements insalubres. Ces deux villes voient la commission des logements insalubres agir d'office et il m'est revenu que les propriétaires de Lille n'avaient pas eu à en souffrir, partout où la contradiction est possible.

Voilà donc la situation; depuis 1883, nous attendons une loi.

J'arrive au seul point sur lequel je me trouve en complet désaccord avec notre honorable rapporteur. Il vient de nous dire : il y a deux ou trois ans, le Gouvernement a présenté une loi sur les logements insalubres. Je me permets de répondre à l'honorable rapporteur que j'ai sous les yeux la distribution officielle de la Chambre des Députés à la date du 3 décembre 1891, et que le projet porte pour titre : *Projet de loi pour la protection de la santé publique*. J'ouvre ce projet de loi et, si je reconnais qu'il contient un article (l'article 2) que vient de résumer notre rapporteur, je trouve dix-sept autres articles relatifs à la santé publique, constituant une législation des plus intéressantes à étudier, que nous n'avons pas le temps dans ce Congrès d'examiner sous tous ses aspects.

C'est la constitution d'un pouvoir nouveau. Je rends hommage à mon voisin, M. le Dr Cazeneuve, qui s'occupe de ces grandes questions d'hygiène et j'ai le plus profond respect pour les hygiénistes. Mais la constitution d'un pouvoir nouveau qui s'appellerait la commission centrale d'hygiène, siégeant à Paris, qui aurait des délégations dans toutes les villes, qui pénétrerait dans toutes les maisons, qui viendrait vous visiter dans toutes les heures de votre vie, se placer entre vous et vos enfants au nom des grands principes de l'hygiène publique, cette législation nouvelle, je vous avoue qu'elle m'inquiète très vivement. Je ne dis pas qu'il ne faille pas faire quelque chose. Mon inquiétude est d'autant plus vive que je constate que le mobile des auteurs de la loi est infiniment respectable. Ils ont constaté que les maladies épidémiques faisaient dans les pays étrangers beaucoup moins de victimes qu'en France, que la situation de la France était la plus grave de toutes. Ils ont fait des statistiques prouvant que les maladies épidémiques décimaient la population française, et ils arrivent à ce chiffre énorme, que nous pourrions économiser 130,000 vies humaines par an.

Voilà la première ligne de l'exposé des motifs du projet de loi. Je dis qu'il n'y a rien de plus grave. Mais de là à admettre les conclusions de ce projet, il y a une grande distance, et, en tout cas, je me résume, il y a dans ce projet tout autre chose que les réformes que nous demandons à la législation de 1850 sur les logements insalubres, réformes que nous attendons depuis 1855.

J'en reviens à l'idée que je soumettais au commencement de mes observations. Dans certains pays, en voulant trop faire, on ne fait rien. En voulant faire une législation complète sur la santé publique, depuis la première enfance jusqu'à la vieillesse, en voulant soumettre la France à une organisation d'un nouveau genre, aussi sévère et aussi dure qu'aucune législation n'a jamais imaginé de la faire, cela équivaut à dire qu'on ne fera rien. *(Applaudissements.)*

L'article 2 que vous avez lu, qui est plein de bonnes intentions, est paralysé par le reste de la loi. Ce projet de loi dormira dans les cartons aussi longtemps que le projet qui l'a précédé.

Il nous faut la réforme restreinte et précise de la loi de 1850, l'accélération et la loyauté des procédures ; il est nécessaire d'atteindre l'occupant et de ne pas obliger le juge à frapper en tous cas le propriétaire. Nous avons des besoins de divers ordres. N'allons pas compliquer la question.

Si j'entrais dans le détail de l'article 2, je vous montrerais que cette iniquité de la poursuite du propriétaire y est maintenue. Je voudrais que tous ceux qui s'intéressent à ces questions eussent le temps de lire ce projet et ils verraient que la question qui nous intéresse y est véritablement noyée.

La préoccupation des auteurs est très honorable. Ils ont examiné la question dont nous a entretenus un de nos collègues ; ils ont vu ce qui s'était passé à Marseille, ils ont fait allusion au remarquable rapport de M. Charles Roux, ils ont dit ce qu'il y avait lieu de faire et que cela devait être appliqué à toutes les villes de France dans un délai très court ; qu'il ne s'agissait pas seulement d'un sacrifice qu'on demandait à cette grande ville qu'on appelle si bien la porte de l'Orient.

Je vous demande donc de me permettre d'insister, en terminant, sur les points urgents : développement de la loi de 1850 et restriction de ses abus. On disait tout à l'heure que la commission sanitaire de la loi de 1891 inspirait confiance. Eh bien, que la commission des logements insalubres se rapproche dans sa composition de la commission sanitaire, qu'elle soit l'émanation d'un groupe décidé à agir loyalement et complètement. C'est là le premier vœu que j'exprime. Le second vœu, c'est que ces commissions aient un pouvoir d'initiative, à côté de cette dénonciation, anonyme ou non, qui vient les forcer à examiner un immeuble, qu'elles ne soient pas obligées de fermer les yeux sur l'insalubrité de l'immeuble voisin, qu'elles puissent atteindre l'occupant quand il est responsable, et enfin que la procédure soit accélérée. *(Applaudissements.)*

N'oublions pas que l'administration de l'Assistance publique a trouvé 3.000 personnes qui occupaient des chambres uniques, ne prenant le jour que sur des paliers et des corridors. Voilà où nous devons agir. *(Applaudissements).*

M. LE PRÉSIDENT. — La parole est à M. le Dr Cazeneuve.

M. LE Dr CAZENEUVE. — Messieurs, je ne veux pas abuser de vos instants. Mais, à côté des vœux de notre éminent Président, il s'est glissé une critique concernant les mesures d'hygiène que le Gouvernement pouvait prendre, critique, il me semble, un peu sévère ; car tant valent les hommes, tant valent les institutions.

Le comité central d'hygiène, au point de vue des maladies épidémiques, peut rendre de grands services.

Pour ma part, je constate que, lorsque le Comité départemental d'hygiène est consulté, on entend non seulement le demandeur, mais aussi le défendeur, et on cherche toujours la conciliation dans l'intérêt de tous.

Je vous citerai un exemple qui s'est présenté récemment devant le Conseil départemental d'hygiène, et qui montre dans quel esprit fonctionnent ces conseils, et dans quel esprit pourrait fonctionner le comité centrale d'hygiène de France. Il y a quelque temps, à Mornant, existait une tannerie qui a provoqué des accidents de charbon. Il y avait des peaux de chèvres exotiques qui étaient traitées dans cette tannerie et qui avaient infecté une petite rivière ; des bestiaux, qui avaient bu cette eau, étaient morts du charbon. Nous avons pris des mesures pour que cette eau fût désinfectée, afin d'empêcher ces accidents, en recherchant des mesures économiques et pratiques. Ces problèmes sont difficiles, mais avec de la bonne volonté on les résout.

Aussi, tout en applaudissant aux déclarations de notre honorable Président, je me permets de faire quelques réserves sur les résultats de l'institution projetée.

M. LE PRÉSIDENT. — La parole est à M. Boullay.

M. BOULLAY. — Je remercie d'abord M. le Président de la manière si bienveillante avec laquelle il a apprécié mon rapport. Il disait, à la fin de ses observations, qu'il y avait un point sur lequel il était en complet désaccord avec moi. Je vous ai indiqué la loi du 3 décembre 1891, parce qu'elle détruit absolument la loi de 1850. Je lis simplement l'article 18 et dernier de la loi de 1891 :

« La loi du 13 avril 1850 est abrogée. »

J'ajoute que, si la loi est abrogée, c'est donc que celle-ci la remplace, puisqu'on ajoute :

« Sont aussi abrogées les dispositions antérieures. »

Il faut enfin ajouter que l'article 4 du projet de loi est ainsi conçu :

« Aucune habitation ne peut être construite sans un permis du
« Maire, constatant que, dans le projet qui lui a été soumis, les condi-
« tions de salubrité prescrites par le règlement sanitaire prévu à
« l'article 9 ont été observées. »

D'ailleurs, les articles qui concernent la santé publique au point de vue de l'hygiène seraient applicables aux logements insalubres. M. le Président constatait, à l'article 2, que cet article est destiné à compléter les principales dispositions des lois sur les logements insalubres.

Quant à la loi nouvelle de 1891, vous trouverez, au *Journal Officiel* du 26 juin 1893, une discussion très longue à laquelle ont pris part MM. Jourde, Yves Guyot, Deloncle, Lockroy, Vilfeu, César Duval, Balsan, Malartre, Sibille, Langlet, Docteur Brouardel, etc., sur la loi de 1891. Je n'ai pas voulu, dans un rapport limité, vous émettre mes sentiments et appréciations sur une loi qui sera transformée quand elle sera votée. Ce que je me suis permis de vous indiquer, ce sont les desiderata sur la situation actuelle, parce que j'estime qu'une discussion, surtout dans un Congrès, doit porter sur des réalités. Quand la loi aura été votée, nous verrons ce qu'il faudra faire.

Je résume ma pensée par ce mot : je crois que tout dépend de la manière dont on applique les lois. Aujourd'hui, nous sommes portés à un système de congestion administrative. L'administration nous envahit de toutes parts ; nous répétons avec enthousiasme le mot de liberté ; en comprenons-nous vraiment le sens ? La liberté, c'est le droit de faire ce qu'il convient, sous le respect des droits d'autrui. Je considère que la loi actuelle serait un danger pour les commissions sanitaires, parce qu'elles pourraient statuer sans contrôle, et, pour choisir entre deux maux, je préférerais le moindre. *(Applaudissements.)*

M. LE PRÉSIDENT. — La parole est à M. Gay.

M. GAY. — Dans l'intéressante question qui nous occupe en ce moment, je tiens à déclarer que la propriété bâtie doit être divisée en deux catégories bien distinctes : la maison habitée par le propriétaire lui-même : à celle-là aucune loi ne peut être appliquée. Mais, si l'intérieur de cette maison est sacré, il n'en est pas de même de la seconde catégorie. Aussitôt que le propriétaire abandonne sa maison et la livre à des locataires, c'est à dire la rend publique, l'autorité a le droit d'intervenir et de réglementer cette maison. On vous a parlé de la loi de 1850 sur les logements insalubres. On a dit qu'elle était appliquée avec beaucoup trop de rigueur à Paris. A Marseille, cette commission a fait son apparition seulement en 1884, à la suite de notre terrible épidémie cholérique. Elle a été tellement critiquée, comme le disait tout à l'heure l'honorable rapporteur, qu'elle a cessé de fonctionner deux mois après son établissement. Pourquoi ? Parce qu'elle a voulu outrepasser ses pouvoirs. Les causes d'insalubrité étaient partout à ses yeux. *(Applaudissements.)*

On nous propose une nouvelle loi, faite par des hommes manquant de pratique et qui ne connaissent pas un mot de la propriété. On veut punir le propriétaire parce qu'il aura loué un appartement qui sera insalubre.

Permettez-moi de vous citer un fait : un propriétaire donne à bail à un locataire, qui se présente avec sa femme, pour une période d'un an.

Il a bien soin de lui demander, ce propriétaire qui tient à son immeuble, s'il est seul avec sa femme. — Non, monsieur, j'ai encore un enfant... Très bien ! il consent à la location. Mais voilà : le locataire entre à la Saint-Michel, huit jours après le propriétaire vient pour encaisser son loyer et, au lieu de se trouver en présence de trois personnes, c'est au milieu d'une véritable smala qu'il se trouve.

Le propriétaire se retourne vers le juge de paix et lui dit : un changement de destination a été apporté au bail. Le juge de paix répond : je suis incompétent, je ne puis m'occuper que des demandes en paiement de loyers et je ne puis prononcer la résiliation que pour défaut de paiement.

Je vous le demande, le propriétaire peut-il, dans un cas pareil, être responsable de l'insalubrité de sa maison ?

N'est-ce pas le locataire qui a rendu l'appartement insalubre ?

A Marseille, nous avons une colonie italienne très importante ; elle s'élève actuellement à 90.000 personnes. Ces étrangers travaillent dans les savonneries, les raffineries, les égouts, dans les métiers les plus pénibles. Il y a des personnes qui louent des chambres où s'entassent jusqu'à 15 ou 20 personnes. Il y a trois ans une catastrophe est arrivée. Une maison s'est écroulée. On a fait une enquête et on a découvert que, dans une chambre pouvant à peine contenir deux lits, il y en avait 20 et que le plafond s'était écroulé.

Que faisait à ce moment-là la commission sanitaire, la commission des logements insalubres ? Elle fonctionnait à ce moment-là. Rien, absolument rien. Lorsque le propriétaire a loué sa maison à ce principal locataire, il ne la lui avait pas louée pour la surcharger au point de la faire écrouler. Le projet de loi devrait donner à la police le droit de constater de pareilles choses et le juge de paix devrait être autorisé à prononcer de *visu* la résiliation du bail et à ordonner l'expulsion immédiate. (*Applaudissements.*)

M. le Président. — Je donne la parole à M. de Casteran pour son rapport sur les *Logements à bon marché.*

M. de Casteran. — L'intérêt de la question que j'ai l'honneur de rapporter devant vous n'est pas seulement un intérêt d'hygiène et de prévoyance. En ce qui concerne spécialement les capitalistes et les propriétaires, on peut dire que la question des logements à bon marché offre cet aspect particulier de soumettre à leurs études un moyen intéressant de trouver des placements de fonds sûrs et rémunérateurs. Vous savez qu'aujourd'hui on est assez embarrassé pour placer les capitaux ; les placements en valeurs mobilières sont fragiles ; les valeurs mobilières qui représentent quelque solidité sont d'un prix très élevé ; leur revenu est très faible et elles sont soumises, comme les autres, aux fluctuations résultant des événements ou de la spéculation. Dans ces conditions, il n'est pas impossible de voir la propriété immobilière, un peu abandonnée depuis un certain temps, jouir à nouveau de la faveur qu'elle avait autrefois.

La question dont j'ai à m'occuper a été appelée successivement la question des *Logements ouvriers* et la question des *Habitations à bon marché*. Lorsqu'on parle des logements ouvriers, on fait allusion aux efforts tentés par un très grand nombre d'industriels pour loger aux environs de leurs usines, dans des conditions acceptables, le personnel souvent nombreux qu'ils emploient.

Lorsqu'on parle, au contraire, d'habitations à bon marché, on donne à la question une plus grande envergure ; on ne considère pas uniquement les ouvriers employés par telle ou telle industrie, on considère plutôt la catégorie sociale à laquelle appartiennent ces ouvriers et on cherche à étendre le bienfait du logement confortable à tous les travailleurs qui, avec la situation actuelle, ne peuvent pas avoir le logement qu'ils désirent, bien légitimement d'ailleurs.

Par conséquent ces deux vocables correspondent à l'évolution subie par la question. Elle a été étudiée et résolue, d'abord, en ce qui concerne les habitations ouvrières ; puis les personnes qui ont le souci de l'amélioration du sort du plus grand nombre ont pensé à mettre à la disposition de la classe moyenne des logements confortables et à bon marché.

Je n'ai pas la prétention (je ne le pourrais pas du reste) de traiter ici le côté moral de cette institution et de vous démontrer sa nécessité. Ces deux points ont été traités de main de maître, dans le discours d'ouverture du Congrès par notre éminent Président, M. Picot. Je n'ai pas à vous faire, non plus, un traité des habitations à bon marché. J'ai seulement pour mission de vous faire connaître les questions les plus importantes à l'ordre du jour dans cette matière.

Vous comprenez déjà que je ne m'appesantirai pas sur les logements construits par les patrons pour leur personnel. C'est là un point qui ne peut pas intéresser des propriétaires. L'aspect de la question sur lequel je dois insister, c'est le logement à bon marché qui peut être l'occasion d'un placement suffisamment rémunérateur.

L'opération de placement peut se faire de deux manières.

Il y a d'abord le placement par voie de construction ; le capitaliste fait construire lui-même. Si le capitaliste ne veut pas construire lui-même, il peut encore arriver à consacrer son argent à cette destination en trouvant un entrepreneur désireux de construire des maisons à bon marché et qui a besoin de fonds. Il lui prête son argent en obtenant comme garantie une hypothèque sur la construction à élever.

Le rapport que j'ai eu l'honneur de soumettre au Congrès est divisé en deux parties. Dans la première partie, j'examine en quelque sorte le développement, l'historique de la question. Je m'arrête au moment où il s'agit d'élaborer une série de réformes réclamées dans cette matière.

La seconde partie, au contraire, est consacrée à l'étude des réformes préconisées par les uns ou par les autres.

Je n'insisterai pas sur la première partie de mon rapport, ce serait trop abuser de vos instants. Je ne m'étendrai pas non plus longuement sur la seconde partie en vous faisant pénétrer dans le détail des réformes que l'on a demandées. Je me contenterai seulement de mettre en relief les questions les plus intéressantes, en indiquant leur état actuel et en faisant connaître les changements réclamés.

Les modifications réclamées, je le dis de suite, peuvent se grouper autour de deux idées. D'une part, on demande au législateur de modifier différents principes de notre droit en matière de succession ou en matière fiscale.

D'autres modifications tendent à obtenir la consécration officielle pour une série d'innovations conçues par les personnes qui s'occupent des habitations à bon marché.

Avant d'entrer dans les détails, je dois dire un mot de deux ou trois questions générales qui dominent toute la matière et qui présentent un intérêt théorique très important, un intérêt pratique qui n'est pas non plus à négliger.

Je passerai très rapidement sur la première, l'opinion de tout le monde étant faite, et la discussion n'étant plus possible aujourd'hui : il s'agit du système de construction à adopter lorsqu'on veut construire des logements à bon marché. Vous savez qu'on a le choix entre les maisons individuelles, avec ou sans jardin, et les maisons collectives, les maisons à étages. La maison individuelle avec jardin est considérée comme réalisant la perfection en cette matière. Mais on se trouve, quand il s'agit de maisons à élever dans les grandes villes, en présence d'obstacles à peu près insurmontables, tenant à la rareté et à la cherté du terrain. On est obligé par conséquent d'accepter dans ce milieu, malgré les inconvénients qu'il présente, le système de construction par maisons à étages. Les différents essais qui ont été tentés jusqu'ici montrent qu'avec de l'habileté, de la bonne volonté, on peut arriver à restreindre dans des limites très étroites les inconvénients relevés contre la maison collective.

Lorsqu'ils s'agit de logements à bon marché construits par les capitalistes, qui cherchent à faire une opération de placement, les constructeurs ont à se poser une question très intéressante, relative aux rapports juridiques qui vont s'établir entre eux et les occupants des logements. Le propriétaire des maisons, en d'autres termes, doit-il toujours adopter le système de la location, ou bien doit-il adopter le système de la vente par annuités, ou adopter l'un et l'autre de ces systèmes suivant les exigences du milieu où il se trouve, suivant le public auquel il s'adresse ?

Cette question a été longuement débattue, non pas seulement lorsqu'il s'agit d'un logement à bon marché s'adressant aux travailleurs de toutes les professions, abstraction faite d'un rapport quelconque existant entre eux, mais encore lorsqu'il s'agit de maisons ouvrières construites par des patrons en faveur de leur personnel. Ici c'est le système de la location qui est préféré. Certains patrons ont adopté le système de la concession gratuite; mais il est arrivé ce qui arrive pour beaucoup d'autres avantages concédés gratuitement : on a trouvé, au bout de quelque temps, que cet avantage constituait en quelque sorte une obligation très lourde pour le travailleur à l'égard du patron ; le travailleur s'est senti gêné à l'égard de celui-ci, parce qu'il recevait un bienfait; beaucoup de patrons ont adopté, en définitive, le système de la location.

Si nous passons aux habitations à bon marché proprement dites, nous verrons qu'un certain nombre d'économistes ont préconisé le système de la vente par annuités. Ce système est très séduisant, parce qu'il tend à rendre l'occupant d'une maison propriétaire au bout d'un temps plus ou moins long, avec un sacrifice qui n'est pas considérable, parce qu'il s'agit simplement d'une prime d'amortissement peu importante à ajouter à son loyer. Mais on a trouvé qu'à côté de l'avantage que présentait ce système il y avait de très grands inconvénients.

L'acquisition d'une maison attache, à demeure, celui qui l'a achetée à un lieu déterminé ; et, avec les fluctuations qui se produisent dans l'assiette des industries, il peut arriver très souvent qu'un ouvrier, qui a cru devoir s'installer d'une manière stable dans une localité, soit obligé d'abandonner son foyer. Voilà un premier inconvénient.

Un autre inconvénient considérable consiste en ce que, si le sacrifice imposé à l'occupant pour devenir propriétaire n'est pas très lourd chaque année, il doit se répéter pendant un nombre d'années toujours important, de telle sorte que souvent l'occupant d'un logement à bon marché n'arrivera à être propriétaire que lorsqu'il prendra sa retraite comme travailleur. A ce moment-là il se trouvera avec une maison déjà vieille et des ressources diminuées. Par conséquent, la maison, qui paraît devoir lui accorder l'aisance, sera pour lui une cause de perte, une lourde charge.

Enfin le troisième inconvénient que l'on reproche à l'habitation à bon marché, à ce point de vue, se manifeste lorsque l'acquéreur vient à mourir. Ses héritiers se trouvent en présence des dispositions du Code de procédure civile et du Code civil sur les partages, et du Code de procédure civile sur l'aliénation des immeubles dépendant d'une succession.

L'application de ces lois peut arriver à l'expropriation complète des héritiers de l'acquéreur et faire disparaître l'avantage que l'acquéreur avait voulu se réserver au prix de sacrifices acceptés pendant une longue période d'années.

Si l'on recherche maintenant les capitalistes qui peuvent être tentés de porter leur argent vers ce mode de placement, on trouve qu'ils se rangent en deux catégories : celle des philanthropes, celle des spéculateurs. Je parle des philanthropes parce que plusieurs œuvres de bienfaisance ont été amenées, à la suite de diverses circonstances, à consacrer des capitaux plus ou moins importants à l'édification de maisons contenant des logements à bon marché. Mais c'est un fait rare.

Les maisons construites par des spéculateurs peuvent se multiplier. Ici il faut remarquer que le spéculateur qui s'adonne à cette œuvre ne fera jamais une œuvre de spéculation pure ; ce sera toujours une personne dont les projets de spéculation devront être tempérés par certaines considérations de philanthropie.

Pour que l'institution des logements à bon marché puisse produire l'effet bienfaisant qu'on doit en attendre, il faut que celui qui veut bien consacrer ses capitaux à les élever porte, dans la gestion de cette fortune immobilière, un certain esprit de concession. En d'autres termes, il ne doit pas exploiter des habitations à bon marché comme le propriétaire ordinaire exploite sa maison. Il faut toujours que sa gestion garde l'empreinte d'une certaine tendance vers la bienfaisance.

Tels sont les deux ou trois points sur lesquels j'avais à vous donner quelques explications. Nous allons maintenant, si vous le voulez bien, examiner les questions les plus importantes, à propos desquelles des réformes ont été réclamées.

Le chapitre premier de mon rapport est consacré à indiquer les vicissitudes subies par le projet de loi de M. Siegfried. Je vous ai dit tout à l'heure que des projets de réformes avaient été mis en avant dans cette matière, que ces projets de réformes se référaient soit à des modifications apportées aux diverses règles du droit civil ou du droit fiscal, soit à la consécration officielle de desiderata émis par les philanthropes qui s'occupent des logements à bon marché.

M. Siegfried, député du Havre, et un grand nombre de ses collègues, ont pris l'initiative du dépôt d'un projet de loi sur le bureau de la Chambre, en mars 1892. Ce projet a été élaboré au sein de la Société française des habitations à bon marché, société fondée en 1890 à la suite de l'Exposition de 1889, par un groupe de philanthropes qui s'était occupé spécialement des logements à bon marché dans l'Exposition d'Économie sociale. Cette société française n'est ni une société de construction, ni une société de crédit. C'est une société de propagande, d'études, qui se propose de faire connaitre au public l'œuvre des logements à bon marché et de mettre à la disposition des personnes qui s'occupent de cette œuvre les résultats de l'expérience des hommes éminents qui la composent et l'appui de son influence. Voilà donc le milieu dans lequel le projet de M. Siegfried a été élaboré.

Ce projet de loi a été discuté par la Chambre en 1892-93 ; il a été adopté sans subir de grandes modifications.

Arrivé au Sénat, il a subi l'épreuve de la première délibération, en mars 1893. Il a donné lieu à une discussion très intéressante sur quelques articles et il est revenu en deuxième délibération devant le Sénat en juin 1894.

Attaqué très vivement à différents points de vue, il a été renvoyé à la commission après une discussion assez courte. Toutes les personnes qui s'intéressent à l'œuvre des logements à bon marché ont été étonnées de voir l'échec subi par le projet. En ce qui concerne le Sénat, il faut espérer que l'on verra aboutir, à bref délai, une réforme bien facile à réaliser, puisqu'elle ne lèse aucun intérêt particulier et qu'elle met tout le monde d'accord au point de vue des principes.

Voyons maintenant les questions dont ce projet de loi a eu à s'occuper. Il s'agissait de modifier notre droit civil et notre droit fiscal sur divers points et d'organiser dans notre pays des comités de propagande ayant pour but de favoriser le développement des logements à bon marché. Il s'agissait, par conséquent, de créer un régime d'exception. Il y avait donc lieu de se demander, tout d'abord, si ces modifications pouvaient être édictées sans tenir compte de l'importance des maisons à construire, ou bien au contraire s'il fallait bien indiquer la catégorie d'immeubles auxquels la loi entendait réserver ses faveurs.

C'est pour cela que, dès les premiers articles de la loi, nous trouvons traitée la question de savoir quelles sont les maisons appelées à jouir des avantages accordés par la loi.

Dans le choix à faire par le Parlement d'une solution sur ce sujet très délicat, le législateur devait se préoccuper de deux points : d'abord de l'importance de la construction, ensuite de savoir quel devait être le constructeur de la maison.

Au premier point de vue, il est évident que le législateur ne pouvait pas accorder certaines dérogations au droit civil à toutes les constructions, quelle qu'en fût l'importance, quelque caractère que les logements de ces maisons pussent présenter. Sans cela, vous l'entendez bien, les dérogations admises par la loi auraient ouvert la porte à des abus qu'il importe d'éviter.

D'un autre côté, on devait se préoccuper de la question de savoir si, étant donnée une construction présentant les conditions d'importance déterminées, les faveurs de la loi pouvaient être accordées à cette maison, quelle que fût la personne qui aurait fait construire.

Eh bien, au premier point de vue, la loi a pensé qu'il y avait lieu de limiter la valeur des immeubles appelés à jouir des avantages qu'elle devait concéder. Le projet Siegfried contenait un article ainsi conçu :

« Les avantages de la présente loi ne s'appliquent :

« 1° En ce qui concerne les maisons individuelles destinées à être
« acquises par les ouvriers, employés et artisans, qu'aux immeubles dont
« la valeur ne dépasse pas, terrain compris, la somme de 6.000 francs,
« dans les villes au-dessus de 100.000 habitants, et celle de 4.000 francs,
« dans les localités ayant une population moindre.

« 2° En ce qui concerne les maisons collectives destinées à être
« louées, qu'à celles dont le loyer annuel, par logement, n'excède pas
« 400 francs. »

Le législateur prévoyait deux hypothèses : la maison vendue, la maison louée, et devait établir une double limite, en capital pour la maison vendue, en prix de location pour la maison louée. La Chambre acceptait cette solution. Elle avait d'abord fixé un chiffre uniforme de 7.000 francs, terrain non compris, pour les maisons vendues, et de 500 francs valeur locative pour les maisons louées. La commission du Sénat est revenue sur ces chiffres. Elle a pensé que, si les chiffres de 7.000 francs et de 500 francs étaient acceptables pour Paris et quelques grandes villes, ils étaient inapplicables à l'ensemble de la France.

Il résulte en effet de la récente enquête faite par la Direction générale des Contributions que le nombre des logements d'une valeur locative de 500 francs et au-dessus est relativement rare, puisque les logements qui ont une valeur locative inférieure à 500 fr. représentent les 9/10 du nombre total des immeubles destinés à l'habitation dans notre pays.

C'est pour cela que, devant le Sénat, on a admis un autre procédé de détermination de la valeur vénale et locative des logements à bon marché. Dans ce système, on prendrait pour base non plus une appréciation faite par une commission (car j'ai oublié de vous dire que la valeur vénale devait être appréciée par une commission), mais bien le chiffre de la population de la commune où une maison doit être construite.

On établirait une double échelle, premièrement des valeurs locatives deuxièmement des valeurs vénales. Les chiffres de ces deux échelles varieraient suivant la population des communes.

Si nous nous plaçons maintenant au point de vue du constructeur du logement à bon marché, nous verrons qu'il peut être un simple particulier, ou bien une société coopérative d'ouvriers, ou bien une société immobilière de construction.

J'aurai l'occasion de vous dire par la suite que, suivant un exemple donné par des législations étrangères, le projet de loi Siegfried autorisait certains établissements d'utilité publique à consacrer une partie de leurs fonds à la construction des habitations à bon marché, je veux parler des hospices, des caisses d'épargne, etc.

Il y avait lieu de se demander si les maisons édifiées par tous ces constructeurs, en admettant que les limites fixées pour leur valeur ne fussent pas dépassées, devaient jouir des avantages de la loi, ou si certains constructeurs devaient être exclus du bénéfice de la loi. La solution adoptée en définitive est assez libérale. On peut dire qu'à part le simple particulier, qui construit pour louer sa maison, toutes les habitations élevées par les constructeurs ci-dessus peuvent jouir du bénéfice de la loi. Par conséquent, les habitations construites par les sociétés coopératives, les sociétés anonymes, les caisses d'épargne, les bureaux de bienfaisance, les hospices, les hôpitaux, ou bien par des personnes qui construisent, dans la limite des valeurs que j'indiquais tout à l'heure, pour elles-mêmes, toutes ces maisons jouiront des avantages concédés par la loi.

La loi a eu encore à se préoccuper d'une autre question, celle de savoir quelles étaient les personnes appelées à bénéficier de la loi. Etant donnée une habitation à bon marché, ne dépassant pas la valeur fixée par la loi, les avantages de la loi sont-ils attribués quel que soit l'occupant de ce logement, ou bien l'occupant de ce logement devra-t-il remplir certaines conditions ?

Le projet de loi primitif visait surtout les habitations ouvrières, et en conséquence il parlait des logements destinés à des ouvriers, à des artisans, à des gens qui vivent de salaires. Le projet de loi adopté par le Sénat a un peu étendu cette catégorie. Par conséquent, ne sont pas exclues les personnes qui vivent partie avec le produit de leur travail, partie avec les revenus d'un capital quelconque, mobilier ou immobilier. Il y a donc une limitation qui s'applique à la personne qui puise exclusivement ses moyens d'existence dans des ressources autres que le produit de son travail. Elle s'appliquera, par exemple, à l'ouvrier qui jouit d'une petite pension de retraite, ou bien au petit capitaliste qui vit du petit revenu d'un immeuble ou de quelques valeurs mobilières.

Il y a, dans cette dernière catégorie, des personnes dont les ressources ne sont pas plus élevées que celles des gens qui vivent au moyen de leur travail. Est-il juste de les exclure ?

Pour moi, je suis assez disposé à dire que la loi ne devrait contenir aucune restriction à ce point de vue et que les avantages devraient porter sur toutes les maisons, quels que fussent les occupants de ces maisons.

Un des desiderata de la Société française était d'obtenir l'organisation légale de comités qui pourraient se former dans les différentes villes, et qui auraient pour mission de propager l'institution des habitations à bon marché et de favoriser son développement. Au-dessus de ces comités se trouverait un Conseil supérieur des habitations à bon marché qui établirait un lien entre les comités et mettrait de l'unité dans leur action.

Comment les membres de ce comité doivent-ils être nommés ? Dans le projet de loi primitif, le nombre des membres est divisé par tiers, un tiers devait être nommé par le Préfet, un tiers par le Conseil général du département, un tiers par les délégations des différentes institutions s'occupant des questions ouvrières. Le Sénat a supprimé le droit, pour le Conseil général et pour les représentants d'institutions ouvrières, d'intervenir dans la nomination des comités. D'après le projet du Sénat, c'est le Préfet seul qui serait investi du droit de nommer tous les membres devant composer le comité. Je trouve que le droit exclusif accordé au Préfet est regrettable et qu'il serait bon, dans l'intérêt de la liberté, de revenir au système adopté par le projet de loi primitif.

M. le Président. — Dans le nouveau projet de la commission du Sénat, un tiers des membres est nommé par le Conseil général et les deux autres tiers sont à la nomination du Préfet.

M. de Casteran. — Un des obstacles les plus considérables au développement des habitations à bon marché consiste dans ce fait que les capitaux des particuliers n'apprécient pas encore les avantages qu'ils pourraient y trouver.

Par conséquent, pour arriver à multiplier les logements ouvriers, il faut trouver de l'argent. Dans cet ordre d'idées, le projet de loi Siegfried a eu la pensée de faire appel aux diverses caisses, aux différentes institutions qui rentrent dans la sphère des institutions administrées par l'Etat et qui contiennent des réserves très importantes de capitaux. Je fais allusion ici aux caisses d'épargne. Pareille autorisation a été donnée aux hospices et aux hôpitaux. Cette autorisation a été l'objet, lors de la discussion au Sénat du projet de loi sur les caisses d'épargne, d'un débat très vif et très intéressant. Ce débat a eu pour effet de restreindre la faculté attribuée aux caisses d'épargne d'employer des fonds en habitations ouvrières. On a limité la faculté d'emploi au 1/5 de la fortune personnelle et au revenu de cette fortune personnelle.

Après avoir ainsi mis des capitaux disponibles à la portée des personnes qui voudraient construire des habitations ouvrières, le projet de loi a dû s'occuper de prendre les mesures nécessaires pour assurer dans le patrimoine de l'occupant la conservation du logement à bon marché.

Je vous ai dit tout à l'heure que les logements à bon marché pouvaient être loués ou achetés. Lorsqu'il s'agit de location, il n'y a pas de difficulté, et la question très grave dont je vais vous entretenir ne se pose pas. Lorsqu'il s'agit d'un immeuble acheté, il est payable au moyen d'un certain nombre d'annuités. Il peut arriver que l'acquéreur meure avant que les annuités soient payées; il peut arriver que ses héritiers soient dans l'impossibilité de payer le reste des annuités. Pour assurer le paiement des annuités, on a imaginé une combinaison très intéressante d'assurance sur la vie : pour éviter à la famille de l'acheteur les dangers de l'application des règles juridiques en matière de partage, on a admis le principe d'exceptions très intéressantes au droit commun sur le point que je viens de signaler.

Enfin certaines concessions ont été accordées en matière d'impôts, soit pour les supprimer temporairement, soit pour en faciliter le paiement.

Voilà, Messieurs, d'une manière générale, ce que j'avais à vous dire sur les habitations à bon marché. Il y aurait lieu de préciser un peu les points que je viens d'indiquer; mais je vois que l'heure est un peu avancée et ne me permet pas de faire un exposé plus détaillé. En conséquence, je vous demande la permission de mettre fin ici à mes observations. *(Applaudissements.)*

M. le Président. — Je fais remarquer que nous avons encore plusieurs orateurs à entendre. Je donne, cependant, sur sa demande, la parole à M. Musy.

M. Musy. — Il me semble qu'il y aurait peut-être lieu de réfuter, dans une certaine mesure, certains arguments du précédent orateur. Il y a, dans la construction des habitations ouvrières, un véritable placement d'argent, et je ne comprends pas qu'on donne à des sociétés particulières des avantages fiscaux spéciaux.

Maintenant autre chose. Je voudrais qu'on vînt imposer à cette société de logements à bon marché de donner un cube d'air déterminé pour un nombre de personnes donné.

Je ne crois pas que les sociétés puissent faire des économies toutes spéciales sur des logements, alors qu'un particulier ne pourra pas les faire. Il me semble qu'il n'y a pas de différence à faire entre les deux.

M. le Président. — La parole est à M. Gourd, pour son rapport sur les *Logements à bon marché de Lyon*.

(M. Gourd donne lecture du rapport qu'il dépose sur cette question.)

Un membre. — Il serait à désirer que ce rapport fût imprimé.

M. le Président. — Tous les rapports du Congrès ont été ou seront imprimés.

M. Chabry. — Il y a encore des questions fort intéressantes à traiter ce matin. Ne pourrait-on pas avoir une séance d'une heure cet après-midi ?

M. le Président. — Avant de répondre à cette question, je donne la parole à M. Musy qui veut parler sur le rapport qui vient d'être lu.

M. Musy. — Je viens rendre hommage à la Société qui a entrepris la construction, à Lyon, de logements économiques. Nous ne voulons voir dans cette œuvre que la réalisation d'un progrès ; mais si on veut favoriser les différentes sociétés analogues, il ne faudrait pas qu'il y eût là un danger pour la propriété particulière.

M. Larsonneau. — Il ne faut voir dans cela qu'une question de droit commun. Chacun, en France, doit avoir la propriété au même titre.

M. le Président. — Nous avons encore à examiner trois rapports, pour lesquels je vois inscrits deux orateurs qui sont ici présents : MM. Chavassieu et Deloison. Le troisième rapporteur, M. A. Raffalovich, est excusé.

M. Deloison me dit que, vu l'heure avancée, il vous prie de vous reporter à son rapport.

Nous venons de recevoir le rapport imprimé de M. Chavassieu ; il est assez long. Peut-être, comme M. Deloison, pourrait-on se borner à vous engager à le lire ?

M. Chavassieu. — Parfaitement, Monsieur le Président.

M. Chabry. — Je n'ai pas vu de rapport sur le *Homestead*.

M. le Président. — En effet, il n'y a pas de rapporteur spécial sur cette question ; mais M. de Casteran y touche, dans son travail sur les *Logements à bon marché*.

La parole est à M. Georges Picot.

M. Georges Picot. — Messieurs, il y a une proposition que je demande à vous faire avant que la séance soit levée. Plusieurs d'entre vous ont désiré visiter les habitations au sujet desquelles M. Gourd vient de vous faire un remarquable rapport, que nous avons tous applaudi. Cette visite n'ayant pas pu avoir lieu jusqu'ici, par suite d'un malentendu, nous pourrions nous donner rendez-vous ici à trois heures et demie, et quelqu'un nous conduirait visiter ces maisons.

M. Gay. — Je crois qu'il serait préférable de fixer le rendez-vous à quatre heures et demie.

M. Haumont. — Combien faut-il de temps pour se rendre à ces maisons ?

M. le Président. — Nous avons à Lyon une vingtaine de groupes de maisons, mais nous pensons qu'il suffit d'en voir un, sur les bords de la Saône par exemple. Nous irons nous embarquer au ponton de La Feuillée. En dix minutes nous serons à Vaise, et en cinq minutes à l'établissement qui possède 11 maisons, comprenant 110 logements. J'aurais préféré vous en proposer un autre, attendu que Vaise est construit depuis trois ans et que l'eau ne se trouve pas dans les appartements. Mais c'est la seule différence qu'il présente avec les groupes plus récents. D'un autre côté, il est plus facile de s'y rendre.

M. Grosset, Secrétaire Général, — Messieurs, quelques délégués ont exprimé le désir de profiter également de cet après-midi pour se rendre à l'Exposition d'Economie sociale. C'est pour cela que je demande que le rendez-vous que vous allez prendre soit fixé au plus tard à quatre heures ; car il leur faudra consacrer une heure au moins à la visite des Logements économiques, puis une autre heure pour voir l'Exposition d'Economie sociale, ce qui nous conduit à six heures. Or, vous savez que notre grand banquet a lieu ce soir, à 7 heures précises, à l'hôtel Collet, près de la place Bellecour.

L'assemblée fixe le rendez-vous à 4 heures.

M. le Président déclare la séance levée à midi quinze minutes, et prononce la clôture des séances du Congrès.

Le Secrétaire Général :
J. GROSSET.

Le Sténographe :
Georges BUISSON.
Sténographe de la Chambre des Députés,
Directeur de l'Agence Générale Sténographique,
17, rue d'Arcole, Paris.

BANQUET DU CONGRÈS

DISCOURS ET TOASTS

BANQUET

Messieurs les Membres du Congrès de la Propriété bâtie
se sont réunis, le jeudi 9 août, à 7 heures du soir, au nombre
de près d'une centaine, dans un grand banquet par souscription, sous la présidence de M. Georges Picot, de l'Institut,
président du Congrès.

Le repas était servi dans les salons du grand hôtel Collet
et Continental.

A la droite de M. Georges Picot avaient pris place :
MM. Edouard Aynard, député du Rhône, président d'honneur ;
G. Deloison, président de l'Union des Chambres syndicales
des Propriétés bâties de France, vice-président ; E. Caillemer,
doyen de la Faculté de droit de Lyon, membre d'honneur ;
Auguste Isaac, président de la Société d'économie politique et
sociale de Lyon, membre d'honneur ; A. Gourd, conseiller
général du Rhône, rapporteur ; André Gaspard, président de
la Société académique d'architecture du Rhône, membre
d'honneur ; Bellemain, délégué de la Société centrale des
architectes français ; L. Mourgues, secrétaire général
adjoint, etc.

M. le Président avait à sa gauche : MM. Yves Guyot,
ancien ministre, président d'honneur ; Jules Vally, président
de la Chambre syndicale des Propriétés immobilières de la
ville de Lyon, vice-président ; L. Parmentier, directeur des
Contributions du département du Rhône, délégué de M. le
Directeur général, membre d'honneur ; L. Enou, avocat à la
Cour d'appel de Lyon, professeur à la Faculté de droit, vice-
président ; F. Richer, président du Syndicat des Proprié-

taires et Constructeurs du Havre, vice-président ; docteur Cazeneuve, conseiller général du Rhône, professeur à la Faculté de médecine et de pharmacie de Lyon, rapporteur ; Joanny Grosset, secrétaire général du Congrès ; J.-B. Pey, secrétaire de l'Union des Chambres syndicales lyonnaises, etc.

S'étaient fait excuser : MM. Edouard Millaud, sénateur du Rhône, président d'honneur ; F. Mangini, président de la Société des Logements économiques de Lyon, vice-président ; E. Cheysson, inspecteur des ponts-et-chaussées, vice-président, etc.

Assistaient au banquet : MM. les représentants de l'*Agence Dalziel*, de l'*Agence Havas*, de l'*Express de Lyon*, du *Lyon Républicain*, du *Moniteur Judiciaire*, du *Nouveau Lyon*, du *Nouvelliste*, du *Progrès de Lyon*, et du *Salut Public*.

Au dessert, M. Georges Picot ouvre la série des discours et des toasts.

DISCOURS DE M. GEORGES PICOT, DE L'INSTITUT

Président du Congrès

Messieurs,

Je vous demande, et vous m'approuverez, car c'est non seulement un devoir de citoyen, mais un usage constant de la ville dans laquelle je parle, de porter avec moi la santé de M. le Président de la République. *(Longs applaudissements.)*

Vous avez tous partagé les grandes émotions de la France, et vous partagez depuis un mois sa reconnaissance envers le citoyen ferme et courageux qui consacre les ressources de son esprit et toutes les forces de sa vie à nous assurer les biens dont la France a plus que jamais besoin : l'ordre et la liberté. *(Nouveaux applaudissements.)*

Messieurs, j'avais, il me semble, raison de vous parler de nos espérances au moment où s'ouvrait, il y a trois jours, le Congrès de la propriété bâtie de France. Nous nous promettions de travailler en commun à l'étude de graves questions. Sept séances se sont écoulées, 21 heures ont été consacrées à nos délibérations, et je crois que, parmi les grandes assemblées qui font le plus de bruit dans le monde, il n'y en a pas qui, en aussi peu de temps, aient autant travaillé. *(Applaudissements.)*

Nous avons étudié de grandes questions et nous avons eu la satisfaction de constater, une fois de plus, que nous ne parlions pas au nom d'une minorité, quelque respectables que fussent ses droits — j'estime beaucoup, je respecte beaucoup les minorités — mais que nous parlions au nom de la grande majorité de nos concitoyens.

Nous parlions au nom de ceux qui possèdent la propriété bâtie, et nous avions la satisfaction de constater que la moitié des électeurs inscrits dans ce pays est propriétaire de leur maison d'habitation, puisque 5.500,000 propriétaires habitent les maisons qu'ils possèdent. (*Nouveaux applaudissements.*)

Nous avons donc bien le droit de dire, suivant un heureux mot que j'emprunte à M. Boutin : la France est un peuple de propriétaires. Ce mot-là, nous devons le retenir ; devant les difficultés de l'heure présente, en Europe, dans tous les pays civilisés, il y a plus d'une nation qui envie la situation de la France au point de vue de la division de la propriété, il a plus d'un d'entre nous qui sait que, lorsqu'il franchit la frontière, aux heures troublées que nous traversons, au contact de réflexions qui lui serrent le cœur, il entend des étrangers lui dire : « Nous avons des difficultés du même genre que les « vôtres, nous avons des agitations qui nous alarment, nous avons des « partisans et des faiseurs d'utopies qui nous inquiètent, et, hélas ! nous « n'avons pas, comme vous, la division de la propriété. »

Nous avons eu la satisfaction de nous occuper de nos intérêts en pensant que c'étaient les intérêts du plus grand nombre et que nous étions là les défenseurs d'un besoin général, autour duquel se groupent les grands et les humbles. (*Applaudissements.*)

Messieurs, nous avons passé en revue bien des questions, nous avons eu la satisfaction d'être d'accord sur un grand nombre d'entre elles, et, vous l'avouerai-je, nous avons eu, même dans les dissentiments, la satisfaction de nous trouver en présence de ces désaccords qui attestent la sincérité des convictions. Sur un petit nombre de questions seulement, nous nous sommes trouvés divisés.

Le Congrès a décidé fort sagement qu'il ne voterait pas ; la loyauté des convictions n'y a rien perdu, la liberté de la parole y a gagné, nous avons tous dit ce que nous pensions, et cette franchise a été l'attestation des convictions d'honnêtes gens.

Nous avons trouvé, sur plus d'un point, des divisions que je n'ai aucun embarras à rappeler.

La nature et la mesure des impôts que doit supporter la propriété bâtie, la taxe des portes et fenêtres, la question de savoir si son maintien est utile, si son remplacement est possible, ont été traitées dans les rapports remarquables de M. Vachez, de M. Boulongne, qui démontraient que le maintien de la situation actuelle est utile.

Nous avons eu ensuite la grande discussion des octrois, cette discussion dans laquelle, d'un côté, M. Pey et M. Berthélemy ont soutenu la suppression, d'un autre côté MM. Mourgues, Petit et Haumont sont venus demander le maintien des octrois, discussion dans laquelle est intervenu celui qui est à côté de moi, apportant aux adversaires de l'octroi l'autorité de sa parole. (*Très bien ! très bien !*)

Quel est celui d'entre nous qui oubliera la grande discussion sur les livres fonciers, occupant toute une matinée le Congrès ?

Nous nous souvenons des discours de MM. Challamel et Yves Guyot, puis de ceux des adversaires des livres fonciers, nombreux, animés, convaincus, qui, avec MM. Deloison, Gay et bien d'autres, ont donné à la discussion un éclat et une vie dont le reflet demeurera gravé dans vos mémoires. (*Applaudissements.*)

La parole si lumineuse de M. Cheysson vous a fait voir où en étaient les travaux de la grande commission du cadastre, et, après l'avoir entendu, vous avez compris que, s'il y a des désaccords profonds, il n'existe parmi les savants qui étudient ces problèmes aucun sentiment ni de mauvaise volonté, ni de passion.

Tels sont les seuls points sur lesquels la division s'est manifestée.

Vous avez eu la satisfaction de constater, à la suite d'une série de rapports très bien faits qui donneront à ce Congrès sa véritable physionomie, que nous étions unanimes, autant que les hommes peuvent être unanimes, sur la nature des servitudes de voirie, que M. Enou a exposée avec tant d'intérêt, sur les questions de voirie publique et de constructions sur la voie publique, qui ont été étudiées par M. Laignel, sur l'établissement des droits de mutation par décès, afin d'éviter des conflits avec l'enregistrement, par M. Haumont, et enfin sur les ventes d'immeubles, le partage et l'exécution de la loi de 1884, dont a si bien parlé M. de Boulongue.

A propos des loyers d'avance, M. Goujon a dénoncé les périls de la proposition de loi déposée sur le bureau de la Chambre des députés ; M. Dargent a traité avec compétence de la saisie-gagerie ; enfin, la responsabilité du locataire en cas d'incendie a donné lieu à la savante étude de M. Flurer.

Voilà les points sur lesquels, je puis le dire, les rapporteurs ont obtenu l'assentiment unanime de l'Assemblée.

Le Congrès est loin d'avoir épuisé les questions : la discussion d'aujourd'hui aurait pu durer trois ou quatre séances, tant l'ordre du jour était chargé. Nous avons eu la très vive satisfaction d'entendre l'exposé de M. Boullay sur les logements insalubres, l'analyse du rapport de M. de Casteran sur les habitations ouvrières, et le rapport si intéressant de M. Gourd, qui a terminé brillamment la séance.

Voilà, Messieurs, quel a été l'emploi de nos journées de travail. Nous avons tous des remerciments et des félicitations à adresser à notre secrétaire général, M. Grosset, qui s'est multiplié. (*Vifs applaudissements.*)

Avant de m'asseoir, permettez-moi de vous dire quelles sont, à mon sens, les idées générales qui se dégagent du Congrès. Ce ne sont pas seulement des discussions de détail que vous avez suivies avec un grand intérêt, ce ne sont pas seulement des débats sur des points précis qui ont été très remarquables, car, dans l'énumération que je viens de faire, j'ai certainement omis plus d'un rapporteur ; j'aperçois en face de moi M. le Dr Cazeneuve, qui a fait sur l'hygiène de la maison un rapport des plus intéressants, et je le remercie en passant de ce rapport qui rentre dans l'ordre de de ces exposés si nets qui ont provoqué l'adhésion du Congrès. (*Applaudissements.*)

A côté de ces points précis, au-dessus de ces détails, se dégagent certains principes qu'il est nécessaire d'indiquer. L'un des premiers est apparu à propos de cette taxe de remplacement que nous avons recherchée d'abord pour les octrois, puis pour l'enregistrement, pour les droits de mutation, pour tant d'autres droits. Ce mot de « taxe de remplacement » revenait à chaque instant. Il faut en prendre notre parti, Messieurs, et avouer que la taxe nouvelle sans défaut est introuvable : nous sommes donc forcés de reconnaître que les vieux impôts valent presque toujours mieux que les nouvelles taxes. (*Applaudissements.*)

Ceci est une vérité que, je crois, la plupart des économistes reconnaîtront exacte, et elle se justifie d'un mot, c'est qu'un vieil impôt a produit ses effets de répercussion. Rien n'est plus difficile à fixer que l'incidence de l'impôt. J'ai assisté aux discussions les plus vives des financiers sur ce point ; mais ils sont unanimes à admettre qu'en cette matière le temps accomplit une œuvre définitive.

Lorsqu'on vient frapper le possesseur actuel, qu'il soit le possesseur immobilier d'une propriété bâtie ou qu'il soit le possesseur mobilier d'un titre de rente, il se produit, le jour où la loi est votée, un phénomène inévitable : la valeur du capital que détenait le contribuable est diminuée entre ses mains, de telle sorte que ce n'est pas le possesseur successif qui paiera l'impôt, c'est en réalité celui qui possédait à l'heure du vote qui est la seule victime : il subit la confiscation d'une part de son capital. Voilà l'effet de tout impôt nouveau.

C'est là un point que nous devons garder dans nos mémoires, pour être moins hardis dans nos demandes de suppression. Soyez sûrs que, parmi les politiciens, la majorité de ceux, et ils sont nombreux, qui demandent la réforme de l'impôt ne la réclament pas en vue d'un allègement, mais ils la demandent avec la pensée d'accroître la quotité de l'impôt. L'augmentation de la contribution, c'est là la pensée de derrière la tête.

Nous devons donc nous demander toujours quelle sera la valeur de la taxe de remplacement. Je ne dis pas cela pour critiquer toutes les modifications demandées, il y a des remplacements qui sont nécessaires, mais je demande qu'on ne les réclame pas à la légère. (*Nouveaux applaudissements.*)

Messieurs, il y a un autre principe que nous avons rencontré dans nos discussions, c'est le principe sacré de la liberté des contrats. Nous soutenons et nous défendons aujourd'hui plus que jamais la liberté des contrats. Il y a toute une école qui est très disposée à porter atteinte à la liberté des contractants et qui trouve commode, dans une foule de circonstances, à propos de besoins divers, de recourir au législateur qui intervient entre les contractants pour leur dire ce qu'ils peuvent ou non faire.

Il y a dans nos lois une règle tutélaire que nous devons conserver et respecter, c'est la clause qui interdit toute convention contraire à l'ordre public et aux bonnes mœurs. Voilà ce qu'il faut défendre pour des raisons diverses.

Les droits les plus légitimes sont souvent viciés par leurs abus. Nous avons parlé des devoirs des propriétaires. Après avoir entendu les dis-

cussions auxquelles vous vous êtes livrés, je n'ai rien à retrancher de
de ce que j'ai dit sur les devoirs des propriétaires. Je les crois aussi nécessaires à proclamer aujourd'hui qu'au début même des travaux de notre
Congrès. Mais je veux compléter ma pensée. Il n'y a rien de plus conforme
aux devoirs des propriétaires que leurs intérêts ; dans tous les cas dont
nous avons parlé, leurs intérêts se rencontrent avec leurs devoirs.

L'autre jour, nous avons peut-être étonné quelques-uns d'entre vous en
parlant de la nécessité de retirer de l'immeuble qu'on possède un intérêt
modéré, et c'est pourtant là un cas où, les non-valeurs devenant plus rares,
l'intérêt et le devoir sont d'accord. Je pourrais passer en revue toute la série
des obligations que j'ai énumérées, et montrer partout comment elles se
combinent avec les intérêts. J'arriverai à cette formule qui est une sécurité
pour ceux qui étudient l'économie politique, c'est de voir que, là où un
observateur superficiel est tout disposé à croire qu'il existe des oppositions
irrémédiables, les conflits ne sont qu'apparents. Si on va au fond des choses,
si on scrute les consciences, si on cherche l'intérêt véritable, on s'aperçoit
qu'il n'y a pas de lutte sans merci, et qu'au-dessus de la prétendue bataille
pour la vie plane l'harmonie des intérêts. (*Très-bien! très bien!*)

Messieurs, je puis le dire, nous avons, nous tous qui sommes réunis autour
de cette table, deux adversaires : l'un avec lequel, assurément, il est difficile
de faire très bon ménage, mais avec lequel il faut établir la paix, c'est
l'impôt. Nous aimons trop notre pays pour ne pas convenir qu'après s'être
battu contre cet adversaire, il faut faire la paix avec lui, nous résigner et
payer en bons Français que nous sommes. (*Applaudissements.*)

Nous avons un autre adversaire, et celui-là est un adversaire irréconci-
liable, c'est le socialisme d'Etat, le socialisme sous tous ses noms, sous toutes
ses faces. (*Nouveaux applaudissements.*) Cet ennemi-là, nous le rencontrons
partout, sous les formes les plus séduisantes ; il faut lui arracher son
masque. (*Applaudissements.*)

C'est une lutte sans merci et celui qui est à côté de moi nous prouve
combien, dans ce combat pied à pied, on peut déployer de courage et
conquérir d'honneur. (*Très bien! très bien!*)

Ce qui s'est passé ici depuis quatre jours nous montre que nul d'entre
vous n'est disposé à faiblir, ni à capituler. (*Applaudissements.*)

Je vous demande, Messieurs, de boire avec moi aux rapporteurs et
aux orateurs qui ont jeté tant d'éclat sur la session du Congrès de la
propriété bâtie, (*Applaudissements.*)

DISCOURS DE M. GEORGES DELOISON

Président de l'Union des Chambres Syndicales
de la Propriété bâtie

Messieurs,

Vous seriez étonnés, si mon premier mot n'était pas un toast de remercîment à notre éminent Président. C'est avec le plus grand respect que je le porte au nom de l'Union des Chambres syndicales de la Propriété bâtie de France. (*Applaudissements.*)

Nous avons tous apprécié le magistral discours par lequel M. Georges Picot a ouvert notre Congrès, nous avons vu avec quelle autorité bienveillante il a su se mêler à nos débats et les diriger, et vous venez d'en entendre un résumé si clair, si précis, si remarquable, que beaucoup d'entre nous se sont étonnés de tout ce que nous avions fait, de tout ce que nous avions dit et du résultat élevé et utile de nos délibérations. (*Rires.*)

En effet, Messieurs, au milieu de cette lutte des idées, de ce conflit des opinions, le fil conducteur a pu échapper un instant, mais M. le Président vient de nous le rendre et de nous montrer l'enchaînement logique ainsi que la solution pratique de nos discussions.

Certes, la propriété bâtie est honorée. Je ne connais pas de Congrès qui ait été à pareille fête. Nous avons à notre tête un Président aussi sympathique qu'illustre et qui a le grand amour *des choses justes et des choses sacrées.* (*Applaudissements.*)

La propriété ne pouvait pas se mettre sous un meilleur patronage. A côté et autour de lui, nous voyons des personnes qui nous ont apporté l'autorité de leur nom et de leur savoir : des hommes politiques, des économistes, des professeurs de droit, des professeurs de médecine, des avocats, des ingénieurs, des notaires, enfin, Messieurs, que sais-je ? nous avons ici l'élite de la Société pensante et agissante et, pour sa première consultation, la propriété se trouve entourée de tout ce qu'elle pouvait désirer comme honorabilité, comme conseils, comme compétence. (*Applaudissements.*)

C'est que tous ont compris que l'intérêt qui s'attache à la propriété n'est pas un simple intérêt particulier, mais un intérêt public : que la prospérité d'un pays est indissolublement liée à la prospérité de la propriété ; c'est que tous ont compris qu'un premier congrès, organisé sous les auspices des Chambres syndicales de la propriété, était une nouveauté et l'indice certain de la transformation de notre état social et que les possesseurs, chacun d'une parcelle du sol de la patrie, étant réunis, représentaient ce qu'il y avait de plus solide et de plus sûr, *ce qui ne peut s'expatrier,* c'est-à-dire le sol national de la France. (*Applaudissements.*)

Jusqu'ici le propriétaire vivait un peu isolé, comptant sur les autres pour le défendre, croyant son droit hors de toute atteinte sérieuse, il était timide, le propriétaire... Mais les controverses plus ardentes sont venues, elles l'ont inquiété ; puis, à la suite de ces discussions, les impôts sur la propriété bâtie ont suivi une marche progressive ; alors le propriétaire s'est syndiqué sans bruit ; enfin, les attaques devenant plus fréquentes et plus violentes, le propriétaire menacé s'est dit : il est temps de se montrer et de se défendre. (*Applaudissements.*)

En conséquence, les Chambres syndicales se sont formées au Nord, au Midi, à l'Est, à l'Ouest, au Centre ; après s'être formées, elles se sont unies et, s'étant unies, elles ont dit : Eh bien, maintenant nous pouvons prendre part à la lutte, nous vous invitons tous, amis et adversaires, nous ouvrons un Congrès dans lequel nous appelons la libre discussion sur nos droits comme sur nos devoirs. (*Applaudissements*).

Messieurs, vous venez d'entendre le résultat de tous nos débats ; le résumé impartial vous en a été fait, et je crois que la propriété triomphante peut s'en aller tranquillement chez elle et déclarer qu'il est bon de se défendre et qu'il faut se mêler à la lutte pour avoir la victoire.

Il y a eu des discussions fort courtoises, toujours correctes et si, dans la chaleur de la controverse, quelques mots plus.... vifs ont pu échapper, certainement chacun les a rayés de sa mémoire, car tout le monde était de bonne foi et une expression échappée n'est jamais l'expression exacte de la pensée. (*Nouveaux applaudissements.*)

Nous avons entendu des hommes de science qui ont étudié pendant toute leur vie ces graves problèmes économiques, nous avons aussi écouté les hommes pratiques qui exercent la *profession délicate et souvent pénible de propriétaire*, ainsi que ceux qui sont les conseils éclairés et dévoués de la propriété. Il en est résulté quelque chose de très utile, de très intéressant, qui a été la combinaison de ces deux forces. En mécanique, quand deux forces agissent en sens contraire, elles produisent l'immobilité ; mais si, partant d'un même point, elles tendent à deux buts peu distants l'un de l'autre, elles tracent une voie médiane qui est la résultante des deux forces.

Ainsi la combinaison de la théorie et de la pratique conduit à un progrès sage et pondéré et nous ne pouvons que nous féliciter de ce résultat heureux. (*Applaudissements*).

Je remercie du fond du cœur tous ceux qui ont participé à ce Congrès, qui ont apporté leur compétence et leur autorité, et tout particulièrement M. Yves Guyot, qui est venu à Lyon, qui s'est dérangé pour nous, qui nous a remarquablement exposé ses idées sur plusieurs questions avec la conviction qui l'anime, et de la plus entière bonne foi. Son système est peut-être la vérité, constatons qu'il a été contesté presque par tout le monde. Nous le remercions de nous avoir apporté son concours et, si nous ne partageons pas toutes les pensées qu'il a exprimées, il y a une chose sur laquelle nous serons tous unanimes, c'est qu'il nous a complètement et loyalement développé les idées qu'il défend avec tant de talent, et nous lui demandons de nous répéter la même leçon au second Congrès, parce qu'étant faite une seconde fois, cette leçon sera peut-être plus profitable. (*Nouveaux applaudissements.*)

Je bois à notre honorable Président du Congrès, je suis heureux de choquer mon verre contre le sien et, en lui adressant, au nom de l'Union des propriétaires, tous nos remerciements, de lui dire toute l'estime, toute l'affection, en même temps tout le respect que nous avons pour lui. (*Vifs applaudissements.*)

DISCOURS DE M. YVES GUYOT

Président d'honneur

MESSIEURS,

M. Deloison vient de m'adresser des paroles aimables et de me donner rendez-vous dans le prochain Congrès, en me demandant de venir de nouveau soutenir les idées que j'ai exposées devant vous. Que répondriez-vous, si je vous disais qu'au prochain Congrès peut-être quelques-unes de ces idées auront triomphé et que je n'aurai plus à les soutenir ? (*Applaudissements.*)

Mais, mon ancien collègue et ami, M. Aynard, le sait, les réformes législatives ne vont pas vite, et par conséquent il y a de grandes chances pour qu'à votre prochain Congrès encore les questions que j'ai soutenues devant vous ne soient pas complètement résolues et que j'aie encore besoin d'appeler l'opinion à mon secours.

C'est par des Congrès du genre de celui-ci que nous devons essayer de faire l'opinion. Aucun de nous ne peut prétendre à une vérité infaillible. Nous ne venons pas parler au nom de dogmes, nous venons chacun exposer nos idées, nos opinions, telles qu'elles résultent de nos intérêts, de nos habitudes, de nos préjugés, de nos préventions. Nous essayons de nous convaincre réciproquement. Au premier moment on se heurte à des difficultés, mais il y a des vérités qui finissent tôt ou tard par prendre leur place. C'est l'histoire de tous les progrès : peu à peu tout cela fusionne, tout cela se fond, et telle idée, qui tout d'abord avait été trouvée complètement extravagante, finit par être acceptée, on s'y accommode.

Je vous rappelais avant-hier l'histoire des propriétaires qui avaient combattu les chemins de fer : à coup sûr ils ont bien changé depuis ce temps-là. Il y a des transformations et des changements de ce genre qui se produisent peu à peu par la discussion, par un phénomène d'exosmose et d'endosmose qu'on rencontre aussi bien dans la psychologie que dans la physique. Il se produit bien plus rapidement, quand un commencement d'expérience peut démontrer la vérité de certaines assertions.

Ici, nous étions bien à l'aise, M. le Président : vous vous trouviez dans un milieu où des expériences avaient été faites. Quand vous parliez des logements à bon marché, vous pouviez invoquer l'exemple de Lyon, de M. Aynard, de M. Mangini, de faits existants, et c'est la meilleure manière de discuter et de donner une leçon de choses. (*Applaudissements.*)

Vous étiez donc dans le meilleur milieu pour traiter beaucoup de questions qui étaient à votre ordre du jour.

Permettez-moi de vous faire un reproche, Messieurs les organisateurs du Congrès. Ah! quant aux éloges, on vous en a déjà fait. J'ai vu beaucoup de Congrès dans ma vie, mais, en vertu de cette expérience acquise, peut-être mes éloges auront-ils quelque prix. Je déclare que votre Congrès était admirablement organisé, mais vraiment vous aviez un ordre du jour trop chargé, vous aviez un ordre du jour qui nous aurait conduits à une session parlementaire. (*Rires.*)

Alors, peut-être n'a-t-on pas pu traiter assez profondément un grand nombre de questions. Ah ! vous nous donnez, mon cher ancien collègue, un rendez-vous au prochain Congrès. J'espère que tout cela sera un peu plus simplifié, et que nous pourrons traiter plus profondément un certain nombre de questions seulement ; car d'autres questions disparaîtront devant le fait accompli.

M. Picot me permettra bien de lui dire que je ne pense pas que le meilleur impôt est celui qui existe. A coup sûr, pour des hommes politiques, ayant des ambitions politiques, les seules questions que, pour leur intérêt bien entendu, ils ne doivent pas aborder, ce sont les réformes fiscales. Quand vous les abordez, vous êtes à peu près certains de ne pas satisfaire ceux au profit desquels elles sont faites, et vous êtes certains de mécontenter au quadruple ou au centuple ceux qui se croient directement atteints par la réforme que vous proposez ou que vous réalisez.

Il n'y a donc pas de métier plus ingrat, et cependant c'est celui que j'ai pris ; car, depuis 25 ans à peu près, j'ai consacré la plupart de mes études aux questions de réformes fiscales. Je ne m'en plains pas, mais je vous demande des circonstances atténuantes à ce point de vue là.

Je me demande si un très grave inconvénient, au point de vue de notre régime fiscal actuel, n'est pas l'hésitation qu'ont tant d'hommes politiques à ne pas oser les aborder. Des discussions qui viennent d'avoir lieu, nous pouvons retenir des points sur lesquels nous sommes d'accord. Nous sommes d'accord que l'impôt doit être réel et proportionnel, et non progressif et personnel.

Messieurs, prenez-y bien garde : ceux qui soutiennent la première théorie doivent s'occuper sérieusement de notre régime fiscal et ne doivent pas hésiter à y porter la main ; car il y en a, à côté, qui ne se préoccupent pas des répercussions, qui font un appel aux passions, qui n'ont pas les scrupules scientifiques que nous pouvons avoir, qui lancent l'opinion vers l'impôt progressif et personnel avec d'autant moins d'hésitation que beaucoup le considèrent et le préconisent comme un instrument de spoliation.

C'est donc une question qu'il est important d'envisager dans toute sa réalité... Je ne vous demande pas de venir apporter sur la table un sacrifice quelconque... ce serait trop dur un soir de banquet. Mais enfin, je vous le demande, examinez les résultats que peuvent avoir les questions fiscales au point de vue de la conservation de la propriété individuelle dont nous sommes tous partisans. (*Applaudissements.*)

Vous voyez bien que les Congrès de ce genre-ci ont leur utilité, car si on peut être en désaccord sur certaines formules, du moins on peut s'expliquer sur ces points-là, on peut échanger ses idées, et il est extrêmement important pour chacun de nous de ne pas se confiner dans un horizon trop étroit, ni au point de vue de l'espace, ni du temps. Il faut bien dire que nous devons avoir de la prévoyance, et que propriétaires professionnels, ou propriétaires amateurs, comme moi, nous devons faire des spéculations à long terme et penser non seulement à nos intérêts d'aujourd'hui, mais à nos intérêts de demain, d'après-demain et à l'intérêt de nos héritiers. (*Nouveaux applaudissements.*)

Messieurs, les Congrès ont encore l'avantage de faire se rencontrer, des divers points de la France, des personnes inconnues la veille les unes aux autres. Je n'ai jamais assisté à aucun Congrès sans en rapporter un certain nombre de relations personnelles, quelquefois d'amitiés, et en outre un certain nombre d'informations, de renseignements, d'idées nouvelles venant des discussions qui nous éclairent réciproquement. C'est une école mutuelle de fraternité. (*Vifs applaudissements.*)

Nous nous trouvons à Lyon au moment de l'Exposition, dans une ville superbe, avec une hospitalité charmante, avec des fêtes tous les jours auprès du lac, dans un cadre très joli, et, moi qui arrivais d'Anvers, je dois dire que j'ai été émerveillé de votre Exposition. Ne parlant pas de vos soieries, sans aucune espèce de flatterie locale, ne me servant pas d'un procédé de rhétorique, je puis dire que j'ai été étonné ici, car on est un peu blasé sur les Expositions. Nous avons vu un certain nombre d'Expositions, avec un certain nombre de hangars plus ou moins monotones, une foule de petits magasins où on voit toujours les mêmes pianos, les mêmes roues qui tournent, des rangées de fonds de bouteilles et des pots de moutarde... (*Rires.*)

Ici, nous avons vu à l'extérieur un énorme parapluie qui étonne d'abord, puis à l'intérieur des fermes d'une hardiesse et d'une élégance stupéfiantes. (*Applaudissements.*) De sorte que le Congrès ne nous aurait-il procuré que la satisfaction, non seulement de nous mettre en contact avec la population lyonnaise, mais de nous permettre quelques visites au Parc de la Tête-d'Or, nous devrions tous en remercier les organisateurs. (*Vifs applaudissements.*)

TOAST DE M. GEORGES PICOT

Président

Messieurs, je reçois un télégramme de M. Edouard Millaud, ainsi conçu :

« *Veuillez exprimer Président Congrès vifs regrets. Edouard Millaud.* »

Je m'acquitte de la mission qui nous était donnée, en vous communiquant cette dépêche d'excuse.

Il nous reste un devoir à accomplir, et je ne puis m'asseoir avant d'avoir exprimé les sentiments que nous éprouvons pour nos hôtes. Nous avons été reçus à Lyon — M. Yves Guyot vous le disait tout à l'heure dans des termes éloquents et émus que je n'essayerai pas d'égaler — nous avons été reçus à Lyon avec cette chaleur de cœur, cette hospitalité large qui ne s'oublient pas. Il y a là de la part des Lyonnais une tradition dont nous avons besoin d'exprimer ici notre reconnaissance. Nous avons besoin de le leur dire, et nous avons plus de facilité il me semble aujourd'hui pour le leur exprimer que lorsque nous nous trouvions en tête à tête avec eux.

Il y a ici des délégués de Paris, du Havre, d'Angers, d'Amiens,... et, en présence de ces représentants de toute la France qui sont nos témoins, nous pouvons, sans trop gêner la modestie de nos hôtes, dire ce que nous pensons de Lyon et de son hospitalité. (*Applaudissements.*)

L'un de ceux qui a le mieux exprimé, et dans des pages qui mériteraient d'être lues et relues, ce qu'est le caractère lyonnais, a dit qu'il était difficile à connaître, que le Lyonnais se cachait, n'aimait pas à se montrer. (1)

Eh bien, Messieurs, pendant ces quelques jours d'Exposition, ces quelques jours de fêtes, pendant ces visites faites aujourd'hui à l'une des grandes œuvres de la ville de Lyon, pendant que vous entendiez quelques-uns de vos rapporteurs traduire ce qu'étaient les actes des Lyonnais, vous avez pu découvrir ce secret qu'ils voulaient cacher. Vous avez pu entrevoir une partie du bien qu'ils accomplissent, vous avez pu savoir, par les conversations de ceux qui les entouraient, quels trésors il y a ici, et de charité, et d'esprit d'assistance, avec des cœurs qui sont prêts à tous les élans, à toutes les initiatives.

L'un d'eux, celui auquel je faisais allusion tout à l'heure, a dit un mot que je veux citer encore : " Si nous accomplissions tout notre devoir, il n'y aurait pas de question sociale. "

Ce mot renferme tout un programme et ce programme a été accompli à Lyon, de telle sorte que, je ne crains pas de le dire, certaines lois qui ont pu vous inquiéter, qui sont très discutables, dont je ne veux pas rouvrir la défense, ni la critique, certains projets de loi dont on parlait ce matin ne seraient jamais nés, si toutes les villes de France avaient accompli spontanément ce qu'a accompli Lyon.

C'est parce que tant de villes en France n'ont pas compris leur devoir, que dans l'esprit de plusieurs de nos compatriotes est née la pensée que des lois étaient nécessaires. Vous avez visité les habitations économiques si bien décrites ce matin ; cette visite a terminé en quelque sorte le Congrès, elle nous a montré ce que peut l'initiative privée. Vous avez vu là les applications les plus considérables des grands principes qui ont été discutés devant vous ; les Lyonnais ont fait l'œuvre la plus considérable qui ait été accomplie dans notre pays, en se préoccupant des besoins de ceux qui souffrent, en améliorant leurs logements, en essayant par l'habitation de reconstituer directement cette idée de la famille, ce foyer domestique, ce toit paternel sans lequel il n'y a pas de famille. En agissant ainsi, je le répète, ils ont fait une œuvre admirable, menée à bien par des hommes dont j'aime à prononcer les noms : M. Aynard, M. Gillet, M. Mangini qui n'a pas pu à son grand regret venir ce soir... je ne puis pas vous citer tous les noms, parce que c'est l'élite de la population lyonnaise, mais je vois là au bout de la table M. Auguste Isaac, le digne complice de ceux que je viens de citer.

C'est à ces noms-là, qui représentent, avec tant d'hommes considérables autour de cette table, la force intellectuelle et morale de cette ville, que je vous demande en ce moment de boire avec moi, pour leur exprimer, en ce dernier acte du Congrès, notre profonde reconnaissance. (*Applaudissements.*)

---

(1) M. Aynard Introduction au Rapport d'Économie Sociale. Exposition de 1889.

TOAST DE M. EDOUARD AYNARD, DÉPUTÉ DU RHONE

Président d'honneur

Messieurs,

Je m'estime heureux de répondre à ce qui vient d'être dit des Lyonnais, au nom de mes compatriotes Lyonnais ; j'espère qu'ils voudront bien m'en donner la permission. Je n'ai qu'un titre pour cela, c'est que j'ai l'honneur de les représenter.

On a épuisé ce soir le champ des idées générales, je ne peux donc pas y revenir ; on a parlé de tout et il m'est difficile d'ajouter quelque chose. Il ne me reste que le devoir très agréable de remercier les congressistes qui ont jeté tant d'éclat et tant d'honneur sur la ville de Lyon en la choisissant pour le siège du Congrès.

Mais, que mon ami M. Picot me permette auparavant de le remercier de tout ce qu'il m'a dit d'aimable, de trop flatteur, ce que j'accepte pour mes compatriotes et non pas pour moi-même. Qu'il me permette d'ajouter qu'en nous flattant d'une façon aussi délicate, il a commis un petit péché, car il s'est flatté lui-même.

Messieurs, si nous avons fait à Lyon l'œuvre à laquelle M. Picot a fait allusion, l'œuvre des logements à bon marché, des logements économiques. — j'aime mieux employer ce mot « économiques », qui fera plus de plaisir à M. Yves Guyot —, c'est parce que nous avons lu ce bel ouvrage « Le Devoir Social » de M. Picot, tout plein de son âme et de son cœur, par lequel il a fait ce pressant appel à ceux qui s'intéressent aux vraies solutions de la question sociale, en les stimulant à faire l'une des œuvres sociales les plus fécondes, c'est-à-dire celle du logement des ouvriers dans les grandes villes.

C'est parce que nous avons lu le livre de M. Picot, que nous avons dit : pourquoi ne serions-nous pas ses élèves ? Nous avons essayé d'être ses élèves et, comme il est bon maître, il a bien voulu nous donner un prix. (*Rires et applaudissements.*) Je lui répondrai en lui en distribuant un autre, tout en n'étant point un maître ; je proclame qu'il représente l'une des choses rares et belles de ce monde, l'homme de devoir et, je n'hésite pas à le dire, l'homme vertueux, mais il représente en même temps ce qui est le plus rare, le devoir tolérant et la vertu aimable. (*Rires et applaudissements.*)

M. Picot nous trace les règles de conduite morale avec tant de charme, avec tant de grâce, et il nous fait en même temps deviner que lui-même met en pratique ce qu'il conseille aux autres, que vraiment on ne saurait trop le suivre. (*Applaudissements.*)

18

Maintenant, permettez-moi de terminer les quelques paroles que j'ai l'honneur et le plaisir de vous adresser, en vous remerciant encore une fois au nom de mes compatriotes.

Mon ami Yves Guyot vous parlait tout à l'heure de l'Exposition de Lyon. Oui, je crois que cette Exposition n'est pas banale. Je crois qu'elle a de très bonnes et de très belles parties qui défient toute rivalité ; je crois qu'elle a ce qu'on trouve rarement ailleurs, ce que lui a fourni la nature : un admirable cadre. J'estime qu'elle est ainsi vraiment digne d'attirer l'attention et de charmer.

Mais que restera-t-il de tout cela, Messieurs ? Que restera-t-il de ce beau décor, de tout ce bruit et de toutes ces fêtes ? Pas grand chose. Il y a cependant quelque chose de solide qui résistera, qui survivra à cette manifestation brillante : ce sont les Congrès.

L'Exposition de Lyon, nous ne nous flattons pas, nous pouvons la considérer comme une grande Exposition nationale, n'ayant ici que des ressources réduites. Mais elle a un caractère tout particulier, et je ne sais pas si je me vante en disant que la ville de Lyon a pu exercer une certaine puissance d'attraction, mais je constate qu'elle a été honorée de Congrès aussi nombreux, aussi beaux, aussi utiles, en aussi grand nombre, que les plus belles Expositions nationales en France et à l'Etranger.

Telle sera la gloire qui restera acquise à Lyon. Nous avons eu des Congrès très nombreux, nous attendons encore la tenue de cinq ou six Congrès au moins, de la plus grande importance, et ils seront couronnés par le Congrès de l'Enseignement supérieur, qui réunira ici tous les savants de la France et de l'Europe. (*Applaudissements.*)

Voilà encore une fois la véritable gloire de l'Exposition de Lyon. Voilà ce qui fait qu'elle se survivra ; car, ainsi que je vous le disais tout à l'heure, quand tous les bruits de la fête se seront éteints, il nous restera le souvenir de ces belles discussions, le souvenir du passage de tant d'hommes distingués et éminents qui auront honoré cette ville, le souvenir enfin de nos travaux réunis en de belles publications.

C'est ainsi nous, Messieurs, qui resterons en quelque sorte vos héritiers reconnaissants, et vous nous laisserez un héritage solide, durable et honorable.

Permettez-moi donc, Messieurs, puisque tout à l'heure notre honorable Président rappelait que vous étiez venus de tous les points de la France, de porter, en même temps que votre santé, celle de notre bien aimé et glorieux pays. (*Vifs applaudissements.*)

TOAST DE M. JULES VALLY

*Président de la Chambre Syndicale des propriétés immobilières
de la Ville de Lyon*

Messieurs,

Comme président de la Chambre syndicale des Propriétés immobilières de la Ville de Lyon, et au nom des propriétaires Lyonnais, j'adresse l'expression de notre vive gratitude à notre éminent président, M. G. Picot, aux hommes dévoués au bien et au progrès, aux savants, à tous les orateurs qui ont bien voulu donner leur appui et prêter le concours de leur talent à notre Congrès. Ils lui ont imprimé son véritable caractère national et humanitaire, national par la recherche des intérêts véritables de cette branche si considérable de la fortune nationale, la propriété bâtie ; humanitaire ! en effet, Messieurs, en dehors de ces questions si importantes, la salubrité, les logements économiques, qui ont fait l'objet de si remarquables rapports, n'est-il pas humain de défendre les intérêts des petits propriétaires, du travailleur qui, économisant sur le salaire quotidien, est arrivé, souvent après les plus grandes privations, à édifier la maison où il élève sa famille, en lui donnant l'exemple de l'ordre et de l'économie. *(Applaudissements.)*

Messieurs les économistes, Messieurs les législateurs, je vous en supplie, n'éloignez pas l'épargne de la petite propriété *par des charges au-dessus des facultés* ; n'oubliez pas que tous ces petits propriétaires forment le rempart le plus solide que vous puissiez opposer à ceux qui se lancent à l'assaut de la propriété individuelle. *(Nouveaux applaudissements.)*

Messieurs, je lève mon verre à la santé des délégués des Syndicats qui, de tous les points de la France, sont venus prendre une si large part aux travaux du Congrès. Je suis particulièrement heureux d'associer à toutes ces santés celle de notre honorable Président de l'Union des Chambres syndicales de la propriété bâtie de France, M. Deloison, qui nous dirige avec tant de talent, de dévouement et de cœur. *(Vifs applaudissements.)*

TOAST DE M. BOULLAY

à la Presse

Messieurs,

Tout a été si bien dit, qu'en vérité il ne reste plus de place pour une parole. Laissez-moi cependant, Messieurs les habitants de Lyon, vous redire que nous aimerons à conserver une reconnaissance attendrie de l'accueil que vous nous avez réservé. Il me semble toutefois qu'il est encore un sentiment qui sollicite une publique expression, et ce sentiment aura cette originalité de s'adresser à une puissance.

Les puissances, il est de mode d'en médire, car on prend la regrettable coutume de juger les institutions par les abus qui les dénaturent ! Quelle est donc la puissance devant laquelle je vous prie de vous incliner, et qu'il sied de saluer ce soir ? Cette puissance est celle qui relève les faits généreux, cette puissance qui dénonce les actes mauvais, qui démasque les prévarications, cette puissance qui prend souci des humbles et leur fait rendre au besoin justice, cette puissance dont l'influence est prépondérante, cette puissance c'est la presse française.

Messieurs, à la presse française et notamment à la presse lyonnaise qui, en donnant à nos travaux le relief de sa publicité, a propagé notre œuvre ! C'est une puissance, d'autres diront que c'est un torrent, dont le cours impétueux menace de tout submerger ! Eh bien, soit ! c'est un torrent, mais un torrent qu'il faut laisser couler à pleins bords. Toute force, quand on veut trop la comprimer, risque de bientôt tout faire éclater; c'est un torrent qui, habilement dirigé et sagement endigué, portera partout la fécondité ! A cette fin que les ondes de ce torrent demeurent imprégnées des grandes qualités françaises : la loyauté, l'amour du vrai, le culte de la vérité et de l'ordre, la sincérité des convictions, convictions toujours respectables quand elles jaillissent de la conscience et ne s'inspirent pas de passions étroites ! *(Vifs applaudissements.)*

Que ce torrent circule donc sur les rives de France. Qu'il porte la science et le progrès, nous débarrassant des hontes, des mensonges, de tous les germes malsains qui corrompent l'atmosphère. Que cette presse lyonnaise, qui a été si gracieuse pour nous tous, veuille bien porter un de ses échos à celui qui nous fait grand vide aujourd'hui (ne manque-t-il pas toujours quelque chose, même aux réunions les plus complètes ?), à celui qui a été l'un des initiateurs des Syndicats de propriétaires, à M. Boucher d'Argis, le Président d'honneur de l'Union des Chambres Syndicales des propriétés bâties. Il a fallu un empêchement invincible pour le tenir éloigné de nous, lui que les années ne paraissent pas atteindre et qui, avec la maturité d'une jugement sûr, conserve un dehors toujours aimable et un cœur toujours jeune. *(Longs applaudissements.)*

A M. Boucher d'Argis ! à la Presse Lyonnaise ! à la Presse Française qui porte la parole nationale, et voudra toujours traduire fidèlement le langage de la patrie ! *(Nouveaux applaudissements.)*

TOAST DE M. LARSONNEAU

de Paris

Messieurs,

Je remercie la ville de Lyon de l'hospitalité si généreuse et si complète qu'elle a bien voulu nous accorder. Je remercie tous les orateurs qui ont parlé, soit ici, soit à l'Hôtel de Ville. Jamais je ne m'étais trouvé en présence d'un pareil aréopage d'hommes si compétents. Je me félicite d'avoir assisté pour la première fois à un congrès de ce genre.

Je ne suis qu'un simple particulier, un enfant du peuple, sorti du peuple et élevé par la force des événements et par la volonté d'un caractère qui n'a jamais manqué à la probité.

Je bois à la santé de Lyon, de la France et de la République ! (*Applaudissements.*)

TOAST DE M. VITROU

Rédacteur au « Progrès de Lyon »

Messieurs,

Au nom de la presse, à laquelle M. Boullay a bien voulu adresser des remerciements, dont nous sommes très flattés, je bois à la santé des propriétaires.

Je dois avouer que nous tous, journalistes, qui sommes ici, nous sommes des locataires. (*Rires.*) Je crois que nous n'en avons que plus de mérite.

Nous avons suivi avec beaucoup d'intérêt tous les travaux de votre Congrès, et avec d'autant plus d'intérêt que nous avons compris que vos travaux étaient inspirés par le plus vif sentiment de philanthropie. Mais vous me permettrez d'indiquer pour le prochain Congrès un thème qui n'a pas été examiné. Il est extrêmement téméraire de le faire connaître : c'est la simplification des rapports entre propriétaires et locataires. (*Rires et applaudissements.*)

Vous avez à Paris le concierge, homme proéminent ; vous avez la concierge, femme redondante, quelquefois grincheuse..., non, mettons toujours grincheuse, quatre-vingt-dix-neuf fois sur cent, et n'en parlons plus. (*Nouveaux rires.*)

J'ai, moi personnellement, un propriétaire qui est un très brave homme, qui régit sa maison lui-même et qui est le meilleur homme de la terre, mais je bois à la simplification des rapports entre propriétaires et locataires. (*Vifs applaudissements.*)

Le Secrétaire Général :
J. GROSSET.

Le Sténographe :
GEORGES BUISSON.

Sténographe de la Chambre des Députés,
Directeur de l'Agence Générale Sténographique,
17, rue d'Arcole, Paris.

TABLE ALPHABÉTIQUE

DES NOMS DES ORATEURS

TABLE DES MATIÈRES

PARTIE PRÉLIMINAIRE

COMPTE RENDU DES SÉANCES

LISTE DES RAPPORTS PRÉSENTÉS AU CONGRÈS

(31 brochures in-8° raisin, 43 lignes à la page)

1. L'impôt des portes et fenêtres ; son maintien ; son remplacement par une nouvelle taxe ou sa suppression... par M. P. de Boulongne, Avocat à la Cour d'Appel de Paris. 11 pp.

2. L'impôt des portes et fenêtres... par M. A. Hocquet, vice-président de l'Union des Propriétaires fonciers de Saint-Germain-en-Laye et du Pecq. 19 pp.

3. Les projets d'impôts sur la propriété bâtie... par M. A. Vachez, Docteur en droit, ancien bâtonnier de l'Ordre des Avocats de Lyon, 9 pp.

4. Comparaison de la propriété immobilière et de la propriété mobilière au point de vue des charges fiscales... par M. Louis Chardiny, Docteur en droit, Avocat à la Cour d'Appel de Lyon. 28 pp.

5. Les Livres Fonciers... par M. Georges Deloison, Avocat à la Cour d'Appel de Paris, Président de l'Union des Chambres Syndicales des Propriétés bâties de France. 28 pp.

6. Introduction du Système des Livres Fonciers dans les Colonies ou Protectorats français — Loi tunisienne du 5 juillet 1885 ; Projets concernant l'Algérie... par M. Paul Pic, Professeur agrégé de la Faculté de Droit de Lyon. 6 pp.

7. La propriété bâtie et la question du Livre Foncier... par M. Charles Brouilhet, Avocat à la Cour d'Appel de Lyon, Licencié ès-lettres, Secrétaire de la Société d'Economie politique de Lyon. 6 pp.

8. Note sommaire sur les Livres Fonciers... par M. R. de France de Tersant, Conservateur des Hypothèques à Dieppe. 13 pp.

9. La Réforme hypothécaire... par M. G. Vacher, Notaire à Lyon. 24 pp.

10. La Suppression des Octrois... par M. J.-B. Pey, Secrétaire de la Chambre Syndicale des Propriétés immobilières de la Ville de Lyon, Secrétaire de l'Union des Chambres Syndicales Lyonnaises. 49 pp. et un tableau hors texte.

11. La suppression des Octrois de la Ville de Paris... par M. Léopold Mourgues, ancien Notaire, Directeur de la Chambre syndicale des Propriétés immobilières de la Ville de Paris. 32 pp.

12. Les moyens de remplacer les impôts d'octroi... par M. Berthélemy, Professeur de Science financière à la Faculté de Droit, Adjoint au Maire de Lyon. 17 pp.

13. La question des Octrois ; Critiques sur leur suppression ; Leur maintien avec réformes... par M. A. Petit, Vice-Président de la Chambre Syndicale des Propriétaires de maisons d'Amiens. 9 pp.

14. Les Servitudes de Voirie... par M. L. Enou, Avocat à la Cour d'Appel, Professeur à la Faculté de Droit de Lyon. 6 pp.

15. Constructions et réparations d'immeubles longeant la voie publique... par M. René Laiguel, Avocat au Havre. 3 pp.

16. Les passages privés dans les villes... par M. Emile Bagnard, Délégué de la Chambre Syndicale des Propriétaires de maisons d'Amiens. 9 pp.

17. Du privilège du bailleur ; Loyers d'avance ; Déménagement furtif... par M. E. Goujon, Avocat à la Cour d'Appel de Paris, Rédacteur en chef de la « Collection complète des Lois » 31 pp.

18. Responsabilité des propriétaires : En matière d'impôts ; Vis-à-vis de la Régie ; En cas d'infraction par le locataire aux arrêtés de police... par M. Ch. Bourgeois, Docteur en Droit, Avocat à la Cour d'Appel de Paris. 10 pp.

19. De la Responsabilité du locataire en cas d'incendie (Loi du 5 janvier 1893) et de l'Attribution des indemnités dues par suite d'assurances (Loi du 19 février 1889)... par M. O. Flurer, Professeur à la Faculté de Droit, Avocat à la Cour d'Appel de Lyon. 11 pp.

20. Procédure de saisie-gagerie ; Référé en matière d'expulsion ; Congé et expulsion ; Extension de la compétence du Juge de paix ; Réduction des frais... par M. R. Dargent, Docteur en Droit, Avocat à la Cour d'Appel de Paris. 24 pp.

21. Vente d'Immeubles ; Droits de mutation ; Procédure en matière immobilière ; Partage et vente amiables ; Réduction des frais.., par M. P. de Boulongne, Avocat à la Cour d'Appel de Paris. 14 pp.

22. Ventes d'immeubles ; Procédure en matière immobilière ; Partage amiable; Ordre ; Réduction des frais... par M. C.-J. Pondeveaux, Avoué de première instance, à Lyon. 7 pp.

23. Du mode de calcul des Droits de Mutation par décès applicables à la propriété bâtie... par M. A. Haumont, Avocat, Professeur de Droit commercial et d'Economie politique à l'Ecole Supérieure de Commerce du Havre. 3 pp.

24. L'Hygiène de la Maison et les logements insalubres... par M. le Docteur Cazeneuve, Conseiller général du Rhône, Professeur à la Faculté de Médecine et de Pharmacie de Lyon. 10 pp.

25. Notes sur l'hygiène du bâtiment... par M. L. Rogniat, Membre du Conseil d'administration de la Chambre Syndicale des Propriétés immobilières de la Ville de Lyon. 15 pp.

26. La Législation des Logements insalubres (*loi du 13 avril 1850*)... par M. Ch. Boullay, Avocat à la Cour d'Appel de Paris. 8 pp.

27. Les Logements à bon marché... par M. G. de Casteran, Docteur en Droit, Avocat, chef du Contentieux de la Banque Parisienne. 86 pp.

28. La Société anonyme des logements économiques de Lyon... par M. A. Gourd, Docteur en Droit, Avocat à la Cour d'Appel de Lyon, Conseiller général du Rhône. 11 pp.

29. Les Sociétés de Construction à l'étranger ; services qu'elles ont rendus en Angleterre, aux Etats-Unis ; Crises qu'elles ont traversées... par M. Arthur Raffalovich, Correspondant de l'Institut de France. 12 pp.

30. Les Building Societies et les moyens de faciliter, en France, l'acquisition de petites maisons d'habitation... par M. A. Chavassieu, ancien Percepteur, membre du Conseil d'Administration de la Chambre syndicale des Propriétés immobilières de la Ville de Lyon. 20 pp.

31. La Caisse des loyers pour les ouvriers... par M. Georges Deloison, Avocat à la Cour d'Appel de Paris, Président de l'Union des Chambres Syndicales des propriétés bâties de France. 20 pp,

---

Les souscriptions, donnant droit, en retour de la somme de **dix francs,** *à la Collection complète des* **Rapports** *et à l'envoi du* **Compte Rendu sténographique des séances,** *continuent à être reçues au Secrétariat général du Congrès, 72, rue Pierre-Corneille, à Lyon.*

BIBLIOTHEQUE NATIONALE DE FRANCE - PARIS

MIRE ISO N° 1
AFNOR 92049 PARIS LA DÉFENSE

1/9

Date : Avril 2003 SERVICE REPRODUCTION

Petit, A. (vice-président de la Chambre des propriétaires à Amiens)La Question des octrois, critiques sur leur suppression, leur maintien avec réformes, rapport par M. A. Petit,...Lyon : impr. du Salut public, 1894. - In-8 \030a , 11 p... - Congrès de la propriété bâtie de France, Lyon 1894.